北京大学考古学丛书

史前區域經濟與文化

张弛 著

上海古籍出版社

自　　序

此前我已经将有关埋葬制度的文章，结集为《社会权力的起源：中国史前葬仪中的社会与观念》一书出版（文物出版社，2015年），为避免重复，本书主要关注中国新石器时代手工业技术与贸易，农业起源与区域经济、区域文化，也算是我个人在这几个方向上研究的一个小结，同时也与《社会权力的起源》一书的编选体例相呼应。

其中只有《中国新石器时代的石制品研究》和《中国南方的早期陶器》涉及技术，后者还不单单研究了早期陶器的制作工艺。多数文章涉及区域经济方面的问题，如长江中下游石器、玉器的生产与贸易，华南、东南亚地区农业出现之前的采集渔猎经济，东南沿海的海洋适应性经济，稻作农业的起源及向华南、西南和东南亚地区的扩散，从中亚绿洲和草原地带传入中国的作物，家畜在早期嵌入中国北方地区农业经济体系时的区域特征等，它们并未与所谓"文化"有清晰的界限。此外也有尝试从区域经济的角度谈中国新石器时代文化演进的文章，如《中国史前农业、经济的发展与文明的起源》等。故本书名为"史前区域经济与文化"，大致编排为"手工业技术与贸易""农业起源与区域经济""区域与文化"三个部分。

收在第三部分"区域与文化"中的内容稍嫌庞杂，但即便如《新石器时代葬仪空间所见饮具四例》，也还可以理解为"政治经济"一类。但《良渚文化玉器"立鸟"刻符比较研究一例》，这类论题在我个人研究取向上属旁逸斜出，今后不大可能持续发展，卖白菜搭售了一两根葱，敬祈见谅。

这些文章，除错别字和明显硬伤之外，文后无特别说明者均无文字改动，还有两篇文章增加了几幅插图，以便阅读。

还需要着重提及的是，本书的八成内容都与长江流域及其以南的区域研究有关，这个区域正是我的导师严文明先生建议我开展的研究对象。20世纪80年代末,我和李水城硕士毕业留校任教,加上此前留校的赵辉,新石器方向就有了三位年轻教师。先生当时根据我们各自的研究经历、外语种类等背景,为我们拟定了研究区域。赵辉通日语,又长期在山东特别是胶东半岛开展研究,研究区域倾向于东北亚;李水城主修俄文,兴趣点一直在西北,并有硕士期间的田野经历,可以立足西北向中亚拓展;而为我制定的则是长江流域兼及华南,进而延伸到东南亚。这样的划分,既有避免我们相互之间"撞车"的用意,又有引领年轻学生开拓境外研究视野的企图。

从1989年春季学期开始,严先生安排我先后三次赴湖北天门石家河遗址带本科生田野实习,并于1990、1991年两度在石家河开展遗址调查。1993、1995年和1999年三次参加先生与美国安德沃基金会马尼士(Richard S. MacNeish)联合主持的江西乐平洪岩洞、万年仙人洞、吊桶环、蝙蝠洞和进贤城墩遗址的发掘、资料整理及报告编写工作。2002年和2004年春,又是在先生的安排下,赴湖北宜都协助林春老师整理红花套遗址发掘出土的石器并参与报告编写工作,其间为了搞清楚1974年发掘的石器制作场所,重新发掘清理了H342。1994—2011年间先后七次参与了严先生主持的河南邓州八里岗遗址发掘项目的田野工作。此外,在北京大学考古系领导的安排下,还分别于1998年和2000年参加了重庆忠县哨棚嘴和香港屯门扫管笏遗址的发掘工作。本书多数内容与上述田野工作和研究项目密切相关。

1992—1993年,严先生帮我申请到联合国教科文组织"丝绸之路研究奖学金",赴英国伦敦大学学院(UCL)考古研究院进修访问,并特意给他认识的该院葛劳文(Ian Glover)先生写了推荐信,嘱我跟随葛劳文先生学习东南亚考古。由此可见先生为我制定的研究计划绝非虚言。1993年归国后我开始在职攻读博士学位,先生为我考虑的学位论文论题是长江中下游地区文化区系研究,这应当就是先生指示的入手研究路径。但我畏惧这个题目的难度,一心想尽早拿到学位,就自作主张改成了长江中下游地区史前聚落的演变。以后更是比较多地关注了石器、陶器的技术与贸易以及区域经济的研究,虽然在区域范围上也逐渐拓展到了华南、东南,甚至或多或少地涉及了东南亚地区,但并没有全面而深入的研究成果。几年前,记不得在什么场合,严先生提及为我们三人设计的研究规划,不无幽怨地对熟人说,他们三个都没有按照我说的做。此次结集,想起了先生的评断,心下不免惴惴。

此外,《中国新石器时代的石器研究》和《中国农业起源研究的回顾》是上个世纪末严文明先生为编著《中国考古学研究的世纪回顾·新石器时代考古卷》指定我写的。《中国史前农业、经济的发展与文明的起源》《中国南方地区新石器时代早期文化:简论》《大汶口文化对长江中下游地区的影响》三篇是会议论文,在此还要感谢有关会议组织者的邀请。《中国新石器时代的石制品研究》《中国华南和西南地区:农业出现的时间及相关问题》《中国华南及其邻近地区:新石器时代采集渔猎文化》《中国沿海:早期海洋适应性文化》则是分别与林春老师、洪晓纯老师合写的文章。当然也还要感谢那些无法一一提及的、在我研究过程中提供过各方面帮助的师友。

最后,感谢李伯谦先生的推荐以及上海古籍出版社的厚爱,容我将个人文章结集并予以出版。

目　录

自　序 / 1

壹　手工业技术与贸易

1　中国新石器时代的石器研究 / 3

2　中国新石器时代的石叶技术
　　——汉水中游仰韶文化石叶石镞 / 17

3　中国新石器时代的石制品研究
　　——以红花套遗址为中心 / 31

4　中国新石器时代的石、玉器工业
　　——从大溪、北阴阳营和薛家岗的发现出发 / 54

5　中国南方的早期陶器 / 87

贰　农业起源与区域经济

6　中国农业起源研究的回顾 / 111

7　中国史前农业、经济的发展与文明的起源
　　——以黄河、长江中下游地区为核心 / 123

8　中国华南及其邻近地区：新石器时代采集渔猎文化 / 150

9　中国华南和西南地区：农业出现的时间及相关问题 / 177

10　中国沿海：早期海洋适应性文化 / 192

11 中国北方生业经济结构的区域特征
　　——旧大陆西部作物及家畜传入初期 / 216

12 中国长江流域早期农业文化的扩张
　　——论贾湖一期文化遗存 / 230

叁　区域文化

13 中国南方地区新石器时代早期文化：简论 / 247

14 中国南方地区史前文化：发展及其意义 / 259

15 大汶口文化对长江中下游地区的影响 / 278

16 磁山文化的个案
　　——北福地一期遗存与北福地报告 / 289

17 新石器时代葬仪空间所见饮具四例 / 297

18 良渚文化玉器"立鸟"刻符比较研究一例 / 311

图表索引 / 328

壹

手工业技术与贸易

中国新石器时代的石器研究

中国新石器时代的石叶技术
——汉水中游仰韶文化石叶石镞

中国新石器时代的石制品研究
——以红花套遗址为中心

中国新石器时代的石、玉器工业
——从大溪、北阴阳营和薛家岗的发现出发

中国南方的早期陶器

1
中国新石器时代的石器研究

一、新石器时代的早期发现与研究

新石器时代的一个重要特征是磨制石器的出现。卫聚贤认为《越绝书》所载"黄帝之时,以玉为兵,以伐树木为宫室,凿地"之"玉兵"泛指磨光的石器,"凿地"意为用作开垦的农具,是以早在汉代以前就有人已知黄帝时期为磨制石器的时代[1]。汉代以降,历朝史志中多见有所谓"雷公石斧"的发现,时人或以为宝物,但不曾列为治史的对象。

19世纪末20世纪初,外国探险家在我国一系列的调查活动中采集到了大量的细石器和斧、凿等磨制石器。据1898年几格里阿里(E. H. Giglioli)《中国石器时代》、1912年劳弗尔(B. Laufer)《中国古玉考》、1920年安特生(J. G. Andersson)《中国新石器时代之石器》和1923年英伯尔特(M. H. Inbert)《中国石器时代》等的记载,当时采集到石器的地点已包括了东北、内蒙古、新疆、河北、陕西、福建、四川和云南等省区[2]。经与西方的发现和研究对比,确定了中国新石器时代的存在,因此可以说中国近现代考古对新石器时代的认识最先就是从石器开始的。

20世纪20年代以后开始了对新石器时代遗址的正式发掘,只是直到新中国成立以前,发现的内容多集中于黄河中下游地区新石器时代晚期文化,对新石器时代石器难以有全面的了解。林惠祥和李济等对这一时期的石器研究作了概括性介绍,并就石器的制作工艺作了初步探讨[3],是这一时期石器研究的总结。

---

[1] 卫聚贤:《中国考古学史》57-58页,商务印书馆,1998年。
[2] 转引自严文明:《中国新石器时代考古简史》,《史前考古论集》63-64页,科学出版社,1989年。
[3] 林惠祥:《石器概说》,《厦门大学学报》1卷2期,1932年;李济:《远古石器浅说》,中央博物馆筹备处第一次专题展览会论文,1943年。

二、各地石器特征的研究

新中国成立以后的几十年里,在大规模的田野工作基础上,新石器时代考古在各方面都取得了长足的进步,但长时期以来的中心任务主要还是集中在考古学文化的确认及其分期分区的研究上。在考古学文化分期分区的研究中虽然多倚重陶器的时空变化,但对于石器特征的考察也受到了相当的重视,散见于大量的考古学文化研究的论述中,只是专门的研究并不多见。

80年代前期,佟柱臣对黄河中下游和长江中下游这两个中国新石器时代文化发展的腹心地区的石器作了专门研究[1]。他认为黄河中下游地区仰韶文化时期和龙山文化时期石器的种类变化不大,都有斧、锛、凿、铲、镰、镞等几大类,但前后各类的形态有所不同,变化的共同趋向是由圆转而方正有棱角。仰韶文化石器的地方性差别主要表现在泾渭地区、豫西、豫北冀南三地的不同,豫西的舌形心形石铲、有肩石镢不见于其他地区,豫北冀南的长方形宽体石铲、长方形石刀、正弧刃石斧等具当地特色。龙山文化石器的地方性特征仍发现于上述三个地区,表明了石器制作地方性传统的延续性。而山东地区龙山文化石铲数量少,但锛、凿数量多且形态富于变化。长江中游的鄂西—巴山地区的大溪时期有大量的打制石铲,与洞庭湖周围多见有肩石器(斧、锛)不同,可能不属于同一系统,屈家岭文化则以长方形石斧和方柱形石凿为特征。长江下游地区的石器有河姆渡文化、罗家角、北阴阳营、薛家岗文化等几个系统,其中河姆渡文化系统的石器宽而小;罗家角系统经过了罗家角、马家浜、崧泽和良渚等几个时期;北阴阳营的典型石器为舌形有孔斧和长条形锛;薛家岗石器自成系统,其石斧、多孔石刀、有段石锛很有特色,或可能与北阴阳营文化石器有渊源。在这一研究的基础上,佟柱臣总结了中国新石器时代石器的地域特征[2]:北方地区细

---

[1] 佟柱臣:《黄河中下游新石器时代工具的研究》、《长江中下游新石器时代的石器》,《中国东北地区和新石器时代考古论集》148-183页,文物出版社,1989年。

[2] 佟柱臣:《中国新石器时代的石器》,《中国大百科全书·考古学》706-708页,中国大百科全书出版社,1986年。

石器发达,在东北、内蒙古和新疆有广泛的发现,细石器往往与打制和磨制的大型石器共存,即便是在以磨制、打制叶形石耜为特征的、有自己独特石器制作系统的红山文化中也是如此,反映了经济类型的多样性;黄河流域在磁山、裴李岗时期已有磨制的石铲、石镰、磨盘和磨棒,是农业发达的表现,仰韶文化时期以后石器种类增多,普遍流行带缺口的石刀和长方形石刀,木作工具套中石斧多而石锛少,石斧的形态以梯形棒状者为主;长江流域较黄河流域的石器种类少,以斧、铲类为主,多扁平有孔,作孔方式多为管钻;南方地区新石器时代早期多打制石器,磨制石器的种类较少,器形也小,昙石山文化的这一特征最为突出;东南沿海地区有段石锛和有肩石斧广泛流行,石峡文化石器抛光技术发达。

  1998年,佟柱臣发表了他累积半个世纪的研究成果——《中国新石器研究》[1]。这部巨著长达220万字,以陶器编年为经线,对中国新石器时代不同地区和不同文化石器的类型、形态和工艺等特征作了全面的分析和总结。对黄河中下游和长江中下游地区新石器时代晚期石器研究的基本观点虽有延续,但更为深入,并且还就新石器时代中期磁山、裴李岗、老官台、李家村、北辛等文化的石器特征做了分析,认为它们虽有一定共性,但也有各自的个性。对东南沿海、台湾岛、西南、西北、北方和东北等周边地区的新石器时代石器的系统研究则多属开创性的工作。

  石器谱系的个案研究工作也有一定程度的开展,其中讨论最为热烈的是关于有段石锛和有肩石器的问题。有段石锛广泛分布于太平洋西海岸地区,其特殊的形态早已为人注意。1958年林惠祥撰文全面讨论了有段石锛在各地的发现[2],并将其分为"初级形""成熟形"和"高级形"三个发展阶段,认为这种石器是我国东南部地区史前文化的特征之一,它的起源也应出自这一地区。1987年,王仁湘对有肩石器做了集中探讨[3],认为有肩石器有斧、锛、铲三种,集中使用于我国的北方草原—东北的东南部、中原和华南—西南三个地区,而且都是独立起源的。1988

---

[1] 佟柱臣:《中国新石器研究》,巴蜀书社,1998年。
[2] 林惠祥:《中国东南区新石器文化特征之一:有段石锛》,《考古学报》1958年3期。
[3] 王仁湘:《关于我国新石器时代双肩石器的几个问题》,《南方民族考古》第一辑,1987年。

年,傅宪国研究了有段石锛和南方地区的有肩石器[1],进一步认为有段石锛最早出现于长江下游地区,南方有肩石器起源于珠江流域,二者出现后不久便向四周扩散,并沿菲律宾和中南半岛东西两路向东南亚和太平洋地区传播。此外还有安志敏对石刀的研究[2],贾伟明、赵辉对北方地区石镞的研究[3],傅宪国对石钺的研究[4],吴加安对石磨盘的研究[5],刘壮已对石耜的研究等[6]。

三、石器制作工艺的研究和石器制作场的发现

新石器时代石器虽以磨制为主要特征,但磨制石器的制作工艺却有多种,安志敏在《石器略说》一文中曾做过简要介绍[7]。1978年佟柱臣对仰韶和龙山文化石器的制作技术做了分析[8],总结出选料、选形、截断、打击、琢、磨和作孔等几种工艺。认为不同遗址石器所用石料的不同,是就地取材的缘故,但都注意石料的硬度和节理,石斧、石锛的选材一般要取硬度大者,石镞的石材硬度较小,石刀多用页岩和板岩则是利用了它们的片状节理。按照需要制作石器的形状选取大小、长短、厚薄合适的石材或砾石可以减少劳动量,在仰韶等时代稍早、石器制作技术不发达时期的石器多注意选形。截断工艺分为砥断和划断,前者从石材两面对砥,槽口平直,后者槽口中间深两端浅。打击是做坯的方法,分集中一点打击法、向一面打击法、向两面打击法、横砸法、基线法、找平打击法、作窝打击法、直接打片法和间接打片法等几种,各种打法都有所长,视需要选择,各种打法留下的疤痕不同,可以被观察到(图1-1)。琢可以直接成器,如石球,但一般是成型或修整的方法,施于打击成的

---

[1] 傅宪国:《论有段石锛和有肩石器》,《考古学报》1988年1期。
[2] 安志敏:《中国古代的石刀》,《考古学报》第十册,1955年。
[3] 贾伟明:《东北地区的石镞》,《北方文物》1985年2期;赵辉:《中国北方的史前石镞》,《国学研究》第四卷,北京大学出版社,1977年。
[4] 傅宪国:《试论中国新石器时代的石钺》,《考古》1985年9期。
[5] 吴加安:《石器时代的石磨盘》,《史前研究》1986年1、2期。
[6] 刘壮已:《中国古代的石耜》,《农业考古》1991年1期。
[7] 安志敏:《石器略说》,《考古通讯》1955年5期。
[8] 佟柱臣:《仰韶、龙山文化石质工具的工艺研究》,《文物》1978年11期。

较大的器坯之上，小型器经不起琢，琢法分为上下直琢法、保棱琢法和分层琢法三种，可以找平、成圆、成槽、成孔、成肩、成腰。砥磨分纵横两种，固定砥石与活动砥石留下的痕迹不同，前者施于大型器，砥痕规整，后者见于小型器，砥痕散乱。作孔的方法有八种，为钻孔（孔呈漏斗型）、先琢后钻、划孔、先划后钻、挖孔、先挖后钻和管钻（加砂蘸水）。从这些技术的使用情况看，龙山时期的工艺较仰韶时期有明显提高。

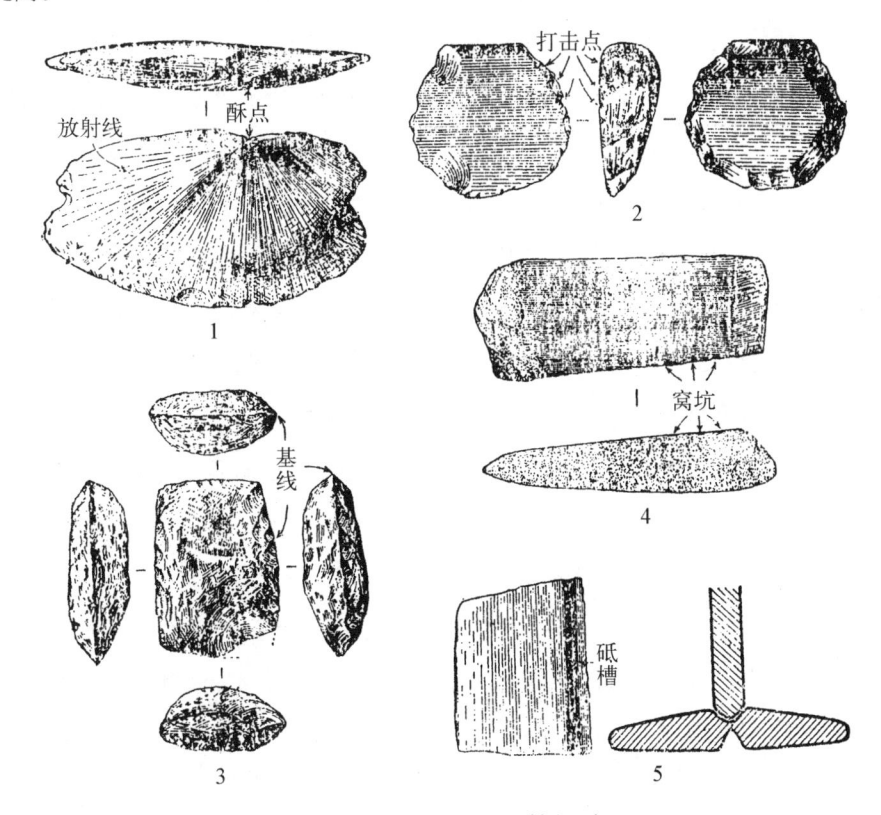

图1-1 石器的打击法和砥断法示意图

1. 集中一点打法 2. 向一面打法 3. 保持中轴基线打法 4. 近似"作窝"打法 5. 砥断法
（引自《仰韶、龙山文化石质工具的工艺研究》图一）

在《中国新石器研究》一书中，作者认为上述石器制作工艺是中国新石器时代普遍存在的，另外还有轮铊磨光、抛光和锉等工艺技术。这些工艺中，在旧石器晚期已见到了琢、磨和作孔技术，在新石器时代早期江西万年仙人洞遗址的凿形器上则有了划断技术,因此划断工艺可以作为新旧石器时代技术的划分标准。新石器时代中期裴李岗文化出现了锉制工艺(石镰)、河姆渡文化有了管钻孔工艺、内蒙古敖汉旗小山遗址发现了抛光工艺。新石器时代晚期各种工艺普遍使用,达到了新石器时代石器制作技术的顶峰[1]。

磨制石器制作工艺留下的痕迹在成品上多被最后一道工序消磨殆尽,因此研究石器的制作技术还要依靠对毛坯、半成品、残次品和弃余物的观察,而这类东西多出自石器的制作场地。在新石器时代一般村落中发现的小型石器制作场地已有很多处,如河南淅川下王岗和孟津妯娌遗址分别发现了多座仰韶时期出有大量石料和石器半成品的圆屋和灰坑[2]。大型的石器制作场以及石料的开采场地也有不少发现。其中最早被人注意的是广东南海的西樵山遗址[3]。西樵山是珠江三角洲上的一座古火山丘,在其周围12平方公里的范围内发现了数十处石器地点,采集和发掘到的大量石制品有石片碎屑、石器半成品、残次品和少量成品,分为两类:一类是燧石细石器制品,主要分布于东麓的旋风岗等地点,在这一带有硅质岩出露;另一类是霏细岩制品,其成品多为磨制的有肩类石器,分布于四周山麓和山上,而山上西北部的虎头岩、锦岩、滴水岩等地点是霏细岩出露的地方。霏细岩石制品是珠江三角洲地区新石器时代晚期石器的主体,其产品都应来自西樵山[4]。吕烈丹应用实验研究分析了西樵山霏细岩的开采方法[5],通过实验结果与出土石制品遗存的比较,否认了过去流行的"火烧水浇法"的开采方式,认为霏细岩石料的开采是利用天然风化岩石或在矿脉露头处直接打击下来的。冯孟钦则认为除此之外,还有直接以地表可采集的霏细岩卵石为原料的情况,他还根据发掘材料中霏

---

[1] 佟柱臣《中国新石器研究》1733-1736页,巴蜀书社,1998年。
[2] 河南省文物研究所等:《淅川下王岗》14-19页,文物出版社,1989年;河南省文物管理局等:《黄河小浪底水库文物考古报告集》,黄河水利出版社,1998年。
[3] 中山大学调查组:《广东南海县西樵山石器的初步调查》,《中山大学学报(自然科学版)》1959年1期;黄慰文:《广东南海县西樵山遗址的复查》,《考古》1979年4期;广东省博物馆:《广东南海县西樵山遗址》,《考古》1983年12期;曾骐《西樵山东麓的细石器》,《考古与文物》1981年4期。
[4] 杨式挺:《试论西樵山文化》,《考古学报》1985年1期。
[5] 吕烈丹:《西樵山石器原料霏细岩开采方法的实验研究》,《考古学研究》(二),北京大学出版社,1994年。

细岩毛坯和废石片的比例为1∶26,计算出了一个地点——佛子庙⑦层曾提供了76800件成品石器[1]。

与西樵山一道被贾兰坡称为新石器时代两大石器制造场的另一处地点是山西怀仁的鹅毛口[2]。这里暴露于地表的石制品分布范围有2万平方米,原料以凝灰岩为主,是从岩石露头处直接打击下来的,石制品中有斧、锄、镰等新石器时代石器的器类。20世纪80年代早期还在山西发现了另外两处石器制作场,这就是太原的古交和襄汾的大崮堆山遗址[3],其中大崮堆山北距陶寺遗址6公里,在山周围七八平方公里的范围内均分布有石制品,而以山南坡最集中,石制品的埋藏厚度达4米,石料以角页岩为主,发现的石制品有石块、石片、石渣、石锤和器坯,其中器坯的形状有铲、斧、楔、锛、厨刀和磬形,大都是陶寺遗址石器成品的特征,而且陶寺也出有类似的毛坯。因此,这里是一处新石器时代晚期的石料开采和石器初加工的场所。陶富海研究了大崮堆山石料的开采方式和石器的初加工工艺[4],认为采石方法有用大石块砸击的投击法和沿基岩节理开采的楔裂法两种,石器加工以截去石片远端留下台面一端的钝厚部分作为坯体的"改制石片"工艺为特征(图1-2)。

70年代中期在东出三峡的长江边发掘的湖北宜都红花套遗址发现了多座制作石器的作坊[5]。这些作坊都是10平方米左右的圆形半地穴工棚,里面往往有几块冬瓜大小的砾石作为坐具和石砧,旁边有石锤和磨石,工棚内都出有大量的砾石原料、废料和半成品(图1-3),其中H11一座工棚内就有这样的石制品1500余件。类似红花套这样的石器制作遗存在三峡内和长江东出三峡出口处的大溪文化时期的遗址中还发现有很多,在这一带形成了一个大的石器制作工业区,其石料均出自长江边的冲积、洪积的卵砾石层。佟柱臣研究了红花套的石制品[6],将数万

---

[1] 冯孟钦、卢筱洪:《从佛子庙的发掘谈西樵山双肩石器的若干问题》,《广东省博物馆集刊(1996)》,广东人民出版社,1997年。
[2] 贾兰坡等:《山西怀仁鹅毛口石器制造场遗址》,《考古学报》1973年2期。
[3] 王向前等:《太原古交发现旧石器时代石器制造场》,《人类学学报》1984年1期;《山西襄汾大崮堆山史前石器制造场初步研究》,《人类学学报》1987年2期。
[4] 陶富海:《山西襄汾大崮堆山史前石器制造场新材料及其再研究》,《考古》1991年1期。
[5] 红花套考古发掘队:《红花套遗址发掘简报》,《史前研究》(辑刊),1990-1991年。
[6] 佟柱臣:《中国新石器研究》677-694页,巴蜀书社,1998年。

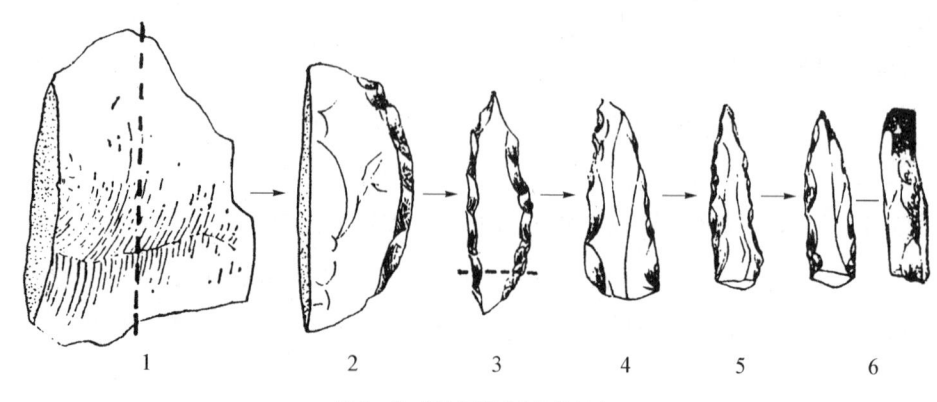

图1-2 "改制石片"工艺示意

（引自《山西襄汾大崮堆山史前石器制造场新材料及其再研究》图五）

件初加工的石材分为石片和石坯两类，认为大量的石片主要是用来制作石铲的，石坯则有斧、锛、凿的毛坯。这里加工坯料的技术多用打击的方法，不见砥断，也少见划断，琢的工艺多见于斧、锛类石器，作孔工艺不发达。这一研究认定的大量不经琢、磨的打制石铲，在大溪文化其他遗址中一般不见，或许可做进一步的探讨。

四、石器用途研究

新石器时代的石器样式多与近现代金属工具的样式相近，或有某些种类在一些少数民族地区还在使用，因此对它们用途的认识主要是通过所谓民族考古学的比较并结合与其他遗物、生活环境共存情况的研究来实现的，也做了少量的镜下微痕分析。

李仰松全面讨论了石斧、石锄、石铲、石锛、石刀、石凿、石镰和盘状器的用途[1]，认为一些出自仰韶文化的梯形宽刃、一面平直、一面起棱的石器不应为石锛，而是起土用的石锄，有肩石铲或有肩石斧是锄、镢类工具。安志敏探讨了石刀的用途[2]，认为并非所有的石刀都是用来割取谷穗的"爪镰"，只有凹刃的石刀才

---

[1] 李仰松：《中国原始社会生产工具试探》，《考古》1980年6期。
[2] 安志敏：《中国古代的石刀》，《考古学报》第十册，1955年。

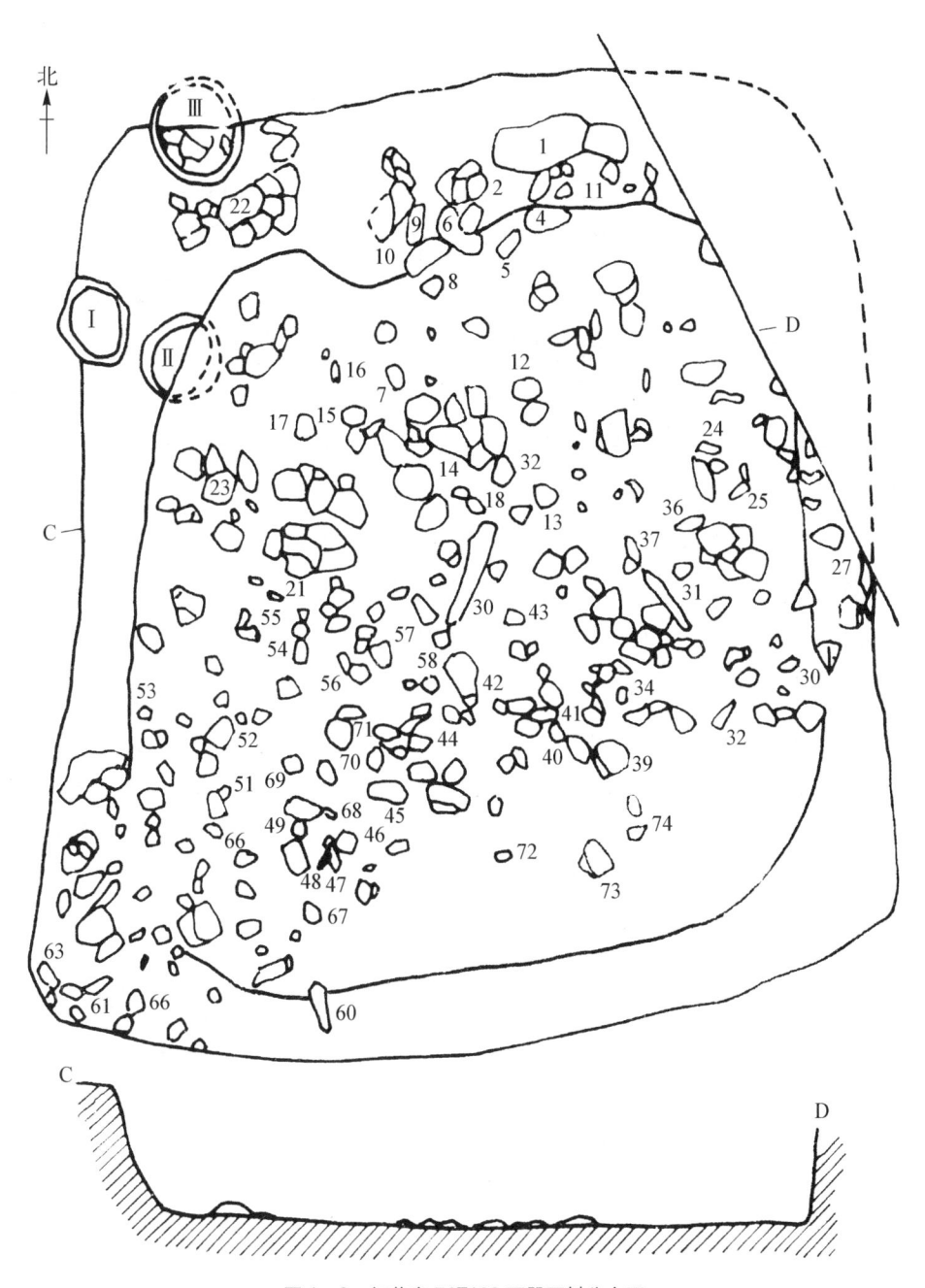

图 1-3 红花套 74F102 石器石料分布图

1—6、8—19、21—26、28—30、32—35、37—57、59—74. 石器(包括石斧、石锛、砍砸器、石刀、石铲、石球等和半成品 未编号者为石料、石片、石核) 7. 鼎足 27、58. 残陶罐 20、31、36. 木炭痕迹 Ⅰ、Ⅱ、Ⅲ. 柱洞
(引自《中国新石器研究》图五八〇)

专门用作收割,直刃的还可兼作切割,而凸刃的石刀则专作切割用。牟永抗和宋兆麟研究了良渚文化的石犁头和破土器[1],认为它们是用于水田农业的工具。杨鸿勋分析了河姆渡遗址出土的斧、锛类器[2],认为很多顶端有砸击痕迹的石斧都应是开木料的石楔,其特征是刃窄、背厚、身长;扁平的石锛通过计算,其强度不足以用作锛子,而可能同于现在木匠所用的石扁铲,其用途类于刨子,起刨光的作用。云翔对有齿工具进行了分辨[3],认为外弧背或直背、内弧刃或直刃、单面刃或双面刃、刃薄而利、齿牙小且不均匀并可竖向安柄者为镰,直背直刃或外弧刃、刃部厚度近于体厚、不开刃或双面刃、齿牙较大而均匀并可横向装柄者是锯。傅宪国根据石钺出土时的摆放位置讨论了它的装柄方式,对过去被误认为是石铲的器物加以正名[4]。张寿琪考察了仰韶文化的盘状器[5],认为大型的盘状器用作砍砸,小型有利刃的可以刮剥,也有作为投石的。汪宁生将新石器时代出土的盘状器与澳大利亚和菲律宾土人的同类石器作了对比,认为它是一种安柄的石器,用途多样,可以砍劈、刮削、敲砸、切割,兼有斧、锤甚至刀的功能。汪氏还就新石器时代普遍发现的穿孔石器、河姆渡出土的蝶形器和制作精良"仪式用石斧"等问题作了比较研究[6],认为有些穿孔石器可能用作加重石,有些则可能是棒头或权杖头,与许玉林等人的看法相似[7],但也有人认为这类石器与纺织有关[8]。汪氏认为河姆渡的蝶形器是投掷标枪时用的辅助用具,与王仁湘、袁靖等将蝶形器作为标枪的附件——定向器的看法小有不同[9]。这些研究多出于20世纪80年代,未知是否为风尚使然。

---

[1] 牟永抗等:《江浙的石犁和破土器——试论我国犁耕的起源》,《农业考古》1981年2期。
[2] 杨鸿勋:《石斧石楔辨——兼及石锛与石扁铲》,《文物与考古》1982年1期;《论石楔及石扁铲——新石器时代考古中被误解了的重要工具》,《文物与考古论集》,文物出版社,1987年。
[3] 云翔:《锯镰辨析》,《文物》1984年10期。
[4] 傅宪国:《试论中国新石器时代的石钺》,《考古》1985年9期。
[5] 张寿琪:《仰韶文化盘状器用途考》,《农业考古》1985年2期。
[6] 汪宁生:《试释几种石器的用途——民族考古学研究之一例》,《中国原始文化论集》,文物出版社,1989年。
[7] 许玉林:《试谈辽宁出土的环状石器与石棍棒头》,《博物馆研究》1984年2期。
[8] 张英等:《试论环状石器及其用途》,《中国考古学会第五次年会论文集(1985)》,文物出版社,1988年。
[9] 王仁湘等:《河姆渡文化"蝶形器"的用途和名称》,《考古与文物》1984年5期。

佟柱臣对仰韶和龙山文化的一些石器作了微痕观察和力学研究[1]，注意到梯形斜刃、斜弧刃石斧的刃缘崩片或破茬多在中后部，刃面多有斜平行磨蚀沟，是斜运动的结果；梯形正弧刃、直刃石斧的刃部破茬分布均匀，崩片较少，刃面有垂直磨蚀沟，是上下运动作用于较软对象的工具；石锛前面刃上使用痕迹明显，多平行竖磨蚀沟，证明它重在以前面着力；石铲的刃面痕迹主要是长而光滑的八字形磨蚀沟，是用来挖土等、作用于较软对象的工具；石刀刃部多有从中间向窄端延长的磨蚀沟，少见崩片，无疑是收刈工具；石镰的痕迹与石刀类似。佟柱臣还就石器的装柄问题作过综合研究[2]。

五、新石器时代的打制石器

中国新石器时代的打制石器有多种类型，其中分布最广泛、延续时间最长的是细石器。细石器的发现最早可以追溯到20世纪初期瑞典人斯文·赫定（Sven Hedin）在新疆罗布淖尔和日本人鸟居龙藏在内蒙古东南赤峰、林西的发现。至二三十年代，法国人桑志华（E. Licent）、德日进（P. Teilhard de Chardin），美国人纳尔逊（N. C. Nelson），日本人驹井和爱、水野清一、江上波夫和瑞典人斯文·赫定等人的调查，又在新疆、内蒙古和河北北部发现了数百处的细石器遗址。1930年梁思永还对出土细石器的黑龙江昂昂溪遗址进行了发掘[3]。1947年，裴文中曾将细石器较早的内蒙古扎赉诺尔遗存定为中石器时代，但不久又取消了这一说法[4]。直到新中国成立后的五六十年代，这些遗存一直都被统称为细石器文化，但已清楚地知道细石器延续的时间相当长，有很多与新石器时代的陶器、磨制石器共存，有的可以晚到青铜时代[5]。70年代以后，细石器遗存又有了更为广泛的发现，集中的

---

[1] 佟柱臣：《仰韶、龙山文化工具的使用痕迹和力学上的研究》，《考古》1982年6期。
[2] 佟柱臣：《中国新石器时代复合工具的研究》，《中国原始文化论集》，文物出版社，1989年。
[3] 梁思永：《昂昂溪史前遗址》，《历史语言研究所集刊》四本一分册，1933年。
[4] 裴文中：《中国的旧石器时代——附中石器时代》，《裴文中史前考古学论文集》，文物出版社，1987年。
[5] 严文明：《长城以北的新石器文化》，《史前考古论集》，科学出版社，1998年。

地点涉及西南地区、华北地区和广东南海的西樵山。其中,年代最早的典型细石器发现于华北山西沁水下川、河南许昌灵井、河北阳原虎头梁等地。1978 年,安志敏撰文对细石器文化进行了讨论[1],认为细石器存在的时空范围广大,与细石器共存的遗存内容无法用细石器文化一词概括,建议用"细石器工艺传统"这一概念来代替。同时认为,细石器起源于华北的旧石器时代晚期,至中石器时代,在下川、灵井和虎头梁发现的细石器已是典型的形态了。而近年来的发现证明,虎头梁的细石器遗存也与华北最早的陶器共存,年代在距今 11000 年以前[2]。同时,对于各地发现的细石器遗存的地域特征及其各自的来源也在深入的讨论之中。

南方地区新石器时代的打制石器的最早发现或许可以追溯到 1935 年裴文中在广西武鸣苞桥、芭勋、腾翔和桂林调查的四处洞穴遗址。这里的石器大多是一些打制的砾石石器,最初裴文中也曾将其定为中石器时代,但在 1956 年再做研究时发现打制石器与陶器共存,于是做了改正[3]。六七十年代以后,在岭南南北两侧的石灰岩地区发现和发掘了多处类似的洞穴遗址,著名的地点有江西万年仙人洞,广东阳春独石仔、封开黄岩洞,广西桂林甑皮岩、柳州大龙潭鲤鱼嘴、白莲洞等,其遗存的共同特征就是打制的砾石石器,也有少数地点发现有小型的燧石、石英石器,并与早期的陶器共存。90 年代以来又在仙人洞和湖南道县玉蟾岩发现了最早的稻作遗存[4],年代在距今 1 万年左右。因此这批洞穴遗址所出的打制石器很可能属于南方地区新石器时代的早期。同时,80 年代在湖南发现的新石器时代中期彭头山文化的石器遗存中,也以打制的砾石石器和燧石小石器为主,说明这些打制石器是南方地区新石器时代早中期的文化特征之一。

此外,在黄河流域新石器时代晚期特别是仰韶文化的石器遗存中还有一些大型的打制石器,器类以盘状器为主,安志敏曾作过综合研究[5]。长江下游宁镇地

---

[1] 安志敏:《海拉尔的中石器遗存——兼论细石器的起源和传统》,《考古学报》1978 年 3 期。
[2] 谢飞等:《泥河湾盆地考古发掘获重大成果》,《中国文物报》1998 年 11 月 15 日第一版。
[3] 裴文中:《中国的旧石器时代——附中石器时代》,《裴文中史前考古学论文集》,文物出版社,1987 年。
[4] 张弛等:《江西万年仙人洞与吊桶环遗址》,《历史月刊》(台北)1996 年 6 月号;袁家荣:《玉蟾岩获水稻起源新物证》,《中国文物报》1996 年 3 月 3 日第一版。
[5] 安志敏:《略论新石器时代的一些打制石器》,《古脊椎动物与古人类》1990 年 2 卷 2 期。

区发现了丹徒磨盘墩等10余处崧泽、良渚文化遗址中出有打制的燧石石器,经研究,其成品类型主要是各种钻头,由于它们与治玉遗存共出,因此很可能是用作玉器打孔的钻具[1]。

六、总结与讨论

20世纪前半叶磨制石器的普遍发现在中国史前文化新石器时代的确立过程中起过重要的作用。新中国成立以后,大规模的田野工作揭示了中国新石器时代不同时期、不同地域石器工业的多种差别,石器品种、形态的变异遂成为确立不同的考古学文化及研究考古学文化分期分区的重要指示器,但在进一步探讨考古学文化的地方类型、文化小区、细致的文化编年和文化发展谱系的研究中,由于石器的变化不及陶器那样细微,石器的研究逐渐淡出,成为这一领域的边际研究对象。在这一研究过程中,不同时地的石器工业系统及其发展变化实际上只建立了一个粗略的系统,对不同时期、不同地区石器工业基本特征(包括种类、形态、工艺等)的了解还不够深入,对不同石器工业体系相互间的影响及其传承不甚了了,以致现在我们对于中国新石器时代各时期的石器工业群的划分及其相互关系还没有一个完整而确切的认识。

石器的制作技术尽管不一定比陶器的制作更为复杂,但其原料的来源却比陶土要少,原料对于技术的限制也更大,这就决定了石器研究倾向于石料产地的集中性和石器贸易的广泛性。目前新石器时代石器产地的研究已有了初步的进展,特别是近年来开始出现了一批利用岩石学方法对石器产地进行研究的成果,为今后对石器从生产到消费的全过程研究打下了良好的基础。

新中国的考古学以马克思历史唯物主义为指导思想,对于史前社会的经济基础和生产力发展水平研究十分重视。石器作为生产工具是衡量生产力发展水平的最好标志,利用出土的石器探讨新石器时代农业生产的发展情况一时成为风尚。

---

[1] 陈淳等:《磨盘墩石钻研究》,《东南文化》第二辑,1986年。

80年代中期,严文明针对仰韶文化研究中简单地将石器等同于农具的倾向做了讨论[1],认为石器作为工具固然是经济发展的标识器之一,但史前经济的门类很多,石器的用途也很多,不一定都用作农具,因此具体探讨各类石器的用途是十分必要的。我们习惯从石器形态上用民族学的比较研究来确定石器的用途,但这种方法不能最终解决问题,有必要通过微痕观察和实验研究做进一步的考察,这样才能得到确实的结论。这通议论虽发自10余年前,但亦切时弊,时至今日,新石器时代石器研究这方面的成果还是不多见的。此外,磨制石器与农业、定居等其他新石器时代事物之间联系的机制也没有深入的探讨。

与世界其他地区相比较,中国新石器时代磨制石器出现得比较早,在旧石器时代晚期和新石器时代早期已有了某些磨制石器的器类和制作工艺,到新石器时代中期在黄河、长江的中下游地区率先发展了磨制工艺,进而在新石器时代晚期出现了多个不同的石器工业系统,并在此基础上发展了玉器的制作,达到了世界石器工艺的最高峰。中国新石器时代石器的种类最多,制作工艺也最发达,因此反映古代社会各方面的问题也就相对更多,这就注定了中国新石器时代石器的研究包含着更为丰富的内容,这一领域的不断进展必将为史前社会研究开拓出新的天地。

(本文原名"中国新石器时代石器的研究",载严文明主编《中国考古学研究的世纪回顾·新石器时代考古卷》,81-91页,科学出版社,2008年。此次重刊略有修订。)

---

[1] 严文明:《纪念仰韶村遗址发现六十五周年》,《仰韶文化研究》339-341页,文物出版社,1989年。

2
中国新石器时代的石叶技术*
——汉水中游仰韶文化石叶石镞

《江汉考古》2018年第2期发表《丹江口库区燧石遗存调查简报》一文（下文简称为《简报》），公布了丹江口库区35处遗址和地点调查发现的3540件燧石制品的材料。《简报》将这批燧石制品划分为砾石石器、石片石器和石叶石器三个技术系统，认为其中"前两者与库区的砾石石器工业和石片石器工业的技术风格相似，石叶石器技术与西施遗址的石叶工业接近"[1]。《简报》虽未明确认定这批燧石石器的年代，但显然倾向归于旧石器时代。丹江口库区发现的大量的石叶及其产品，是石叶技术在中国东部地区分布最靠南的，而石叶技术关乎旧石器时代晚期的开始、东西文化的交流以及现代人的迁徙扩散问题[2]，因此引起了广泛的关注。但本文根据有确切石叶出土遗址的年代，认定这批石叶产品应当属于新石器时代仰韶文化早、中期，与中国旧石器时代石叶技术的起源无关。

一、丹江口库区石叶制品与旧石器时代石叶技术

《简报》公布的石叶石器技术制品共计1093件，包括石叶和石叶石核两种坯料以及修理石叶、刮削器、凹缺器、石镞、锯齿刃器、石刀、锥钻、矛头、磨制石叶石刀等

---

* 本文得到国家重点研发计划："长江流域文明进程研究"（2020YFC1521603）资助。此外，作者感谢与宋国定、高星和王幼平老师的有益讨论。
[1] 中国科学院大学考古学与人类学系、河南省文物局南水北调文物保护办公室、浙江大学文物与博物馆学系：《丹江口库区燧石遗存调查简报》，《江汉考古》2018年2期。
[2] 李锋、陈福友、汪英华、高星：《晚更新世晚期中国北方石叶技术所反映的技术扩散与人群迁移》，《中国科学：地球科学》2016年7期；王幼平：《石器技术与早期人类的迁徙扩散》，北京大学考古文博学院、北京大学中国考古学研究中心编《考古学研究》（十一），科学出版社，2019年。

九种石叶石器产品(部分器物见图2-1、2-2)。现将这些石制品仍按照原《简报》采集分区统计如表2-1。此外,《简报》还介绍了3件介于锯齿刃器—凹缺器、凹缺器—刮削器、刮削器—雕刻器之间的器物(表2-1"其他"项)。《简报》未指出采集样本中是否还有加工石叶以及以石叶为毛坯加工成石器产品过程中产生的石片。

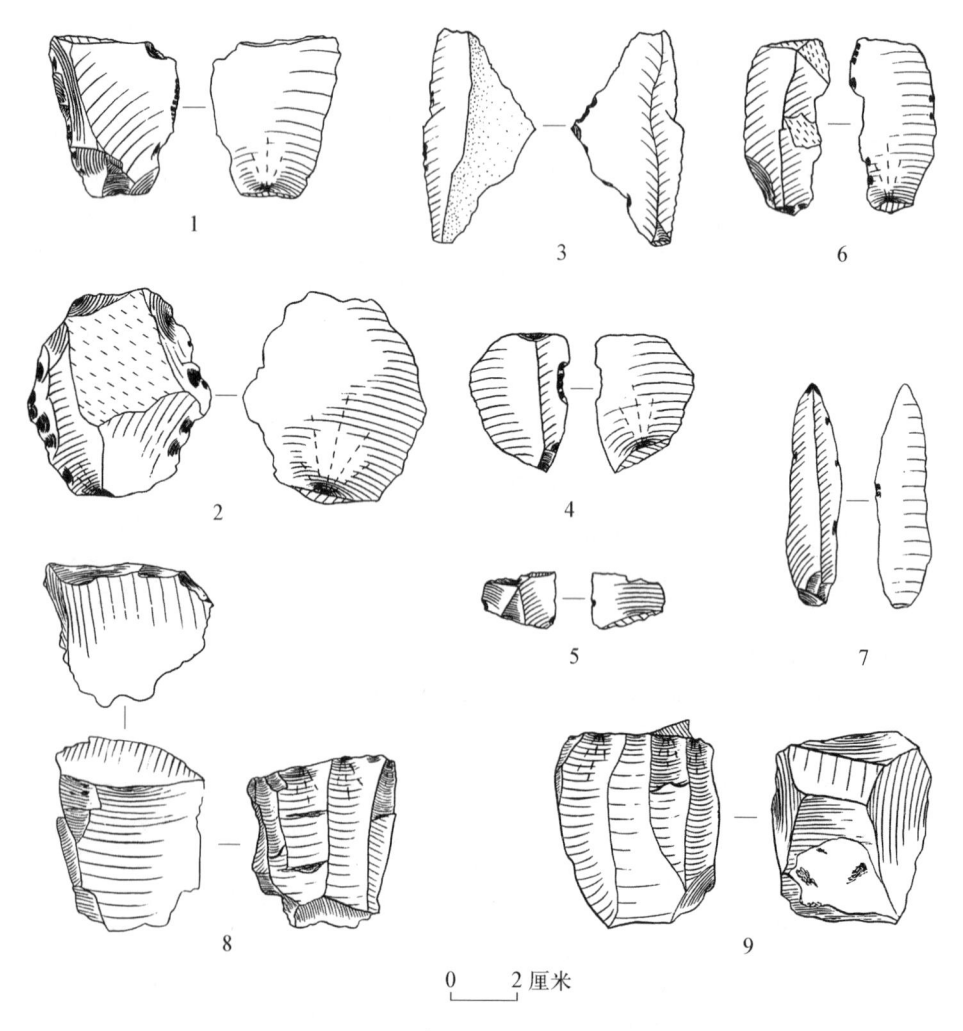

图2-1 丹江口库区调查四区采集石叶石制品

1、2. 刮削器 3. 锯齿刃器 4、5. 凹缺器 6. 石刀 7. 石镞 8、9. 石核
(《丹江口库区燧石遗存调查简报》图四)

图 2-2 丹江口库区调查采集石叶与细石叶

(《丹江口库区燧石遗存调查简报》图版六)

表 2-1 《丹江口库区燧石遗存调查简报》公布的石叶及其制品统计表

分类 地点	石叶	修理石叶	刮削器	凹缺器	石镞	锯齿刃器	石刀	锥钻	矛头	石叶石核	磨制石叶石刀	其他	总数
一区	34	10	11		13		6	6	3				83
二区	7		3		1	6		4			1		22
三区	12		4	10	1	1		1					29
四区	673	57	49	50	39	40	25	13	3	5		3	957
五区	2												2
总数	728	67	67	60	54	47	31	24	6	5	1	3	1093

这些石叶技术制品中,石叶石核仅有 5 件且仅见于四区。石叶数量最多,但有半数不完整,也有极少量的宽石叶(8 件)和鸡冠状石叶(3 件)。石叶石器中修理

石叶、刮削器、凹缺器和石镞数量最多,各在60件上下;锯齿刃器、石刀、锥钻次之;矛头、磨制石叶石刀和其他器物数量很少。丹江口库区采集石叶多为一条背脊,也有少数两条或"Y"字形背脊,而5件石叶石核皆为柱状,可见使用的是典型的棱柱状石叶石核技术。

《简报》申明,上文表2-1丹江口库区石叶发现的地点中,一区出自申明铺和下王岗,二区出自双河镇,三区出自坑南,四区出自下寺码头、岳沟和博山,五区出自台子山遗址,而二区双河镇、三区坑南和五区台子山分别只有22、29和2件石叶制品,一区申明铺、四区下寺码头和岳沟具体数量不明,但据《简报》表一可知,这三个地点燧石制品分别为18、11和80件,其中如果有石叶制品的话,自然不会超过这些数字。因此,正如《简报》提示的,丹江口库区调查石叶及其产品主要出自下王岗和博山两个遗址,数量占到九成左右。下王岗石叶石器中虽然缺乏凹缺器和锯齿刃器这两类博山比较常见的器类,石镞的比例也要比博山高很多,但石器种类以及石叶技术是一样的,可见应当属于同一技术系统。

李锋等学者将中国旧石器时代出土的石叶技术遗存分为两类[1],一是勒瓦娄瓦石叶与棱柱状石叶石核共存,二是棱柱状石叶石核与细石叶技术共存,前者包括宁夏水洞沟、黑龙江呼玛十八站和新疆骆驼石遗址,年代较早;后者包括河北泥河湾油坊、河南登封西施和吉林东部和龙石人沟、大洞等地点,年代较晚。丹江口库区的石叶技术系统中不见勒瓦娄瓦石叶方法,石器种类也与前者以端刮器、雕刻器为主的工具类型迥然不同。丹江口库区调查在三区(坑南遗址)和四区(下寺码头遗址)也发现有细石叶共计11件,石叶和细石叶共存,貌似与后者有些相似,但丹江口库区的细石叶比例太低,石器种类也与后者刮削器、端刮器、雕刻器、尖状器、琢背小刀的石器组合大不相同,而且后者的石叶石器种类中绝不见石镞。

---

[1] 李锋、陈福友、汪英华、高星:《晚更新世晚期中国北方石叶技术所反映的技术扩散与人群迁移》,《中国科学:地球科学》2016年7期。

以距离丹江口库区最近的出土石叶的地点——登封西施遗址为例[1]，这个遗址下层是一处距今25000年的石叶技术石器制作场，出土石叶227、石叶石核62、细石叶82、细石核3件，细石叶占比接近三成。西施也采用的是典型的棱柱状石叶石核技术，但石叶(图2-3)较之丹江口库区出土石叶更为宽短。西施的石器种类有端刮器、刮削器、雕刻器和尖状器，以端刮器为主，均以石片制成，而丹江口库区石叶石器为修理石叶、刮削器、凹缺器、石镞、锯齿刃器、石刀、锥钻和矛头。

图2-3 西施遗址出土石叶

(《MIS3阶段嵩山东麓旧石器发现与问题》图4)

---

[1] 王幼平、汪松枝：《MIS3阶段嵩山东麓旧石器发现与问题》，《人类学学报》2014年3期；高霄旭：《西施旧石器遗址石制品研究》，北京大学硕士学位论文，2011年。

因此，丹江口库区石叶石制品如果确为同一技术系统的产品，就与此前已知的任何旧石器时代石叶技术系统均不相同，是自成体系的一类。

二、汉水中游仰韶文化的石叶石镞

实际上，《简报》给出了不少丹江口库区石叶技术产品的年代线索。这批石叶技术产品主要出自下王岗和博山两个遗址，下王岗遗址本身是以新石器时代堆积为主体的，博山地点"燧石制品和新石器时代的文化遗存有共存和伴生现象"。此外，《简报》表一中还有南河、马川和沟湾三个遗址的新石器时代灰坑或堆积发现有燧石制品，其中马川遗址出燧石制品的灰坑中见有屈家岭文化时期的陶片。这样，丹江口库区石叶制品就很有可能属于新石器时代，只是具体属于新石器时代哪个时期，《简报》没有明确的线索。此外，南阳黄山遗址也曾采集到1件石叶残器，应当是石镞废品[1]，黄山也是个新石器时代遗址，包含有仰韶文化、屈家岭文化和石家河文化堆积。

淅川下王岗遗址在20世纪70年代和21世纪初经过多次发掘，已经有两部发掘报告出版，均发表了一批石叶技术产品的相关材料，只是这些产品都是石镞。20世纪70年代发掘报告公布了仰韶文化一期发现的4件石叶石镞（原报告Ⅱ式镞），其中2件发表了堆积单位，即T11⑦：207和M285。仰韶文化二期有63件"仅经第一次加工打制的石镞坯，形状有叶形和三角形等"，但未发表出土单位和图，其中多数应当是石叶石镞。仰韶文化三期Ⅱ式5件"石英岩打制"石镞应当也是燧石石叶石镞，发表的1件的堆积单位是T7⑤：43[2]。下王岗21世纪初的发掘，在灰坑和墓葬中均发现有至少18件黄色燧石石叶石镞，其中M17有9件，H266有5件（图2-4、2-5）[3]。

---

[1] 江富建、乔保同、周世全、王建中著，南阳市文物考古研究所编：《独山玉文明之光——南阳黄山遗址独山玉制品调查报告》51页，中州古籍出版社，2021年。
[2] 河南省文物研究所等：《淅川下王岗》41、137、189页，343页续附表二，文物出版社，1989年。
[3] 中国社会科学院考古研究所：《淅川下王岗：2008—2010年发掘报告》（上）108-109页，科学出版社，2020年。

图 2-4　下王岗遗址 M17 随葬石叶石镞

(《淅川下王岗：2008—2010 年发掘报告》图版七三：2)

淅川邻县邓州八里岗遗址发掘发现有 47 件石叶石镞,均出自仰韶文化早期墓葬和灰坑,但大多见于墓葬,其中有 6 座墓葬随葬了 4—5 件[1]（如图 2-6）。

下王岗和八里岗发掘出土的这批石叶石镞有一致的特征。原料都是黄色、黄灰色或灰白色燧石,以典型棱柱状石叶石核工艺产生远端尖锐的石叶毛坯,然后在近端两边打击出石镞铤部成器,个别的修整一边或两边,使石镞背脊两边对称,有的似乎还要打掉过厚的背脊部分,最终产品整体多为柳叶形。器长一般在 4—8 厘

---

[1] 北京大学考古文博学院、南阳市文物考古研究所：《邓州八里岗》（一）,待出版。

图 2-5　下王岗遗址灰坑出土石叶石镞

（左为 T6H259：2，右为 H266：5-3，见《淅川下王岗：2008—2010 年发掘报告》图版七三：1、3）

图 2-6　八里岗遗址墓葬 M161 随葬石叶石镞

（从左至右：M161：18、19、22、21、20）

米,宽一般1—2厘米。下王岗发表有图或照片的12件石镞,石叶都只有一条脊,其中至少有2件为"Y"字形(出自M17),T6H259:2一边有明显的修整片疤,M17一件背脊被打掉。八里岗M161:18、M161:20都有两条背脊,但在远端合二为一,也可以说是"Y"字形脊,M161:19一边向背面打击修整痕迹明显。

下王岗和八里岗石叶石镞无论从原料、石叶生产技术、石镞加工技术,还是最终成品的大小样式,均与丹江口库区采集石镞完全一样。如果说下王岗、八里岗文化层和灰坑所出石镞还有可能从更早的堆积物中混入的话,大量作为墓葬随葬品的石叶石镞就只能是当时的产品,而不可能来自墓葬的回填土,因为仰韶墓葬历来有随葬弓矢的传统,不论下王岗仰韶文化一、二期还是八里岗仰韶早期墓葬,都还随葬有磨制石镞和骨镞,而且有多座墓葬随葬了不止1件石叶石镞,最多的下王岗M17随葬了9件,多件石叶石镞一般出在一起(如图2-7),应当是安装了箭杆并一起放置在箭箙中的。

图2-7 下王岗遗址M17部分随葬石叶石镞出土情况

(《淅川下王岗:2008—2010年发掘报告》图版三五:2)

下王岗仰韶文化一期、二期与八里岗仰韶文化早期同时，也是石叶石镞出土数量最多的时期；下王岗三期的年代相当于仰韶文化中晚期之交，但所见5件均不出于墓葬，八里岗仰韶文化中期到晚期早段有房屋也有墓葬，但墓葬均不出石器，当然也都没有石镞，因此，下王岗仰韶文化三期堆积中出土的石叶石镞来源还不够清楚。总之，下王岗和八里岗的石叶石镞可以明确确认的年代属于仰韶文化早期，能否晚到仰韶文化中晚期，是不能确定的。汉水中游已经发掘和发表了多处屈家岭文化时期遗址材料，均不见石叶石镞或其他石叶产品，可见上引马川遗址与屈家岭文化陶片共存的燧石石器年代存疑，这个遗址很有可能也存在仰韶文化早期遗存。

虽然下王岗和八里岗新石器时代遗址发掘只发现了石镞这一种石叶技术产品，并不能就此证明丹江口库区采集到的石叶制品中，除石镞以外的其他器物也属于仰韶文化时期，但由于下土岗和博山各种石叶制品很可能都出自新石器堆积中，这些石制品属于同一时期的可能性是很大的。只是石镞常出于墓葬，易于辨认，因而得到了发掘、整理和编写报告者的重视；其他石叶产品个体很小，不是特别注意就难以被采集到。

下王岗和八里岗发掘出土的石叶石镞，出于墓葬者应当都是成品，出于文化层和灰坑中的多是废弃残断件，可见这两个遗址都应当是消费地点。而博山等地不但发现了石叶石核，还发现有带石皮的初级石叶、鸡冠状石叶以及大量石叶毛坯，这些地点是石叶制品的制作地点殆无疑问。此外，下王岗仰韶文化一期F4出有大量与石器制作有关的石制品，因而被认为是石器制作场，这些石制品中就包括1件石镞，这件石镞也有可能就是石叶石镞（下王岗仰韶文化还有一种磨制的页岩扁平石镞）。因此，丹江口库区周边不仅应当有燧石的产地，而且确凿无疑是仰韶文化早期石叶石镞的产地。而八里岗已经在南阳盆地腹心地区，处于平原地带，没有燧石原料，只是石叶石镞的消费地点。于此可见仰韶文化早期石叶产品从生产到消费的流通情况。

三、与其他地区新石器时代石叶、细石叶技术的比较

从新石器时代直至青铜时代，整个欧亚大陆的大部分地区，石叶与细石叶技术一直存在，技术系统大体与旧石器时代晚期相似，西亚前陶新石器时代A阶段

（PPNA）以后还出现了特别大型的石叶。靠近欧亚大陆草原地带的中国东北、北方乃至西南地区也有同样的传统，东北和北方地区还延续到了青铜时代乃至更晚，只是中国新石器时代以降的石叶技术不像欧亚大陆中西部那么发达。早在旧石器时代向新石器时代过渡的时期，东北亚地区就出现了石叶石镞，新近发掘的饶河小南山遗址石叶石镞的年代接近距今 9000 年[1]。此后新石器时代石叶石镞仍然多见于中国东北地区[2]，如与仰韶文化年代差不多的密山新开流遗址就有其例[3]，只是难以与汉水流域仰韶文化的发现拉上关系。

在仰韶文化分布的西北部地区，秦安大地湾遗址二期文化层和房址中出土了 6 件燧石制品，包括细石叶石核 3、刮削器 2 和石叶镞形器 1 件，其中石叶镞形器长 3.5、宽 1.3 厘米，无铤，刮削器也像是石叶制品（图 2-8）[4]，尽管该遗址还有旧石器时代晚期的细石器遗存[5]，但这些燧石制品中有 2 件细石核和 1 件刮削器分别出于房址 F245、F255 和 F305 中，大地湾旧石器时代石器中又没有石叶产品的迹象，因此这

图 2-8 大地湾遗址二期出土细石核、石叶镞形器和刮削器

（《秦安大地湾——新石器时代遗址发掘报告》彩版一九：4、5、6）

---

[1] 黑龙江省文物考古研究所、饶河县文物管理所：《黑龙江饶河县小南山遗址 2015 年 III 区发掘简报》，《考古》2019 年 8 期。
[2] 贾伟明：《东北地区的石镞》，《北方文物》1985 年 2 期。
[3] 黑龙江省文物考古工作队：《密山县新开流遗址》，《考古学报》1979 年 4 期。
[4] 甘肃省文物考古研究所：《秦安大地湾——新石器时代遗址发掘报告》（上）227-228 页，文物出版社，2006 年。
[5] 张冬菊、陈发虎、Bettingger R L、Barton L、吉笃学、Morgan C、王辉、程晓钟、董光辉、Guilderson T P、赵晖：《甘肃大地湾遗址 6 万年来的考古记录与旱作农业起源》，《科学通报》2010 年 10 期。

些燧石制品年代属于大地湾遗址二期应当是可靠的。垣曲东关遗址三期的灰坑和房址中出土4件黑色燧石石叶石镞(图2-9)[1]。大地湾二期和垣曲东关三期分别相当于仰韶文化早期和中期,都是仰韶文化仍然存在石叶技术和石叶石镞的例子。

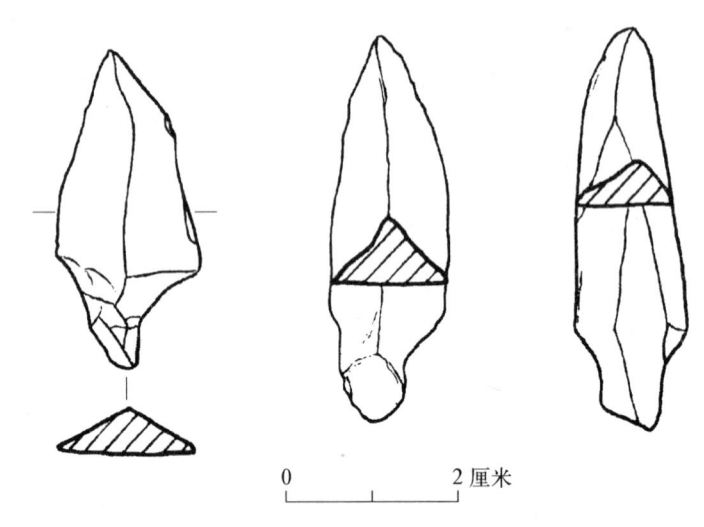

图2-9 古城东关遗址三期出土石叶石镞

(《垣曲古城东关》115页图104:2、3、4)

如果说大地湾和垣曲东关仍嫌偏于西北和北方地区的话,中原地区仰韶文化的前身——裴李岗文化时期一直都有细石器发现[2],与仰韶文化相关的最为集中的一批细石器出自四川广元中子铺遗址,这里发掘出土了上万件细石器石制品,测

---

[1] 中国历史博物馆考古部、山西省考古研究所、垣曲县博物馆:《垣曲古城东关》114-115页,科学出版社,2001年。
[2] 如新郑沙窝李遗址和唐户遗址,见中国社会科学院考古研究所河南一队:《河南新郑沙窝李新石器时代遗址》,《考古》1983年12期;郑州市文物考古研究院、河南省文物管理局南水北调文物保护办公室:《河南新郑市唐户遗址裴李岗文化遗存2007年发掘简报》,《考古》2010年5期。其实裴李岗遗址裴李岗文化时期堆积中也出细石器,但裴李岗遗址本身还是一个旧石器时代晚期遗址,因此细石器的来源难以评估,见中国社会科学院考古研究所河南第一工作队、郑州市文物考古研究院、新郑市文化广电旅游体育局:《河南新郑裴李岗遗址2018—2019年发掘》,《考古学报》2020年4期。

年在距今6800—6000年[1]，正是仰韶文化早期。广元北通汉中，这里的新石器时代早期文化属于汉水上游老官台—仰韶文化一脉，与汉水中游仰韶文化有共同的来源或密切的联系。汉水中游的石叶技术同属于棱柱状石核石叶—细石叶的技术系统，以中子铺细石器制作场的规模来看，仰韶时期汉水流域中上游显然在广泛利用这一技术体系及其产品，此时的汉水中游有石叶技术的存在也就并不让人特别意外，这一发现应当不是此地仰韶人自己突然的发明。

四、结语

汉水中游丹江口库区燧石石器的调查，在多个地点采集到了石叶、石叶石核以及以石叶为毛坯制作的修理石叶、刮削器、凹缺器、石镞、锯齿刃器、石刀、锥钻、矛头、磨制石叶石刀等九种石叶石器产品共计上千件，但这些石叶石器不同于中国旧石器时代的石叶技术产品。此前当地发掘的下王岗和八里岗新石器时代仰韶文化时期文化层、灰坑和墓葬中已经出土了百余件石叶石镞，它们从石料、石叶生产技术、石镞修整方式和最终产品样式，都与丹江口库区的石叶石镞完全一样，显然出自同一生产技术体系。丹江口库区采集到的石叶制品多发现于下王岗和博山两个遗址的新石器时代遗址堆积中，因此其他几种石叶产品很可能也是仰韶文化时期的。无论如何，以石叶为毛坯制作而成的石镞是属于仰韶文化时期的。丹江口库区博山等地点发现有石叶石核、鸡冠状石叶和大量石叶毛坯等石叶产品，下王岗还有制作石镞的工棚，显然这两地是制作石叶的地点，因此丹江口库区一带应当是仰韶文化时期石叶石镞的产地，而八里岗在南阳盆地的腹心，不是燧石石料的产地，也没有加工制作石叶的任何迹象，应当是这类产品的消费地点。

同欧亚大陆其他地区一样，中国旧石器时代晚期以来，石叶技术和细石叶技术一直并存并延续到新石器时代，只是细石叶技术在中国新石器时代使用更为广泛，

---

[1] 中国社会科学院考古研究所四川工作队：《四川广元市中子铺细石器遗存》，《考古》1991年4期；王仁湘：《中子铺：细石器文化南进的路标——写在四川广元中子铺遗址发现三十周年之际》，《南方文物》2019年1期。

分布的位置也更靠南,石叶技术及其产品则相对比较少见,本文认定的汉水中游发现的仰韶文化时期石叶产地和石叶产品,说明欧亚大陆东部地区石叶技术可以晚到距今5000年,往南可以分布到汉水中游地区。

(本文原名"中国新石器时代的石叶技术——汉水中游仰韶文化石叶石镞",载《江汉考古》2021年6期。此次重刊略有修订。)

3
中国新石器时代的石制品研究*
——以红花套遗址为中心

红花套遗址位于湖北宜都城西的长江右岸岸边,在1974年时保留面积2万平方米。1973—1977年5次发掘共揭露面积2825平方米,发现了大量的大溪文化中晚期至屈家岭文化早中期的房址、灰坑和墓葬等遗迹以及大量陶器和石器等人工制品[1]。其中石器及与石器制作相关的各种石制品数量巨大,引起了发掘者和研究者的极大关注。严文明和佟柱臣先生还结合有关遗迹做过专门论述[2]。这批石制品在历次发掘整理和随后的集中整理过程中经过初步研究,佟柱臣先生也曾经对这批石制品进行过观察并发表了研究结果[3]。为配合红花套遗址发掘报告的编写,2002年我们在佟柱臣和严文明先生的建议下又对这批出土石制品进行了比较全面的分类研究。同时在严文明先生的指导下,对红花套遗址进行了小面积的发掘,以采集20世纪70年代没有注意到的石制品细小碎屑,并对其中一处被认为是石器作坊的遗迹进行重新清理。以下摘选红花套发掘报告中石制品研究的部分内容,简单介绍这次的研究成果。

在红花套遗址1973—1977年历次发掘的所有堆积单位中共采集了各种石料、石器废料、石器成品和石器残次品等共13000余件(没有1厘米以下碎屑),2002年的小面积发掘还采集到大量1厘米以下的小石片和石制品碎屑,包括了石器从石料采集、制作、使用到废弃中各个环节的样本。因此可以判断红花套遗址是出产石

---

* 本文的研究得到教育部2004年度"新世纪优秀人才支持计划"(编号 NCET-0027)的资助。
[1] 参见红花套考古发掘队:《红花套遗址发掘报告》,《史前研究》(辑刊)309-317页,1990—1991年。
[2] 严文明:《中国新石器时代聚落形态的考察》,《庆祝苏秉琦考古五十五年论文集》,文物出版社,1989年;佟柱臣:《中国新石器研究》(上),巴蜀书社,1998年。
[3] 佟柱臣:《中国新石器研究》(上),巴蜀书社,1998年。

器的地点，也是使用和废弃石器的地点。这些石制品大体可以区分为成品、石料、废料和残次品等几大类，以下即按这个分类分别介绍。同时又由于各类石制品特别是其中废料和残次品的形态主要是由加工工艺所决定的，因此在介绍中也可以看出这里石器加工的工艺及工艺流程。

一、成品分类和形态

红花套遗址是出产石器的地点，也是使用和废弃石器的地点，因此，这里的石制品中既有石器刚出产的成品和使用中或丢弃的耗损品，也有大量石器制作过程中的残次品和半成品。所谓成品是指具有成品形态，加工步骤比较完整，甚至刃部有使用痕迹的石制品，其中大部分应当是使用后丢弃的耗损器。但有些即便石器周身制作完整，只是刃部有较大的破损崩片疤，也很难断定是加工过程中修理石器刃部时产生的残次品还是使用过程中产生的耗损品。如果是残断件，就更无法区分了。因此，我们不能对红花套石器所有种类成品的数量有准确的统计。

红花套石器成品的种类大致有斧、锛、凿、钺、铲、穿孔小锛、圆盘形器、盘状器、砍砸器、切割器、尖状器、镞、纺轮、璜、玦等类。其中数量最多的是斧，其次为锛和凿，再就是铲，其他器类的数量都不是很多。还有就是加工石器的工具，包括大量的石锤和一些石砧和砺（砥）石，此外尖状器可能是石器钻孔用的钻具。上述石器中，同类石器也还有一些不同的形态，以下将分类进行描述。在描述中，不论石器在实际使用中情况如何，均设刃部为下，与刃相对的顶部为上。

（1）斧

石斧有多种不同的形态，表现在体量上有大小和厚薄的区别，正立面有长方形和梯形的区别，横截面有弧边长方形和扁圆形的区别，刃部有正弧刃、平直刃和偏弧刃的区别。这些不同并没有固定的搭配，因此不能做系统的分类。正立面为标准长方形的石斧数量不是很多，一般的刃宽多少都要稍大于顶宽而近于梯形。多数的石斧横截面为两面略弧、两侧平直的长方形，只有一些中小型者为扁圆形。而在刃部特征中，平直刃或正弧刃的石斧数量是比较多的。

其中,最大的一件为采集品,被称为"石斧王"[1],长43.1、顶宽14.5、刃宽17.5、厚4.7厘米,重7250克。最小的石斧还有长不过10厘米者。而中等体量,长度在十几至二十几厘米之间的数量最多。如标本T75H375：53,以砾石为素材,制法应该是先以打击方法将砾石短径两侧部分去掉,使砾石更加窄长以制作目的器物的两侧,并将打出来的两侧破裂面琢平乃至磨光,形成初坯,再由两侧打击坯件的两面(砾石原面)去薄,形成目的器物器身的两面,并琢平磨光。两面侧缘尚留有未被琢磨掉的打击破裂面(图3-1-1)。

小型石斧一般分宽、窄两种,刃多平直,少数为正弧,也有偏弧者。最小的石斧长度仅在7厘米左右,功能可能与凿类似,而不会是斧,但形态与斧一样。

(2) 锛

石锛有固定的几种,以体量区分,有大、中、小三种型号,其中大型锛一般长十几至二十厘米,多用砾石大石片为素材;中型锛一般长8厘米左右,多用砾石做素材;小型锛多在5厘米上下,多用各种小石片做素材。但这三种体量之间的例子也有不少,因此并不能明确区分。以锛体正立面形状区分,大型锛一般都是长条形或近似梯形,但二者差别不大。中、小型锛则都有明显的梯形和条形两种形态,其中梯形的比较厚重,条形的比较扁薄。此外,还有极少小型的有段锛。

大型锛多用石片为素材,保留一面石皮,由砾石原面向破裂面两侧打击成形,由两侧向破裂面打击去薄,保留另一面的砾石原面,向一面或两面打击出顶部,利用石片边缘成刃部,再磨制成器,少见琢制者。如标本T26②：16,以石英岩石片为素材,由石片向原面打出器物两侧,原面左下侧局部琢平,顶部打击两下,由破裂面向原面打出刃部,刃未磨,但似经过使用(图3-1-4)。

中型锛一般以砾石为素材,弧顶(多为原面)、梯形或长方形。标本如T76⑤：150,玄武岩,似为石片素材,灰色。除顶部外周身磨光,顶有打击痕,刃缘有连片崩片疤(图3-1-5)。

有段锛多见以切割法裁坯的例子,如标本T26③A：108(图3-1-6)。

---

[1] 李文杰：《大溪文化之最》,《江汉考古》1988年1期。

1. 0   4   8厘米   2—6. 0   2   4厘米

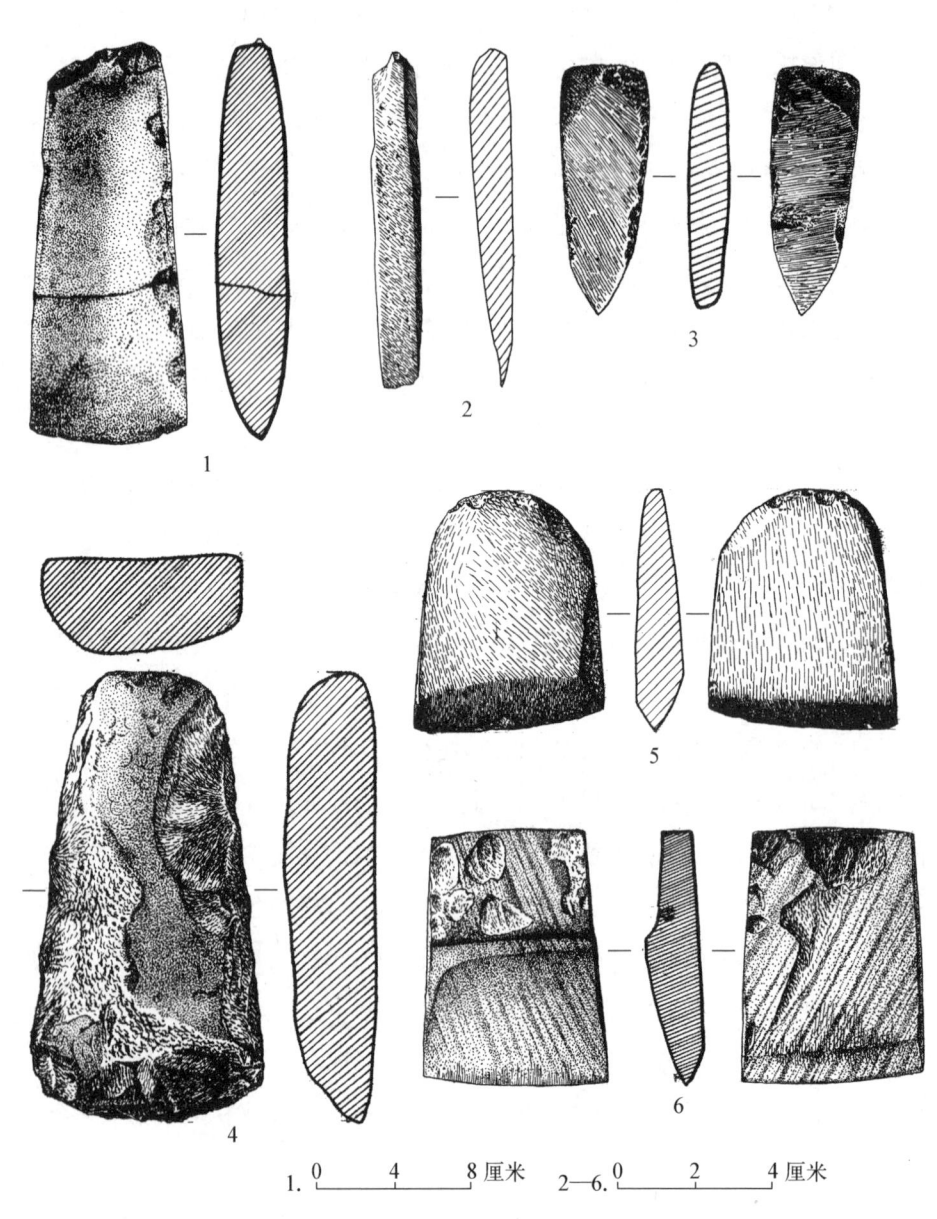

图3-1 红花套遗址出土石斧、石锛、石凿

1. 石斧(T75H375∶53)　2、3. 石凿(T74③∶74、T2H18∶57)
4—6. 石锛(T26②∶16、T76⑤∶150、T26③A∶108)

(3) 凿

石凿的形态也有多种,从体量区分,有大小的差别,但似乎没有固定的大小型号。从形态区分,则有条形、圭形、梭形和棒状四种。从各种凿的体量看,大型凿都是条形两面刃的,小一些的凿圭形两侧刃的比较多,但也有条形两面刃的。其中条形凿是从两面磨刃的,数量最多。如标本 T74③:74,石英砂岩,似为石片素材,从石片原面打出两侧,两侧和石片破裂面磨制,顶残,刃缘有崩片疤(图 3-1-2)。

圭形凿是从两侧磨刃的,数量也不少,有些断面接近正方形,不能区分是两面刃还是两侧刃,一般也归为圭形凿。如标本 T2④:57(T2H18:5),灰色石英砂岩,周身斜砥磨光,顶角有破损,扁圭形(图 3-1-3)。

梭形凿也是两面磨刃,数量很少。棒状凿最少见,可能是将就石材原来形状的结果,与条形凿应该没有功能上的区别。

(4) 铲

石铲的数量比较多。大都是石英砂岩石片石器,一般以石片的打击点和远端为目的器物的两侧直接打制而成,个别柄部略琢。按形态区分,石铲可分为有柄(或有肩)和无柄长条形两种,有柄的石铲又有长身与短身的区别。

其中有柄铲如标本 T101③A:9,铁质石英砂岩,以素材石片打击点和远端为两侧,上部由石片砾石原面向破裂面打出肩柄(图 3-2-1)。

无柄长条形铲如标本 T56M204:54,玄武岩,向石片破裂面打出两侧,两侧及破裂面磨光,样子很像是大型锛,但为直刃(图 3-2-2)。

(5) 钺

石钺的数量不多。一般都是宽体的,窄长的仅 1 例。孔的钻法有空心管钻、实心钻和琢钻等的不同。如标本 T89④:42,闪长岩,半残,周身磨光,两面横、两侧斜、刃面竖砥。孔为一面管钻未透,打通(图 3-2-3)。

(6) 穿孔小锛

形体细小扁薄的锛形器物,在上部或中部有一钻孔,应当为装饰品,材质多为灰色板岩。如标本 T71⑤A:50,灰色板岩,周身磨光,偏刃圆钝,似为管钻孔(图 3-2-8)。

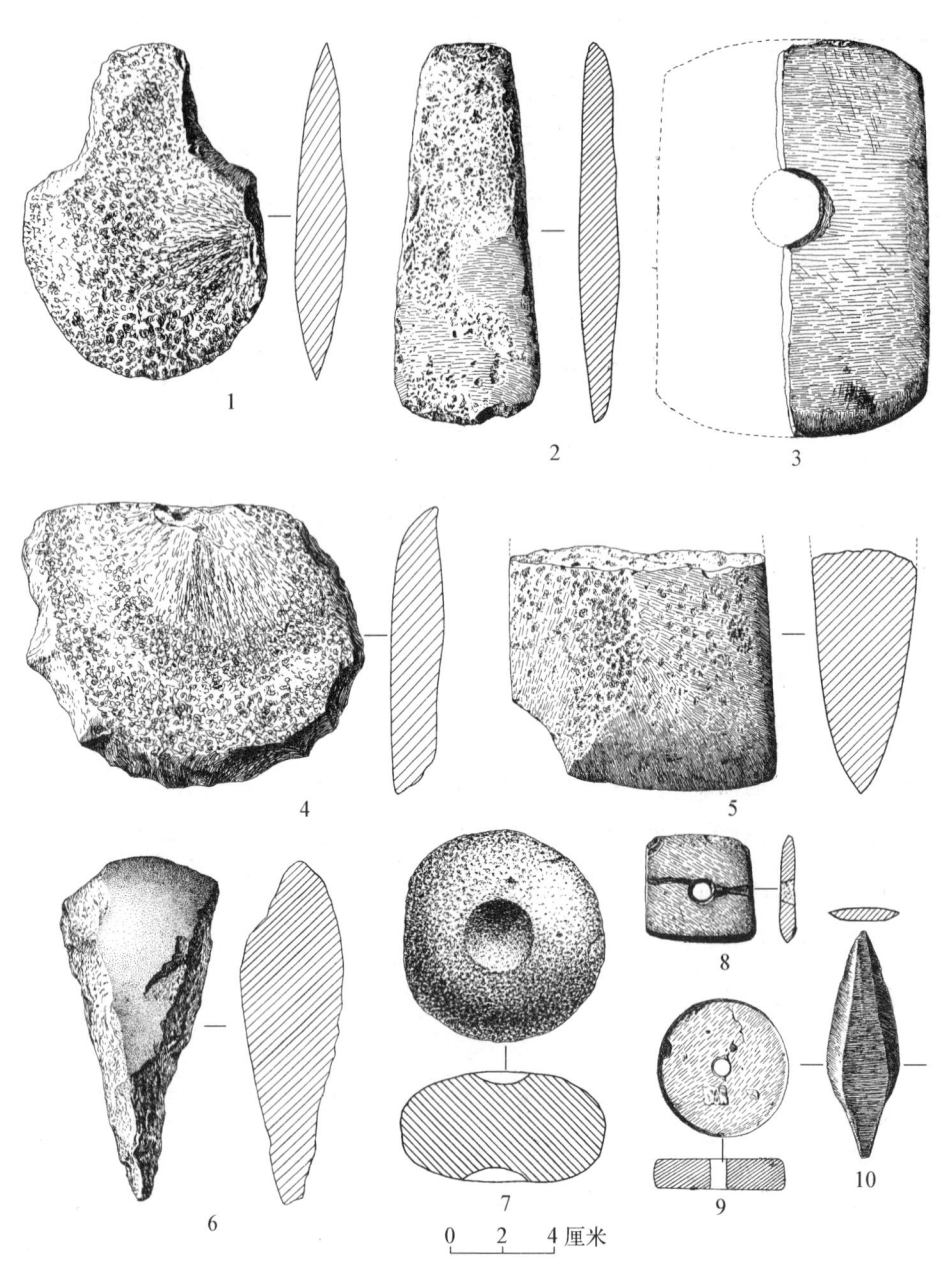

图3-2 红花套遗址出土石器

1、2. 石铲（T101③A：9、T56M204：54） 3. 石钺（T89④：42） 4. 石砍砸器（T88H364：31）
5. 石切割器（T88④B：76） 6. 石尖状器（T85④：72） 7. 石圆盘形器（T75③BH375：67）
8. 石穿孔小锛（TT71⑤A：50） 9. 石纺轮（T71⑤A：35） 10. 石镞（T64AH244：89）

(7) 圆盘形器

圆盘形,大小不一,有的在中心部位有琢窝。最大直径可达 20 厘米,小的直径只有几厘米。如标本 T75③BH375∶67,强风化细粒花岗岩砾石素材,周缘琢平,两面中心部位都有琢窝(图 3-2-7)。

(8) 盘状器

数量很少,石英砂岩砾石或石片石器,直接打制而成。如标本 T6③A∶56,含铁石英砂岩,沿素材石片打击点、一侧及远端由原面向破裂面打出刃,另一侧为石片原破碴。

(9) 砍砸器

大多为石英砂岩石片石器,直接打制而成,数量很少。

分为两种,一种是特意修整手握部位者,如 T24③出土的 4 件,风格一样,手握部位修理成斜背,可称为斜背砍砸器,标本 T24③∶140、T24③∶141 和 T24③∶138,素材石片在打击点左侧及远端由原面向破裂面打出刃,打击点右侧打出斜的平面。另如 T24③∶139,在石片打击点右侧由原面向破裂面打出刃部,远端经修整便于手握。

另一种只打出刃部。如标本 T88H364∶31,石英砂岩,素材石片远端和两侧从原面向破裂面打击一周(图 3-2-4)。

(10) 尖状器

数量很少。砾石直接打击而成。用途不明。如标本 T85④∶72,灰色玄武岩砾石,从砾石两面打出两侧及尖,顶部有砸击痕,尖部圆钝(图 3-2-6)。

(11) 切割器

共 3 件。均由石斧刃端改制而成。用途不明,暂称"切割器"。如标本 T88④B∶76,闪长岩,由一件大型石斧改制而成。石斧周身磨光。被截下刃端 9.3 厘米部分为素材,斧刃一刃角打缺,琢平。此刃角斧身一侧两面以琢法减薄 0.15 厘米,似柄。斧刃有小崩片。刃后缘有一宽 0.7 厘米的磨蚀沟,应当是此器的使用痕迹(图 3-2-5)。

(12) 纺轮

共 5 件,均为黑色黏土页岩磨制而成。如标本 T71⑤A∶35,中间的穿孔为两面对挖(由稍小的标本可知,孔壁尚留有并列的宽0.1厘米的挖痕),孔周已磨光,两面有划纹(图3-2-9)。

(13) 镞

镞的数量很少。共5件。如标本T64③AH244：89,片状板岩,通体磨光,平面为柳叶形(图3-2-10)。

(14) 璜

共3件。如标本T25④：27,白色大理岩。通体磨光,并抛光。一面平,一面微弧,双孔是从平面向弧面的单面实心钻孔。再如T56③AH216：32,白色黑流纹的流纹岩或凝灰岩。断口有玻璃质光泽。硬度为7度。通体抛光。一面留有一道浅切割痕。一端单面实心钻孔,另一端实心对钻孔。

(15) 玦

仅见1例。标本T116④：10,半残,白色半透明,通体抛光,器身不是正圆,外侧有磨光平面(说明不是管钻法取材),玦口坑洼不平,很可能是线切割开口,但似亦抛光。

(16) 锤

石锤的数量非常多,一般选取凝灰岩、辉绿岩和石英砂岩等硬度大、韧性好的天然卵石直接使用。形状相对还是比较固定的,有球形、卵形、棒状、饼形、扁袋形、长坠形和坠形等几种,大多便于手握。从体量看,大型的石锤长达20多厘米,比较沉重,小型的则只有10厘米左右,应当是为打、琢不同体量的器物而特意选取的。也有很多石锤应当同时被用于打和琢两种动作。再有就是一些废弃的器物如石斧等,上面也有与石锤类似的连片酥点,可能也曾被用作锤。举例如下：

T97⑤H303：80,灰绿色流纹岩砾石,"S"形,两端及两侧均有连片酥点,其中一侧还有大片崩疤,是比较大的一件(图3-3-1)。

T94H285：28,凝灰岩,长坠形,一端有连片酥点(图3-3-9)。

T71④B：94,灰绿色,扁袋形,两端及两侧均有连片酥点,其中一端有崩片疤(图3-3-3)。

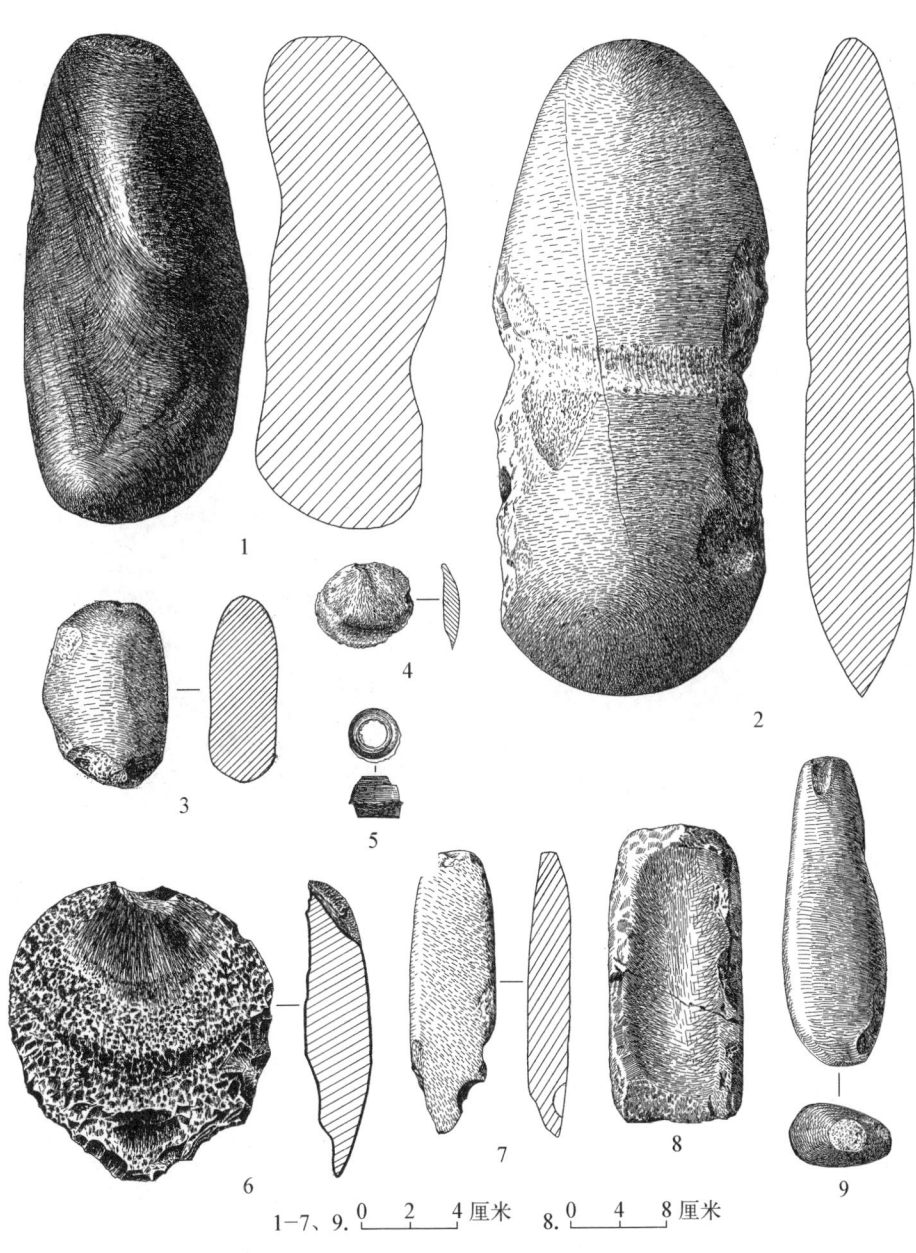

中国新石器时代的石制品研究　39

图 3-3　红花套遗址出土石器

1、3、9. 石锤（T97H303：80、T71④B：94、T94H285：28）　2. 石器半成品（采集：169）
4、6. 石片（T104H304：4、T22H147：334）　5. 管钻孔芯（T97⑤：34）
7. 石器改制品（T98③B：30）　8. 砺石（T71④C：19）

(17) 砺石(砥石)

均为砂岩,大小形状不同。比较大的一般是盘状,应当是固定的砺石,有的长达40多厘米。如标本T71④C∶19,砂岩,两侧磨平,两面磨凹(图3-3-8)。

比较小的为棒状或条状,应为活动的砺石。

(18) 石砧

都是大块的天然漂砾。还有很多破碎件。表面都有连片的砸击大酥点。如标本H342∶1,一面及一端破损,周身遍布酥点,点径0.5—1厘米(图3-4)。

图3-4 红花套遗址出土石砧

二、石料、废料和残次品

红花套石制品中数量最多的并不是石器的成品,而是制作石器过程中遗留下来的石料、废料和石器的残次品。

1. 石料与废料

(1) 石料

石料,是指未经任何加工的卵石。尽管遗址出土的卵石未必都是用来做石器的石料,如 F302 灶旁底部就发现支垫了三个河卵石,但由于无从分辨,所以一并称为石料。红花套遗址各个堆积单位中都出有各种未经加工的砾石。这些砾石大多与其他的石制品共出,岩性与这里的石制品相同,大小也适合于这里的石制品的各种类型,因此,它们应当就是制作石器的原料。

红花套遗址旁边的江岸上就有胶结的砾石层出露。遗址沿江往上 100 多米处和往下约 1 公里的向家沱也有砾石层出露。红花套江边砾石胶结层名叫江北砾石层(以重庆江北砾石层命名),形成于上更新世。红花套遗址出土的大大小小的石料应当就出自江边的砾石层。以经过鉴定的石制品石料的岩性来看,数量最多的是石英砂岩,也有花岗岩、玄武岩、闪长岩、凝灰岩、辉绿岩、板岩和片麻岩等,也与砾石层所见的石料岩性相合。可能例外的是几个冬瓜大小的石砧在江边没有,据认为可能来自山后 5 公里的冰川漂砾。

据石器成品和残次品的石料岩性鉴定,大型石斧、锛、凿等的主要石料为玄武岩、闪长岩和花岗岩,小型石斧、锛、凿则多为石英砂岩、凝灰岩和辉绿岩,石锤为石英砂岩、辉绿岩和凝灰岩,砺石比较大的有风化花岗岩和砂岩,小的主要是砂岩,石砧是石英砂岩,石铲主要为石英砂岩和花岗岩,石钺则一般挑选花石头,如红色板岩、花岗片麻岩、花岗岩等。

此外,红花套遗址出土的一些圆形的石球和小石子则显然不是石料。

(2) 废料

废料,是指在石器制作过程中经过至少一次或多次加工产生的石块(石核)、石片及碎屑。其中或许也有目的石片或石核,但因无从分辨而一并称为废料。红花套遗址各堆积单位出土石制品中数量最大的就是制作石器的废料。这些废料主要是在石器加工中经过打击和琢击而产生的各种石块、石片和石渣。在红花套 T89 东部扩方属于③A 层的 0.2 立方米堆积物中,用 2 毫米筛眼筛子筛选,得到 2—5 厘米破碎石块 15 块;12—7 厘米石片 10、6—3 厘米石片 109、3—1.5 厘米石片 308、1.5—0.8 厘米石片 1219、0.8—0.5 厘米石片 462 和 0.5—0.3 厘米石渣 2293 片(此外,还有 1—5 厘米小石子 163 块,锛和斧残断器 5 件)。T100 东部扩方属于③B 层的 0.1 立方米堆积物中,用 2 毫米筛眼筛子筛选,得到 5—2 厘米石块 42 块、

1厘米左右石块108块;19—16厘米石片57、6—2厘米石片301、2—1厘米石片1018、1厘米以下石渣3230片(另外还有1—4厘米小石子172个,斧、锛等石器残断品6件)。在H342最底部的③层中也出有1—2厘米的小石片(图3-5)和1厘米以下的碎石渣(图3-6)。在其他堆积单位中除类似的东西之外,也还有更大一些的石块和石片。

图3-5 红花套遗址出土小石片

这里的石块比较大的大多是石英砂岩大砾石的破碎断块[1],可以看出是破碎的石砧残件,因为表面还可以看见被砸击的大酥点。还有一些可能是石核,从石核上剥离下来的石片被用作目的石片来进一步加工成器物。一些比较小的石块大多不知其形成的原因,也可能是在打制石器过程中产生的碎块。

石片则多应该是加工石器过程中产生的非目的性残片;也有一些应当是制作石片石器的目的性石片,但被打坏而遗弃的。其中,一些利用锐棱砸击法从扁圆砾石上一次打击产生的大型石片,多为紫红色石英砂岩,生产这样的石片是用来制作

---

[1] 这种石块在2002年发掘的H342中出土很多,说明石砧的用量很大。20世纪70年代发掘收集品中不多可能是因为没有采集。

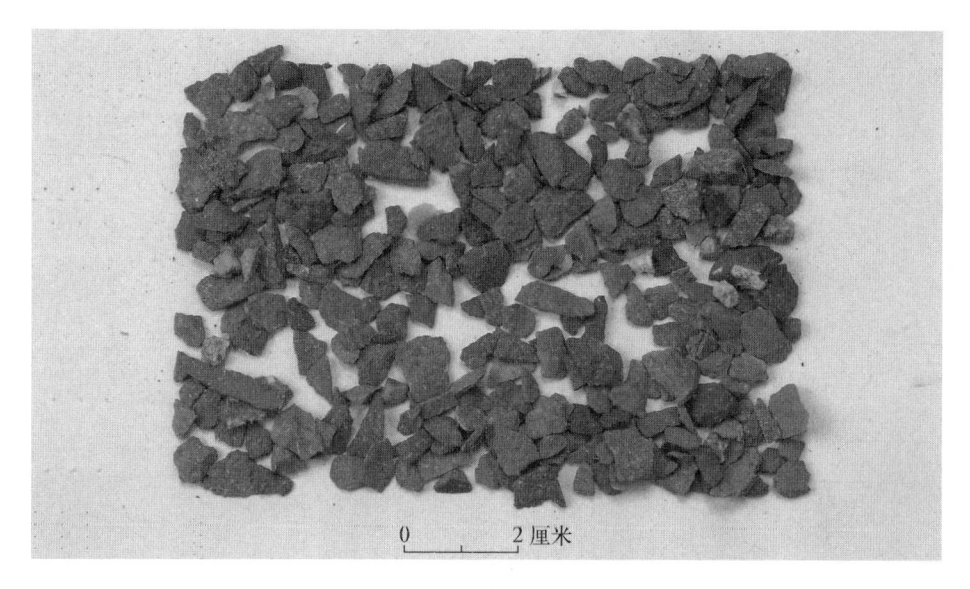

图3-6　红花套遗址出土碎石渣

石铲、砍砸器以及一些以石片为素材的斧和锛的，因为制作其他石器时不会产生这样大的石片。个体比较大的石片如标本T22H147：334，为含铁石英砂岩大石片（图3-3-6），是从砾石长径一侧打下来的石片，石片两侧锯齿状破碴也是石片破裂时自然形成的。

而一些中型石片则有多种岩性，如玄武岩、花岗岩和闪长岩等，可知大多应当是制作石斧、锛、凿时产生的废片，但仅从形态上大多无法分辨是非目的性石片还是目的性石片中被打坏的。只有一些小型石片和从磨光台面上打下来的石片，可以肯定属于非目的性石片。前者是由于其中没有利用这样小的石片制作的石器，如标本T104H304：4，辉绿岩（图3-3-4）。后者则应当是从斧、锛、凿被磨光的侧面打两面去薄时产生的（图3-7）。在上举T89东部扩方③A层筛选出来的石片中，12—7、6—3和3—1.5厘米石片中各有从磨光台面上打击下来的石片1、17和27片；T100东部扩方③B层筛选的6—2厘米石片中有从磨光台面上打下来的石片27片。当然也有利用这样的小石片来加工小石锛或穿孔小石锛的例子，它们则属于废物利用一类，不是有目的地来做成这样的石片的。

0.5厘米左右的石渣大多酥碎，没有棱角，是琢击时产生的碎渣。这样的石渣

图3-7 红花套遗址出土中型石片

大多是灰色的,说明里面比较少见质地很硬且脆的紫红色、黄色的石英岩和石英砂岩。而石英岩和石英砂岩器物的制作也很少利用琢击法。

2. 残次品与石器制作工艺

残次品,是指加工成一定石器的形状,有时甚至能分辨出是何种目的器类,但并未最终完成,特别是刃部未完成的制品。毛坯与残次品有时不易区分,但由于一般毛坯都会进一步加工成成品,除非特殊情况不会丢弃,因此保存数量不会很多,故这里不予区分。

残次品都是在制作过程中无意间产生的,特别是在红花套原料并不十分优越和制作技术以打、琢为主的情况下,石器在制作的每一步骤中都有可能成为残次品。而实际上,这里的石器残次品的形态大多正是在打和琢的过程中被弄坏的那一刻形成的。因此残次品的形态是不固定的,只有从石器制作工艺的角度进行分析才有意义。

红花套制作石器的原料是各种砾石。制作石器的素材有直接用大小合适的砾石和从砾石上打下来的石片两种。由于砾石本身没有很好的台面，在预制石片素材时第一步的打击或砸击就很可能产生残次品，这种石片残次品很难分辨，但这一点可由上述石片废料中有大量利用所谓"锐棱砸击法"产生的石片而未做进一步加工的情况了解到。这两种素材在接下来的工艺程序中就几乎没有区别了。

红花套石器的制作技术主要是打、琢和磨。在制作一件石器时，有时只利用其中一种或两种技术，有时则三种技术综合使用。使用技术的情况一般根据想要制作的器物种类和石料的具体情况而定。例如，制作石铲、盘状器、砍砸器和尖状器一般只用打制技术，制作圆盘状器一般只用琢法，利用致密石英砂岩、变质石英砂岩和石英岩制作的斧、锛、凿等只用打和磨的技术，其中比较小的器物甚至只用磨的技术，而一般不琢，因为这类石料比较脆而坚硬，琢之不易且易琢断。而利用韧性比较好的石料如玄武岩、闪长岩、花岗岩、凝灰岩和辉绿岩等制作斧、锛、凿、钺等，则大多综合使用打、琢和磨三种技术。其中，最易出现残次品的当然是打制技术，其次为琢，磨制虽然保险但比较费时费功。

红花套石器中，利用打、琢、磨三种技术对素材通体加工然后产生器物成品的工艺最为复杂。以长圆扁平砾石为素材，初打时素材本身并没有很好的台面，只有砾石的两面勉强可以作为台面。因此，制作长条形的斧、锛、凿和钺等器物，必须先将砾石长径两端分别当作目的器物的顶和刃的加工方向，先从砾石两面打击砾石短径的两边，以去掉砾石短径两边多余部分，形成目的器物毛坯两侧的大体形状。此时如果要接着利用打击的方法从两侧加工砾石的两面，就没有理想的台面，不容易控制，这样制作出坯件再行琢制和磨光后得到的成品，一般其横截面都是椭圆形的（早期加工技术还有直接选取接近目的器物的砾石素材，仅加工两侧就直接琢、磨，得到的成品也是截面呈椭圆形的）。如果想在目的器物两侧得到可用的理想台面，就必须先将已经打成雏形的器物毛坯两侧以琢法取平。两侧琢平后就形成了从毛坯两侧打击目的器物两面的台面，如果将琢平的两个侧面再进一步磨光，两侧的台面就更为理想，更便于控制。下一步就是利用毛坯两侧磨平的台面，分别从两侧打击毛坯的两面，至少可以将毛坯两面的两边去薄（图3-8）。此时还可以打击砾石素材的两端或一端，将顶部和刃部去薄。接下来就可以利用琢法将毛坯两面、顶部和刃面取平,再行磨光,就可以完成一件棱角分明的长条形器物了。利用这种方法得到的成品器物的横截面一般接近长方形。

图3-8　红花套遗址出土石器加工示例

上述操作步骤中,在打出两侧时已经决定了器物的立面是梯形还是长方形,在从两侧打出两面时,一般只能将两面的两边按制作者的意图去薄,中间部分则不能很好地控制而相对保留较厚,接下来利用琢法取平时,也同样难以将中间部分琢到与两边一样平,因此,器物的两面都不是平直的而是略外鼓的。器物两面的琢制顺序一般都是从四周开始向中部行进,如标本T90②:2(图3-9-6)。这样,器物的横剖面一般就是两侧平直而两面微弧的长方形。如果打两侧时能够较好保持砾石长轴的中轴线不偏离,就能方便地得到正弧刃的器物,如果稍偏,则一般就会是偏弧刃的器物。如果想得到平直刃的器物,就要从砾石目的刃端向两面加大打击力度,在刃部的制作中相对最为费功且易打坏。

上述工艺是比较复杂的,还有很多器物在制作过程中省略了其中的一些步骤,例如,如果砾石短径原有一侧本就平直,则可能保留不打而只打击另一侧。在由两侧加工毛坯两面时,如果靠近其中一侧的两面本来就合适或接近合适,则此侧不予加工而只由另侧打另侧两面去薄或此侧只打一面而另侧打两面,也有一面保留砾石原面的情况等等。其他以尽量省功为目的的情况还有很多。而石片素材的加工方式和技术也基本一样,只是尽量加工石片破裂面,保留石片原面的情况比较多见

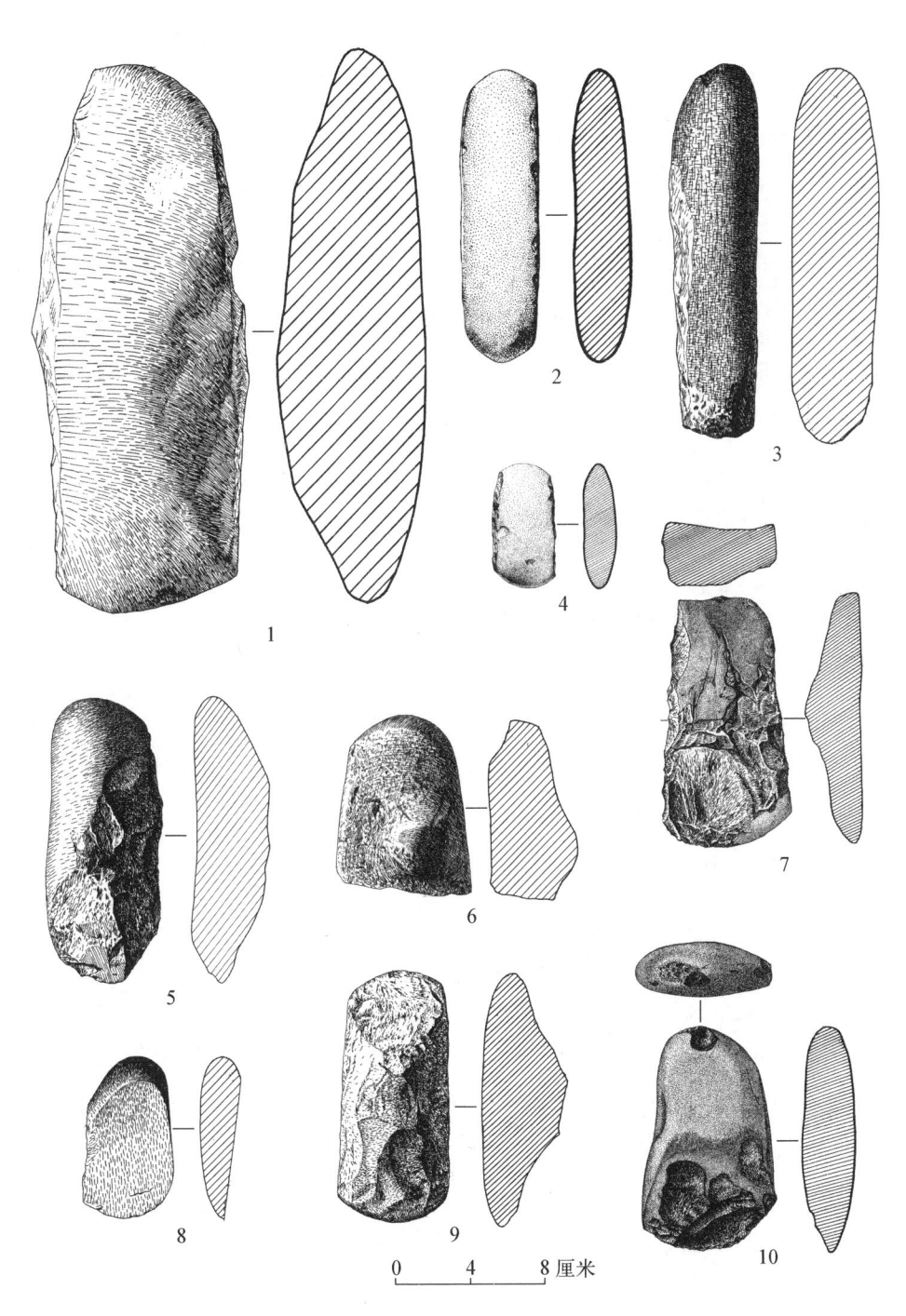

中国新石器时代的石制品研究　　47

图 3-9　红花套遗址出土石器残次品

1. T58③：11　2. T90G1：1　3. T88H369：38　4. T75⑤：1　5. T78④：75　6. T90②：2
7. T25⑤：404　8. T63③AH206：224　9. T81H270：165　10. T25⑤：405

一些。在这些加工过程中,每一个步骤都有可能产生残次品。而实际上,红花套石器残次品也都有停留在各个加工步骤上的例子。

按照加工步骤,以砾石为素材的石器残次品有在以下几种情况下被废弃的例子:

1. 只打出一侧或两侧,有分别两侧都向两面打和一面打一侧另面打另侧等各种情况,以及还打出顶部和刃部或只打顶部/刃部等情况。如下述标本:T58③:11,大砾石素材,打出器物两侧,目的为斧(图3-9-1)。T88H369:38,闪长片麻岩棒状砾石,两面打一侧及一端,另端似为目的器物顶部,亦有打击点。目的器物应为凿(图3-9-3)。T25⑤:405,青绿色石英砂岩,长条形,一端两面打出刃部,顶部有一个打击点,原目的器物应为斧。在顶部有小片酥点,表明可能后被利用为锤(图3-9-10)。

2. 打出两侧后接着从两侧打两面。

3. 在2的基础上再将两侧和两面琢平并磨光。

4. 从砾石两面打出目的器物两侧并琢平。如标本T75⑤:1(图3-9-4)。

5. 从砾石两面打出目的器物两侧并琢平磨光,停留在这种情况下的例子很少。如标本T90G1:1(图3-9-2)。

6. 从砾石两面打出目的器物两侧并琢平,一侧磨光,从两侧打一面。如标本T74③:74(图3-1-2)。

6A. 从砾石两面打出目的器两侧并琢平、磨光,再由两侧打两面去薄器身。

6B. 从砾石两面打出目的器两侧,一侧琢平、磨光,由其中一侧打器身两面去薄,另侧不见向两面打击痕迹。

6C. 从砾石两面打出目的器两侧,一侧琢平、磨光,再分别由两侧打器身两面去薄。

7A. 在6A的基础上琢平两面。如标本T90②:2,玄武岩,其中一面尚未琢平,留有鼓包,应为琢断废弃(图3-9-6)。

7B. 在6B的基础上琢平两面。

7C. 在6C的基础上琢平两面。

8A. 从砾石两面打出目的器两侧并琢平、磨光,再由两侧打两面去薄,并将两面琢平、磨光。

8B. 从砾石两面打出目的器两侧并琢平,再由两侧打两面去薄并琢平。

8C. 从砾石两面打出目的器两侧并琢平,再由两侧打两面去薄。

8D. 从砾石两面打出目的器两侧并琢平,两面磨制。

9. 由砾石的一面向另一面打出目的器的两侧。

10. 在9的基础上再对两侧琢平、磨光。仅1例。

11. 在10的基础上,由两侧向打击一面去薄。如标本 T81H270：165,石英砂岩,刃和顶部也是向一面打出(图3-9-9)。

12. 在11的基础上,对去薄的一面琢平并磨光。

13. 仅利用琢制方法,一般只见于中型器物。

14. 仅利用磨制方法,一般见于比较小和比较脆的石材,制作比较小的器物。

15. 仅利用琢制和磨制技术,一般也只见于中小型石材。

16. 从砾石素材的两面或一面打出目的器的一侧,并从此侧打一面去薄。如标本 T63③AH206：224,石英砂岩,椭圆小砾石,打一侧及一面并磨光,目的不明(图3-9-8)。再如 T78④：75,石英砂岩,从一面打出一侧,从此侧打一面,两面打出刃面,未进一步加工(图3-9-5)。

17. 打出目的器物的两侧并琢平磨光,两面仅琢制、磨光。

18. 从砾石的短径两侧直接打击两面或一面去薄。

以石片为素材的石器残次品数量也比较多,一般可以看出石片大都是从砾石上直接打击(或砸击)下来的,一面为破裂面,另面为保留有原石皮的原面。有以下几种情况下被废弃的例子。

1. 从石片的破裂面或原面向另一面打出目的器的两侧或一侧。

2. 在1的基础上再由两侧打击石片的一面(破裂面或原面)去薄。如标本 T25⑤：404,玄武岩,以石片远端和打击点作为目的器两侧,从破裂面向原面打出两侧,截去石片一侧为顶,从石片另侧从破裂面和目的器两侧由破裂面向原面打击,未再加工(图3-9-7)。

3. 在 2 的基础上,再对石片的一面琢平、磨光。

4. 在 1 的基础上再将两侧琢平并磨光。

5. 在 4 的基础上从两侧打击原石片破裂面去薄。

6. 向石片的一面打出目的器的两侧,并将两侧琢平、磨光,接着从两侧向原石片破裂面打击去薄,并将此面琢平、磨光。

7. 向石片的一面打出目的器的两侧,并将两侧琢平、磨光,接着从两侧向原石片破裂面打击去薄,并将此面和原面都琢平、磨光。

8. 分别从石片的破裂面和原面打出目的器的两侧,有时其中一侧还进行琢制和磨制。

9. 在 8 的基础上,从两侧打击原石片破裂面去薄,并对此面琢平、磨光(另面保留原石皮)。

10. 在 8 的基础上,从两侧打击原石片两面去薄,并将两面琢平、磨光。

11. 在 8 的基础上,进而将两侧琢平并磨光,再从两侧磨光平面上分别打两面去薄,再将两面琢平、磨光。

12. 在 8 的基础上,仅将一侧琢平、磨光,再分别从两侧打击原石片两面去薄,然后仅将原石片破裂面一面琢平、磨光。

13. 在 8 的基础上,直接由两侧打击原石片的两面。

14. 在 8 的基础上,再磨制其中一侧。

15. 在 8 的基础上,对其中一侧琢平、磨光。

16. 在 8 的基础上,再对原石片两面磨制。

17. 在 8 的基础上,对其中一侧琢平、磨光,然后由两侧打击原石片两面去薄,并将两面琢平、磨光。

实际上,我们有时很难断定每一件石器残次品最终是被制作者的哪一个动作所损坏而遗弃的。特别是那些在制作顶部和刃部时所造成的损坏更难断定。所以上述系列中,没有被判断为因制作顶部和刃部时被废弃的例子。还有一些甚至不知道是成品、半成品乃至废次品,如标本采集:169(图 3 - 3 - 2),闪长岩,长条砾石打两侧,两面中部相对各有一道琢痕,不知此器是否为成品(如可能为网坠,但为孤例)还是半成品,如果是半成品,可以知道这例琢法是从中间开始的,或者甚至是生手练习用过的废弃品。当然,也还有其他一些情况未包括其中,如标本T5③∶74、T22③∶188,目的器物都为钺,以扁平砾石为素材,已打出两侧并琢平、磨光,两面基本保留原面,只略磨,顶部向一面打击,上部两面对琢孔未透,从琢孔部位断裂,可以推知是在琢孔时造成的废品。

红花套的石器制作工艺中也还有9例确定是使用的切割工艺的情况,都是比较小的器物。如T136③A∶6和T136③A∶5小石锛,是侧面对切和单面切再掰断的例子。

再有就是做孔的工艺,有对琢、实心对钻和管钻三种,这三种方式也都还有单面琢、钻和两面对琢、钻的不同,见上述有孔器物如钺、穿孔小锛和璜。此外也还有一些单面和对钻的管钻孔芯标本。如标本T97⑤∶34,石英砂岩,对钻(图3-3-5)。

有些器物为改制品,上述标本中已经有很多例子,如石锤和切割器等,比较常见的是利用废弃的石器作为石锤。此外还有如T90G2∶1,玄武岩,原为斧,将一边打掉,使器身变窄成为凿。再如T98③B∶30,闪长岩,原为钺,将两边打掉并琢平、磨光,器身上留下半个穿孔并从穿孔处断裂,应该是使用时断裂的(图3-3-7)。

三、讨论与总结

红花套发掘出土的13000多件石制品中的大多数属于各种石料、石器废料和石器残次品。石器的成品数量并不是很多。其中成品的种类有斧、锛、凿、钺、铲、圆盘形器、穿孔小锛、盘状器、砍砸器、切割器、尖状器、镞、纺轮、璜和玦等类。数量最多的是斧,其次为锛和凿,再就是铲、钺、穿孔小锛和圆盘形器也有一定数量,这里的石器废料和残次品也以这几类为目的器物者为最多。其他器类的数量都不是很多,各占不到1%。还有就是加工石器的工具,包括大量的石锤、一些石砧和砥石。这些石器的种类和组合是整个峡江地区新石器时代晚期石器类型的代表,同时与西南乃至岭南地区同时期的石器工业产品也有联系。

从各种石器废料和石器残次品的情况看,红花套石器的制作技术主要是打、琢和磨三种。在制作一件石器时,有时只利用其中一种或两种技术,有时则三种技术综合使用。使用技术的情况一般根据想要制作的器物种类和石料的具体情况而定。比较坚硬而脆的石料一般仅用磨的技术。而对于韧性较好的石料则三种技术兼用。其中使用技术最为复杂的是先从扁平砾石两面打出目的器物两侧,再将两侧琢平、磨光形成新的台面,然后从两侧磨平台面打击坯体两面去薄,最后再将两面琢平磨光,可以做出棱角方正的石器。这样的技术是中国新石器时代以河流卵石为石料,不采用切割工艺所能够达到的最高和最复杂的工艺水准。

从各时期石器变化来看,峡江地区从大溪文化早中期就开始出现了先加工侧面作为进一步加工石器两面的台面的工艺。只是早期琢、磨出侧面台面的工艺使用量比较少。到大溪文化晚期和屈家岭文化时期,这种工艺广泛使用,制作出来的石斧形体大多棱角分明。特别是这个时期出现了很多器身比较大和器身宽而薄的器物,需要大型的砾石作为原料,而加工大砾石必须去掉素材两面较多的余料,使用这种方法最为省工。因为在完成目的石器侧面加工的同时形成了对两面进行打击的预制台面,有一箭双雕之效。

2002年的发掘工作对各个层位的堆积物采用水筛(2毫米筛眼)的方法全部过筛,以采集细小的石屑。采集到大量过去发掘未曾注意到的石制品,包括上万片1厘米以下的细小石屑,是琢制石器过程中遗留下来的,证明石器生产的各个步骤都是在遗址上完成的。而全部石器的石料都是在遗址下面江边采集来的砾石和卵石,石料鉴定表明石器与江边砾石、卵石的岩性是完全一样的。加上此前大面积发掘所获大量石料、石片以及石锤、石砧等制作石器的工具,足以表明这里是一处大量出产石器的生产地。类似的现象其实在整个峡江地区的新石器时代遗址中都有发现[1]。

红花套石制品的数量巨大,有制作石器各个步骤留下来的废料和残次品,如果材料完整,本来是可以通过实验来计算这里石制品的成品率和次品率,进而估算出

---

[1] 张弛:《大溪、北阴阳营和薛家岗的石器、玉器工业》,北京大学考古系编《考古学研究》(四),科学出版社,2000年。

这里出产石器成品的数量,并进行很多其他的相关研究。但可惜 20 世纪 70 年代的发掘并没有采集全部石制品,因此进行这类研究已经不太可能。

2002 年对 H342(又名为 F102)的重新清理和与此前发掘堆积单位的比较研究表明,这个遗迹与遗址中其他普通灰坑所出石制品并无不同,过去认为是石器作坊的证据并不充分[1],类似的堆积单位在遗址中还有很多。红花套遗址目前还没有可以确切认定的专门作坊,但整个大溪文化中晚期和屈家岭文化早中期该遗址各个位置都有加工石器的遗存,包括几乎所有有火塘的居住房屋也出大量石器制作工具和石器半成品、残次品和各种石片,因此可以知道石器的制作是当时整个聚落普遍的产业。这就为峡江地区新石器时代石器工业区的石器生产模式提供了宝贵资料。

(本文原名"红花套遗址新石器时代的石制品研究",合著者林春,载《南方文物》2008 年 3 期。此次重刊略有修订。)

---

[1] 严文明:《中国新石器时代聚落形态的考察》,《庆祝苏秉琦考古五十五年论文集》,文物出版社,1989 年;佟柱臣:《中国新石器研究》(上),巴蜀书社,1998 年。

4
中国新石器时代的石、玉器工业
——从大溪、北阴阳营和薛家岗的发现出发

一

大溪、北阴阳营和薛家岗是长江中下游地区三处重要的遗址,在这三处遗址上发掘的三处新石器时代墓地,其遗存各富有鲜明的地方和时代特征,因此先后被命名为大溪文化、北阴阳营文化和薛家岗文化,成为新石器时代晚期长江中下游地区三种主要的考古学文化。这三种文化遗存的人工制品中,数量较多的陶器虽有充分的特点来表明它们之间相互的区别及它们各自与周邻其他考古学文化的差异,但其在数量和质量方面却没有什么特别之处,而尤为引人注意的却是它们的石、玉器。当然这种特殊的印象首先还是来自这三种文化得以命名的上述三处墓地。大溪遗址三次发掘共揭露墓葬 208 座[1],在有数量统计的第三次发掘的 133 座墓葬中共随葬陶、骨、石、玉器等人工制品 600 余件,石器和玉器约占二分之一,是随葬陶容器数量的一倍;北阴阳营遗址发掘的 271 座墓葬中共随葬人工制品 1566 件[2],其中石器和玉器就有 925 件,几占总数的三分之二;薛家岗遗址第三期墓葬 80 座[3],随葬人工制品 800 余件,其中石器和玉器有 350 余件,比例接近总数的二分之一,较陶容器的数量要多 50 余件。如此大量地消费石、玉器的现象在新石器时代同等级的其他文化的聚落墓地中是看不到的。并且这三处地点石、玉器的质

---

[1] 四川长江流域文物保护委员会文物考古队:《四川巫山大溪新石器时代遗址发掘纪略》,《文物》1961 年 11 期;四川省博物馆:《巫山大溪遗址第三次发掘》,《考古学报》1981 年 4 期。
[2] 南京博物院:《北阴阳营——新石器时代及商周时期遗址发掘报告》,文物出版社,1993 年。
[3] 安徽省文物工作队:《潜山薛家岗新石器时代遗址》,《考古学报》1982 年 3 期。

量也是此前和同时期最好的。尤其是北阴阳营和薛家岗文化的石、玉器制作,更是接近了中国新石器时代的最高水平。在时代基本相同、地域相对接近而文化背景不同的文化间何以会出现如此相同的文化现象,这种现象在它们各自的文化中是否有普遍的意义,抑或仅仅是某些地域文化的特征,它们之间有着怎样的联系与区别,联系与区别的形式为何,这种文化现象对同时期周邻文化及此后的考古学文化又有着怎样的影响,自然也就成为我们接下来要问的问题。

二

在回答上述问题之前,有必要先明确一下大溪文化、北阴阳营文化和薛家岗文化的石、玉器的特征及产地问题。这两个问题实际上是明显联系在一起的,因为产地的类型品特别能显示出一个文化自己产品的特色,而很少有机会与其他来源的产品相混淆。同时,我们又需要特别注意产地范围内生产地点和消费地点以及不同的消费地点之间遗存的差异,以明了产品在生产和消费、使用的不同过程或环节中的实际特征。因此,墓葬中随葬的器物将成为我们首先注意的目标,那里的东西一般来说都是成品,而且会有不少精品,种类也比较齐全,而被使用过后的消耗品相对出现的机会要少一些。这里,我们就先来看一下大溪墓地的情况。

大溪墓地第三次发掘清理的 133 座墓中随葬的石器在报告中被分入"生产工具"和"装饰品"两类,后者大多与同样形式的玉器形态一致,在某种意义上也可以将它们视为玉器,前者则是我们这里所要讨论的石器,在报告中被分成斧、锛、凿、铲、杵、球、纺轮和刀等 8 种。其中,石斧 76 件,按个体大小可分为大、中、小三种型号,大型者有的长达 30 厘米以上;小型者一般长 10 厘米左右;中型者数量稍多,按立面形态分则有梯形和长方形两种样式,纵截面大都呈两头尖的梭形,这大概与石料的本身形态(卵石)有关。76 件石斧中,75 件都经过琢、磨,有的磨制很精,只有 1 件经打制,大概是一件坯子;石锛 41 件,长度大多在 10—15 厘米之间,也有 10 厘米以下小型者,立面形态同样有长条形和梯形两种,与石斧立面形态不易区分,只是体形稍扁薄,平顶者多一些;石凿 11 件,长度多在 10 厘米左右,按侧立面形态区分,长条形的只有 1 件,圭形者有8件,另2件为近梭形,实际也可归入圭形一类,正立面则有长条形、窄梯形等形状,不知是否有早、晚的不同;铲2件,其一正面为"风"字形,体扁薄,有穿孔,另一残;石刀、纺轮、杵和球各1—3件,其中刀已残,杵的个体不大,形态就报告所发线图来看,体扁圆,边缘有打击痕,其余部分保留有卵石原面,像是坯料或石锤。大溪第一、二次发掘墓葬的石器大约也不出上述器类,只是还有石镞(图4-1)。

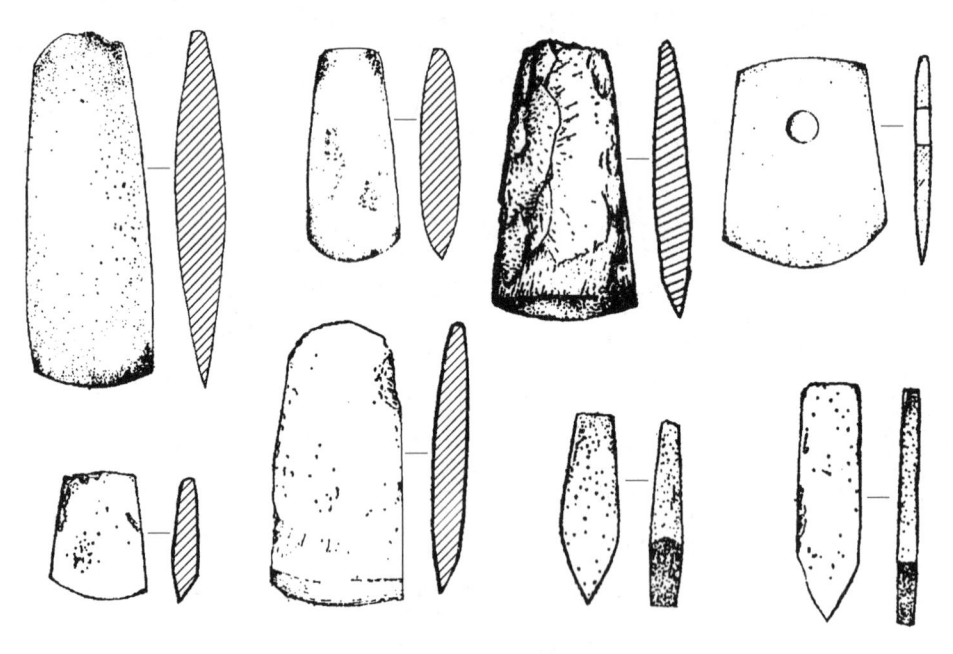

图4-1 大溪墓地随葬的石器

(采自《巫山大溪遗址第三次发掘》图一五、一六)

大溪墓地的年代从所出陶器来看,主要是属于大溪文化晚期的,也有部分中期的内容。因此这里的石制品所代表的正是大溪文化晚期石器内容的一般情形,其他大溪文化晚期聚落所出的石器成品大体不超出这一范围。这些石制品中,斧、锛、凿这样一套木作工具的数量占了绝大多数,它们在工具套中所占的比例依大溪墓地第三次发掘墓葬的统计大致为7.5∶4∶1,它们各自也还有大、小不同型号的区分,而石斧中有不少特大号的(如红花套所出的那件"石斧王")也许未必就是实用器。再有,斧与锛的立面形态不易区分,数量较多的圭形凿等都是大溪文化石器的特点。相比之下,其他的器类在大溪文化的石器中并不是很多见的。

　　大溪文化晚期的这些石器特征是逐渐形成的,在城背溪文化时期,彭头山—皂市系统的石器以大型的打制石器和小型的燧石器为主,磨制的斧、锛一类石器并不多见,城背溪类型的石器如城背溪[1]和窝棚墩遗址[2]所出者,大都为斧和锛,只是很多都还保留着打制的石片疤,可能是因为它们还不是成品的缘故。大溪文化早期的石器从丁家岗遗址第一期[3]、汤家岗遗址早期[4]、柳林溪遗址[5]、关庙山遗址第一期[6]和朱家台遗址第一期[7]的内容来看,主要是继承了城背溪类型的传统,斧、锛是主要器类,也还有小型的石凿,只是还未见圭形石凿,而在丁家岗、关庙山和朱家台等地所见已是磨制很好的成品。到大溪文化中期时,晚期石器的主要特征均已形成,圭形石凿在中堡岛遗址第一期[8]就已有了。此外,大溪文化还有一种石器——双肩石锛比较常见,但在每一地的数量并不多,它的出现也很早,在柳林溪可以见到它的石坯。石铲在很多遗址都有发现,其形态都是风字形有穿孔者,但其数量更少,而且是大溪文化晚期才出现的,改称为石钺更合适一些,是薛家岗文化影响的产物(详后)。

　　大溪文化石器的产地在大溪遗址已有线索可寻,第三次发掘的墓葬中就有好几座墓随葬有石料(M93、M106、M115、M119、M154、M161等)和打制、琢制器的工具——石锤,三次发掘的文化层中也出过不少经打制的斧形石坯,说明大溪聚落的居民很可能是自己制作石器的。而多年来在大溪文化分布的范围内发现的与石

---

[1] 陈振裕等:《湖北宜都城背溪遗址》,《史前研究》(辑刊),1989年;长江库区红花套考古工作站:《城背溪遗址复查记》,《江汉考古》1988年4期。
[2] 湖北省文物考古研究所:《宜昌窝棚墩遗址的调查与发掘》,《江汉考古》1994年1期。
[3] 湖南省博物馆:《澧县东田丁家岗新石器时代遗址》,《湖南考古辑刊》第一集,1982年。
[4] 湖南省博物馆:《湖南省安乡县汤家岗新石器时代遗址》,《考古》1982年4期。
[5] 湖北省文物考古研究所:《1982年秭归县柳林溪发掘的新石器时代早期文化遗存》,《江汉考古》1994年1期。
[6] 中国社会科学院考古研究所湖北工作队:《湖北枝江县关庙山新石器时代遗址发掘简报》,《考古》1981年4期;中国社会科学院考古研究所湖北工作队:《湖北枝江关庙山遗址第二次发掘》,《考古》1983年1期。
[7] 湖北省文物考古研究所等:《湖北江陵朱家台遗址1991年的发掘》,《考古学报》1996年4期。
[8] 湖北宜昌地区博物馆等:《宜昌中堡岛新石器时代遗址》,《考古学报》1987年1期。

器制作相关的遗存也都集中在大溪遗址所在的三峡及接近长江东出三峡出口处的地区。其中,三峡峡区内经调查发掘过的大溪文化时期的遗址已有很多,这些遗址的面积都不大,但石制品的埋藏量却都很大,一如大溪墓地所表现出来的那样,只是遗址中打制石器的出土量非常大,这些未经琢、磨等进一步加工的石制品有些可能是石器的粗坯,更多的则应是残次品或废品,这就同本地区大溪墓地中几乎全部经过琢、磨等进一步加工的那些形制规整的石器成品情况形成了强烈的对比。同时,伴出的在石器初步加工时产生的石片(这些石片在发掘报告中往往被称作"敲砸器""砍砸器""刮削器"等,但它们各自的形态并不固定,在三峡地区以外的同时期遗址中根本见不到)及制作石器所使用的石锤(有些报告称之为"杵"或"敲砸器")和磨石也很多。在一些有石器数量统计发表的遗址中,杨家湾1981年发掘[1]面积44平方米,出土石制品270件,内"残石器"较多,有红砂岩石片石器78件,用途不明;成形石斧139件,多未经过琢制和磨制;还有石凿9件,石锛6件,及磨石、杵、球等数件。清水滩1979年发掘[2]面积323平方米,共出土石制品1300余件,属一、二期者833件,内未经进一步加工的打制品占三分之二强,打制成形的器类中石斧的数量最多,有300余件,其他如锛、圭形凿、球、镞数量不太多,石铲能看出形状者仅1件,大量的"刮削器""尖状器""砍砸器""锄"和"刀"等从发表的线图看都像是石器加工过程中打下来的石片,另有砂岩砺石14件,上有大小、深浅不等的磨蚀凹槽,一端或两端有敲砸痕的砾石敲砸器若干,可能是石锤。三期的情况也大体如此。此次发掘遗存的一、二、三期分别与大溪文化的中、晚期和屈家岭文化的年代相当。中堡岛1979年发掘255平方米,共出土石器4000余件,包括大溪文化中期至屈家岭文化时期的石斧1880件、"锄"252件、"铲"406件、锛306件、凿23件、"砍砸器"61件、"敲砸器"60件、"刮削器"176件、石球371件、砂岩砺石33件,还有少量的雕刻器(有的是圭形凿)、纺轮、镞和杵等,这些石制品多未经过琢、磨,斧、"锄"、"铲"的形式分化不明显,有的可能就是残、次、废品,而所谓"砍砸

---

[1] 宜昌地区博物馆:《宜昌县杨家湾新石器时代遗址》,《江汉考古》1984年4期。
[2] 湖北省宜昌地区博物馆等:《宜昌县清水滩新石器时代遗址的发掘》,《考古与文物》1983年2期。

器""敲砸器"和"刮削器"也同样应是打制石器时产生的石片。类似清水滩和中堡岛这样大量出土石器的粗坯、废次品和石片的地点,大多都在各遗址聚落的居住区或居住区旁边的废弃物堆积中,因此出土石制品的数量还不算很多,但也足以说明这里各个聚落都是自己大量制作石器的。近年来已经在杨家湾遗址发现了制作石器的固定场地[1],这个石器制作场在遗址东北部一处平坦的花岗岩原生台面上,面积至少在1000平方米,上面用作石料的大小砾石是从别处搬来的,而制作过程中废弃的石片、石核、石坯以及基本成形的石器则遍地皆是。在三峡其他聚落中也应该有这样的地点(图4-2)。

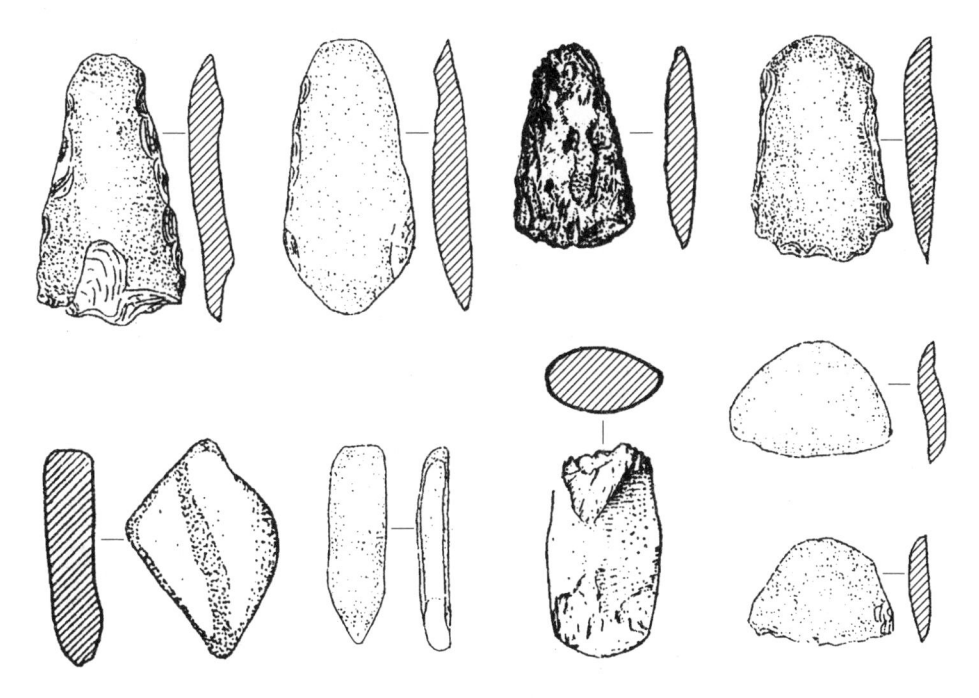

图4-2 中堡岛、大溪、杨家湾出土的石斧、锛、凿的毛坯或残次品,石片,石锤及砺石

(采自《宜昌中堡岛新石器时代遗址》图九、一三,《四川巫山大溪新石器时代遗址发掘纪略》图3,《巫山大溪遗址第三次发掘》图一六,《宜昌县杨家湾新石器时代遗址》图六)

长江东出三峡出口附近地区的石器出产地点以红花套遗址的情况最为清楚,

---

[1] 林邦存:《宜昌杨家湾遗址的重要考古发现和研究成果》,《中国文物报》1994年10月23日第三版。

这里发现的石器制作场是一些直径2—3米或3—4米的圆形半地穴式建筑,它的周围有几个柱洞,可以立柱搭成工棚,工棚的地面多不平整,往往放有几块冬瓜大小的砺石,砺石上有密密麻麻的砸击痕,似乎是工作台,工作台旁常有用来打坯的大石锤和琢坯的两端皆有砸击痕的小石锤,周围则堆有大量的石料(砺石)、废料和半成品,有的棚子里还有磨光用的砺石[1]。经粗略统计[2],发掘区内出土了数以万计的石器、石器残件、石器半成品和石片。仅T1—T12十二个探方的不完全统计,石制品就达5226件,H11一个工棚中就有1500余件,但其中成形的石器只有5件斧、1件锛刃和1件饰物。红花套的石制品、与石器制作相关的工具及石器制作方式均与三峡峡区内的情况没有区别,而它表现出来的专业化程度已是很高了。类似红花套这样的地点在这一地区不止一个,离红花套不远的猇亭大溪文化马家溪遗址就是一处,这里"长达500米的遗址上遍布石器半成品、废品、废料及石料"[3]。清江地区也有存在石器制作场的线索[4]。

上述三峡及长江东出三峡出口地区的每一个聚落都是一个石器的出产地,其产品以石斧为主,并有锛、凿等其他石器,包括了大溪文化所有的石制品种类,各地点看不出有产品的分化。从杨家湾、红花套和中堡岛等地点的情况看,由于这一地区的聚落遗址都位于长江岸边,江边许多大大小小的砺石就是这里制作石器所用的石料。中堡岛石器的岩性鉴定[5]可以证明这一点,这里石器的岩性多属于喷出岩和变质岩类,其物质来源主要来自长江上游的金沙江和神农架,属于本地区附近的沉积岩类要少一些,这样的石料均采自长江冲、洪积物的卵、砺石层中。石料大小和形状多样,选择起来十分方便,无需切割就可以得到所需形状,这就决定了这里石器制作过程中打与琢的技术十分发达而少见切割的技术特点,大溪石器成品边角多很圆转而很少有棱角,石器制作过程中次、废品率比较高,即是这种制作技

---

[1] 严文明:《中国新石器时代聚落形态的考察》,《庆祝苏秉琦考古五十五年论文集》,文物出版社,1989年。
[2] 红花套考古发掘队:《红花套遗址发掘简报》,《史前研究》(辑刊),1990—1991年。
[3] 黄道华:《枝江发现六千年前石器制作工场》,《中国文物报》1990年2月15日第一版。
[4] 王善才:《长阳县西寺坪新石器时代遗址》,《中国考古学年鉴(1987)》,文物出版社,1988年。
[5] 陈任贤等:《中堡岛新石器时代石器岩石性质鉴定》,《宜昌中堡岛新石器时代遗址》附录。

术的结果。由于这里的石器出产量极大,而大溪文化分布的其他地区还没有见到有关石器制作地点的报道,因此可以认为形成了一个属于同一技术系统、生产同种风格产品的石器制作工业区。从这一地区各聚落的年代看,这个石器工业区在大溪文化早期可能就已开始出现,中期时初具规模,晚期时最为繁盛,屈家岭文化时期已渐衰落,到石家河文化时期才彻底绝迹。大溪墓地的年代正处于这个石器制作工业区最为繁荣的时期,墓葬中出土大量的石器成品,也就不是什么奇怪的事了。

三

北阴阳营墓地271座墓葬共出石器554件,磨制皆较精,发掘报告将之分为斧、穿孔斧、锛、凿、七孔刀、纺轮、杵、弹丸、圈、端刃器、砺石和条形磨石等十二类。其中,石斧24件,按体形分为上窄下宽的椭圆柱形者和器身稍宽短、立面近长方形者两种样式,二者的横截面大都为椭圆形。穿孔石斧142件,内有15件为半成品,余成品报告分为9型,实际上大部还可分为两种,一种即报告中Ⅲ型全部及Ⅱ型部分,近20件,体形窄长近斧形,但较石斧扁薄,刃部为舌形;余者为另一种近铲形者,数量很多,按立面形态不同可分为璧形(原报告Ⅳ型,形如璧,大孔位于中央)12件,椭圆形(原报告Ⅴ型)4件,舌形(原报告Ⅰ型)52件,长方形(原报告Ⅵ型)6件,近风字形(原报告Ⅸ型)6件,这五种形态似有逻辑的发展顺序,即由璧形经椭圆形、舌形、长方形变为近风字形,体形由圆而长方,穿孔由大而小渐靠上。查报告墓葬登记表,前四种多有共存者,均出于西区墓葬区中,年代较早,后一种近风字形者均出于居住区墓葬,仅与舌形者共存,年代稍晚;还有一种体宽扁、椭圆形穿孔者(原报告Ⅶ型),仅3件。石锛数量很多,有290件,依形态不同分为扁长方形、方形或长方柱形和有脊锛三种,件数各为134、116和29件。石凿27件,均为斜刃,方形或长方柱体。其他器类中,纺轮有44件,大石圈5件,七孔石刀2件,杵、端刃器和弹丸各1件;砂岩砺石8件,个体较大,有磨凹痕;砂岩条形磨石9件,形状不一,但都为薄片状,一侧有圆钝的刃口。上述石器中,锛的数量最多,穿孔斧次之。斧与穿孔斧的形态颇不相同,功能也应是不同的。而穿孔斧一般称为钺,其形态早晚有所变化,较早的以璧形、舌形者为多,较晚的都是近风字形者。斧与穿孔斧的质料多为花岗岩、辉长岩等火成岩,锛和凿的质料基本上都是页岩。这里成套的石器斧、锛、凿的比例大约是 1∶12∶1。其他器类除纺轮外都很少,只是偶见(图 4-3)。

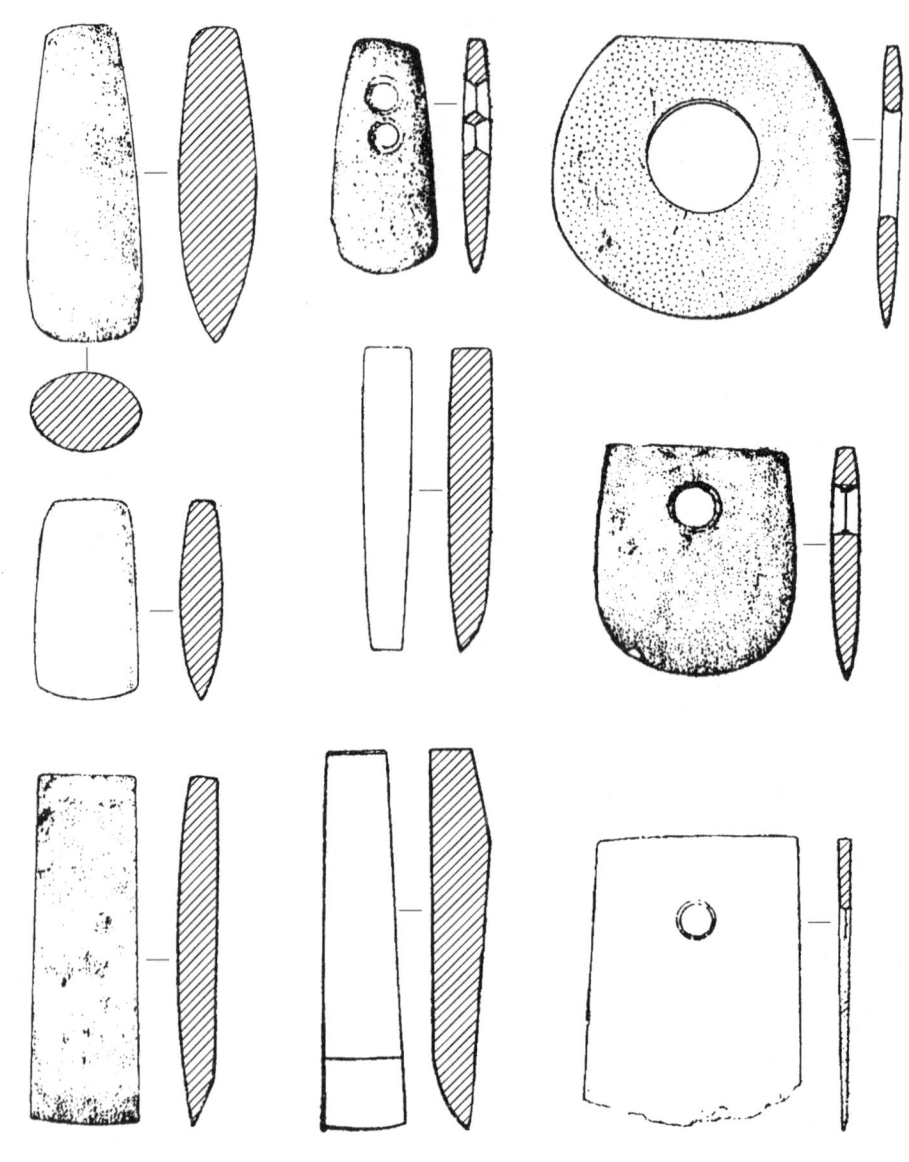

图 4-3 北阴阳营墓地随葬的石器

(采自《北阴阳营——新石器时代及商周时期遗址发掘报告》图一二、一三、一五)

北阴阳营墓地所出玉器除 76 颗雨花石外有 295 件,较石器的数量少。分为璜、玦、管、环、坠、条形饰、泡、珠和绿松石饰等九类。其中玉璜 100 件,大都作半环形或断环形,细分的话,一种确为断环式,另一种则较窄长,两端稍ализ扁。后者有的由两段组成,中间钻孔以绳系结。玦 46 件,差别不大,有缺口的一边"肉"部较宽。管 86 件,多为圆柱形,也有腰鼓形者,往往成组出。坠 37 件,三角形者占多数,也有少量长方形、半圆形和不规则形的。环 17 件,均为个体较小的扁环。泡 5 件,半球形,底面有隧孔。另条形饰 2 件,珠和绿松石饰各 1 件。这些玉器的质地主要为阳起石、透闪石一类的软玉和蛇纹石、玉髓一类的假玉,其中前者占 39%,后者约占 50%,还有其他一些质料者(图 4-4)。

北阴阳营墓地的石、玉器在墓葬中的分布是很普遍的,在有随葬器物的 240 座墓中,随葬石、玉器的接近 90%,随葬数量相差并不悬殊。271 座墓葬按发掘报告的分期,西区 258 座年代较早(北阴阳营二期),东区 13 座稍晚(北阴阳营三期),上述石、玉器主要都是出自西区的,与东区的区别仅表现在近风字形石钺一种器形上,但东区墓葬数量毕竟太少,尚不足以说明这一时期的情况。在宁镇地区,年代介于北阴阳营二、三期之间或与北阴阳营三期相当的墓地和遗址,在句容孙山头、六合羊角山及南京营盘山有过发掘[1],都出土了不少石、玉器,其中在营盘山发掘了一片墓地的一部分[2],清理的 31 座墓中共出随葬器物 600 余件,在 M4 等 10 座墓所出的 274 件物中,石器占 17%,玉器占 40%,陶器则仅有 36.5%。这里的石器以条形石锛数量最多,还有舌形、长方形石钺,玉器有半璧形璜、璧形小环以及各种三角形、铲形、兽形坠饰。显然其石、玉器器形较北阴阳营二期是有所变化的,但器类并无变化,石、玉器数量多、质量精的特点也未改变,说明这一特点在宁镇地区并非一时一地的现象,而是长期形成的北阴阳营文化石、玉器的传统特征。

另外,离宁镇地区不远的含山凌家滩墓地也是一个值得注意的地点,这里 1987

---

[1] 南京博物院:《近十年来江苏考古的新成果》,《文物考古工作十年(1979~1989)》,文物出版社,1990 年。

[2] 魏正瑾:《南京市营盘山新石器时代遗址》,《中国考古学年鉴(1984)》,文物出版社,1984 年。

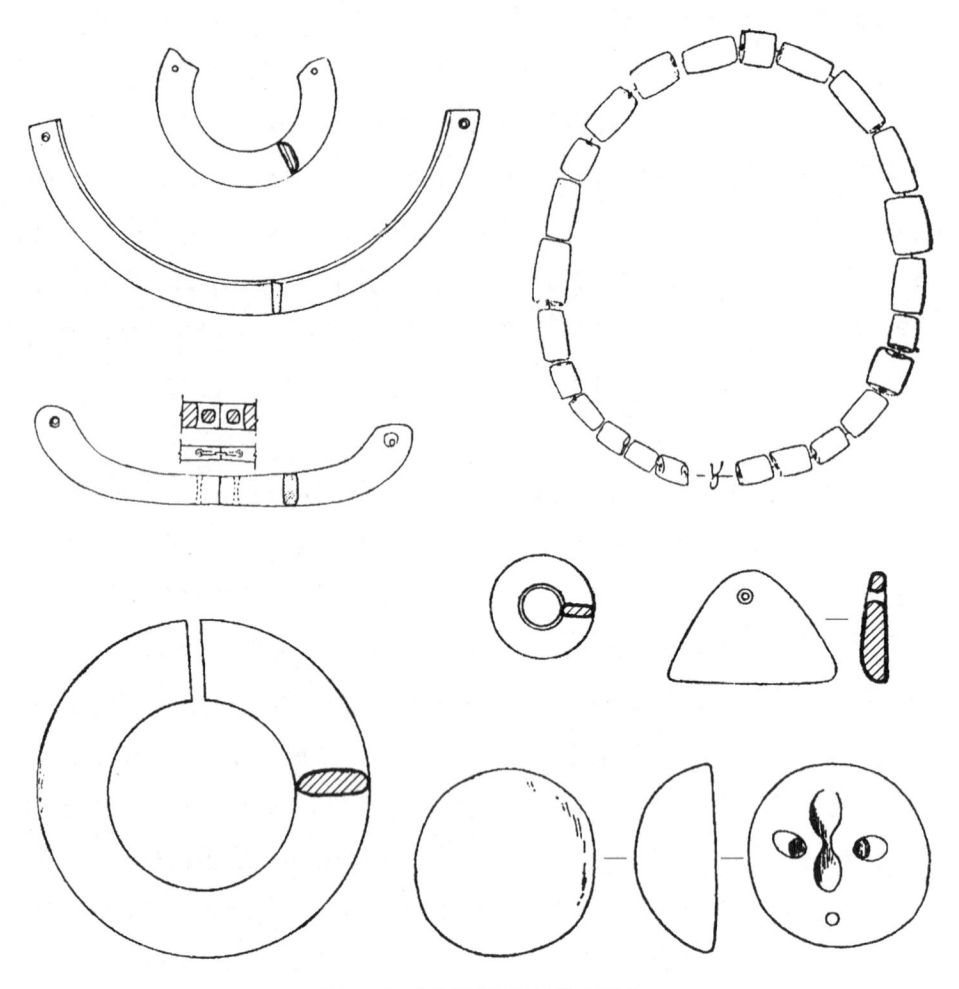

图 4-4 北阴阳营墓地随葬的玉器

(采自《北阴阳营——新石器时代及商周时期遗址发掘报告》图三九、四一、四二)

年两次发掘揭露墓葬15座(还有一座已被破坏)[1],共出各种器物800余件,大多为石、玉器。这批墓葬所出陶器颇富地方特点,但石、玉却属北阴阳营文化系统。其中层位最早的两座早期墓葬 M4 随葬器物 131 件,内有玉器 96 件,石器 27 件;

---

[1] 安徽省文物考古研究所:《安徽含山凌家滩新石器时代墓地发掘简报》,《文物》1989 年 4 期;张敬国等:《安徽含山出土一批新石器时代玉石器》,《文物》1989 年 4 期;张敬国:《安徽含山凌家滩新石器时代墓地第二次发掘的主要收获》,《文物研究》第七辑,1991 年。

M15 随葬器物 123 件,内有玉器 90 件,石器 16 件。两墓所出石、玉器大多相同,其中石器有璧形和舌形穿孔斧(钺)、长方形锛和条形斜刃凿,玉器有穿孔舌刃斧、断环形璜、玦、环、璧、管、半球形泡、笄、勺、龟、冠饰、坠饰等,年代与北阴阳营西区墓葬即北阴阳营二期同时;层位较晚的其他墓葬则出舌形和近风字形穿孔石钺、长方形石锛和长条形石凿,玉器有半璧形璜、一头雕成兽形的断环形璜、玦、璧形小环、半球形泡、三角形坠饰和人形佩饰等,年代较北阴阳营三期稍早或可能和营盘山墓葬大致相当。这里的玉器质料有阳起石、透闪石类的软玉,也有蛇纹石和玉髓一类的假玉[1],与北阴阳营的玉器质料相同,一些在北阴阳营和营盘山不见的玉器更有可能与墓地中墓主的身份有关,因为这个墓地为人工堆筑,M4、M15 等墓葬的墓坑十分宽大,做得也很讲究,随葬器物更是很多,显然要比北阴阳营、营盘山等墓地的等级要高。这里的玉器制作已经达到了当时的最高水平。

  北阴阳营文化系统石器的产地其实在北阴阳营遗址就有线索,在其墓地所出石器中有 15 件穿孔斧(钺)的半成品,"有些尚属毛坯,有的已打磨成形,绝大多数尚未钻孔,有两件钻孔未透"[2],另外还有 2 件石锛的半成品,墓葬中所出的 9 件不规则条形砂岩磨石一侧都有圆钝的刃口,推测可能是切割石料的工具;8 件砂岩砺石个体较大,应是磨制石器的工具。在 M145 一墓中就随葬有 18 件穿孔石斧,其中 7 件是半成品,有的孔未钻透,留有环形管钻痕,有的表面已经初步磨制,另外还随葬有条形磨石和管钻石芯各 1 件,看来墓主就应是一位制作石器的匠人。在北阴阳营遗址第 4 层出有 200 余件石制品,其成品的种类与形式都与墓葬所出者同,除成品以外也有不少石料、毛坯、钻孔留下的石芯和砺石等与石器加工有关的遗存。另外,1957 年在该遗址调查时曾发现"制造石器的石片堆积层",只是在以后发掘时没有涉及这一堆积部位。而类似北阴阳营遗址这种出石器半成品及废弃品的地点在宁镇地区还有多处[3]。这些都说明这里的石器就是当地自己制作的(图 4-5)。

---

[1] 安徽省文物考古研究所等:《凌家滩墓葬玉器测试研究》,《文物》1989 年 4 期。
[2] 南京博物院:《北阴阳营——新石器时代及商周时期遗址发掘报告》,文物出版社,1993 年。
[3] 尹焕章等:《宁镇山脉及秦淮河地区新石器时代遗址普查报告》,《考古学报》1959 年 1 期。

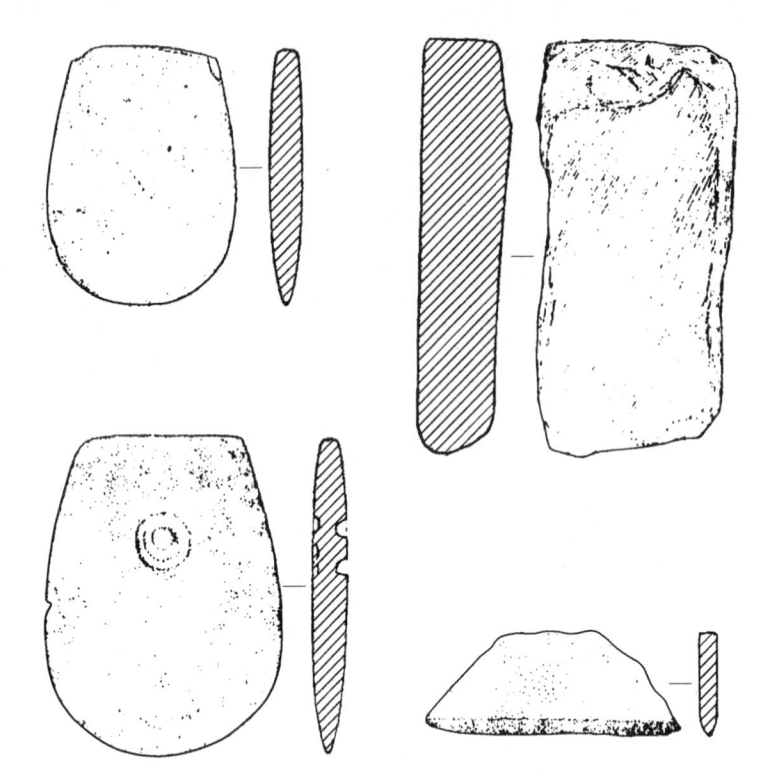

图 4-5　北阴阳营遗址出土的石钺坯、石芯、砺石及磨石片

(采自《北阴阳营——新石器时代及商周时期遗址发掘报告》图一四、一七)

北阴阳营系统玉器的制作场地和制作治玉工具的场地在宁镇地区已发现了多处，其中丹徒磨盘墩[1]和戴家山遗址[2]两处经过小面积的发掘。在磨盘墩遗址88平方米的发掘范围内，第④、⑤两层属新石器时代，出有大量的打制石器及相关的石制品，其原料除少数玛瑙外皆为黑色燧石，在第⑤层还见到有7处打制石器时剥落下来的成堆分布的燧石屑片，每堆直径 0.14—0.36 厘米（原报告如此，可能为"米"之误），有的石片可以对合，说明这里就是制作这种石器的地点。遗址发掘共得这类石制品 5532 件，内含废石料 1642 件，经加工者 3890 件。经过加工的产品有

---

[1] 南京博物院等：《江苏丹徒磨盘墩遗址发掘报告》，《史前研究》1985 年 2 期。
[2] 镇江博物馆等：《江苏镇江市戴家山遗址清理报告》，《考古与文物》1990 年 1 期。

石核1029件,石片2304件,成品石器557件。成品分为四类,有石钻422件(含残品156件)、刮削器129件、尖状器5件和似雕刻器1件。其中占成品74.6%的石钻经研究者分析有长身钻、短身钻和微型钻之分,按钻身楞脊分则有三楞钻、四楞钻和麻花钻[1],即有不同的类型和型号,钻柄有的短粗,有的细长,既可徒手使用,又可加杆件,是成套的专业工具(图4-6)。而燧石的硬度为7度,玉的硬度则一般在4—6度之间,用燧石钻对玉器钻孔颇为理想。燧石钻钻孔实验表明,用钻径3毫米的粗柄长身凿头钻徒手钻孔,大约1小时可将2毫米厚的岫岩玉钻穿;以拉弓式木钻具带动短身三楞尖头钻,在每分钟约200转的转速下蘸水钻磨,10分钟即可钻通3毫米厚的玉片;如用机械带动燧石钻两面钻孔,钻透3毫米的玉片只需5分钟。在遗址④、⑤两层中还发现玉制品10余件,计有玉玦2、环2及璜、小璧、小柱饰、坠、小圆片各1件,其中玉璜、玦、环、坠和小圆片上都有锥形钻孔,有两面对钻的,也有单面钻的,还有钻而未透的,钻孔有大有小,最小的孔径不足1毫米,应该就是上述钻具所为。同时,遗址④、⑤两层中还有玉料10件,有的保留有石皮,有的上面有抛物线状的线切割痕,有的则有平行的片状工具切割痕,应是开料后留下的痕迹,说明这里也是加工玉器的场所(图4-7)。

磨盘墩遗址本身是一个圆台形的土墩,面积240平方米左右,其新石器时代文化层中除出有上述打制石器和玉器之外,也还有一定数量的磨制石器和陶器,④、⑤两层中含有较多的夹稻壳红烧土块和炭屑,两层下还有灰坑,说明这里建有房屋,是定居的聚落遗址,但聚落的面积很小,不像是一般的聚落,而很可能是专业的制作治玉工具和玉器的场所。从④、⑤两层所出器物看,其年代大约在崧泽文化中、晚期到良渚文化早期,最早大概可与北阴阳营三期同时。离磨盘墩不远的戴家山发掘面积只有18平方米,所出遗物与磨盘墩基本相同,那里一个灰坑中就有燧石石制品77件,还有不少的磨制石器和砂岩砺石,看来这里很可能也制作磨制石器。由于磨盘墩这类遗址性质特殊,易于辨认,在发掘磨盘墩的同时,经调查,在磨盘墩所在的大港镇周围,东止圌山,西到谏壁,沿长江南岸长约11公里的范围内,

---

[1] 陈淳等:《磨盘墩石钻研究》,《东南文化》第二辑,1986年。

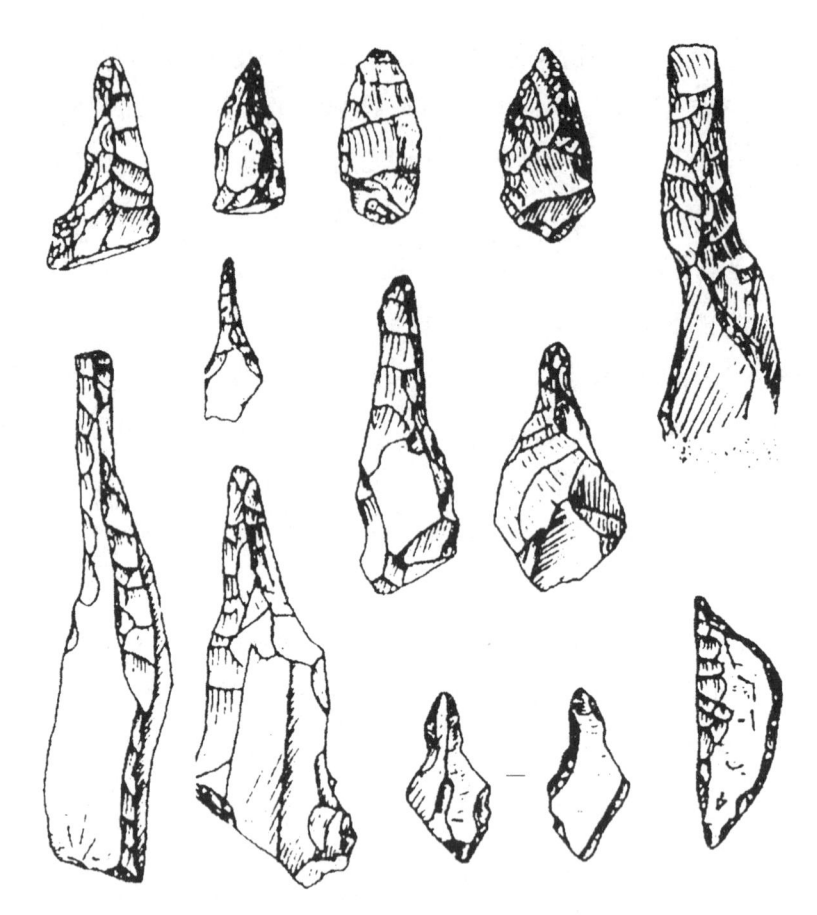

图 4-6　磨盘墩遗址出土的各种燧石钻具

（采自《江苏丹徒磨盘墩遗址发掘报告》图四）

又发现了其他七八处类似的地点，彼此相距多在 1 公里左右，均分布在与磨盘墩类似的长江边海拔 20—25 米的黄土岗地上，存在的年代也与磨盘墩相当，从而形成了一个很大的生产加工治玉工具和制作玉器的聚落群。此外，类似的地点在句容的石狮和桥村也有发现。

上述生产制玉工具和玉器的地点所需的原料主要为燧石、玛瑙和玉石，在这些地点所在的宁镇地区有广泛的分布。其中燧石和玛瑙这类二氧化硅结晶体形成于各类火成岩的孔隙中，有时还可以成矿，主要见于本地寒武纪和二叠纪的岩层中。北阴阳营文化系统玉器的原料多为软玉，属阳起石—透闪石系列矿物，也有相当比

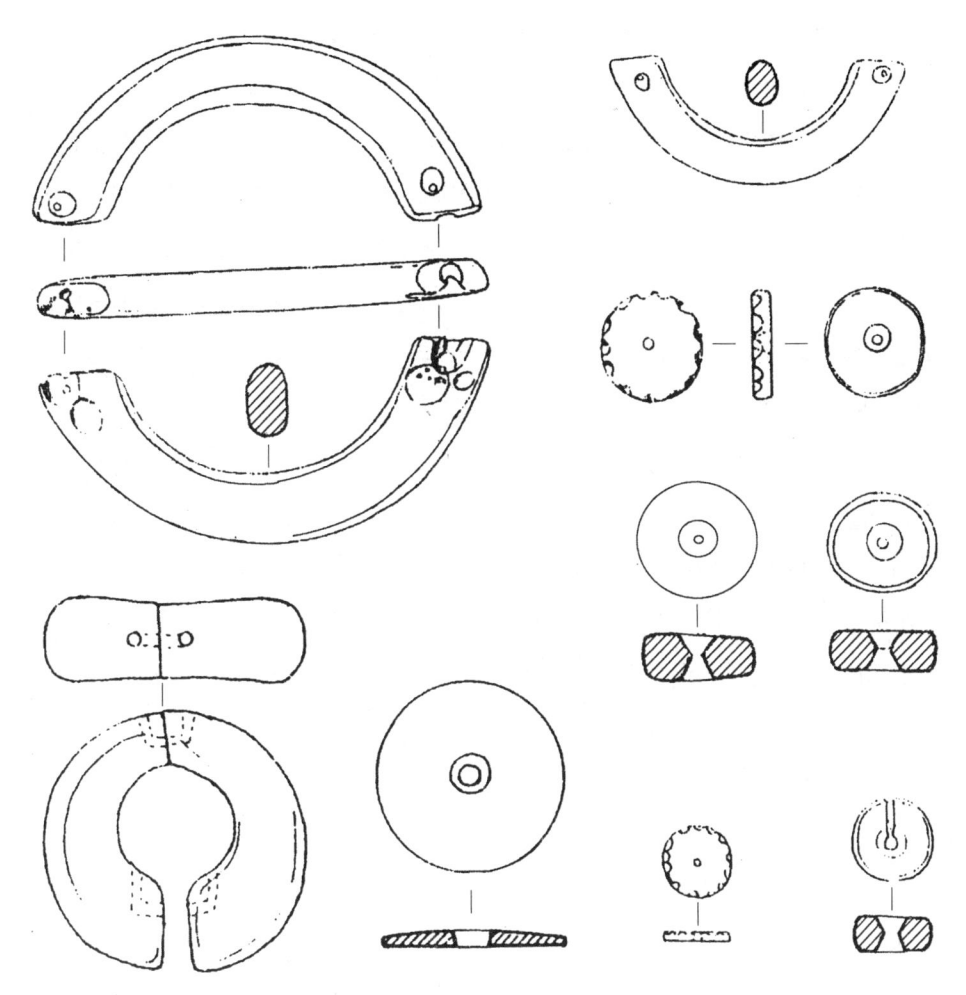

中国新石器时代的石、玉器工业　　69

图 4-7　磨盘墩遗址出土的钻孔玉器

(采自《江苏丹徒磨盘墩遗址发掘报告》图六、八)

例的假玉,如蛇纹石(岫玉)、玉髓等,这些矿物研究者认为应产于本地,在宁镇山脉安基山铜矿钻孔岩石中就曾发现白色致密透闪石化大理岩(花岫玉),在镇江象山也曾发现与铁矿伴生的蛇纹石[1],而最近在溧阳小梅岭更发现有产于中生代燕山

---

[1] 郑健:《江苏吴县新石器时代遗址出土的古玉研究》,《考古学集刊》第三集,中国社会科学出版社,1983年。

期花岗岩体与下二叠统栖霞组镁质大理岩接触带的透闪石软玉矿[1]，这里所出矿石中有一种具斑杂构造的青黄玉，与营盘山 M31 所出玉料非常相似[2]。

北阴阳营文化应该源自本地区的马家浜文化，只是宁镇地区的马家浜文化遗址发掘很少，其面貌还不十分清楚。太湖地区的马家浜文化遗存中，石、玉器不是很多，但其类型与北阴阳营系统十分相似，石器主要有穿孔舌刃斧、椭圆形大穿孔宽体锄（斧）、长方形及有脊锛和条形凿等，只是这些石器较之后来北阴阳营的同类器整体要显得厚重。玉器主要是玦、璜、管等，但都是假玉。看来北阴阳营文化的石、玉器特征在马家浜文化时期就已开始形成。到北阴阳营—崧泽文化时期，在宁镇地区（可能还包括安徽含山等邻近地区）形成了一个大的石、玉器生产工业区，这里出产的石、玉器自成系统，切割和钻孔的工艺十分发达，形成了石器类型分化明显、棱角分明的特点。尽管石器和玉器的制作工艺同出一途，但毕竟还有很大的不同，在这个工业区中就有线索表明这里的石器和玉器（乃至治玉工具）的生产地很可能不在一起，而是有专业分工的。从种种迹象看，这个工业区到良渚文化早期时已渐衰落，其后就不复存在了。

四

薛家岗墓地分为两片，其中位于 T16—T18 内的 23 座墓葬年代较早，属薛家岗二期。墓葬中随葬的石器和玉器不多，有近风字形石铲 2 件，长方形石锛 6 件，方柱体石凿 3 件，小石片 2 件，石球、砺石和石环各 1 件，玉器则仅有半璧形璜 1 件。

位于 T6—T8 内的 80 座墓葬属薛家岗三期，随葬有大量的石器和玉器。石器磨制十分精细，有铲、钺、刀、锛、凿、斧和砺石等。其中，石铲 49 件，石钺 15 件，这两类器物形态没有区别，实际都是钺，体扁薄，立面形态有长方近风字形和风字形两种，而多数为后者（约 40 件），内有 3 件穿孔周围有朱绘花果纹；石刀 36 件，体扁

---

[1] 钟华邦：《江苏省溧阳县透闪石岩研究》，《岩石矿物学杂志》1990 年 2 期，第 9 卷。
[2] 闻广等：《福泉山与崧泽玉器地质考古学研究》，《考古》1993 年 7 期。

薄,都有 1—13 个奇数穿孔,以三孔者为多;石锛 36 件,均为长方形,有的稍宽短,有的为有段者(6 件);石凿 4 件,长方柱体,有的有段;石斧 7 件,立面为梯形,特厚重,刃部夹角较大;砺石 9 件,有的有磨痕。另有石镞、石饼、石球各 5 件、3 件和 2 件(图 4-8)。玉器中,有铲 11 件,扁薄斧形,舌刃,一或二穿孔,应为钺;环 18 件,有的为璧形;璜 18 件,内 3 件为断环形,余为半璧形,有的有镂雕,有的一端雕成动物状;管 85 件,横剖面有圆形、梯形、三角形、方形等多种;坠 33 件,有三角形、鱼形、泡形、长条形等多种;小琮 2 件,两节(图 4-9)。

薛家岗文化墓葬中随葬较多石、玉器的情况在黄梅的塞墩和陆墩也能见到,其中前者发掘了百余座墓葬[1],多数出较多的石、玉器,M48 有 40 余件随葬品,半数以上是石斧、锛、凿、三孔刀、磨石和玉器。这里还有薛家岗不见的玉玦。陆墩发掘了 21 座墓[2],多见石钺。但也有一些墓地随葬石、玉器较少,如潜山天宁寨[3]和靖安郑家坳[4],其中前者发掘墓葬 12 座,仅出石、玉器 11 件。但它们所出的石、玉器类型都是和薛家岗一样的。

薛家岗文化的石器还是很有特点的,最突出的就是大量的有孔石刀,风字形石钺和有段的锛、凿等。在薛家岗文化之前分布在相同地区的是黄鳝嘴一类文化遗存,这类遗存的陶器中有少量的因素来自大溪文化,主要的内容如鼎、豆、盆等与北阴阳营二期同类器相似,但也有些地方的特点。其石、玉器数量不多,有石斧、长方形石锛、玉玦和断环形玉璜等,显然属北阴阳营系统。因此这类遗存可以算作北阴阳营文化的一个地方类型。相比之下,薛家岗文化的内容无论是陶器还是石、玉器都更接近东边的北阴阳营系统。单就石、玉器来看,薛家岗二期时同营盘山的内容几乎没有什么差别(年代也同时),很可能还没有形成自己的特点,薛家岗三期时虽形成了一些自己的特点,但也有很多与北阴阳营系统相似的地方,尤其是玉器更

---

[1] 任式楠等:《黄梅县塞墩新石器时代遗址》,《中国考古学年鉴(1987、1988、1989)》,文物出版社,1988、1989、1990 年。
[2] 任式楠等:《黄梅县陆墩新石器时代遗址》,《中国考古学年鉴(1988)》,文物出版社,1989 年。
[3] 安徽省文物考古研究所:《安徽潜山天宁寨新石器时代遗址》,《考古》1987 年 11 期。
[4] 江西省文物工作队:《江西靖安郑家坳新石器时代墓葬清理简报》,《东南文化》1989 年 4—5 期;江西省文物考古研究所等:《靖安郑家坳墓地第二次发掘》,《考古与文物》1994 年 2 期。

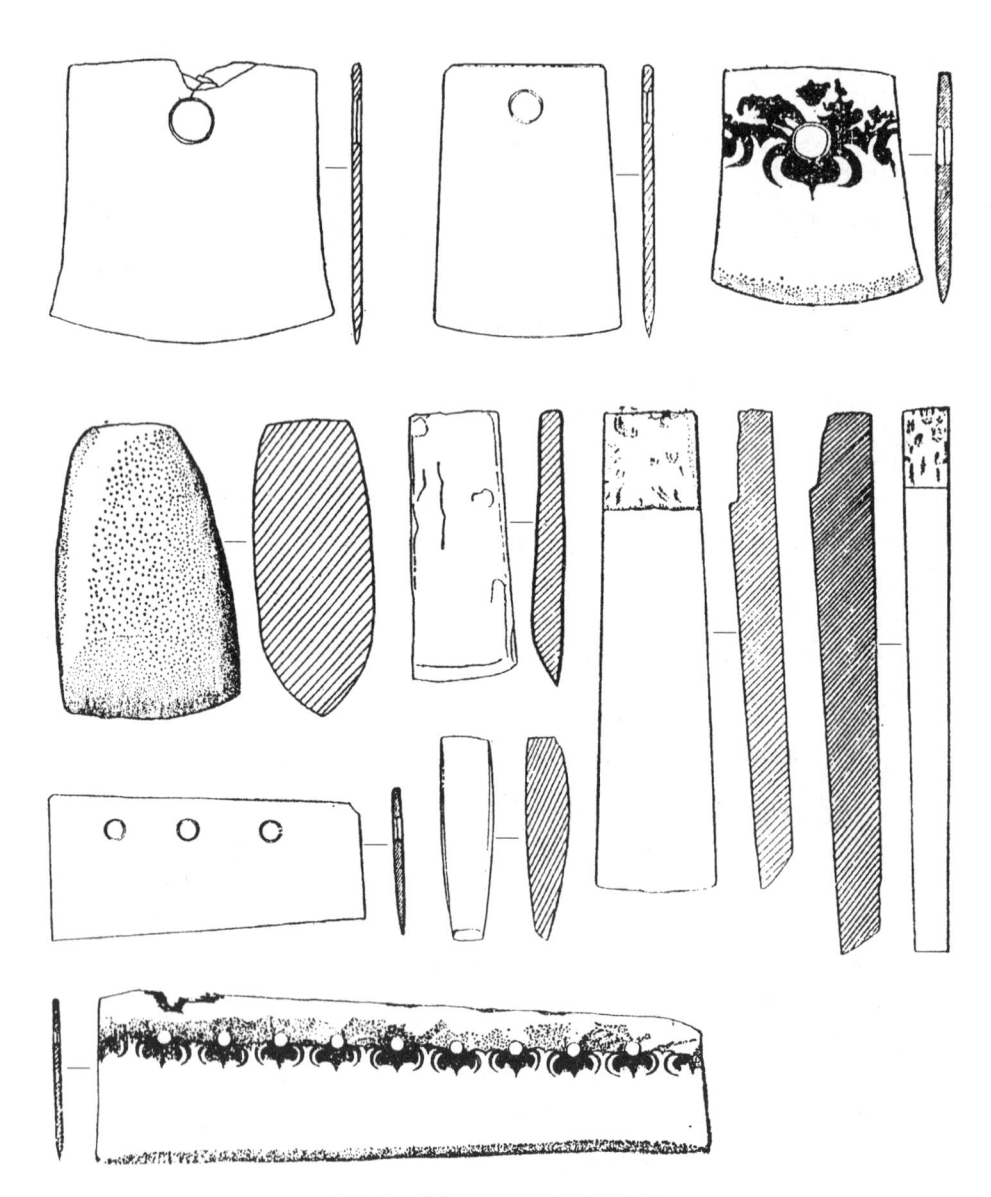

图4-8 薛家岗遗址薛家岗三期石器

（采自《潜山薛家岗新石器时代遗址》图二四、二五、二六）

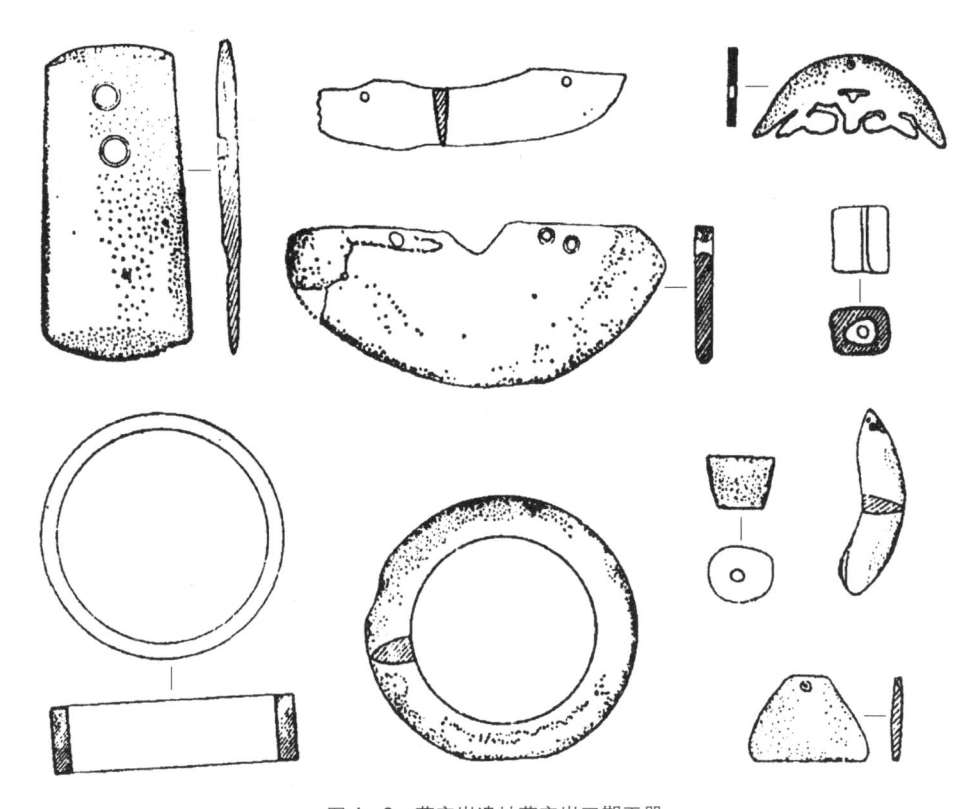

图 4-9　薛家岗遗址薛家岗三期玉器

（采自《潜山薛家岗新石器时代遗址》图二八、二九、三十）

是如此。尽管北阴阳营所在地区与薛家岗三期相同时期的石、玉器文化面貌目前还不是十分清楚，但它们的工艺肯定是一样的，薛家岗文化的石、玉器系统应该是出自北阴阳营的传统，只是可能在这一时期在不同的地区有所分化而已。从薛家岗三期的情况看，薛家岗文化结束的时间大约在良渚文化的早期。

薛家岗文化的石器应该是当地出产的，在薛家岗和塞墩墓葬中就出有不少磨制石器用的砺石。确切的制作石器的地点目前已在九江的大王岭发现一处[1]，这里发掘的面积有 450 平方米，其堆积的第 3 层应属薛家岗文化时期，发现有成堆的

---

[1] 江西省博物馆等：《江西九江县沙河街遗址发掘简报》，《考古学集刊》第二集，中国社会科学出版社，1982 年。

石铲(钺)坯子、石斧坯子、石芯和砺石。在这里发掘和采集的石器有 127 件,大多为锛(有有段者)、铲(钺)、三孔刀等,还有 21 件砺石及不少石坯、石芯等。这里的穿孔石铲(钺)均为风字形,立面形态分两种,宽扁者与薛家岗所出一样,数量较多;另一种稍瘦长,数量较少。这两种石钺都有不少仅打制成形而未加磨制和钻孔的毛坯。还有一些残件。另外,这一地区还有可能是采石场地点的发现,如芜湖大荆山蒋公山两遗址的所在地荆山即是一处[1],这里有天然产状的页岩出露,并有着悠久的采石历史。而蒋公山"东坡出土石器颇集中……其中掺杂天然石片","发现的石器中以锛形器为最多,还有穿孔扁斧(钺?)、石镞以及七孔石刀"。看来这里的遗存应属薛家岗文化,此地有可能既是当时的采石地点,同时也是石器的加工制作地点。从这些线索看,薛家岗文化分布的范围内也应该存在一个制作石器的工业区,只是其规模可能要小一些。薛家岗文化的玉器产地目前还不清楚,但从其传统来看,很可能出自它的东部地区。从薛家岗墓地随葬品中没有玉玦而塞墩、郑家坳等地墓葬中有较多玉玦的现象看,这里的玉器制作或流通中是有产品的分化的。

五

总观长江中、下游地区大溪文化和马家浜—崧泽(北阴阳营—薛家岗)文化时期的石器工业,大概只有大溪和北阴阳营—薛家岗两个制作系统。这两个系统在时间上是并行的,都形成于大溪文化早期—马家浜文化时期,成熟于大溪文化中期—崧泽文化早、中期(北阴阳营文化时期),繁荣于大溪文化晚期—崧泽文化晚期(薛家岗文化时期)。其来源也可能各有所自,大溪系统可上溯到城背溪文化,甚至本地区新石器时代早期、旧石器时代晚期的砾石器工业。两个系统的石器都各有自己成组的类型品和富于特色的制作工艺。大溪系统的石器主要分布于长江中游地区的大溪文化范围内,石器的种类和形制从早到晚变化不大,但日趋精致与

---

[1] 尹焕章等:《宁镇山脉及秦淮河地区新石器时代遗址普查报告》,《考古学报》1959 年 1 期。

定型化。北阴阳营—薛家岗系统的石器主要分布于长江下游地区的北阴阳营文化、薛家岗文化和崧泽文化范围内,石器种类早晚变化不大,但形制有所变化,如早期石钺多为舌形,不见长方近风字形和风字形者,到晚期则多为风字形,石锛、凿早期多见有脊者而晚期多见有段者等,这样变化有可能是早晚的不同,也有可能出自晚期地域产品的分化。在长江中、下游的其他一些地区,同时期也还存在着不同于以上两个系统的石器制作工业,如汉水中游地区的仰韶文化地方类型的文化遗存中就有大量的石器,种类有较多的梯形斧、长方形锛、圭形凿、盘状器和各种镞,也有一些穿孔舌刃钺,但穿孔特别靠上,显然有自己的特点,而较为接近大溪系统。在淅川下王岗遗址仰韶文化一期的遗存中,发现有两座居住面上堆放有卵石、磨石和石器半成品的圆形小房屋,应该是制作石器的作坊,说明这里的石器是本地出产的。赣中地区的拾年山文化则多见石镢和两孔石刀,拾年山遗址有多处石器堆和180余件砂岩砺石[1],这里的石器显然也是当地制作的。但这些石器工业并没有影响到长江中、下游的主要文化分布区,在大溪文化、北阴阳营文化、薛家岗文化和崧泽文化的遗址中也难得见到它们的石器类型品,而它们所在的地区受大溪系统和北阴阳营—薛家岗系统石器的影响则是很清楚的。

在大溪系统石器分布的大溪文化范围内,出产石器的地点从早期到晚期都集中在三峡及长江东出三峡出口处的长江岸边,这里几乎每一处遗址都大量地出土石制品,除成品之外更多的是制作石器过程中产生的毛坯、次品、废品和石片,也出有较多的制作石器的工具如石锤、磨石等,在经过发掘的一些遗址上还发现有制作石器的工场,制作石器的原料则是江边到处可得的砾石。因此,这一地区可说是一个大溪文化时期的大规模石器制作工业区,在这一地区内石器成品的消费量也是很大的,大溪墓地所见便是一个例子。在这个工业区之外的其他大溪文化遗址中所见石器都是成品,还没有一处发现有石器制作的场地和与石器制作有关的遗存,也没有很多可以方便地得到制作石器所需石料的聚落地点,可见这些遗址都是石器的消费地点而非出产地点。同时,在石器工业区之外的遗址,其石器的出土量也

---

[1] 江西省文物考古研究所:《江西新余市拾年山遗址》,《考古学报》1991年3期。

较工业区内石器的纯消费地点如大溪基地要少得多,而且离这个工业区越远,其石器的出土量就越少。也就是说,在大溪文化遗址密集分布的地区中,鄂西枝江、松滋和当阳等地的遗址出土石器一般较多,而湘西北、江汉等地的遗址所出石器则较少,鄂东地区也不多。例如,距离较近的枝江关庙山有大溪文化早、中、晚三个时期的遗存,其中、晚期的石器很多,松滋桂花树曾采集到大量的精美石器,其中大多出自被破坏的大溪晚期墓葬[1]。距离稍远的遗址有一些可作统计的资料,其中,公安王家岗发掘面积633平方米,在属于大溪文化中期的文化层堆积中出有石器18件;属于大溪文化晚期的74座墓葬中共出石器43件,占墓葬所出器物总数的6.6%[2]。澧县丁家岗发掘300平方米,出土磨制石器21件,多出于大溪文化早、中期的地层堆积,而早、中期30座墓葬中没有石器随葬,晚期1座墓中仅有1件石锛。澧县三元宫发掘面积296平方米,在其大溪文化中晚期的堆积中出土石器38件[3]。安乡汤家岗第一次发掘308平方米,其文化堆积大多属大溪文化早、中期,共出土磨制石器40余件。安乡划城岗发掘面积200平方米,在其大溪文化中期的文化堆积中出土石器6件;而在大溪文化晚期的94座墓葬中仅随葬石器8件,占随葬品总数的1.1%[4]。监利的福田和柳关两遗址共发掘330平方米,其文化堆积相当于大溪文化中、晚期,出土石器13件[5]。钟祥六合遗址发掘面积875平方米,其相当于大溪文化中、晚期的地层中出土石器8件;大溪文化晚期的墓葬14座,随葬石器6件,占随葬品总数的4.5%[6]。京山屈家岭遗址第二次发掘面积858平方米,其下部堆积为大溪文化晚期,出土石器40件[7];第三次发掘面积87.5平方米,其下部堆积为大溪文化中期,出土石器14件;而在晚期的13座墓葬中未随葬任何石器[8]。京山油子岭遗址发掘面积100平方米,其下部是大溪文化中期

---

[1] 湖北省荆州地区博物馆:《湖北松滋县桂花树新石器时代遗址》,《考古》1976年3期。
[2] 湖北省荆州地区博物馆:《湖北王家岗新石器时代遗址》,《考古学报》1984年4期。
[3] 湖南省博物馆:《澧县梦溪三元宫遗址》,《考古学报》1979年4期。
[4] 湖南省博物馆:《安乡划城岗新石器时代遗址》,《考古学报》1983年4期。
[5] 荆州地区博物馆:《湖北监利县柳关和福田新石器时代遗址试掘简报》,《江汉考古》1984年2期。
[6] 荆州地区博物馆等:《钟祥六合遗址》,《江汉考古》1987年2期。
[7] 中国社会科学院考古研究所编著:《京山屈家岭》,科学出版社,1965年。
[8] 屈家岭考古发掘队:《屈家岭遗址第三次发掘》,《考古学报》1992年1期。

的堆积,出土石器4件,而稍晚一些的7座墓葬中未随葬石器[1]。麻城金罗家遗址发掘大溪文化中期墓葬90余座,出土石、玉器的墓葬仅3座[2]。黄冈螺蛳山第一次发掘大溪文化中期墓葬4座,仅随葬石器1件,占随葬品总数的4%[3];第二次发掘大溪文化晚期墓葬10座,随葬石器(工具)5件,占随葬品总数的6.25%[4]。当然,上述统计中,遗址文化层堆积只计面积而未计深度,也未讨论堆积性质对出土石器多寡的影响,故其所出石器的数字只可作为参考,墓葬如除去某些发掘数量过少地点的数字统计,还是有相当可信度的,两相对照来看,距离三峡地区近、交通顺便的地点所出石器就较多,反之则少,但总的来看都是比较少的。而最东部的黄冈螺蛳山大溪文化晚期墓葬中随葬石器稍多,是因为它已相当靠近薛家岗文化区,那里所出的朱绘多孔石刀、风字形石钺和长方形石锛都应该来自其东部的薛家岗石器制作系统,已经同大溪系统没有什么关系了。

在北阴阳营—薛家岗系统石器集中分布的长江下游地区,从早期到晚期大规模出产石器的地点主要应该在宁镇地区及皖中与皖南交接的长江一线,其中早期的地点偏于这个工业区的东部,晚期则扩展到了其西部的皖西南地区,晚期的石器类型在东、西两地可能有所分化。在这个工业区中,石器成品的消费量是很大的,最多的如北阴阳营墓地已接近所有产品的35%,一般的多在20%左右。而同时期在这个工业区之外的崧泽文化石器出土量则较少,现将一些可有数量统计的地点墓葬石器的出土情况统计如表4-1[5]。其中距离宁镇地区较远的上海地区石器的出土量似要少一些。但是,崧泽文化所在的地区也发现过自己制作石器的地点,

---

[1] 湖北省荆州地区博物馆:《湖北京山油子岭新石器时代遗址的试掘》,《考古》1994年10期。
[2] 杨涛:《鄂东北地区新石器时代文化研究》,北京大学考古系硕士学位论文,1997年。
[3] 中国科学院考古研究所湖北发掘队:《湖北黄冈螺蛳山遗址的探掘》,《考古》1962年7期。
[4] 湖北省黄冈地区博物馆:《湖北黄冈螺蛳山遗址墓葬》,《考古学报》1987年3期。
[5] 三城巷考古队:《丹阳市三城巷遗址发掘报告》,《东南文化》1994年增刊(二号);乌墩考古队:《武进乌墩遗址发掘报告》,《东南文化》1994年增刊(二号);吴苏:《圩墩新石器时代遗址发掘简报》,《考古》1978年4期;苏州博物馆:《江苏张家港徐家湾新石器时代遗址》,《考古学报》1995年3期;苏州博物馆等:《江苏张家港许庄新石器时代遗址调查与试掘》,《考古》1990年5期;南京博物院:《江苏海安青墩遗址》,《考古学报》1983年2期;上海市文物管理委员会:《青浦福泉山遗址崧泽文化遗存》,《考古学报》1990年3期;上海市文物保管委员会:《上海松江县汤庙村遗址》,《考古》1985年7期。

如崧泽遗址 T4 东南角一片 4 平方米的范围内发现有石料和石器半成品 34 件,有的石料还可以对合,半成品能看出形状者有舌形钺、长方形锛和凿等,只是这个地点规模太小,不像是经常存在的行为场所。

表 4-1 墓地随葬石器统计表

地　　点	墓数	石器数	比例(%)
丹阳三城巷	4	5	24
武进乌墩	9	20	29
常州圩墩	63	11	15
张家港徐家湾	15	13	7
张家港许庄	3	7	29
海安青墩	98	65	13
青浦福泉山	16	6	9
青浦崧泽	100	44	7.5
淞江汤庙村	4	3	8

注:青墩有少量墓葬属良渚文化早期。

在薛家岗文化时期,薛家岗系统的石器主要分布在薛家岗文化的范围内,向西最多可到大溪文化分布的东部,如螺蛳山大溪文化晚期墓葬所见。但它的个别类型品尤其是石钺则传播得很远,在大溪文化晚期,这种风字形石钺在螺蛳山、金罗家、福田、走马岭、车轱山[1]、划城岗、王家岗、六合、红花套、大溪等很多大溪文化遗址中都能见到,但每一处所出都只有一两件,而且大多出于级别较高的墓葬中,里面可能会有个别的当地仿制品,但更多的应该直接来自薛家岗制石系统,划城岗 M36 中的一件还有与薛家岗类似的朱绘花纹。

如果说长江中、下游地区在大溪文化和崧泽文化(北阴阳营—薛家岗文化)时

---

[1] 湖南省岳阳地区文物工作队:《华荣车轱山新石器时代遗址第一次发掘简报》,《湖南考古辑刊》第三集,1986 年。

期所见的石器不大可能完全来自上述两个大的石器制作工业区的话,那么这一时期的玉器则完全有可能全部来自迄今在这一地区发现的唯一的玉器制作工业区,即与北阴阳营—薛家岗石器制作工业区基本重合的宁镇地区及皖中与皖南交接的地带。在这个工业区内除了有玉材的来源和发现了大批制作治玉工具、玉器的地点之外,玉器的消费量也是最大的,即便是在营盘山、北阴阳营和薛家岗这类普通聚落的墓地中,玉器的消费量也分别接近了40%、19%和26%。大溪文化已有多处遗址发现了玉器,如金罗家、车轱山、毛村[1]、桂花树、丁家岗、清水滩和大溪等,除清水滩外其余都出自墓地,而大多数墓地所出玉器都很少,不过几件,只有大溪墓地出土较多。玉器的种类有璜、玦、管、坠、珠、环、小璧等,同北阴阳营—薛家岗系统玉器的种类和形式完全一样,在丁家岗、清水滩一期等大溪文化中期所见玉璜均为半环或所谓断环形,而在车轱山、毛村、大溪等大溪晚期墓葬中才有半璧形的玉璜,这同北阴阳营—薛家岗系统玉璜的形式变化也是相同的,发生变化的年代也正相对应。因此早有学者认为大溪文化的玉器应是长江下游地区传播而来的[2]。

在太湖地区的崧泽文化范围内迄今还没有治玉地点的发现,也没有出产玉料的线索,而且有人认为从这里的地质结构看,不可能有透闪石和阳起石一类岩石的成矿条件[3]。而崧泽墓地M60∶6璜的玉料显微结构有纤维化不完全的现象,正与小梅岭软玉的结构相同。崧泽文化所见玉器种类及早晚的变化与北阴阳营—薛家岗系统玉器也完全相同,应该也来自上述玉器制作工业区。崧泽地区出土玉器的地点所见玉器的消费量也是比较少的,现将可作统计的一些墓地随葬玉器的情况统计如表4-2。尽管地点不是很多,有些地点墓葬的数量也过少,可能会有统计的误差,但还是大致能看出距离玉器产地越远,玉器的消费量就越少的趋势。另外,吴县草鞋山发掘崧泽文化墓葬89座,出玉器至少19件,估计占随葬品总数的5%[4],可作参考。而吴县张陵山下层崧泽文化晚期6座墓葬随葬玉器(和石器)

---

[1]《中国玉器全集》编辑委员会:《中国玉器全集》1,河北美术出版社,1993年。
[2] 杨建芳:《大溪文化玉器渊源探索》,《南方民族考古》第一辑,1987年。
[3] 周南泉:《试论太湖地区新石器时代玉器》,《考古与文物》1985年5期。
[4] 南京博物院:《江苏吴县草鞋山遗址》,《文物资料丛刊》3,1980年。

特别地多,与上层良渚文化早期5座墓葬合计共出玉器57件,占随葬品总数的30%[1],这是因为其级别较一般墓地要高,如要比较,就只能同凌家滩相比了。

表4-2 墓地随葬玉器统计表

地　　点	墓数	玉器数	比例(%)
丹阳三城巷	4	3	14.5
常州圩墩	63	7	8.5
武进乌墩	9	2	3
张家港许庄	3	1	4.2
张家港徐家湾	15	17	9.2
海安青墩	98	25	5.2
青浦崧泽	100	24	5
青浦福泉山	16	4	5.9

长江中、下游地区大溪文化中、晚期及崧泽文化(北阴阳营—薛家岗文化)时期的石、玉器制作有着独特的工艺技术系统和与之相关的产品品种,同时还有长期稳定的产地和产品分布区,这就具备了进一步讨论这一地区石、玉器的技术与产品的传播或流通问题的初步条件。产品的技术(或技术+原料)传播如果是全面而稳定的,就会在新的产地出现同一技术传统的产品,但新产品的形式则会发生分化,这是异地或异文化间技术传播中常见的现象,上述薛家岗石器制作系统出自北阴阳营系统但产品有所分化,即应是这种技术传播的结果。而偶然的技术传播则大多不发生产品的分化,在考古学遗存中很难分辨,未尝不可以与产品的传播放到一起来讨论。产品的传播或流通即贸易(交换)的形式,在文化人类学中通常采用美国经济史学家波拉尼(Karl Polanyi)所划分的三种模式,即互惠交易(Reciprocity)、再分配(Redistribution)和市场交换(Market exchange)。互惠交易是物物交换或以

---

[1] 南京博物院:《江苏吴县张陵山遗址发掘简报》,《文物资料丛刊》6,1982年。

物换取服务的直接交换,再分配是通过政治、组织力量对产品进行集中和分散的方式,市场交换则要通过公认的中介来进行产品的交换。但这三种分配和交换方式的实现在实际运作中各自还有多种复杂的途径。通过考古遗存来分析上述三种交换方式及其实现的途径并非没有可能,在本文材料比较少的情况下,运用各地点产品的出土量和各地点与产地间距的相关分析方法,可以简单地说明一些问题。这一方法可以产品出土量为纵轴、以(地点距产地的)距离为横轴作出相关分析图形,如果假定从产地开始,产品向外依距离由近到远作沿途流通,每一个地点都拿出一定比例的所得产品流通到下一个地点,这样产品的分布就会呈指数递减,在相关图形上就会得到一条平滑下降的 J 形线;如果纵轴产品出土量以对数为单位,则 J 形线将成为下降的直线,这样的流通图形意味着产品在流通中不存在中介,是理想的沿途互惠交易形式。如果图形呈多峰下降,则表明可能有市场或再分配中心的存在[1]。现选用上面崧泽文化可以统计的墓地玉器出土量统计表为材料,以南京代表产地作出图 4-10 以为参考。

  图 4-10 中如果考虑到乌墩和许庄两个地点墓葬数太少,有可能出现统计误差的话,其他各地点的玉器出土量从产地开始是直线下降的,可以说明北阴阳营系统的玉器在崧泽地区的流通很可能采用的是沿途互惠交易形式。实际上我们这里所能选用的地点还是比较少的,而在玉器的出土地点中也还有像凌家滩和张陵山那样的中心,说明玉器的流通中有可能存在再分配的形式。但如果再考虑到这一时期石器的流通也有分别从大溪和北阴阳营—薛家岗两个制作工业区向其他地区逐渐递减式的分布倾向,考虑到这种流通的路线是以长江作为中轴来进行的格局,就可以基本肯定这一时期贸易方式的主流应该是沿途的互惠交易。如仅以石、玉器来看,贸易的范围大体可划分出中游和下游两个大的集团,同时又有以薛家岗所在地区为中介发生的两大集团之间的交流(只是规模要小一些),从而在大溪文化中晚期和崧泽文化时期形成了一个沿长江的贸易圈。这个贸易圈中的交易形式虽然以互惠交换方式为主,但也有其他的形式,甚至可能会有市场交换,如大溪墓地

---

[1] Renfrew, C. & Bahn, P., 1991. *Archaeology: Theories, Methods, and Practices*. Thames and Hudson.

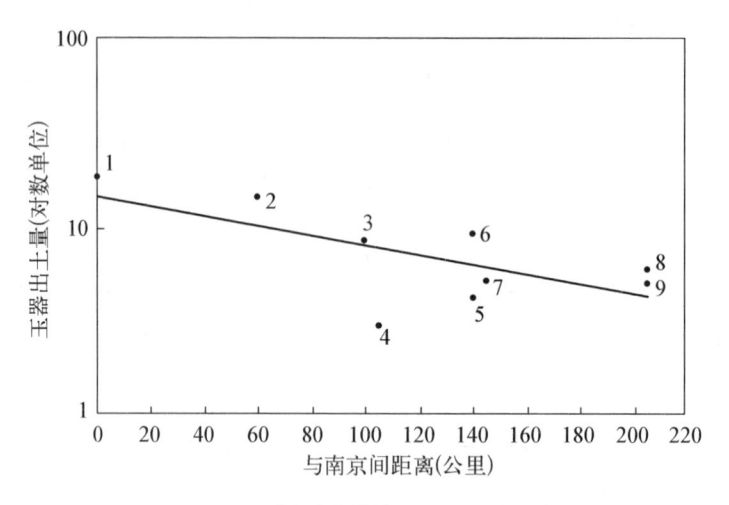

图 4-10　崧泽文化墓地玉器出土量的分布

1. 南京北阴阳营　2. 丹阳三城巷　3. 常州圩墩　4. 武进乌墩　5. 张家港许庄　6. 张家港徐家湾　7. 海安青墩　8. 青浦崧泽　9. 青浦福泉山

位于大溪文化的最西端,但所出的玉器却很多,即是一个可能的例子。

在长江中、下游地区的这个石、玉器贸易圈中,大溪和北阴阳营—薛家岗两个石、玉器制作区是产品的主要出发地。但前者的规模较小,产品类型少,位置又在本地区的最西端,其产品基本不见于下游地区,影响明显要小;而后者规模较大,产品有石、玉器两项,品种多,质量好,位置又居中,其产品不仅流通于下游地区,一些大溪系统不出产的品种如玉器、石钺等也交易到中游地区,影响显然比前者大。而且由于北阴阳营—薛家岗地区同时又是南北交通的枢纽地带,其石、玉器产品贸易也必然会在南北文化的交流中起到重要的作用。其中对大汶口文化地区的影响最为清楚。

北阴阳营石器系统形成时的马家浜文化时期,山东地区的考古学文化是大汶口文化的前身——北辛文化。北辛文化的石器主要是各种桃形、舌形、长方形铲(一般要占石器总数的一半以上)以及盘状器、刀、镰、磨盘、磨棒、斧等农具,锛、凿一类的木作工具较少见,这样一套石器显然属于黄河流域同时期的石器系统。而这类石器在北辛遗址出土特别多,仅石铲残件一项就有 1000 余片,还有打制的石斧、敲砸器、盘状器等近300件,其他石器也比较多,同时遗址中有大量的砾石和砂岩砥石,而其他同时期遗址则多为成品,说明这里应当是一个石器的制作地点,其石器的原料经鉴定是就地取材的[1]。直到北辛文化晚期(或青莲岗期,与北阴阳营文化偏早阶段同时),在大墩子遗址下层T1和T2的范围内还发现有三处主要制作大石铲的地点,这三处"石器堆放点"各有石器数十件,仅石铲就各有23、33和37件,其中有不少是半成品,另外还有石锛、石斧、"石杵"(锤?)、砥石和打下来的碎石片等[2],说明这一地区是自己大量地出产石器的。而这一时期苏北地区的青莲岗文化(其晚期与北阴阳营文化偏早阶段同时)的石器如大伊山墓地所见,主要有穿孔舌刃钺、长方形锛、长条形偏刃凿、斧、砺石等,而以锛的数量较多,显然属北阴阳营石器系统,同墓地所出玉器有半环形璜、玦、珠等,也应出自北阴阳营系统[3]。大伊山墓地共发掘这一时期墓葬62座,随葬石器占随葬品总数的34%,玉器占8%,石、玉器的出土量还是很大的。在随后的大汶口文化中,与北阴阳营文化—薛家岗文化时代大致相同的是其早期(刘林期,其最晚阶段已到良渚文化早期),这一时期经过大面积发掘地点,如刘林[4]、大墩子、王因[5]、野店[6]等遗址中已经基本见不到北辛文化系统的那一套石器,代之而起的石器主要是穿孔舌刃斧形、舌形、近风字形和风字形钺,长方形和有脊锛以及长方形、梯形斧等,其他器类比较少见。玉器发现较少,有半环形璜、环、坠和小璧等。这些石、玉器的种类与形式都同北阴阳营—薛家岗系统者没有区别。石、玉器的出土量在刘林两次发掘的197座墓中约占11%,在大墩子第二次发掘的刘林期159座墓中约占18%,数量

---

[1] 中国社会科学院考古研究所山东队等:《山东滕县北辛遗址发掘报告》,《考古学报》1984年2期。
[2] 南京博物院:《江苏邳县四户镇大墩子遗址探掘报告》,《考古学报》1964年2期;南京博物院:《江苏邳县大墩子遗址第二次发掘》,《考古学集刊》第一集,中国社会科学出版社,1981年。
[3] 连云港市博物馆:《江苏灌云大伊山新石器时代遗址第一次发掘报告》,《东南文化》1988年2期;南京博物院等:《江苏灌云大伊山遗址1986年的发掘》,《文物》1991年7期。
[4] 江苏省文物工作队:《江苏邳县刘林新石器时代遗址第一次发掘》,《考古学报》1962年1期;南京博物院:《江苏邳县刘林新石器时代遗址第二次发掘》,《考古学报》1965年2期。
[5] 中国社会科学院考古研究所山东队:《山东兖州王因新石器时代遗址发掘简报》,《考古》1979年1期。
[6] 山东省博物馆等:《邹县野店》,文物出版社,1985年。

还是比较大的。尽管还没有证据可以证明这一时期大汶口文化分布区内的石、玉器大都是由长江下游地区贸易而来的，但至少其技术系统和器物形式主要出自北阴阳营—薛家岗系统，大汶口文化自己的石、玉器文化特色在这一时期尚未形成。

六

大溪、北阴阳营和薛家岗等处于石、玉器制作工业区内的墓地大量地使用石、玉器随葬，实在是与这些产品的性质有关。比较来看，风字形石钺流传到大溪文化地区，多见于各墓地的高级别墓葬，所标示者无非是权威；崧泽文化穿孔石钺见于男性墓葬，玉璜见于女性墓葬（如崧泽、徐家湾等墓地所见），所标示者乃是身份；而大溪、北阴阳营、薛家岗等墓地大量随葬这些器物，以多取胜，所标示者则是财富。石、玉器在产地之所以能成为财富的象征，是因为它们本身大量出产用来作为贸易、流通的产品，从而赋予了"通货"的性质。而大溪和北阴阳营—薛家岗两处大的石、玉器出产区之所以能形成并长期存在，其原因除了自然条件辐辏，有方便的原料来源，交通顺畅的地理位置和传统的制作工艺之外，其他地区对这里产品的大量需求也是一个重要的因素。同时，这两个地区大量发展石、玉器制作产业，参与贸易，还应该有其自身的社会经济需要的原因，如三峡地区由于自然条件所限，在大溪文化时期各聚落的取食经济主要依赖于渔猎采集和部分家畜饲养，这一经济结构的季节性很强，其食物难以长期保存，不一定能满足一年四季长期定居的需要，因而必须与外部的农业社会有产品的交换，以弥补其社会经济的不足[1]。因此，可以认为石、玉器生产和贸易是这两个地区在这一时期社会文化繁荣的主要因素。

大溪和北阴阳营—薛家岗两个石、玉器生产工业区是在长江中、下游地区大溪文化中晚期和崧泽文化时期社会文化全面发展的背景下出现的，这一时期各地区社会结构发展的程度相当，区域文化高度繁荣，但地区间的交往又十分频繁，反映

---

[1] 张弛:《长江中、下游地区新石器时代聚落的变迁》，北京大学考古系博士学位论文，1996年。

在考古学文化上就有各地区考古遗存强烈趋同性的出现(甚至包括这一时期的大汶口文化地区),这种文化现象的形成应当与这一地区石、玉器贸易所代表的固定贸易圈的出现有很大的关系。在随后的屈家岭文化时期和良渚文化早期,这两个石、玉器制作工业区同时开始衰落,到石家河文化时期和良渚文化中期又同时消失,也应该和这一地区社会文化的发展变化有着直接的关系。现有材料表明,屈家岭—石家河文化和良渚文化的社会结构较此前发生了很大的变化,聚落规模的差距加大,聚落和社会中的防御功能突出,社会成员的分层明显,社会财富向高等级阶层迅速集中,文化间、地区间和聚落间有了强烈的社会冲突。石家河文化的石器制作系统目前还不甚明了,良渚文化和大汶口文化中晚期的石、玉器制作工艺及很大一部分器物种类则显然承自北阴阳营—薛家岗系统,但又有所发展。良渚文化的一般民用石器仍有斧、锛、凿等,但新出现了犁头、破土器和耘田器等农用工具,这些器物在各遗址的出土量都很大,还看不出有制作的中心区,玉器(包括石钺、璧)除仍有前期的大部分器类外,更增添了很多种类,工艺也有很大发展,但它们都出于高等级墓地中,而且在不同等级的墓地中所出玉器的质料、种类和数量也分为不同的等级,玉器的原料和制作显然已被社会分层中的高等级集团所控制,其产品的分配则完全成为波拉尼所划分的再分配形式。大汶口文化中晚期的石、玉器大量地继承了前期北阴阳营—薛家岗系统的工艺和器类,但也有了新的器形(如长方形的石、玉钺等),器物制作十分精致,已开始形成自己的地区文化特色(最后形成大概要到龙山文化时期),其分配如大汶口等墓地所见也基本是再分配的形式。这些现象表明,北阴阳营—薛家岗的石、玉器制作工艺主要是被这两个文化所继承和发展的。这一时期石、玉器生产方式的改变以及消费方式中再分配体系的建立,是与上述社会文化的变化直接相关的,是与这一时期社会结构分层体系的出现正相吻合的。屈家岭文化时期,三峡地区的聚落已经不多,失去了往日的繁荣;到石家河文化早期,更是荒无人烟。宁镇地区早在崧泽文化晚期即已开始受到崧泽文化的强烈影响,在良渚文化早中期大概还有昝庙一类的遗存,此后便成为像北阴阳营四期一类的大汶口文化晚期的聚落领地(包括薛家岗地区)。这一变化过程与屈家岭—石家河文化聚落防御体系出现,与良渚文化早期社会分层的初步建立至良渚中期再分配体系最终完成的过程正好同步,说明这两个石、玉器制作工业区的衰落是由当时社会资源再分配形式的出现造成的。而大汶口文化地区石、玉器制作工业体系的最后形成又与其晚期时逐步南下及良渚文化的衰落的过程同步发生,所表现的也是同样的社会现象。这种社会资源的再分配正是中国文明产生过程中十分重要的一环,而大溪和北阴阳营—薛家岗两个石、玉器生产工业区(尤其是后者)的制作工艺和产品形式,也正是在这一过程中得到了继承和发展。

(本文原名"大溪、北阴阳营和薛家岗的石、玉器工业",载北京大学考古学系编《考古学研究》(四),55-76页,科学出版社,2000年。此次重刊略有修订。)

5
中国南方的早期陶器

一

中国南方地区的早期陶器早有发现。其中，1962年江西万年仙人洞的发掘[1]，最早获得了一大批有层位的早期陶器。在仙人洞发掘的28平方米范围内，第3层出土了90余片陶片，并有1件可以复原的器物，都是早期的；第2层出56片陶片，有些年代较晚，但其中也不乏年代很早的。1964年仙人洞第二次发掘[2]，于41平方米发掘范围内，"下层"出土了298片早期陶片；"上层"出土的79片陶片中也有年代较早的。由于当时没有可靠的测年手段和缺乏可以对比的资料，因此对这批陶器的年代及其文化性质都没有确切的认识。1974年中国科学院考古研究所公布了仙人洞上层贝壳标本ZK－39的^{14}C测年，为距今10870±240年[3]。1976年又公布了仙人洞下层兽骨标本ZK－92－0的^{14}C测年，为距今8575±235年[4]。学界才认识到，仙人洞下层应当属于新石器时代早期文化[5]。但由于上述两个年代数据与所出的层位关系不合，还由于当时所认识的华南新石器时代早期文化的内容混杂有很多比较晚的文化遗存，因此，对于早期文化的年代仍存有很大的疑问，对早期陶器的特征也没有准确的认识。

从1973年开始，广西桂林甑皮岩遗址进行了三次较大规模的发掘，最初只有

---

[1] 江西省文物管理委员会：《江西万年大源仙人洞洞穴遗址试掘》，《考古学报》1963年1期。
[2] 江西省博物馆：《江西万年大源仙人洞洞穴遗址第二次发掘报告》，《文物》1976年12期。
[3] 中国科学院考古研究所实验室：《放射性碳素测定年代报告（三）》，《考古》1974年5期。
[4] 江西省博物馆：《江西万年大源仙人洞洞穴遗址第二次发掘报告》附录，《文物》1976年12期。
[5] 如彭适凡：《试论华南地区新石器时代早期文化——兼论有关的几个问题》，《文物》1976年12期。

1973年发掘的简报公布了一些材料[1]，90年代末才公布了三次发掘及零散采集的560片陶片[2]。1978年发表的遗址出土螺壳样本ZK-0279的^{14}C年代为距今11310±180年，而同层骨样本的年代只为距今7580±410年[3]。前一个螺壳样本的数据由于可能含有古老碳而受到质疑[4]。但随后又有进一步的研究和更多的样本测定表明了甑皮岩遗址下部堆积的古老性[5]，上海博物馆还在此后测定了甑皮岩陶片的热释光年代，为距今10370±870至9240±620年前[6]。1980年发掘的广西柳州大龙潭鲤鱼嘴遗址下层出土了8片陶片[7]，而出于同层的两个螺壳样本由中国科学院古脊椎动物与古人类研究所测定的^{14}C年代竟分别为18555±300（PV-0379-1）和21025±450年（PV-0379-2）。这样的年代即便是扣除水生样本的偏早率，在当时也是令人无法相信的。

80年代中期以后，随着彭头山文化的确认，南方地区新石器时代中期的文化面貌日益明朗，新石器时代自中期以降的年代序列也基本得到建立。过去那些曾被认为属于新石器时代早期的各种遗存也都得到重新检视[8]。追索南方新石器时代早期文化于是有了一个可靠的基点。而无论是从文化内容还是从年代来看，已有的早期文化的线索主要都集中在包括仙人洞和甑皮岩在内的南岭和武夷山脉两侧山前的洞穴遗存上。

1993、1995和1999年，中美联合考古队对仙人洞进行了再度发掘和采样，并对仙人洞附近的吊桶环遗址进行了发掘。其中仙人洞的发掘面积8.6平方米

---

[1] 广西壮族自治区文物工作队等：《广西桂林甑皮岩洞穴遗址的试掘》，《考古》1976年3期。

[2] 胡大鹏等：《广西桂林甑皮岩遗址历次发掘出土的陶器》，英德市博物馆等编《中石器文化及有关问题研讨会论文集》，广东人民出版社，1999年。

[3] 中国社会科学院考古研究所实验室：《放射性碳素测定年代报告（五）》，《考古》1978年4期。

[4] 安志敏：《略论三十年来我国的新石器时代考古》，《考古》1979年5期。

[5] 北京大学历史系考古专业碳十四实验室等：《石灰岩地区碳-14样品年代的可靠性与甑皮岩等遗址的年代问题》，《考古学报》1982年2期。

[6] 王维达：《河姆渡和甑皮岩陶片热释光年代的测定》，《考古学辑刊》4，中国社会科学出版社，1984年。

[7] 柳州市博物馆等：《柳州市大龙潭鲤鱼嘴新石器时代贝丘遗址》，《考古》1983年9期。

[8] 张弛：《简论南中国地区新石器时代早期文化》，张忠培等主编《中国考古学跨世纪的回顾与前瞻》190-198页，科学出版社，2000年。

(图 5-1),清理的堆积对照了 60 年代的分层,但对各层做了更为细致的划分,在各个层位共出土早期陶片 200 余片。吊桶环发掘 40 平方米,出土早期层位的早期陶片 20 余片。这两个遗址出土早期陶器的层位中都采集了大量木炭标本,利用 AMS 技术分别由中国北京大学和美国测试了 30 多个年代数据,其中相当于 62 年发掘第 3 大层中若干小层所出样本很多都落在距今 19780±360 年(BA95136)和 15050±60 年(UCR3555)之间,最晚的一个数据出自 3B1 层,为 12430±80 年(UCR356)[1]。另有几个兽骨样本的年代也大致落在这个范围之内,陶片本身的测年正在进行中。

图 5-1　仙人洞遗址发掘场景

1993 和 1995 年,湖南道县玉蟾岩遗址共发掘了 46 平方米,除在个别层位发现有数片大小不足 1 平方厘米的小陶片外,最为重要的是在 T93E 层发现了相距不远

---

[1] 张弛:《江西万年早期陶器和稻属植硅石遗存》,严文明主编《稻作 陶器和都市的起源》,文物出版社,2000 年。

的两堆陶片,可以复原为两件陶器[1]。北京大学 ^{14}C 实验室利用 AMS 技术对其中一件陶器进行了测年,其中残留碳的年代为距今 14810±230 年(BA95057b),腐殖酸为距今 12320±120 年(BA95057a),照理陶器本身的年代应当落在这两个数据之间,而同层位所出木炭样本的年代为 14490±230 年,因此陶器的年代很有可能接近残留碳的测年数据[2]。但由中国社会科学院考古研究所利用常规方法测定的3个兽骨样本却有很大不同[3],3 个样本分别出自 T9 第 3E、3B2 和 2B5 层,数据分别为距今 8194±610(ZK2903)、8820±399(ZK-2902)和 7707±413(ZK-2901)(半衰期 5568 年)年。至少其中出土陶器的 3E 层年代要比 AMS 法测定的木炭样本年代晚很多。

90 年代初,北京大学还对 1985 年发掘的广西桂林庙岩遗址进行了测年。这个遗址于第 5 层中部出土 5 片陶片,其中一个陶片样本的年代为距今 15660±260 年(residue,BA94137b)和 15560±500 年(humic acid,BA94137a)[4],其中前一个残留碳样本很可能来自燃料,与后一个腐殖酸的年代相差无几,因此两个数据都应当接近陶器本身的年代。北京大学测定的同层下部出土螺壳标本的年代为距今 18140±320 年(BA92036-1),4 层中部螺壳样本年代为距今 13710±270 年(BA92034-1),中国社会科学院考古研究所测定的出于 5 层的螺壳样本年代为距今 17238±237 年(ZK-2841)[5],减去螺壳样本的偏老率,都可以作为进一步的证据。

2000 年,广西桂林大岩遗址发掘了 72 平方米[6],发掘者将这里的遗存分为五期。其中第四期的年代大致相当于彭头山文化时期,在早于此期的第三期堆积中

---

[1] 袁家荣:《湖南道县玉蟾岩 1 万年以前的稻谷和陶器》,严文明等主编《稻作 陶器和都市的起源》,文物出版社,2000 年。

[2] Yuan Sixun, et al., 1997. Applications of AMS Radiocarbon Dating in Chinese Archaeological Studies, AIP CP392, 803-806, AIP Press, New York.

[3] 中国社会科学院考古研究所考古科技实验研究中心:《放射性碳素测定年代报告(二四)》,《考古》1997 年 7 期。本报告发表这组数据来自"蛤蟆洞"遗址,是玉蟾岩遗址别名。

[4] Yuan Sixun, et al., 1997. Applications of AMS Radiocarbon Dating in Chinese Archaeological Studies, AIP CP392, 803-806, AIP Press, New York.

[5] 湛世龙:《桂林庙岩洞穴遗址的发掘与研究》,英德市博物馆等编《中石器文化及有关问题研讨会论文集》,广东人民出版社,1999 年。

[6] 傅宪国等:《桂林地区史前文化面貌轮廓初现》,《中国文物报》2001 年 4 月 4 日第一版。

发现了3件陶容器。

2001年甑皮岩遗址再度发掘[1]，共清理面积10.26平方米的堆积，发掘报告将此次发掘的文化遗存分为五期。从大量的^{14}C测年数据和各期文化遗物的特征来看，其中第三期或第四期的年代大致与彭头山文化的年代相当，而第一期年代约在距今12000—11000年间（校正年代），第二期约在距今11000—10000（校正年代）年间。其中第一期出土可复原陶器1件，第二期出陶片34片。

90年代以来，这些洞穴遗址中陶器都是在探索南方地区旧石器时代向新石器时代过渡、新石器时代文化的开始以及农业起源等重大课题的过程中发现的。从这些陶器本身的特征以及与这些陶器共出的其他文化内容来看，与彭头山文化和顶狮山文化为代表的南方和华南新石器时代中期文化有很大的不同，绝对年代测年也大都在距今1万年以前。而如果鲤鱼嘴出土陶器层位和仙人洞最早出土陶器层位的^{14}C年代可以采信，这两处陶器的年代都将是世界范围内最早的。但鲤鱼嘴所测样本为螺壳，本身就有水生样本年代偏早的问题，仙人洞样本虽为炭和兽骨，其来源也同样有相对早于出土陶片层位形成时期的可能。庙岩和玉蟾岩利用AMS法测定的系列样本的年代同样十分古老，而且有两组来自陶片样本本身的数据，按照原理，陶片本身是不会晚于它自己腐殖酸的年代的。但玉蟾岩出土陶片同层位的兽骨样本利用常规法测定的年代却晚很多，显然^{14}C测年仍然存在有来自样本和测年本身的很多问题。《桂林甑皮岩》报告中将玉蟾岩出土陶器排定为甑皮岩一期之后[2]，就是没有采信玉蟾岩陶器标本的测年的例子。因此，解决南方地区早期陶器的年代排序，明确早期陶器的基本类型和特征的演变，还将有赖于对陶器本身形态、制作工艺以及出土层位等方面的研究。

早在90年代中期，当一些新发掘的资料大多尚未公布时，就已经开始出现对华南早期陶器进行分期的尝试[3]，还有对个别遗址出土陶器排序的个案[4]，近年

---

[1]中国社会科学院考古研究所等：《桂林甑皮岩》，文物出版社，2003年。
[2]中国社会科学院考古研究所等：《桂林甑皮岩》454-455页，文物出版社，2003年。
[3]如朱延平：《中国陶器起源阶段及相关问题》，《中国考古学的跨世纪反思》上册，商务印书馆，1999年。
[4]张弛：《江西万年早期陶器和稻属植硅石遗存》，严文明主编《稻作 陶器和都市的起源》，文物出版社，2000年。

来也有对这些早期陶器进行编年的研究[1],但都由于种种原因未能对现有资料进行全面的分析。我们注意到,上述出土早期陶器遗址的大都只有一两件器物或几片陶片,多数还集中出于同一层位。只有仙人洞遗址不仅陶器材料丰富,而且有层位不同的堆积单位的标本可以用来排序。因此,下面的分析将从仙人洞的材料入手。

二

仙人洞早期陶器的资料以60年代两次发掘所得为最丰富,但两次发掘报告中发表的有关材料都很少。第一次发掘报告发表的早期陶器主要出自第3层,有16件陶器和陶片,而第3层本身又分为3A、3B甲、3B乙、3C甲和3C乙等五小层,报告将上述陶片统归第3层或第一期文化,未按小层层位发表,保留下来的陶片标本上也只有大层的标号,确切的层位关系已经无法得知了。第二次发掘报告发表的大多数早期陶片被统归入下文化层,有图版的9片陶片分别出于T4的②、③、④层,都十分碎小。而且两次发掘报告对陶器的分类也不够细致,因此都难以利用做更深入的分析。

90年代仙人洞发掘部位分东、西两区,其中东区靠近60年代第二次发掘的T6,西区位于第一次发掘T3的北隔梁。经过发掘的堆积,大层对照过去的分层,小层划分更为细致,陶器资料都是按最小的堆积单位采集的。仙人洞堆积的最上面一层1A层混杂有各个时期的陶瓷器和现代灰瓦,以下即为新石器时代至旧石器时代的堆积,其中1B层至3C1b层均出有早期陶片,三次发掘共得陶片282片。前两次发掘所得陶片经中美双方考古人员研究,已经有简要的介绍发表[2]。以下则是三次发掘所有陶片研究的结果。

---

[1] 如中国社会科学院考古研究所等:《桂林甑皮岩》,文物出版社,2003年。
[2] David V. Hill:《从江西万年县两处新石器时代洞穴出土的陶瓷的初步分析》,Pamela Vandiver:《距今26000年至10000年东亚旧石器时代陶制品及陶器的发展》,李家治、陈显求主编《古陶瓷科学技术3——国际讨论会论文集(ISAC'95)》,上海科学技术文献出版社,1995年;大卫·V·希尔:《江西万年两处新石器时代洞穴遗址出土陶片的初步分析》,《南方文物》1997年2期;张弛:《江西万年早期陶器和稻属植硅石遗存》,严文明等主编《稻作 陶器和都市的起源》,文物出版社,2000年。

仙人洞早期陶片的胎质均由陶土及掺和料组成,即习称之夹砂陶。以肉眼观察,陶胎胎土大致可分为两类。一类具粉砂质结构,含大量的粉砂粒度砂粒、黏土团和大量的三氧化二铁(赤铁矿)结核。另一类陶片的陶土则比较细腻,接近黏土。可见这里陶土的来源并不是单一的。此前曾有研究者采仙人洞附近的红土与以前发掘所得陶片的陶土同做化学成分分析,认为二者化学成分相近,仙人洞古陶器陶土的来源就是附近的红土[1]。但所测陶片样本太少,样本年代也不明确,尚不足以说明全部的问题。

陶胎中的掺和料在陶片的断口和表面都可以看到,按质料可分为三种。第一种主要是粉碎的石英岩石,也有少量的长石等其他矿物,羼杂类矿物的粒度大小不一,最大的粒径接近10毫米,最小的仅有1.5毫米左右。石英颗粒没有磨圆,显然是粉碎后直接掺入陶土中的。这种掺和料的陶片数量最多,约占总数的77%。石英岩在仙人洞所在的大源盆地内未见矿源,但遗址中与陶片同时也出土石英小石器、石核及石片,因此推测石英原料的来源不会很远。第二种掺和料为细砂,砂粒磨圆度和分选均好,粒径一般在1.5毫米左右,这种掺和料的陶片数量不多,仅占总数的3%。上述两种掺合料的陶片一般使用第一类陶土。第三种掺和料质地很软,与陶片的硬度一样,粒径一般在5—8毫米之间的最多,但也有达10毫米者,颗粒棱角分明,没有磨圆。这类掺和料多掺加于第二类陶土中,质地也与第二类陶土烧成后的感觉相同,它们在不同的陶片中有不同的颜色,但与所掺陶片的颜色相同,因此很可能是粉碎的陶片。这类掺和料的陶片约占总数的20%。

仙人洞陶器外表(内壁和外壁)的烧成颜色不一,但基本都是以各种褐色为基调的颜色,有各种明暗不一的褐色、红褐色和灰褐色等。有的陶片内、外壁的颜色不一致,而多数陶片还有灰色或灰黑色的夹芯。这些都说明陶胎的烧成温度不高,陶胎的芯部烧成时未超过600℃,而只有外表烧成时温度超过了600℃[2]。这种

---

[1] 方府报:《江西万年新石器时代粗陶的研究》,李家治、陈显求主编《古陶瓷科学技术2——国际讨论会论文集(ISAC'92)》,上海科学技术文献出版社,1992年。
[2] 参见佐佐木干雄:《宝墩遗址出土陶器的烧成方法》,成都市文物考古研究所等编《宝墩遗址》185-189页,阿普有限会社,2000年。

烧成现象表明,这些陶器很有可能是露天篝火堆烧的。多个标本的烧成温度测试结果为740—840℃[1]。

由仙人洞陶片的断口和断面观察可知,这里陶器坯体的成形方法有两种。一种是泥条成形法,一种好像是泥片成形法。泥条成形法是仙人洞陶器上部最普遍的成形方法,用这种方法成形的陶器在破碎时往往从泥条接缝处断开,所以可以观察到泥条是与器口平行的,泥条宽度一般在3厘米左右,最窄的1厘米,最宽的可达5厘米(做比较大的器物)。在泥条接缝处断开的陶片断口一端弧凸,另一端弧凹,再由陶器口片观察,可知弧凸的一端应在上,弧凹的一端在下,这样就可以推测出,在向上续接泥条时一般要用手由上至下挤压接缝处以使两泥条紧密黏接。还有一类泥条成形的情况略有不同,这种泥条接缝处断开的断口是斜的,从口部泥条断口观察,泥条从下往上接续时是由内壁向外斜接的,如果为倒筑,则由外向内斜接。这类泥条断口都比较粗糙,显示泥条黏接程度比前一类要好。泥条宽一般2厘米。这类泥条成形法仅见于下述条纹陶标本,数量不多,因此证据还不是很充分。

泥片成形法,或称泥片贴塑法,即用泥片一层层贴塑成形,在陶片断口上可以看到胎体一般都有两三层,内层泥片一般稍厚,外层泥片一般较薄。这种成形方法只见于下述单面滚印绳纹陶。其成形过程也可能是和绳棍滚压的修整过程同时进行的,外层泥片因滚压而变得比较薄。从破裂陶片看不出泥片的大小。

根据整形方式的不同,再结合陶质、成形、装饰和器形等指标,可将这些陶器分为条纹陶、绳纹陶、编织纹陶和素面陶等几类。

1. 条纹陶

条纹陶陶片共23片。陶胎胎体用第一类黏土,掺石英,成形方法属泥条圈筑法中的第二种情况,这种成形方式的陶器也只有条纹陶一类。陶色一般为深褐色,多无黑芯,内外壁陶色接近,个别内壁局部黑色。这类陶器的外壁和内壁都有以平

---

[1] 吴瑞等:《江西万年仙人洞遗址出土陶片的科学技术研究》,郭景坤主编《古陶瓷科学技术5——国际讨论会论文集(ISAC'02)》,上海科学技术文献出版社,2003年。

头齿形器刮抹(压)后留下的类似浅篮纹的平行条纹。所谓平头齿形器类似叉子,应以竹、木或骨料制成,平头齿宽一般3毫米,齿间距1毫米。有的标本内壁留有刮抹时停顿的顿痕,一组顿痕的宽度似在2—3厘米之间,这也应当是刮抹工具齿形器的宽度(图5-2)。在近口部的陶片上可以观察到这种平行条纹一般是横向或略斜的,而且内壁为左下斜(依观察方向),外壁为右下斜,表明对内外壁施纹(刮抹)时的方向是相反的,这样可以使器胎泥片之间黏接更加紧密。条纹陶的装饰只在器口部位发现两种,一种是在唇沿上压出"V"形凹槽,使口沿成锯齿状,齿间距约0.6—1厘米。再有一种是在唇下2—2.5厘米处用直径0.4厘米左右的小棒由内壁向外顶出的一周圆窝,圆窝间距1厘米,外壁在相应部位则为一周顶出的泥突。依条纹陶的口片和腹片来看,其器形应为锯齿形尖唇直口(圜底?)的"U"形罐或釜,器壁厚1厘米左右。1962年发掘标本T3③:320-6即是一例(图5-3)。

图5-2 条纹陶正、反面

图5-3 条纹陶口沿

2. 绳纹陶

绳纹陶陶片最多，有130片。施纹方式繁复多变，留下的印痕多种多样。其中最主要的一种是在陶片表面有一道道平行的绳纹或其他植物纤维的印痕，有的可以看出绳股的形状，大多是双股"Z"绞结绳子留下的，这应当是绳拍拍打出来的；有的则不是很清晰，可能是别的植物印痕留下的，这里统称为绳纹。拍印绳纹在器物的外壁一般是竖向的，而内外壁均有绳纹的双面绳纹陶，其内壁的绳纹一般是横向的，也有内外壁绳纹的角度都略斜近45度的，但内外壁绳纹的方向却都是相反的，内外壁绳纹印痕的形状在同一陶片上都是很相近的。这说明在拍打外壁时内壁垫有相同的绳拍，陶工在修整陶器时，内壁垫拍竖握，外壁绳拍横握，两拍拍打时垂直运动，这样方能在陶器的内外壁同时留下上述痕迹。这里拍印绳纹的多数印痕都比较长，说明绳拍大多是扁平的。这类绳纹陶又有双面和单面以及绳印粗细的不同，可以分成下述几种。

双面绳纹陶：掺石英，第一种泥条成形法成形。绳径1.5—2毫米。器口唇沿上有间隔1厘米压出的一周"V"形凹槽。器形大约是尖唇直口的"U"形罐或釜。

双面粗绳纹陶：掺石英，第一种泥条成形法成形。内外壁有方向相反的粗绳纹，绳径2—3毫米。器口唇下1厘米有间隔1厘米戳印圆窝。器形应与双面绳纹陶相似。完整的双面粗绳纹陶器在1962年发掘时出土过1件，编号T3③：1（图5-4）。

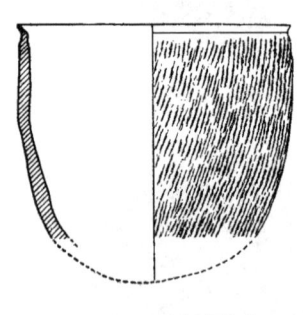

图5-4 双面粗绳纹陶

单面细绳纹陶：掺碎陶片，第一种泥条成形法成形。外壁绳纹细密，绳径1毫米左右，内壁平素无纹。其中一件标本器口唇沿下0.5厘米和2厘米处有两周戳印圆窝，上面的圆窝较小，直径0.3厘米，窝间距1厘米，下面的圆窝稍大，直径0.6厘米。有的标本外壁有平行划线（阴弦纹），间距0.4厘米。这类陶器的器形大约也是尖唇直口的"U"形罐或釜。

单面绳纹陶：又分为掺石英、碎陶片和细砂三种，第一种泥条成形法成形。外壁施较粗的绳纹,绳径 2 毫米,绳纹为竖向或略斜。掺石英和碎陶片的两种内壁原也有绳纹,但被抹平,有时隐约可见。掺细砂的内壁较光滑,不知原先是否有绳纹。有的标本唇沿上也拍有绳纹,唇沿下 1 厘米和 2 厘米处还有两周直径 0.6 厘米的戳印圆窝。这种陶器的器形是平唇直口有颈的鼓腹罐或釜。

交错绳纹陶:掺碎陶片。数量很少,外壁有交错拍印的绳纹,内壁光素无纹,器形不明,也可能与单面绳纹陶或单面粗绳纹陶同属一类。

此外,拍印绳纹还见到有一组一组很短的绳印,一般在 1 厘米左右或不足 1 厘米者,而且内壁相应有竖向的条形垫窝,很像是棍拍拍印的结果,这里称之为棍拍绳纹陶。

再有一类施纹方法为滚印。其中数量比较多见的应该是用缠绳或草的棒状物滚压的,绳印长而清晰,在器物颈部凹面上也能看见清晰的绳印,拍打是不能够做到的。这种绳印较粗,只见于器物外壁,这里称为滚印单面粗绳纹陶。这类陶器是仙人洞唯一用泥片贴塑法成形的,胎体用第二类陶土,有掺石英和碎陶片两种,一般内外壁均为浅褐色或黄褐色,有灰芯,或外壁黄褐、内壁灰色。外壁滚压竖向规整粗绳纹,绳径 2—2.5 毫米,内壁光素无纹。标本有口片和有弧度的颈部片,知器形为平唇或略斜的直口有颈鼓腹罐或釜,束颈十分明显。

另一种滚印绳纹应该是用绳子直接滚压的,在这种施纹方法的陶片上可以看到一个个梭形米粒状的绳印。一般内外壁面都施纹。滚印绳纹的印痕较浅,有些比较模糊而难以辨认,因此数量的统计不是十分准确,但数量肯定是很少的,这里称之为滚印双面绳纹陶。

3. 编织纹陶

编织纹陶陶片共 52 片,有掺石英和碎陶片两种,都是用泥条圈筑法制坯成形的。这类器物的外表拍印有编织纹样的陶器,但实际仔细观察,这种纹样还是有不同的形态的,有的可以看出有经有纬类似席纹的编织纹,有的表面为杂乱的点状和条状纹样,类似彭头山文化陶器上的"橘皮纹""瘢痂纹"或"鼓皮纹",还有的类似绳纹,但看不出绳子股,而更像是以鹿角作拍子拍出的纹路。其中,有类似席纹的陶片数量很少,其他的种类则数量很多,也可能有很少的标本是交错的绳纹,但因不易辨认也被归入此类。这类陶片一般内外壁两面都有相同的纹样,但其中不少内壁又被再次用手抹平,只能隐约看到原来纹样的痕迹;只有很少一些内壁被完全抹平,看不出原来是否有纹饰。编织纹陶的器形如标本1513,为掺碎陶片的灰褐陶,泥条宽近5厘米,器壁厚0.5—0.6厘米,纹样见于外壁及唇沿上,内壁纹饰被抹平,口下有一漏斗形钻孔,口径16厘米(同心圆拟合数据),复原的形状应为圆唇敞口斜腹圜底深腹钵。

4. 素面陶

素面陶陶片有14片。陶质为掺石英者,成形方法为泥条圈筑。这类陶片的特征是内外壁均被抹光,而陶器在修整过程中原本可能拍印有绳纹或编织纹,但后被全部抹光,其中有一些特别小的陶片也不排除是上述绳纹陶或编织纹陶两面被局部抹光的碎片的可能。素面陶器形如标本606,泥条宽1—2厘米,唇沿被压成锯齿状,沿下1厘米处用小圆棒由外向内间隔1厘米戳印一周小圆窝,器壁厚0.6—0.7厘米,口径16.5厘米(同心圆拟合数据),形态为圆唇直口斜腹圜底深腹钵(图5-5)。

图5-5 素面陶

下表是上述各类陶器在仙人洞发掘西区各堆积单位中的出现情况(表5-1)。

表 5-1　仙人洞发掘西区各类陶器出现情况

分类 单位	条纹陶	双面绳纹陶	双面粗绳纹陶	单面细绳纹陶	单面绳纹陶	滚印单面粗绳纹陶	编织纹陶	素面陶	不明	总计
1B			4		5	12			8	29
2A	1		4		2		8	1		16
2B							3			3
2C			7	1	1		2			11
3A										0
3B1		1	5	1	2		5		5	19
3B2	1	2	5	8			2		2	20
3C1a	6	5						5	5	21
3C1b	10									10
总计	18	8	25	10	10	12	20	6	20	129

可以看出,仙人洞发掘西区最先出现陶器的层位是 3C1b 层,这一层所出陶器为条纹陶,而且只有这一类。在随后的 3C1a 层中除有条纹陶外,又出现了双面绳纹陶和素面陶,不过这一层中的 5 片素面陶都很细小,很难确定其性质。再往上的 3B2 层新出现了双面粗绳纹陶、单面细绳纹陶和编织纹陶,3B1 层新出现了单面绳纹陶,并且从这一层以后基本不见条纹陶。3A 层未见陶片(而且也基本没有其他人工制品)。2C、2B、2A 层情况差不多,以双面粗绳纹陶、单面绳纹陶和编织纹陶为主,2C 层和 2A 层还各见 1 片单面细绳纹陶和素面陶,不见双面绳纹陶。1B 层还有双面粗绳纹陶和单面绳纹陶,但新出现了滚印单面粗绳纹陶,而且以滚印单面粗绳纹陶为主。而东部发掘区各类陶片在各层位的出土情况也大体如此。

需要说明的是,由于 90 年代仙人洞发掘的面积只有 8 平方米多一点,而在如此小范围内的堆积层位关系是否完全可以信任是值得考虑的。再有就是小面积发掘的出土物本身也可能有分布几率不均衡的情况发生,而且洞穴堆积情况本来就十分复杂。因此,目前还难以对上述陶器进行准确地分期。但依据上述层位关系,可以将仙人洞陶器不同时期的变化情况大体总结如下。

仙人洞陶器的陶土最早利用的是粉砂质的淤土,内含肉眼可见的氧化铁结核和镜下可分辨的黏土团,较晚还利用了一种比较纯的黏土。瘠性原料主要是粒度比较大的粉碎石英岩石,较晚还使用细砂和陶片作为掺和料。

这里陶器制坯成形和修整的工艺有多种,最早出现的条纹陶以斜接泥条的泥条圈筑法成坯,用平头齿形器在内外壁刮抹修整,留下了平行的条纹,器口压成锯齿状并在口部装饰一周由内向外顶出的泥突,器形是直口的"U"形罐(釜)。条纹陶大多为深褐色,没有黑芯,烧成温度还是比较高的。

随后出现的绳纹陶较早也是掺石英岩的,以后又有以碎陶片和细砂为掺和料的作法,成形方式大都是竖接泥条的泥条圈筑法。绳纹陶的修整方法有很多种,以扁绳拍拍打的方式为主,最早出现的是内外壁两面都留有绳纹的双面绳纹陶和双面粗绳纹陶,绳纹在内、外壁的方向是相反的,器形大致与条纹陶类似,口部也有压成锯齿状的。稍晚的拍印绳纹陶主要是外壁留下绳纹的单面绳纹陶,这类陶器在内壁原也应有绳纹,但被抹掉,根据绳纹粗细的不同又可分为单面细绳纹陶和单面绳纹陶。其中单面细绳纹陶都是掺碎陶片的,器形与双面绳纹陶很相似,在单面绳纹陶中出现的年代是最早的。单面绳纹陶既有掺石英岩和碎陶片的,又有掺细砂的,器形与上述有较大的不同,是一种有颈的鼓腹圜底罐(釜),出现的年代较晚。

数量比较多的编织纹陶陶质有掺石英和掺碎陶片两种,也以泥条圈筑法成形,大概以缠绕各种编织物或草的拍子拍打修整,有的内、外壁都留有印痕,有的内壁又被抹平,器形是一种敞口斜腹圜底的深腹钵,年代大致与双面粗绳纹陶、单面细绳纹陶、单面绳纹陶共存。素面陶的数量不多,都是掺石英岩的,以泥条圈筑法成形,内、外壁均被抹平,有的可以约略看出壁面在抹平前也有纹样(推测是编织纹)。素面陶在较早与双面绳纹陶同时的层位中就有发现,但均是比较细碎的小陶片,因此不能肯定它们是素面陶还是绳纹陶局部被抹平的陶片,能看出形状的一件出于西部2A层中,是直口斜腹圜底的深腹钵,口部压成锯齿状。因此,编织纹陶和素面陶陶器很可能是盛器,而与条纹陶和绳纹陶的器类——釜在功能上有所不同。

还有一些是数量比较少的以缠绳棍拍打修整的棍拍绳纹陶、以绳子直接滚压修整的滚印双面绳纹陶和交错绳纹陶,它们出现的年代大致在双面粗绳纹陶到单面绳纹陶之间。

再有就是以缠绳或草的棍子滚压修整的滚印单面粗绳纹陶,从陶质陶色都很有特点,制法也与其他类型的陶器不同,是以泥片贴塑法成形的,与单面绳纹陶的器形很像,也是有颈的鼓腹罐(釜),但束颈更甚,出现在仙人洞东西两个发掘部位的1B层,是仙人洞各类陶器中出现最晚的,它的器形和制法已经同新石器时代中期彭头山文化的同类器很相近了。

三

除仙人洞以外,其他几处早期陶器的材料比较少,其中,玉蟾岩出土的2件陶器陶质疏松,胎土中还含有具一定磨圆度的河砂,发表者认为是后掺进来的,而明显为人工掺加的掺和料为粉碎的石英砂岩,颗粒大小不一,大者长径可达20毫米,一般则在5—10毫米之间。陶胎厚薄不匀,最厚为2厘米。1995年出土的95DMT9∶26复原为一件釜形器(图5-6),敞口,圆唇,斜壁略弧,尖圜底。口径31、通高29厘米。陶釜的成形方式不明,发表者认为可能是泥片贴塑手捏而成的,但并未提出证据。在这件器物的内、外壁都有绳纹,其中内壁绳纹走向接近水平,外壁绳纹竖直或略斜,唇部也有绳纹,而在外壁局部表皮脱落处还可见到里面有绳纹,说明器物修整过程中外壁曾贴泥后再饰纹。从发表照片看,绳纹施纹方式为扁平绳拍拍打,内垫同样的绳垫。1993年发现的另一件个体稍小,发表者说也为一件釜形器,但比较浅,器表"纹样类似绳纹,显得粗松模

图5-6 玉蟾岩绳纹釜

糊,可能是植物藤茎滚压而成"[1]。

玉蟾岩1995年出土的一片陶片中,硅含量为49.5%,铝含量为30.3%,助熔剂镁的含量为6.57%,属高铝质的耐火黏土。而仙人洞几个陶片中,氧化硅和氧化铝的含量分别在62.9%—75.06%和15.86%—18.81%之间,其中至少一个样本出于60年代发掘的下层[2],属普通易熔黏土原料。可见两处陶器的产地应当是不同的,但都以粉碎石英岩为掺和料的陶土置备方法是一样的。1995年出土的陶釜修整方式与仙人洞双面粗绳纹陶完全一样,器形也很类似。1993年发现的一件陶器器形和施纹都与仙人洞编织纹陶比较像。

吊桶环遗址有两个原生层位(D、C2),共出土陶片25片。这些陶片都很细碎,特别是D层的陶片普遍都有一定的磨圆度,说明曾遭流水的搬运。25片陶片的特征均不超出仙人洞早期陶器特征的范围。陶土中的掺和料能看出两种,一种是碎石英岩石,一种是碎陶片,前者有7片,后者有11片,其余则太碎小,看不出掺和料。能勉强看出陶片表面纹饰的有10片,依仙人洞陶器分类,其中有双面绳纹陶或双面粗绳纹陶2片,均出于D层;单面细绳纹陶7片,出于D层4片,出于C2层(Fea.11、18)3片;编织纹陶1片。

庙岩第5层所出的5片陶片"陶质粗疏、吸水性强,胎内夹有细石英砂粒和碳粒",灰褐色,有黑色夹芯,部分表面有烟炱[3],陶胎厚1厘米左右,素面无纹。由于5片陶片集中出土,陶质陶色等性状都很一致,故应为同一件器物的碎片,应当与仙人洞素面陶为同一类器物。

大岩第三期发现的3件陶器陶胎夹粗大石英颗粒,陶质疏松,胎厚2—3厘米。其中2件为灰褐陶,器形难辨。另1件为圆唇,斜弧壁,圜底,器表为红褐色,内壁为橙黄色,外壁还有三道植物茎秆的压痕和火烧过的烟炱[4]。这件陶器的器形显

---

[1] 袁家荣:《湖南道县玉蟾岩1万年以前的稻谷和陶器》,严文明等主编《稻作 陶器和都市的起源》,文物出版社,2000年。
[2] 李家治等:《新石器时代早期陶器的研究》,《考古》1996年5期。
[3] 谌世龙:《桂林庙岩洞穴遗址的发掘与研究》,英德市博物馆等编《中石器文化及有关问题研讨会论文集》,广东人民出版社,1999年。
[4] 傅宪国等:《桂林地区史前文化面貌轮廓初现》,《中国文物报》2001年4月4日第一版。

然与仙人洞的编织纹陶和素面陶一样,是深腹的钵形器。

甑皮岩一期发现的一件陶器DT6⑧:027,报告称为圜底釜,口径27、高16.4、口沿处胎厚1.4、胎最厚3.6厘米,为夹粗石英灰白陶胎。所夹石英颗粒最大在1.1—1.5厘米左右。内、外壁及胎芯颜色一致,只有近口部局部为灰褐色,烧成温度很低,不超过250摄氏度,器表开裂,胎质疏松。器表为素面,只在近口部隐约可见纹饰,"似为粗绳纹,滚压而成,后又经抹平"。报告称此器为"捏制而成",未见泥条成形或泥片贴塑成形的痕迹。这件器物的器形和修整方式都与仙人洞编织纹陶或素面陶一样,属口径大于通高的深腹钵形器。只是成形方法可能不同,烧成温度也比较低[1]。这件陶器胎土经检测,主要成分氧化硅和氧化铝含量分别占52.46%和24.86%,与仙人洞和玉蟾岩陶土成分不同,其他主量元素也有区别[2]。

甑皮岩第二期发现的34片陶片以掺方解石的灰褐色、褐色陶为主,也有掺石英和红褐色的。陶器成形方法为泥片贴塑法,特别是在陶器的颈部断面常常能看到分层的泥片痕迹。修整留下的痕迹为印痕较深的滚压绳纹,经复制实验,被认定为是由缠草棒分段重复滚压而成的。其中有27片为敞口、束颈、溜肩、鼓腹、圜底的罐形器。其陶土制备、器物成形和修整方法以及器形和仙人洞的滚印单面粗绳纹陶完全一样。另外7片陶片,报告称可能为小型罐或钵类器,直口,口沿下有刻划纹或附加堆纹,不见于仙人洞。甑皮岩第三期的陶器与第二期基本一样。

大龙潭鲤鱼嘴的8片陶片仅有简单报道,其中7片为红色夹砂陶,质软,火候低,饰粗细绳纹,以粗绳纹为多,胎厚0.2—0.8厘米。另1片为泥质黑陶,质硬,胎厚0.3厘米,表面饰交错细绳纹。这里夹砂陶的特征描述还不够明确,无法与其他地点的早期陶器详加比较,薄胎的泥质黑陶则不见于其他几个地点。

通过上述比较可以看出,除大龙潭鲤鱼嘴外的其他几个地点的早期陶器从陶

---

[1] 中国社会科学院考古研究所等:《桂林甑皮岩》,文物出版社,2003年。
[2] 吴瑞等:《甑皮岩遗址出土陶器的检测与分析》,中国社会科学院考古研究所等编《桂林甑皮岩》,文物出版社,2003年。

质陶色、修整方式到器类器形都有很一致的特征。如陶土中都掺大小不一的石英岩作为羼性原料，胎壁比较厚，以扁平绳拍拍打外壁内垫绳垫的修整方式，抹去修整痕迹形成素面陶器，器形有敞口釜和深腹钵两个种类等。其中，仙人洞最早出现的条纹陶釜未见于其他地点。其后出现的双面绳纹陶釜和编织纹陶深腹钵也见于玉蟾岩，并在玉蟾岩共存于同一层位。吊桶环也有双面绳纹陶。素面深腹钵则见于庙岩、大岩和甑皮岩一期。此后出现的单面细绳纹陶还见于吊桶环，其器形与双面绳纹陶一样，是直口或敞口的釜。可能晚于单面细绳纹陶的单面绳纹陶未见于其他地点，器形为稍稍束颈的鼓腹釜。其间在仙人洞出现的如棍拍绳纹陶等釜形器也未见于其他地点。最晚出现的缠绳或草棒滚印单面绳纹陶釜是束颈、溜肩、鼓腹、圜底的形态，也见于甑皮岩二期和三期，这种器物的制作方法和器形已经十分接近甑皮岩第三、四期，大岩第四期等与彭头山文化同时的同类器了，只是 ^{14}C 年代要比彭头山文化稍早一些。甑皮岩第二、三期还有一种口沿有刻划纹或附加堆纹、可能是深腹钵类的器物，未见于其他地点。

从甑皮岩第二、三期和仙人洞最晚的滚印绳纹陶的制法和器形看，无疑与彭头山文化时期的陶器特征更为接近，而与此前的条纹陶、双面绳纹陶、单面细绳纹陶、编织纹陶以及素面陶有很大的区别，从陶器分期的角度考虑，将滚印绳纹陶归入彭头山时期的陶器系统更顺理成章。而也许出现在双面绳纹陶、单面细绳纹陶与滚印绳纹陶之间的仙人洞单面绳纹陶虽然制法与前面的陶器相同，但器形已经出现了束颈的特征。编织纹陶的纹样在彭头山文化时期也比较常见。因此可以说彭头山文化的陶器是渊源有自的。

从甑皮岩和大岩发掘的层位关系看，前者第三、四期无论从 ^{14}C 测年还是从文化面貌上看都与彭头山文化接近，后者第四期据说也相当于彭头山文化时期，甑皮岩二期也有很多测年数据表明要早于彭头山文化上千年，这样在仙人洞遗址发掘的层位上早于甑皮岩二期滚印绳纹陶的条纹陶、双面绳纹陶、编织纹陶、素面陶、单面细绳纹陶和单面绳纹陶的年代就应当更早。从出土早期陶器的遗址层位关系和 ^{14}C 测年交叉断代的角度来看，70 年代所测仙人洞下层兽骨标本 ZK－92－0 的 ^{14}C 测年为距今 8575±235 年，80 年代所测玉蟾岩 T9 第 3E 层兽骨标本（ZK2903）为距今 8194±610 年,与彭头山文化的大量测年数据相当,显然与其他更多的有关数据以及遗址层位关系的交叉断代不相符合。如果采信庙岩素面陶本身的测年为距今 15660±260 年(BA94137b),玉蟾岩 T9 第 3E 层出土的双面绳纹陶本身的测年为距今 14810±230 年(BA95057b),以及其他大量与早期陶器出土层位有关、利用 AMS 法测定的炭样本年代,则可以和上述排定的陶器发展序列以及遗址层位关系相合。这样,早于这两种陶器的仙人洞条纹陶的年代势必将更早一些,而上述引用的 ^{14}C 年代都还没有经过校正[1]。

四

从早期陶器的发掘和出土情况来看,玉蟾岩发掘了 46 平方米,出土了数片十分细碎的陶片和 2 件陶器;庙岩发掘了 50 平方米,出土 5 片陶片;大岩发掘了 72 平方米,仅出土了 3 片陶片,可见早期陶器在当时的数量是很少的。只有仙人洞早期陶器出土的数量稍多一些,陶器的品种也比较丰富,这可能与仙人洞的堆积连续性比较强有关,也可能与当时南方的东部地区文化比较发达或经济生活中对陶器的需求量比较大有关。还可以加以注意的是,如果不考虑大龙潭鲤鱼嘴遗址,在滚印单面绳纹陶之前,岭南还只在桂林地区发现有陶器,而且发现的都是素面陶深腹钵形器,其他同时期的洞穴遗存中还没有发现可以确定的早期陶器。而岭北玉蟾岩与仙人洞则都是绳纹陶釜与深腹钵共出,当然目前还不知道这两种器物的功能是否真的有所不同。根据仙人洞、玉蟾岩和甑皮岩陶器胎土的成分分析,知道各地点的陶器都应当是当地出产的。因此,上述陶器种类分布的不同,如果不是因为发掘和发现的原因,就要考虑当时的区域文化和经济的差异了。

目前,中国南方地区早期陶器出土的地点和数量都还不多,可以利用的出土陶器的层位资料也比较少,陶器本身的研究还不够深入,绝对年代测年也还有样本和

---

[1] 部分校正数据参见赵朝洪等:《中国早期陶器的发现及相关问题》,北京大学考古文博学院编《考古学研究》(五)上册,科学出版社,2003 年。

技术等方面的问题,因此,尽管早期陶器延续的年代有可能长达几千年,陶器的类型也有比较多的变化,我们还是没有足够的证据可以加以分期。但根据上文对早期陶器的排序以及与各地点出土样本的^{14}C年代的交叉断代结果来看,南方地区最早的条纹陶和素面陶等都是目前所知陶器中年代最早的。中国北方地区目前出土的早期陶器主要见于河北阳原于家沟、徐水南庄头[1]和北京东胡林等地。年代都在距今1万1000年或1万年左右。其中于家沟层位最早的一件陶器为平底罐底片,夹砂褐色胎,外拍粗松绳纹;层位偏上还有夹砂黑陶片数片,质地粗,似还掺有植物为羼性料,外拍大绳纹。南庄头陶片分两类,一为灰褐色掺石英和云母者,内外有泥皮,腹拍粗松绳纹,器形为直口有颈鼓腹平底罐,颈部贴一圈泥条,还可能有钵类器。另一类为夹砂黄褐陶,器形不明。这些陶器都与南方同时期的陶器有比较大的区别,与南方地区早期陶器发展序列相比,年代也排在了比较晚的时期。而平底罐形器在东北亚的俄罗斯远东地区和日本出现得最早。日本早期陶器(绳文草创期)的排序为:(1)无文陶器、刺突纹陶器和沈线纹陶器,(2)隆起线文陶器,(3)爪形文陶器、圆孔文陶器,(4)多绳文陶器。这一陶器特征发展的序列与中国南方地区不同。但日本最早的陶器是青森县大平山元I遗址出土的无文陶器,陶器表面附着物的校正年代为距今16520至14920年,与庙岩素面陶的年代差不多。而所谓无文陶为素面,沈线纹则为条形刮抹痕迹,特别是相模野NO.149遗址出土的刺突纹陶器口沿,唇部压成锯齿状,沿下1厘米处有由内向外戳的一周小孔(图5-7),更与仙人洞条纹陶口部的装饰几乎一样。说明日本早期陶器在最早发展阶段的特征与中国南方早期陶器中最早的条纹陶和素面陶是大致相同的,出现的年代前后也差不多。俄罗斯远东地区最早出现的陶器也是无文陶器和条痕文陶器,只是条痕文器物为平底罐,年代则稍晚,大约在距今13000年[2]。由此可见,早期陶器在东亚不同地区的发展过程虽然不同,但最早出现陶器的制作修整方法

---

[1] 郭瑞海等:《从南庄头遗址看华北地区农业和陶器的起源》,严文明等主编《稻作 陶器和都市的起源》,文物出版社,2000年。

[2] 堤隆:《日本列岛晚冰期人类对环境的适应和陶器的起源》,严文明等主编《稻作 陶器和都市的起源》,文物出版社,2000年。

和装饰形式却很相像。这在现有的证据下实际指示着陶容器制作技术起源的一元性,尽管目前还不能确切地指出起源地点的所在。

图 5-7　相模野 NO.149 遗址出土的刺突纹陶器

目前对陶器起源的动因有种种不同的说法[1]。在中国南方早期陶器发生和发展的个案中,我们看到的器类有两种,一是釜形器,二是深腹钵形器,前者是中国新石器时代传统的炊器,后者则是传统的盛器,但在早期也可能用作炊器,总之都是炊事盛食之器。它们的出现正好在末次冰期的盛冰期,也是旧石器时代取食经济向新石器时代生活方式的转化时期。这就支持了陶容器起源的经济动因说。随着取食经济生活的转换,食物构成中出现了某些过去不食用,而当时不得不食用,而又必须放在容器里煮熟后才好食用的食物,为此被创制出来的陶器,才可能长期延续使用下来。这一点推测当然仅仅是出于对中国南方早期陶器种类功能的分析,最终的立论还有待于对当时取食经济的形态等方面的深入研究。

(本文原名"中国南方的早期陶器",载北京大学中国考古学研究中心编《古代文明》(第 5 卷),1-16 页,文物出版社,2006 年。此次重刊略有修订。)

---

[1] Rice, M., 1999. On the Origins of Pottery. *Jounal of Archaeological Methord and Theory*, Vol. 6, No. 1.

农业起源与区域经济

中国农业起源研究的回顾

中国史前农业、经济的发展与文明的起源
　　——以黄河、长江中下游地区为核心

中国华南及其邻近地区：新石器时代采集渔猎文化

中国华南和西南地区：农业出现的时间及相关问题

中国沿海：早期海洋适应性文化

中国北方生业经济结构的区域特征
　　——旧大陆西部作物及家畜传入初期

中国长江流域早期农业文化的扩张
　　——论贾湖一期文化遗存

6
中国农业起源研究的回顾

一、农业起源问题的早期研究

人类对农业起源问题的关心由来已久,世界上许多古老民族都有着自己关于农业起源的传说或看法的记载,其中尤以希腊人的说法影响最大,他们认为人类取食经济的发展顺序经过了采集狩猎、畜牧和农业生产等三个阶段[1]。这一认识在两点意义上得到了以后研究的继承,一是它对取食经济的分类,二是它本身所具有的进化论思想。在西方,即便是在地理大发现和进化论思想得以确立之后,这种观念的基本方面也未曾被动摇,只是提出了更多的问题。这一点在许多经典作家的有关著作中都可以清楚地看到[2],直到19世纪末情况才有了较大的改变。

新的认识是伴随文化传播论的思潮同时出现的,其早期的代表人物瑞士植物学家康德尔(Alphonse de Candolle)于1883年发表《栽培作物的起源》一书,指出应当依据植物地理学和考古学的资料来确定栽培作物的起源地点。根据当时的材料,他个人以为农作物的主要起源地有三个,这就是中国、西南亚(包括埃及)和美洲的热带地区[3],其中中国是粟、稷、稻等作物的原产地。这种观点成为了20世纪农业起源多中心论的滥觞。

在20世纪的前半叶,随着现代科学的长足进步,农业起源的研究在发生地、最

---

[1] 埃里奇·伊萨克著,葛以德译:《驯化地理学》3页,商务印书馆,1987年。
[2] 森本和男著,宋小凡译:《农业起源论谱系(上)、(下)》,《农业考古》1989年1、2期。
[3] Bar-Yosef, O., 1998. Introduction: Some Comments on the History of Research. *The Review of Archaeology*, Vol.19, Number 2:1.

先栽培的作物和驯化动物的品种、不同地区栽培和驯化物种的差异、栽培农业与畜养业之间的关系以及农业与环境和动植物物种的分布等诸多方面都有了更为深入的探索。对于这些研究的总结产生出了关于农业起源的不同认识,大体可归纳为一元论和多元论两种。一元论的代表人物是美国的地理学家索尔(C. O. Sauer),他认为农业起源中心应当位于一个动植物种类繁多的地区,即东南亚及其边缘地区,栽培作物以及家养动物都是首先在这里产生然后才传播出去的[1]。尽管持这种观点的人不是很多,但也有着相当的影响。相比之下,持多元论的人更多,对于具体的起源中心也有许多不同的认识,其中以苏联植物学家瓦维洛夫(N. I. Vavilov)的看法影响最大。瓦维洛夫认为栽培植物物种变异集中发生的地区应该就是栽培作物的起源地,在世界上有8个这样的起源中心,即中国、印度(印度-马来西亚)、中亚、近东、地中海、阿比西尼亚(今埃塞俄比亚)、墨西哥南部和南美[2],其中中国最早栽培的作物有粟、黍、高粱、荞麦、大豆、红豆、山药、萝卜、白菜和芥菜等。其他一些多中心论者在具体论点上虽有不同,但都对瓦维洛夫的研究有所继承,同时也都认为中国应该是一个独立的动植物驯化中心。其实,即便是索尔的单中心起源论也是与中国有关的。

对于农业起源时间和地点的探索最终还是要得到考古学上的证据,上述的一些看法也是因这方面的证据不多而不能成为定论。最先寻求考古学证据的是美国地质学家庞培利(R. Pumpelly),为了证实冰后期干燥的环境压力促成了农业的起源,20世纪初他在土库曼斯坦的安诺(Anau)遗址进行了发掘[3]。此后,随着新石器时代文化内容的不断丰富,在1926年,柴尔德(V. G. Child)提出了"新石器革命"的见解,强调了新石器时代发生在大河地区的农业生产给人类社会带来的革命性变化,他的农业起源理论继承和发展了庞培利的环境压力说,认为冰后期在近东

---

[1] Sauer, C. O., 1952. *Agriculture Origins and Dispersals.* American Geographical Society, New York, pp. 20 – 22.

[2] Vavilov, N. I., 1925. Studies on the Origin of Cultivated Plants. *Bulletin of Applied Botany and Plant Breeding*, 16, vol.2, pp. 1 – 248.

[3] Bar-Yosef, O., 1998. Introduction: Some Comments on the History of Research. *The Review of Archaeology*, Vol.19, Number 2:1.

人类与动植物共同栖居的绿洲是农业的最先发生地[1]。柴尔德理论的影响是巨大而深远的,"二战"后,有多支考古队来到西亚寻找农业最初发生的证迹,尽管涉及这一地区的研究者最后发展出来的理论有所不同,但这一地区作为首先驯化了小麦、大麦、绵羊、山羊等动植物的农业起源地并在新石器时代形成了独特的农业体系的认识则是共同的。在 20 世纪中期前后,由于其他地区新石器时代年代学体系尚未建立,对于农业起源的研究也相对薄弱,以至于农业首先产生于西亚的看法在西方学界深入人心,甚至中国的农业也被多数学者认为是在近东的影响下产生的[2]。这种认识直到 20 世纪 70 年代以后才有所改变。

二、中国农业本土起源说的确立

中国有重农的传统,历代流传下来了许多农书,相关的史料也记载有自己独特的农业体系,这种体系可以上溯到十分久远的时代。古代典籍的记载表明中国早在夏商周三代已有了十分发达的农业,而且还有不少关于农业起源的神话和传说,如《易·系辞》和《逸周书》等都记载了神农氏制作木耒木耜教天下农耕的故事,还说神农发明了陶器和斧斤,其事颇有一些新石器时代的影子;在周人自己的传说中则认为是他们的祖先后稷教人民播种百谷。因此,即便是在考古资料还不是很丰富的时期,中国学者们的心底也大多确信中国的农业是本土起源的,而且多将探索的方向集中在文献记载最丰富的华北地区[3],期望有更多的考古发现能给予证实。

新中国成立以前的中国史前考古虽已开展了一段时间,但并无明确的探索农业起源的课题出现,只是在一些遗址的发掘中有人注意到了有关的农业遗存。其

---

[1] Child, V. G., 1926. *The Most Ancient East*, London, Routledge. Paul, K., 1953. *New Light on the Most Ancient East*, New York, Praeger.

[2] Reed, C. A., 1977. Origins of Agriculture: Discussion and Some Conclusions. *Origins of Agriculture*, Mouton, pp. 880–895.

[3] 中国农业科学院等:《中国农学史》,科学出版社,1959 年。

中比较重要的有：安特生（J. G. Anderson）1921 年在河南渑池仰韶村的发掘发现一片陶片上印有稻壳的痕迹[1]，后经瑞典农学家艾德曼（G. Edman）和苏德贝格（E. Sōderberg）鉴定为栽培稻（*Oryza sativa*）品种[2]；董光忠 1931 年在山西万泉荆村的发掘曾发现"黍稷及其皮壳"[3]，毕晓普（C. W. Bishop）认为有黍（*Panicum miliceum*）和高粱（*Sorghum vulgare*）两种作物[4]，后经高桥基生鉴定为粟（*Setaria italica*）和高粱（*Andropogon sorghum var. vuigaris*）[5]。还有不少新石器时代遗址出土了石（陶）刀等农业工具。安志敏曾撰文就这一时期的发现作了全面的总结，认为"中国史前时期，至少中原地区（黄河流域并包括东北之一部）自新石器时代末期已完全进入农业社会"[6]。当然，这一时期发现的农业遗存多少也还存在有程度不同的问题，如仰韶村印有稻壳痕迹的陶片就曾引起过年代方面的争议[7]，荆村的发现虽无太大的年代问题，但其中被鉴定为高粱的作物也存有疑问[8]。

新中国成立后到 20 世纪 70 年代，这二十九年里，随着全国范围内考古发掘规模的不断扩大，有关新石器时代农业遗存的发现也日益增多。其中粟的朽灰和炭化粟粒见于陕西西安半坡、华县泉护村、邠县下孟村、华县元君庙、河南洛阳王湾、洛阳孙旗屯和甘肃永靖大何庄等地，稻谷和稻米见于江苏无锡仙蠡墩、南京庙山、吴县草鞋山、上海青浦崧泽、浙江吴兴钱山漾、杭州水田、湖北京山屈家岭、天门石家河、武昌放鹰台、宜都红花套、江西修水跑马岭、安徽固镇濠城、陕西华县泉护村

---

[1] Andersson, J. G., 1934. *Children of the Yellow Earth*, London, p. 335.

[2] Ederman G., and Sōderberg, E., 1929. Auffindung, von Reis in einer Tonscherte, awseiner etwa funftausendjahriges Chinesischen siedlung. *Bulletin of the Geological Society of China*, vol. Ⅷ, No. 4, pp. 363–368.

[3] 董光中：《本校及山西图书馆美国福利尔艺术陈列馆发掘山西万泉石器时代遗址之经过》，《师大月刊》1949 年 3 期。

[4] Bishop, C. W., 1933. The Neolithic Age in Northern China. *Antiquity*, vol. Ⅶ, No. 28, pp. 395–396.

[5] 和岛诚一：《山西省河东平野及び太原盆地北半部に於ける先史学调查の概要》，《人类学杂志》第五十八卷第四号，1943 年。

[6] 安志敏：《中国史前时期之农业》，《燕京社会科学》第二卷，1949 年。

[7] 严文明：《中国稻作农业的起源》，《农业考古》1982 年 1、2 期。

[8] 安志敏：《郑州大河村炭化粮食的鉴定和问题——兼论高粱的起源及其在我国的栽培》，《文物》1981 年 11 期。

等地,在半坡、钱山漾和跑马岭还发现了白菜(或芥菜)和花生等经济作物的种子[1]。饲养动物的骨殖发现就更多,在各地发掘的遗址中都可见到,品种有猪、狗、绵羊、山羊、牛和鸡等,其中以猪最为常见,数量也很多,有的墓葬中一次随葬猪的下颌骨就达数十块。这一时期新石器时代考古最重要的一项成果是基本建立了仰韶文化以降的史前文化编年体系,在"文革"初期就已测定并于1972年发表的第一批 ^{14}C 数据提供了这一编年的绝对年代,人们不无惊讶地发现仰韶文化的年代上限竟比原先估计的要早一两千年,接近了公元前5000年,这就为正确理解上述有关农业遗存的意义提供了令人兴奋的年代标尺。

对这一时期的发现作出全面评价并有深入研究的是何炳棣(Ping-Ti Ho),在20世纪60年代末至70年代中的一系列文章和著作中[2],对仰韶时期农业的环境、黄土的特性、耕作的制度、谷物种类和畜养业的特征等问题做了全面的讨论,认为黄土地区自古以来就是半干旱的草原环境,多样性的草本植物中有多种可供栽培的作物的野生祖本,这是旱作农业产生的背景。黄土自肥能力强,无须长期撂荒,很可能在仰韶时期就已采取了轮耕制度,而非刀耕火种。仰韶农业中栽培的主要作物是粟、黍类谷物,原产于中国,较世界其他地方出现的年代都要早;其他的作物可能还有大豆和桑麻等;水稻也应是原产的,在北方的一些湿地也有种植;而大麦和小麦的生长不适于中国北方的环境,是后来引种过来的。中国史前的畜养业一直是副业,首先饲养的是猪,而且是以饲养猪为主的,其次才是牛、羊,与先饲养了羊并且以饲养羊为主的西亚有别。因此,中国的早期农业有自己的特征和体系,是本土起源的,起源的地点在仰韶文化分布的"核心地区"。这些论断因为不久就有了更多的证据而得到了学者们的支持[3]。

新的发现引发于20世纪70年代中期河北武安磁山遗址和河南新郑裴李岗遗址的发掘,之后分别被确立为磁山文化和裴李岗文化,年代早于仰韶文化上千年,

---

[1] 陈文华:《中国农业考古图录》3-59页,江西科学技术出版社,1994年。
[2] Ping-Ti Ho, 1969. *The Loess and the Origins of Chinese Agriculture*, The Chinese University of Hong Kong. Ping-Ti Ho 1975. *The Cradle of the East*, The Chinese University of Hong Kong.
[3] 唐启宇:《中国农史稿》,农业出版社,1985年。

属于新石器时代早期偏晚或新石器时代中期。陆续发现的同时期文化还有西部的老官台文化和北部的兴隆洼文化等。这一时期的遗址中普遍发现有粟,其中磁山遗址80个窖穴中有粟的朽灰,换算成新鲜粟重量可达5万千克[1],偏北的一些遗址如辽宁沈阳新乐、甘肃秦安大地湾和裴李岗发现有黍,大地湾还发现了油菜籽。饲养的家畜则有猪、狗、牛、鸡等。农具包括石铲、石镰、石磨盘和磨棒等。所有这些现象表明,这一时期中国的北方地区已有了初步发达的旱作农业,而且显然与仰韶和龙山时期的农业体系是一脉相承的,农业最初发源的时间应当还可以上溯到更早的时期。至此,中国农业是本土起源的学说已成为不争的事实。

三、稻作农业起源的探索

中国稻作农业的起源历来有不同的说法,早期以瓦维洛夫的印度说影响最大,直到20世纪70年代仍有学者认为是由印度通过不同途径传入的[2],但也有不少中国学者认为是中国本土起源的,如丁颖就根据普通野生稻的分布及其与栽培稻的亲缘关系认定栽培稻种起源于云南[3]。总之,较早的研究方法上多依据遗传学的理论,结论大多倾向于"山地起源说"[4]。70年代中期以前新石器时代遗址发现的水稻遗存有部分经过鉴定[5],证明确系栽培稻,而且都是粳稻。如果根据丁颖的看法,籼稻才是栽培稻的基本型,粳稻则是在栽培稻演化过程中发生变异的气候生态型,那么这些栽培稻遗存显然不会是最原始的稻作证迹。这些发现大多都集中于长江的中下游地区,许多遗存的时代在当时的年代序列中是最早的,但这些

---

[1] 佟伟华:《磁山遗址的农业遗存及相关问题》,《农业考古》1984年1期。

[2] Chang, T. T., 1976. The Origin, Evolution, Cultivation, and Diversification of Asian and African Rise. *Euphytica*, 25.

[3] 丁颖:《中国栽培稻种的起源及其演变》,《农业学报》1957年8卷3期。

[4] 上海市文物保管委员会:《上海市青浦崧泽遗址的试掘》附录,《浙江农业大学农学系种子教研组鉴别初步意见》,《考古学报》1962年2期;浙江省文物管理委员会:《吴兴钱山漾遗址第一、二次发掘报告》附录一,《浙江农学院鉴定书》,《考古学报》1960年2期;丁颖:《江汉平原新石器时代红烧土中的稻谷壳考察》,《考古学报》1959年4期。

[5] 渡部忠世:《亚洲稻的起源和稻作圈的构成》,《农业考古》1988年2期。

新的证迹在 70 年代中期浙江余姚河姆渡遗址发掘之前并没有产生对稻作农业起源的新的认识。

河姆渡遗址的发掘在稻作农业史上是一件划时代的大事,那里发现的稻作遗存至今都是史前遗址中最为丰富的。单是第一期发掘就在遗址的第 4 文化层发现了约 400 平方米的稻谷、稻壳和稻草堆积,厚度从 10 厘米到 80 厘米不等,有研究者将这些堆积换算成稻谷,推测可达 120 吨[1]。这是一个很惊人的数字。同时还在陶器上见到刻画着成束的稻穗图案、陶釜底部烧焦的米饭锅巴以及大量的用于水田耕作的骨耜。饲养的家畜则有猪和水牛等。据当时的鉴定,这里的水稻大多属籼稻,是栽培稻籼亚种中的晚稻型水稻(*Oryza sativa* L. Subsp. *hsien Ting*)[2]。综合遗址的其他现象看,这里的稻作农业应远非初始的状态,而河姆渡第 4 层的 ^{14}C 年代已达公元前 5000 年左右。这一发现随即引起了学界的高度重视,中国稻作农业起源探索的焦点转而集中到了长江下游的低地地区。

1982 年,严文明发表《中国稻作农业的起源》一文,根据当时发现的中国史前 30 多处栽培稻遗存的年代、分布、形状及其与野生稻的关系等,指出长江下游一带在史前主要是低湿的湖泊沼泽带,应该有栽培稻的祖本——普通野生稻的分布;按稻作遗存的年代排比,最早和集中发现的地区在长江三角洲和杭州湾一带,然后渐次出现于长江中游、江淮平原、珠江流域、长江上游和黄河中下游,说明长江下游及其左近应是中国栽培稻起源的一个重要的中心[3]。

1988 年,我国史前栽培稻的发现已近 70 处,野生稻的调查也有了新的进展[4]。严文明总结了这一时期的情况,指出长江下游、长江中游和华南都有可能是中国稻作的起源地,但它们在起源的过程中各自所起的作用很可能不尽相同;并且进一步讨论了稻作农业起源的机制问题[5],认为长江流域是野生稻分布的边缘地区,既有栽培稻所赖以产生的物质基础,又有因野生稻数量不多不便采集而激发

---

[1] 严文明:《中国稻作农业的起源》,《农业考古》1982 年 1、2 期。
[2] 游修龄:《对河姆渡遗址第四文化层出土稻谷和骨耜的几点看法》,《文物》1976 年 8 期。
[3] 严文明:《中国稻作农业的起源》,《农业考古》1982 年 1、2 期。
[4] 全国野生稻资源考察协作组:《我国野生稻资源的普查与考察》,《中国农业科学》1984 年 6 期。
[5] 严文明:《再论稻作农业的起源》,《农业考古》1989 年 2 期。

起来的人工培育的动力,这在以后被归纳为稻作农业起源的"边缘理论"。而山地起源说一直都没有考古发现的证据。

同年,湖南澧县彭头山遗址的发掘,发现了比河姆渡年代更早的水稻遗存,主要是一些夹在陶胎中的稻壳,因挤压受热变形不易鉴定。但彭头山文化陶器的胎土中流行掺杂稻谷壳或稻草,其他一些同时期遗址也有很多类似的发现[1]。在不久后发掘的澧县八十垱遗址,由于发掘部位碰到了适于保存有机质的地方,更发现了数以万计的稻谷和稻米,被鉴定为一种非籼非粳的古栽培稻类型,同时还发现有莲、菱、桃等果实,猪、羊、鸡等家畜、家禽和大量竹、木农具[2],年代属彭头山文化时期。1993—1995年,湖南道县玉蟾岩和江西万年仙人洞、吊桶环遗址的发掘,又发现了目前所知世界上最早稻作遗存,其中玉蟾岩出土了4枚稻谷壳,鉴定认为属兼具野、籼、粳特征,是由野生稻向栽培稻演化的古栽培稻类型[3],仙人洞和吊桶环则同时发现了野生稻和栽培稻的植硅石[4],它们的年代都在公元前1万年左右,与年代最早的陶器共存。而到1993年底,中国史前稻作农业的遗存已发现了140多处[5],起源的中心和逐步扩展的情况比过去更加清楚。所有这些证据都支持了稻作农业的长江流域起源说。据此,严文明将中国稻作农业的起源和初期的发展划分为发轫、确立、发展、兴盛和远播等几个时期,分别相当于新石器时代的早、中、晚期,铜石并用时代和青铜时代早中期[6]。

进入20世纪90年代以来,史前稻作农业的研究新进展还表现在其他一些方面。如河姆渡普通野生稻的发现为长江下游地区史前存在普通野生稻提供了确切的证据[7],江苏吴县草鞋山遗址发现了马家浜文化时期连片的小块稻田和储水

---

[1] 裴安平:《彭头山文化的稻作遗存与中国史前稻作农业》,《农业考古》1989年2期。
[2] 裴安平:《澧县八十垱遗址出土大量珍贵文物》,《中国文物报》1998年2月8日第一版。
[3] 袁家荣:《玉蟾岩获水稻起源新物证》,《中国文物报》1996年3月3日第一版。
[4] 张弛等:《江西万年仙人洞与吊桶环遗址》,《历史月刊》(台北)1996年6月号;Zhao Zhijun, 1998. The Middle Yangtze Region in China Is One Place Where Rice Was Domesticated: Phytolith Evidence From the Diaotonghuan Cave, Northern Jiangxi. *Antiquity* 72, pp. 885-897.
[5] 严文明:《中国史前的稻作农业》,《东亚稻作起源与古代稻作文化》(日文),日本佐贺,1995年。
[6] 严文明:《我国稻作起源研究的新进展》,《考古》1997年9期。
[7] 汤圣祥等:《中国粳稻起源的探讨》,《中国水稻科学》7卷3期。

坑、水沟等设施,澧县城头山遗址也发现了大溪文化早期的水田、田埂、水坑和水沟,并辨识出当时的耕作方式为撒播[1]。城头山还发现了粟、薏苡、冬瓜、小葫芦瓜和大麻等多种作物,说明大溪文化时期在以稻作农业为主的农业体系中还有着其他相当丰富的内容。随着史前栽培稻发现的日益增多,农学界对稻种的鉴别方法也不断在创新,由早期单纯的形态观察测量到稻谷稃面双峰乳凸的镜下分析,再到植硅石、DNA 的研究,从而对普通野生稻的分化、籼稻和粳稻的分化及其各自的来源和古栽培稻的类型等问题提出了新的认识[2],标志着中国稻作农业起源的研究已达到了世界领先水平。

四、中国农业起源和早期发展的二元论

中国农业本土起源的早期研究基本上是一元论的,可以何炳棣华北"核心地区"作为农业起源中心的理论为代表。同时,也有二元起源论的看法,植物分类学家李惠林就认为中国栽培植物有两个起源地。一个是"北华带",即北方地区,栽培的谷类作物为黍和粟,还有草石蚕(*Stachys Sieboldii*)等块茎类作物;另一个是"南华带",即南方地区,栽培作物主要是块茎类山药(*Dioscorea batatas*)和茨菰(*Sagittaria sinensis*)等,另外两地都还有大量不同种类的瓜果、蔬菜和其他经济作物等[3]。受到索尔和李惠林农业起源理论的影响,张光直也认为华南地区(同东南亚)应是最早的农业发祥地之一[4]。童恩正也有过类似的看法,认为华南地区在稻作农业产生之前,应该有一个栽培无性繁殖作物的时期[5],但这样一个发展时期至今尚未有考古学的证据加以证实。

在中国稻作农业起源的问题日渐明确之后,1989 年,严文明发表《中国农业和

---

[1] 湖南省文物考古研究所:《澧县城头山古城址 1997—1998 年度发掘简报》,《文物》1999 年 6 期。
[2] 严文明:《我国稻作起源研究的新进展》,《考古》1997 年 9 期。
[3] 李惠林:《东南亚栽培植物之起源》,香港中文大学出版社,1966 年。
[4] 张光直:《中国南部的史前文化》,《历史语言研究所集刊》42 本 1 分册,1970 年。
[5] 童恩正:《中国南方农业的起源及其特征》,《农业考古》1989 年 2 期。

养畜业的起源》一文[1]，认为中国有两个农业起源的中心，一个是旱地农业的起源中心——北方的中原地区，另一个是稻作农业起源的中心——南方的长江中下游地区，并在史前时期形成了南北两大农业经济文化区和两种农业体系。以中原地区为核心的华北旱地农业区最先培育了粟和黍两种小米，可能还有大豆，并且一直以粟作农业为主，兼有油菜、白菜（或芥菜）等园艺菜蔬和大麻等经济作物。饲养的家畜家禽有猪、狗、黄牛、山羊、绵羊、猫、鸡等，以猪的数量为最多。主要的农具有翻地用的石铲、收割用的石镰和爪镰以及谷物加工用的石磨盘和石磨棒。以长江中下游为核心的华中、华南水田农业区一直以稻作农业为主，后来引种了部分旱地作物，饲养了猪、狗、水牛和鸡等家畜家禽。农具多见平整水田用的骨木铲，后来有了石犁和破土器，加工粮食用杵臼。这两种农业既有区别又有联系，对中国乃至周边国家历史时期以后的农业生产有着深远的影响。

这种二元起源论的认识是以考古发现为主要依据的，近年来得到了越来越多的认同。但也有人根据材料对中国农业最初起源时期的情况提出了质疑，认为像河南舞阳贾湖这样的位于黄淮流域的遗址，既有相当发达的稻作遗存，又有粟作农业，年代已与彭头山文化相当，或许说明了旱作农业是在先产生的稻作影响下发生的，也可能二者是同时产生的[2]。这种看法在目前还只是假想，有待更多材料的支持。在最近几年的研究中，中国新石器时代早期的探索已有了很大的突破，发现可以追溯到公元前 1 万年前后的新石器时代早期文化有华北和华南两支，在这两种文化背景下产生两种不同的农业体系还是很有可能的。

五、问题与讨论

中国农业起源的研究从本土起源论的确立到稻作农业的探索再到二元论的立论，目前虽已取得了较大的进展，但毕竟开展的时间不长，真正在考古学界受到广

---

[1] 严文明：《中国农业和养畜业的起源》，《辽海文物学刊》1989 年 2 期。
[2] Cohen, D. J., 1998. The Origins of Domesticated Cereals and the Pleistocene-Holocene Transition in East Asia. *The Review of Archaeology*, Vol.19, Number 2, p. 27.

泛的重视恐怕是在20世纪80年代以后(或许《农业考古》杂志创刊可为标志),算来不过才20个年头,还是一个需要长期做下去的课题。就目前情况看,在对不同地区农业起源的研究上,北方地区的进展相对缓慢,这是造成前述对中国农业二元起源论有所怀疑的原因之一,但这毕竟还只是发现的迟早问题,比较容易得到解决。值得更为关注的是,此前中国农业起源课题的研究主要集中在了栽培植物种子和饲养动物的品种和发生过程上面,对环境的影响和多学科交叉研究的方法也有足够的重视,但这些还只是问题的某些方面。农业起源和它的早期形态说到底应当是古代文化系统发展的一个部分,如果不能够从史前文化的整体背景上理解农业的问题,这个课题的研究就很难进一步深入下去。从史前文化的整体上把握农业起源的发展当然不能漫无边际地进行联系,而首先要从史前人类的生计,也就是取食经济(subsistence)的研究入手。

农业是史前文化发展到最后时期的产物,在它最初发生和发展的时期也只是当时人类生计的一部分,只有全面了解史前社会取食经济的整体结构及其发展变化,才能更加深入地探讨农业产生的机制、发生的过程、初期的形态、不同地区的差别及其对当时社会的影响。我们史前考古中对生计的研究已经有了一些例子,如蔡莲珍等利用人骨碳同位素测定仰韶和龙山人的食谱,发现仰韶时期人们食物中C4植物含量接近50%,而龙山时期山西襄汾陶寺人则有70%,山东烟台白石村早期(北辛文化时期)居民食谱中无C4植物,而到大汶口晚期时则已近25%[1]。这一研究结论增进了我们对黄河中下游地区居民不同时期生计结构的变化及其地区间差别的了解,但所测标本太少,还不能充分说明更多的问题,而且一般来说,碳同位素测定食谱要与氮同位素的测定相结合才能更为准确。又如袁靖从遗址出土的兽骨探讨新石器时代获取肉食资源的方式,发现不同时期不同地区获取家养动物和野生动物肉食资源的模式颇不相同[2],进而得出了通过家养动物获取肉食的方式是在野生动物缺乏的情况下被迫发展起来的结论。但这类基础性研究毕竟还不

---

[1] 蔡莲珍等:《碳13测定和古代食谱研究》,《考古》1984年10期。
[2] 袁靖:《论中国新石器时代居民获取肉食资源的方式》,《考古学报》1999年1期。

是很多,更谈不上体系,因此,是我们亟待开展的研究方向。

但无论如何,中国的农业起源研究已经取得了很大的成绩,已经在很大程度上改变了我们过去的认识。研究表明,在世界上少数几个独立的农业起源中心中,中国独居其二,二者既相区别又有联系,具有特别的活力,这一点是在世界其他地区还没有看到的。对中国史前农业起源及其早期发展特征的深入研究,必将对最终揭示中华文明的起源及其特质作出极大的贡献。

(本文原名"中国农业起源的研究",载严文明主编《中国考古学研究的世纪回顾·新石器时代考古卷》,102－111页,科学出版社,2008年。此次重刊略有修订。)

7
中国史前农业、经济的发展与文明的起源
——以黄河、长江中下游地区为核心

史前经济的发展在中国文明化进程中起到了相当重要的作用,故"《尚书》洪范八政,一曰食,二曰货"[1],食货为首。而衣食所得在于农业,货殖之利首仰盐铁,这几项指标遂成为中国古代经济问题研究的关键。远古的衣食生计虽取之于当地,然以中国之大,各地的农业经济必有特色,盐、铁(在史前为石器)之利则由于资源所限,非由贸易而不可得,因此,对于史前农业、资源、手工业和贸易的研究势所必然。其中,古代经济的地理分布及其变化情况是这类研究的基本方面。早期文献对中国古代经济地理情况的记载史不绝书,其中比较有系统的记载见于《尚书·禹贡》,此前的情况虽于史无征,但可以求之于考古。中国史前考古于农业经济的研究目前已经取得了很大的成绩,手工业经济的发展也有了初步的线索可循,以黄河、长江中下游地区为核心的宏观经济体系日见清晰。因此本文拟从史前农业和手工业的发展特别是其区域性变化的大格局入手,探讨史前经济的发展与中国文明起源进程间相互联系的一般情势。又由于自农业产生之后,中国古代文化发展的中心一直是在黄河和长江的中下游地区,故本文讨论的地域范围将主要集中在这一地区。

一、南北经济、文化的分化与农业的起源

中国古代文化发展的地理背景异常广阔,并非一开始就有一个明确的中心。但早在旧石器时代,中国北方和南方文化的差异就已表现得十分明显,到新石器

---

[1]《汉书·食货志》。

时代早期,在北方和南方地区分别形成了两支不同的文化系统。其中,南方地区这一时期存在着一支分布于南岭和武夷山脉两侧山前地带的洞穴文化,目前这类遗址已发现了数十处,其中大多数是洞穴遗址,也有少量平地遗址。这一文化以砾石石器为主要特征,有单面打的砍砸器、穿孔砾石和磨刃切割器等,这些石器的原料易得,通常在遗址的附近就有,制作技术也比较简单。有些遗址也还见到燧石、石英小石器,是南方旧石器晚期的石器工业类型品的延续,在这一时期已不是石器工业的主流。这支文化中多见各种锥、针、镞、刀、鱼鳔、"铲"等骨、角、蚌器,是这一时期旧大陆各地文化的共同特征。在江西万年仙人洞、吊桶环,湖南道县玉蟾岩,广西桂林庙岩、甑皮岩,广西柳州大龙潭等遗址都出有夹粗粒石英的圜底罐形陶器[1],说明这里是世界上最早发明陶器的地区之一。

从现有的遗存内容看,这支文化的生业系统在不同的地点有所差异,在仙人洞和玉蟾岩可见较大比重的采集渔猎经济的内容。玉蟾岩文化层中浮选出的植物遗存多达四十余种,有珊瑚朴、野葡萄、中华猕猴桃等。大量的动物遗骨中,以水鹿、梅花鹿、赤鹿、小麂等各种鹿科动物的数量最多,其次是猪、牛、竹鼠、豪猪等,鸟禽类的骨骼也很多,还有不少鱼、龟鳖、蚌、螺等水生动物。仙人洞和吊桶环出土的动物遗骨数量很大,经初步鉴定有鹿、猪、野兔、野狸、龟和鸟禽类等多种,其中数量最多的是鹿科动物的骨骼,其次则是猪和鸟禽类。这反映了当时狩猎活动的一般取向,其中以鹿、猪和水生动物为主的狩猎倾向是以后中国新石器时代渔猎经济的主流。

在仙人洞和吊桶环遗址各层位采集的土壤样本中,有大量的稻属植硅石的个

---

[1] 江西省文物管理委员会:《江西万年大源仙人洞洞穴遗址试掘》,《考古学报》1963年1期;江西省博物馆:《江西万年大源仙人洞洞穴遗址第二次发掘报告》,《文物》1976年12期;张弛等:《江西万年仙人洞与吊桶环遗址》,《历史月刊》(台北)1996年6月号;袁家荣:《玉蟾岩获水稻起源新物证》,《中国文物报》1996年3月3日第一版;何英德等:《从广西史前文化看旧石器时代向新石器时代的过渡》,《南方文物》1992年3期;广西壮族自治区文物工作队:《广西桂林甑皮岩洞穴遗址的试掘》,《考古》1976年3期;柳州市博物馆等:《柳州市大龙潭鲤鱼嘴新石器时代贝丘遗址》,《考古》1983年9期。

体。研究者利用多元分析的统计学方法比较了双峰体形态的稻属植硅石,鉴别出了一定数量的野生稻和栽培稻形态的植硅石,并发现二者在不同时期的地层样品中的分布是不同的。在吊桶环遗址旧石器时代末期的层位中只发现有野生稻(*Oryza nivara*)形态的植硅石,在吊桶环和仙人洞新石器时代早期层位开始有野生稻和栽培稻(*Oryza sativa*)植硅石共出的现象,而且后者的数量逐渐增多,说明在当时栽培稻已开始成为人们食物中的一种了。玉蟾岩的文化层普遍发现有稻属植硅石,更为重要的是出土了4枚稻谷壳。根据稻谷壳表面双峰乳突形态的镜下分析,研究者认定它们是一种兼有野、籼、粳特征,经人工初期干预,由野生稻向栽培稻初期演化过程中最原始的古栽培稻类型。这些发现无疑是中国南方以稻作为主的农业体系开始起源的最早证迹。仙人洞和玉蟾岩这一类南方地区新石器时代早期文化发生和发展的时期,正是最后一次冰期过后、全球气温趋于回暖的一段时间。由中国普通野生稻生长的温光交和性所决定,在当时的气候环境下,野生稻分布的北界应较现在更偏南一些,南岭一线就成为当时野生稻分布的边缘地区[1]。这一地区在这一时期有着较为发达的文化,根据稻作农业起源的"边缘理论"[2],有可能成为中国栽培水稻的起源中心。吊桶环、仙人洞和玉蟾岩稻作遗存的发现倾向于证明这一点。

北方地区在更新世和全新世之交的文化遗存是一支分布在华北平原及其邻近地区的细石器文化。这支细石器文化的遗址或地点目前已发现有很多处,分布在河北、河南、陕西、山西和山东等省,单是鲁中丘陵地区就发现有百余处。在这样广大的范围内,各地文化的面貌也小有区别,曾经有过"沙苑文化""虎头梁文化""凤凰岭文化"等文化的划分,但它们的共性无疑是十分明显的。这支细石器文化以各种锥形、楔形、船底形细石核以及窄长细石叶为主要特征,兼有刮削器、尖状器、雕刻器等小石器和锛状器等大型石器。在其偏晚阶段如河北阳原于家沟遗址中上层

---

[1] 张文绪:《水稻的双峰乳突、古稻特征和栽培水稻的起源》,(京都)"稻作、陶器、城市的起源"国际会议论文,1998年。

[2] 严文明:《我国稻作起源研究的新进展》,《考古》1997年9期。

发现有罐类等陶器,还有贝螺、鸵鸟蛋壳和鸟骨制成的穿孔饰件[1]。再晚一些的河北徐水南庄头和北京转年遗址也发现了陶器[2],还有磨盘、磨棒等石器和锥、镞等骨、蚌器。从狩猎的动物来看,于家沟以羚羊为主,还有野马、牛、野驴和鹿等大型动物,南庄头则以鹿、猪为主,兼有鸟类和鱼、鳖、蛙等水生动物。

新石器时代早期遗址的面积都不大,聚落类型也更接近旧石器时代的居住特点。但这一时期取食经济具有广谱性的形态,并出现了最早的种植农业,各种新石器时代的手工业部门多已开始出现,初步形成了新石器时代经济多样性的特征。此后经济区域和门类的分化正是这种经济多样性发展的结果。同时,这一时期在南北不同的生态环境下出现的南北两支不同的文化,也就分别成为此后区域经济大格局形成的源头。

二、农业的最初发展与长江、黄河中下游经济区的形成

尽管新石器时代早期在北方地区尚未有有关农作的遗存,但新石器时代中期南北两种不同的农业体系的出现,应该就是从早期南方和北方的两支文化遗存中发展起来的[3]。在新石器时代中期,随着气温的进一步回暖,全新世暖期已经来临,南方地区的气候已经接近了现在的情况,稻作农业文化的中心北移至长江中下游至淮河流域一带。在这一时期的长江中游地区,江汉湖盆还没有形成统一的沉积环境,是河湖相间的泛滥平原,不适于人类的活动。但洞庭湖地区仍处于陆升的时期,过去的湖盆早已消失,现代的洞庭湖尚未形成,整个洞庭湖区是一片河网切割的平原地貌,为新石器时代农业文化的发展提供了广阔的空间。新石器时代中期长江中游的彭头山文化即是以洞庭湖平原为腹地发展起来的。彭头山文化的聚落已有相当的规模和复杂的结构,如湖南澧县八十垱遗址所见[4],聚落面积有

---

[1] 谢飞等:《泥河湾盆地考古发掘获重大成果》,《中国文物报》1998年11月15日第一版。
[2] 保定地区文物管理所等:《河北徐水县南庄头遗址试掘简报》,《考古》1992年11期;郁金城:《北京市新石器时代考古发现与研究》,《跋涉集》,北京图书馆出版社,1989年。
[3] 严文明:《中国农业和养畜业的起源》,《辽海文物学刊》1989年2期。
[4] 裴安平:《澧县八十垱遗址出土大量珍贵文物》,《中国文物报》1998年2月8日第一版。

3万多平方米,周围有环壕土围墙,聚落内居住区、墓葬区、仓房区("干栏建筑区")、垃圾区(北面河道)区划井然,居住房屋的面积都比较大,多在30—40平方米左右,房屋和墓葬的差别不明显,说明聚落内部人们之间没有明显的分化,集中分布的仓房或许说明聚落内部存在相当大程度上的集体分配制度。

彭头山文化的取食经济中采集和渔猎的成分还是相当大的,遗址中各种鹿类、鱼类和其他小型动物的遗骨很常见,八十垱遗址还出土了大量的菱角、芡实和莲子。但同时各遗址也普遍发现有稻作农业的遗存,仅八十垱遗址垃圾区的局部发掘就收集到近2万粒稻谷和稻米。根据所见稻谷和大米的形态学研究,这里水稻的群体性征复杂,属于一种非籼非粳的古栽培稻类型[1]。这一时期的聚落多处濒水环境,八十垱遗址还有水稻田存在的线索,说明这一时期稻作应当就是水田农业。此外,彭头山文化所有遗址都发现有猪、羊、牛、鸡等家畜、家禽的骨骼,可见家畜的饲养也已是多样化的了。显然,彭头山文化的农业生产已初步形成了水田农业的生产体系。

彭头山文化的手工制品群十分丰富,有各类的陶、石、骨、竹木器具。其陶器以陶土中羼杂大量的稻壳为特征。石器中有较多的打制砾石器和燧石小石器,磨制石器种类较少,主要是斧、锛等,数量也不如打制石器多。骨器原料多用牛骨,器类有斜刃器和铲。竹木器有耒、铲、锥、杵、钻、牌、芦席、芦筐、藤索和麻绳等各类工具和日常用具。这些手工产品有很强的地方特征,原料来源多不出聚落周围,只是燧石和磨制石器的来源尚有待考究。

大致在彭头山文化中晚期的时候,鄂西地区的城背溪、枝城北等遗址也发现了水稻遗存。而最靠北的稻作遗存则发现于汉水中游的陕南西乡李家村和何家湾以及淮河流域的河南舞阳贾湖遗址。其中,贾湖遗址上千个炭化稻米标本鉴定出栽培稻和普通野生稻两个群体,栽培稻的群体占了主要的部分,其品种有偏籼、偏粳和中间类型等多种,性状与八十垱的水稻相同。贾湖9个人骨标本的碳同位素研究表明,贾湖人的食谱以C3类植物为主,未见含粟、黍类的C4植物。看来这一时期的稻作农业区分布的北界可达淮河流域。另外,贾湖遗址饲养动物主要有猪和

---

[1] 张文绪等:《湖南澧县梦溪八十垱出土稻谷的研究》,《文物》1997年1期。

狗,黄牛、水牛和羊有可能已是家养动物。渔猎的对象中各种鹿类最多,还有龟鳖、扬子鳄和鱼蚌等多种爬行动物和软体动物。采集的野生植物除野生稻外还有栎果、野大豆和菱角等[1],品种介于南北之间。

黄河中下游地区发现的新石器时代中期聚落遗址已有百余处,分布在陕西、河南、河北和山东等省,单是裴李岗文化的遗址就有70余处。其中半数以上的遗址面积都超过2万平方米,有的如河北武安磁山和河南舞阳贾湖等遗址的面积已超过了5万平方米[2]。这一时期的聚落中常能见到数百座墓的大片分区墓地,聚落居住区的房子在山东的后李文化遗址所见一般在20—30平方米左右,而裴李岗文化则多见数平方米的深地穴式小房子,聚落内墓葬和房屋间的差别也不明显。

这一时期在河北磁山,河南新郑裴李岗、沙窝李,甘肃秦安大地湾等许多遗址都发现了粟和黍两种旱地作物的遗存,大地湾还发现了油菜籽。其中磁山遗址有80多个储满粟的窖穴,换算成新鲜粟可达5万千克[3]。饲养的家畜家禽已普遍发现有猪、狗、鸡等,以猪为主。临潼白家村遗址还发现了家牛。磁山和白家村的家畜数量已接近或超过了遗址出土全部动物的50%[4]。各遗址的渔猎倾向有所不同,有的偏重猎取鹿类等哺乳动物,有的则有较大比重的捕捞成分,这应与各聚落所处的小环境有密切关系。在裴李岗文化的裴李岗、密县莪沟、长葛石固、渑池班村和郏县水泉等遗址则普遍发现了梅、酸枣、核桃、野胡桃、麻栎、白榆、榛子和野大豆等多种果实[5],表明了黄河流域采集业的地方特征。上述取食经济体系与长

---

[1] 河南省文物考古研究所:《舞阳贾湖》785-895页,科学出版社,1999年。
[2] 河北省文物管理处等:《河北武安磁山遗址》,《考古学报》1981年3期;河南省文物考古研究所:《舞阳贾湖》,科学出版社,1999年。
[3] 严文明:《中国农业和养畜业的起源》,《辽海文物学刊》1989年2期。
[4] 周本雄:《河北武安磁山遗址的动物骨骼》,《考古学报》1981年3期;中国社会科学院考古研究所:《临潼白家村》,巴蜀书社,1994年。
[5] 开封地区文管会等:《河南新郑裴李岗新石器时代遗址》,《考古》1978年2期;开封地区文物管理委员会等:《裴李岗遗址一九七八年发掘简报》,《考古》1979年3期;中国社会科学院考古研究所河南一队:《1979年裴李岗遗址发掘报告》,《考古学报》1984年1期;河南省博物馆等:《河南密县莪沟北岗新石器时代遗址》,《考古学集刊》第一集,1981年;河南省文物研究所:《长葛石固遗址发掘报告》,《华夏考古》1987年1期;中国社会科学院考古研究所河南一队:《河南郏县水泉裴李岗文化遗址》,《考古学报》1995年1期。

江—淮河流域明显不同,是一套旱作农业的系统。

黄河中下游地区新石器时代中期的手工业产品保存下来的主要是陶、骨(角、蚌、牙)、石制品。其中陶业大概有河北磁山文化、山东后李文化、河南裴李岗文化、渭水流域的老观台文化和汉中的李家村文化等系统。在一些发现较多的地区,如裴李岗文化的陶业还可进一步区划为豫西、嵩山南麓、嵩山北麓和贾湖等不同的类型,有一些遗址中也可见到不同陶业系统的陶器共出,说明这一时期制陶业和陶器产品贸易的区域复杂性。

这一时期制骨业的产品用途广泛,涉及收获(蚌镰)、渔猎(镞、镖)、纺织缝纫(梭、匕、锥、针)和装饰等部门。在磁山、裴李岗、后李和老观台等不同的地域文化中都有自己的制骨业体系,各地骨制品的种类、比例及同类产品的样式均有所不同。其中磁山和贾湖遗址是两个骨器出土量最大的地点,所出数百至上千的骨器几与遗址中石器的数量相酹。贾湖1009件骨器大多出于349座墓葬,有的一墓就出数十件,数量超过了其他(陶、石器)随葬品。同时墓葬中还发现有骨料,说明这里的骨器是当地所产的。而在其他裴李岗文化的遗址中骨器的数量都很少,一些发掘面积较大的遗址中,距离贾湖稍近的郏县水泉和长葛石固遗址分别清理墓葬120和69座,各出骨(蚌)器20余件,较远的新郑裴李岗和密县莪沟北岗各发掘了墓葬114和68座,前者有骨器3件,后者未见。墓葬以外的遗址骨器出土情况也大致与此相似。因此,可以认为贾湖及其附近应是当时的骨器制作业的一个中心地,其产品有可能被交换到周围其他地区。

这一时期虽仍见一些燧石和石英小石器,但磨制石器已占主要地位。石器工业的系统仅凭器类已约略可辨。磁山遗址以斧为主,约占半数,其次为磨盘、磨棒和铲,还有凿、锛等,石镰少而无齿。裴李岗文化以铲为主,其次为磨盘、磨棒、有齿石镰和斧。老观台文化和李家村文化多铲、斧,其他器类不多。后李文化的石器主要见于小荆山等地[1],器类以支脚为主,也有铲、斧和磨盘(无足)、磨棒等。在磁山、沙窝李、贾湖、小荆山等许多遗址都见到大量的石料、器坯、石锤、石砧、磨石等

---

[1] 山东省文物考古研究所等:《山东章丘市小荆山遗址调查、发掘报告》,《华夏考古》1996年2期。

与石器制作相关的遗存,有的还将这些东西随葬于墓中,可见这些地点的石器应是各聚落内自己生产的。但这并不意味着每一个聚落都有石器制作业,如裴李岗文化分布区内靠豫西的巩义瓦窑咀和班村等遗址石器就非常少[1]。此外,裴李岗文化还有一些遗址的墓葬中出有绿松石和萤石珠、坠、环等饰物,其中以贾湖所见数量和品种最多,裴李岗、沙窝李、水泉等地点较少。而据研究,绿松石这类矿料并非舞阳当地所产,有潜在可能的产地在百公里外的山区,明确的产地中最近者在鄂西一带。

由陶、骨、石三种手工业系统的分布可见,黄河中下游地区新石器时代中期的区域经济已基本形成,各经济区范围大致可与所谓的考古学文化区域相对应,区域内部各种经济门类的分布并不均衡,但可由区域内部贸易等经济交流的方式加以调节。各区域内都有一些经济门类齐全的大型聚落出现,如磁山和贾湖等遗址均是。

总之,在新石器时代中期,长江和黄河中下游地区分别形成了两种不同的生业体系,长江流域是以稻作为主的水田农业体系,其北界可达淮河和汉水中游地区,黄河流域则是以粟作为主的旱地农业体系,其北界或可达辽西地区。在这两个生业系统中,各地的手工业生产与贸易具有区域特征。与此同时的其他地区还未见到农业出现的迹象,如岭南地区豹子头一类贝丘遗存表现出来的便是广谱采集渔猎经济的生活方式,与长江和黄河中下游地区的农业经济文化有一定的区别。从这一时期开始,长江和黄河中下游一带成为中国古代文化发展的中心地区。

三、区域经济的繁荣与社会分化的初现

新石器时代中期之后的新石器时代晚期是中国史前文化的大发展期,迄今发现的遗址已有上万处之多,大多数遗址都分布在长江和黄河的中下游地区。这一

---

[1] 巩义市文物管理处:《河南巩义市瓦窑嘴新石器时代遗址试掘简报》,《考古》1996 年 7 期;巩义市文物保护管理所:《巩义市瓦窑嘴遗址第三次发掘报告》,《中原文物》1997 年 1 期。

时期各地区文化的分化不断加剧,在经济地理上的反映便有了区域经济的繁荣和专业经济区的出现。

在新石器时代晚期的前一阶段,长江中下游地区有大溪文化、仰韶文化、北阴阳营文化、薛家岗文化、拾年山文化、河姆渡文化、马家浜文化和崧泽文化等文化系统,主要的经济区域有两湖区、峡江区、汉水中游区、苏皖区、赣鄱区和三角洲区等,文化区和经济区大致可以对应。其中,两湖地区主要包括洞庭湖平原和江汉平原的外围地区。江汉平原腹心地区由于经常泛滥,没有长期连续的聚落,是农业发展的边际地区。两湖地区农业发达,出现了很多大型的聚落,湖南澧县城头山和湖北江陵阴湘城遗址都在10万平方米左右,聚落周围有宽阔的环壕和土墙。城头山聚落内应有固定的规划,目前在其东部发现有祭坛、墓葬和祭坑,中部400平方米的范围内发现一处由多座陶窑、取土坑、贮水坑、和泥坑以及工棚在内的制陶作坊区,可见这一时期制陶业规模之一斑。在聚落东部发现的水稻田由田埂、水沟和田块构成,每块田至少有2分,有证迹表明当时的耕作方式为撒播。在壕沟中发现有数十种植物的种子,其中除大量的稻谷和大米外,还有粟、薏苡、冬瓜、小葫芦瓜和大麻等多种粮食和经济作物,栽培作物的品种较前一时期增加了许多。另外,这里还出土了船浆船舷和大量的木构件、竹、苇编织物和麻织物,可以看到这里多种手工业部门的情况[1]。阴湘城的壕沟内也有类似的出土物,并且还发现了簪、箭杆和钺柄等彩色漆器[2]。这些大型聚落应当是当时农业经济最为发达、各种手工业门类比较齐全或有某种特殊产品的地点。只是两湖地区这一时期绝少发现骨器,也没有发现石器制作业和制骨业曾经存在的证据。

峡江区是指沮漳河以西的鄂西地区。这一地区多山地峡谷,没有发展粮食种植业的地理条件。聚落一般位于河边谷地,规模不大,但数量不少,在整个新石器时代中,这一时期是峡江地区聚落点最多的一个时期。各聚落遗址一般少见农作

---

[1] 湖南省文物考古研究所:《澧县城头山古城址1997—1998年度发掘报告》,《文物》1999年6期;何介钧:《洞庭湖区的早期农业文化》,《华夏考古》1997年1期。
[2] 贾汉清等:《阴湘城发掘又获重大成果》,《中国文物报》1998年12月6日第一版。

遗存,在肉食来源中,家养动物的比例也很小,只占所有陆生动物的20%左右[1]。当地的取食经济以渔猎为主,特别是在清江和三峡峡区内,各遗址中都出大量的鱼骨,有的遗址甚至有成层成坑的鱼骨堆积,以鱼随葬的情况也很常见。同时,各遗址均出有镞、矛、钩、镖、球和网坠等多种渔猎工具,中堡岛遗址据说还有与捕鱼有关的遗迹。这里所见的鱼类品种很多,但主要是青、草、鲢、鳙(四大家鱼)、鳡等半洄游性鱼类,这几种鱼是长江干流中的主要经济鱼类。每年4—7月集群溯游至长江特定的产卵场产卵,这些产卵场也就是渔场中最大的一处就在三峡及其附近的水体。这种特定的自然资源应当是这里捕鱼业发达的必要条件。但渔猎经济并不是整个峡江地区经济的全部内容,丰富的渔业资源也不会是这里聚落繁荣的唯一原因,否则便不能解释为何这一地区在其他时期和长江其他的渔场附近没有如此发达的渔猎经济遗存的现象。实际上峡江地区的渔猎活动是有季节性的,即便是采取熏腊技术甚至已利用川东井盐腌制鱼、肉,也不一定能满足全年的生计,因此还要有其他的经济活动以为补充,其中石器制作业就是十分重要的一项。

峡江区石器制作业发达,从清江、三峡峡区直至峡区之外的几乎每一个聚落遗址都发现了大量的石器成品、半成品、残次品以及制作过程中产生的石片等废料,制作石器的工具如石锤、石砧等也是各遗址常见之物。在三峡峡区内的杨家湾遗址发现了至少1000平方米的石器制作场地[2],上面布满了石料、石片、器坯和成器。峡区外的红花套遗址局部发掘就采集到数以万计的各种石制品,还发现有专门制作石器的工棚,工棚内大多堆放有石料并有石砧和打、琢等不同用途的石锤,也有废料和半成品,仅H11一座中型的工棚中就出土了各种石制品达1500件[3]。从各聚落所见石制品的情况看,峡江地区大多数这一时期的聚落中都应有类似的石器制作场所,整个峡江地区在这一时期形成了一个大规模的石器制作工业区(还

---

[1] 袁靖:《论中国新石器时代居民获取肉食资源的方式》,《考古学报》1999年1期。
[2] 林邦存:《宜昌杨家湾遗址的重要考古发现和研究成果》,《中国文物报》1994年10月23日第三版。
[3] 红花套考古发掘队:《红花套遗址发掘简报》,《史前研究》(辑刊),1990—1991年。

应包括川东沿江地区)。这里制作石器的石料丰富,就来自附近江边的冲积卵、砾石层。这个石器工业区的产品种类在各聚落中大致相同,主要是斧、锛、凿一类木作工具,而以斧最多。这些产品的产量如此之大,品种又是如此的雷同,显然不仅仅是提供给内部使用的。从邻近的两湖地区遗址中所出石器类型与峡江区相同,又没有发现石器制作业的线索,而且越靠近峡江地区石器出土量就越大的情况看,峡江石器制作业应是两湖区石器的主要来源[1]。此外,峡江区还有较为发达的制骨业,器类以锥(镞?)为主,兼有匕、矛、针等工具,以补石器业品种单调之不足。从大溪发掘的208座墓葬的随葬品看[2],各种石、玉器占了全数的二分之一,骨器占全数的四分之一强,其余的才是陶器,其他遗址的发现也有类似的情况。这与两湖区不见制骨业的现象形成了鲜明的对比。

汉水中游区包括南阳盆地及汉中地区等地理单元,地处南北地理的交接地带,农业经济中应有水旱两种耕作成分。邓州八里岗遗址见到用大量猪下颌骨随葬的现象[3],说明家畜饲养业也很发达。这一地区也有一些较大规模的聚落,聚落形态可能有自己的特点。但由于陶器、葬俗都有接近仰韶文化之处,因此研究者多认为属仰韶文化的分布范围。只是这一地区有自己富于特色的石器工业,其产品中有较多的梯形斧、长方形锛、圭形凿和大量扁平的镞,也有一些穿孔舌刃钺,但穿孔特别靠上,这些器类中,斧、锛、凿的形态与峡江地区的石器有相类之处,其他器类区别较大,而与仰韶以石铲、石刀为特征的石器群差别很大。在淅川下王岗遗址仰韶文化一期遗存中曾发现了两座制作石器的圆形工棚[4],工棚里堆放有石料、半成品和磨石,可以证明这里的石器是当地制作的,而且有一定的规模。如果再作进一步区分,则南阳盆地和汉中地区的石器群也有不同。这里的石器产品应该会部

---

[1] 张弛:《大溪、北阴阳营和薛家岗的石器工业》,北京大学考古系编《考古学研究》(四),科学出版社,2000年。

[2] 四川长江流域文物保护委员会文物考古队:《四川巫山大溪新石器时代遗址发掘纪略》,《文物》1961年11期;四川省博物馆:《巫山大溪遗址第三次发掘》,《考古学报》1981年4期。

[3] 北京大学考古系等:《河南邓州八里岗遗址1992年的发掘与收获》,《考古》1997年12期;北京大学考古实习队:《河南邓州八里岗遗址发掘简报》,《文物》1998年9期。

[4] 河南省文物研究所等:《淅川下王岗》14—18页,文物出版社,1989年。

分地出现在两湖区的北部。关中地区如西安半坡和临潼姜寨同时期所出的圭形凿也可能出自这一地区[1]。同时这一地区也还有自己的制骨业,其器类以锥和细长的镞为特征。

赣鄱区主要是指江西的中部地区。这一地区发掘的遗址很少,但文化自成特色。从新余拾年山遗址所出石器看,这里的器类以镢、两孔刀和镞为主,还有斧、锛、凿、流星(网坠?)和穿孔器等,除少量有段锛和钺有可能来自北部薛家岗文化外,其余均有自己特点,是自成体系的一套石器工业。拾年山遗址还发现了9处石器堆,其中有器坯和砺石,可能就是制作石器的场所[2]。

苏皖区是指安徽和江苏西部沿长江一线的地区,包括湖北的最东端、江西北部和安徽西南部的沿江平原,巢湖地区和宁镇地区等地理单元。这一地区当地的生计情况还不是很清楚,手工业中不见制骨业,就连骨骼保存情况较好的南京北阴阳营墓地271座墓葬中,也仅见有两座墓葬中分别随葬了镞、锥和刻纹野猪牙等骨角器6件[3],其来源不明。但这里却是长江中下游地区最大的石器和玉器制作工业区[4],几乎每一处遗址都出土大量的石制品和玉器。在经过发掘可以有明确数量统计的一些墓地,如北阴阳营、南京营盘山、句容孙山头、六合羊角山、高淳朝墩头、含山凌家滩、潜山薛家岗、黄梅塞墩、陆墩等所见的随葬品中,石、玉器的数量均在半数以上,北阴阳营和营盘山等墓地则约为三分之二,凌家滩墓地所出石、玉器数量尤大,三次发掘44座墓葬中就出有各种石、玉器近千件,占随葬品的80%以上[5],并以玉器数量为最多。这里的石、玉器均应是当地所产,各墓地中常见砂岩条石和砺石等制作石器的工具,也有不少的随葬石器根本就是半成品。遗址中发

---

[1] 中国社会科学院考古研究所等:《西安半坡》,文物出版社,1963年;半坡博物馆等:《姜寨——新石器时代遗址发掘报告》,文物出版社,1988年。

[2] 江西省文物考古研究所:《江西新余拾年山遗址》,《考古学报》1991年3期。

[3] 南京博物院:《北阴阳营——新石器时代及商周时期遗址发掘报告》,文物出版社,1993年。

[4] 张弛:《大溪、北阴阳营和薛家岗的石器工业》,北京大学考古系编《考古学研究》(四),科学出版社,2000年。

[5] 安徽省文物考古研究所:《安徽含山凌家滩新石器时代墓地发掘简报》,《文物》1989年4期;张敬国:《安徽含山凌家滩新石器时代墓地第二次发掘的主要收获》,《文物研究》第七辑,1991年;安徽省文物考古研究所等:《安徽含山县凌家滩遗址第三次发掘简报》,《考古》1999年11期。

现石料、器坯、钻孔留下的石芯等与石器加工有关的线索就更多,北阴阳营遗址甚至发现过"制造石器的石片堆积层"[1]。九江大王岭薛家岗文化时期的石器制作地点则发现了成堆的石钺、斧、三孔刀的坯子以及石片、石芯等废料和磨石等工具[2]。另外,在芜湖大荆山和蒋公山还有可能是采石场和石器制作场地点的发现[3]。北阴阳营、营盘山和凌家滩的墓葬中也出一些玉料,其中凌家滩所见最多,在4、9、18和20号墓中就有坯料和废料数十块,20号墓中还有玉(石)芯111个。加工玉器的场所近年来在宁镇地区有集中的发现,其中丹徒磨盘墩和戴家山遗址周围有七八处[4],句容有石狮、桥村和丁沙地等几处,这些地点都发现有大量燧石钻具(用于玉器钻孔)、玉料和边角余料。这一地区遗址所见玉料与玉器成品性质相同,多属阳起石—透闪石系列矿物的软玉,也有相当比例的蛇纹石(岫玉)和玉髓等假玉,矿物研究者认为这些材料应该就出自当地。

苏皖区的石、玉器为当地制作,因而自成一系,其制作十分精致,是当时整个长江和黄河流域制作技术水平最高的。其中石器技术有发达的锯切、钻孔和磨制工艺,形成了石器类型分化明显和器形棱角方正等特点,玉器技术更已基本具备了新石器时代玉器制作的全部工艺。苏皖石、玉器工业的特征在马家浜文化时期已开始形成,到北阴阳营文化时期日益成熟。偏早的时期产区主要分布在偏东的宁镇和巢湖地区,两地器类、器形小有差别,共同之处非常明显。其中石器的器类以各种钺、扁长方形和有脊锛为主,斧和凿的数量较少,还有一些纺轮,其他的器类不多见。玉器以各种璜、玦、管、坠为主,还有钺、珠、环、小璧和泡等,巢湖地区凌家滩多见两段系结的璜,是地方特征之一,其他特殊的器类如戈和各种人、龟、鹰、龙、牌、冠饰、勺等器类或与该墓地级别较高有关。在稍晚的时候,苏皖西部还出现了薛家岗系统的石、玉器系统,器类以钺、多孔刀和长方形锛(有的有段)为主,斧、凿较少,

---

[1] 尹焕章等:《宁镇山脉及秦淮河地区新石器时代遗址普查报告》,《考古学报》1959年1期。
[2] 江西省博物馆等:《江西九江沙河街遗址发掘简报》,《考古学集刊》第二集,中国社会科学出版社,1982年。
[3] 尹焕章等:《宁镇山脉及秦淮河地区新石器时代遗址普查报告》,《考古学报》1959年1期。
[4] 南京博物院:《江苏丹徒磨盘墩遗址发掘报告》,《史前研究》1985年2期;镇江博物馆等:《江苏镇江市戴家山遗址清理报告》,《考古与文物》1990年1期。

还有镞,玉器与北阴阳营系统大致相似。薛家岗石、玉器系统显然出自北阴阳营一系,因此基本特征相差不多。

在苏皖区分布如此广大,技术如此复杂的石、玉器工业系统中,各地产品的分化自难避免,即便是同一地点也应有制作不同品种产品的分工。这种分化最为明显的情况可从宁镇、巢湖与皖西南沿江平原三地产品的差别找到线索。而内部的分工首先应发生在石器与玉器的生产之间,上述石器和玉器的制作地点多不重合即是证据之一。另外,在本地区的墓地中也有产品分布不同的差别,如同为薛家岗系统的薛家岗墓地不见玉玦,而塞墩和靖安郑家坳却出较多的玉玦,以及有些明显为玉、石匠的墓主特别倾向于随葬某一类玉器或石器的情况也可为证[1]。分工是交换的前提,有分工必有交换,因此,在整个苏皖石、玉器工业区内玉器和石器的交换肯定是经常存在的。同时,由于苏皖区周围的经济区基本不出产玉器,有的也不出产石器,因此,这里的石、玉器也被大量地交换到周围的地区。其中邻近的三角洲区是苏皖石、玉器最主要的消费地,在三角洲地区目前只在青浦崧泽遗址见到一处与石器制作有关的场所[2],但那里只发现石料和石器半成品34件,不像是经常性的行为场所,而三角洲地区所有遗址和墓葬中发现的石、玉器都与宁镇一系的产品同质同类,只是数量要少得多。赣鄱区、两湖区和峡江区的玉器都出自巢湖和薛家岗系统,赣鄱区最远的例子见于新余,那里的一座墓葬中就出有玉璜6件[3],两湖和峡江地区的大溪文化墓地中大多发现有玉璜、玦、管、珠、坠等,两湖区东部还多见薛家岗系的石器,而薛家岗式的石钺则被交换到更远的两湖西南部,在安乡划城岗墓地级别最高的两座墓中被充当身份的象征[4]。淮河流域和黄河中下游地区这一时期的玉器主要出自巢湖和宁镇地区,距离较远的汝州中山寨和伊川伊阙

---

[1] 安徽省文物工作队:《潜山薛家岗新石器时代遗址》,《考古学报》1982年3期;任式楠等:《黄梅县塞墩新石器时代遗址》,《中国考古学年鉴(1987、1988、1989)》,文物出版社,1987、1988、1989年。江西省文物工作队:《江西靖安郑家坳新石器时代墓葬清理简报》,《东南文化》1989年4—5期;江西省文物考古研究所等:《靖安郑家坳墓地第二次发掘》,《考古与文物》1994年2期。

[2] 上海市文物保管委员会:《崧泽——新石器时代遗址发掘报告》,文物出版社,1987年。

[3] 胡小勇:《新余收集一批新石器时期玉石器》,《江西文物》1989年1期。

[4] 湖南省博物馆:《安乡划城岗新石器时代遗址》,《考古学报》1983年4期。

城有棺椁的大型墓葬中都出有巢湖凌家滩式的玉璜[1]，北辛文化晚期和大汶口文化刘林期的大量石、玉器也是宁镇玉器的形式。苏皖石、玉器出现在周围地区的情况有两点可作总结，一是周围不同地区的产品总是出自与苏皖区最邻近地点，二是距离苏皖区越近，产品交易的种类和数量就越多，由此可以看出苏皖与周围地区的石、玉器交换是以沿途的互惠贸易方式进行的。苏皖区由于它连接长江中下游和长江与黄河水陆交通的特殊地理位置，历来都是东西和南北两方面经济交流的枢纽，而苏皖地区发达的石、玉器工业则在这一时期的经济交流中起到了十分重要的作用，是《尚书·禹贡》所谓"扬州之域，厥贡瑶琨"记载的滥觞。

苏皖区以东的三角洲区大致包括长江以北直至淮河的江淮东部和长江以南从太湖到杭州湾的广大地区。这一地区还没有发现特别大的聚落，但众多的证据表明，这里有着发达的稻作农业，几乎所有的遗址都发现了稻谷等遗存，在年代偏早的余姚河姆渡遗址第4层的发现更为突出[2]，有研究者认为换算成新鲜稻谷可达12万千克以上。同时，河姆渡遗址还发现了大量的骨、木耜等用于水田农业的工具。这一时期的水稻田发现于吴县草鞋山遗址，由连片的田块和水沟、水坑组成，但田块都不大，很像是所谓的园圃农业的规模。家养动物有猪、狗、水牛等，以猪为主。但家养动物在肉类取食的比例中不是很大，肉食资源偏重狩猎鹿类等野生动物。其他种植或采集的植物遗存在河姆渡还发现有葫芦、薏米、菱角、麻栎果、酸枣和橡子等。三角洲区除陶业外，还有十分发达的制骨业，仅河姆渡第4层就发现耜、镞、锥、针、哨、凿、匕等骨器近2000件，金坛三星村和高邮龙虬庄遗址的墓地中骨器的随葬比例也都在30%左右[3]。河姆渡还发现了很多的木器，其中成套的织具有齿状器、机刀、卷布棍、经轴、分经棒、匕和纺轮等，可反映当时纺织业的一般情况。但这一地区基本没有自己的石、玉器工业，所出石、玉器大多来自宁镇地区。

黄河中下游地区在新石器时代晚期前一阶段有仰韶和北辛—大汶口（早期）

---

[1] 中国社会科学院考古研究所河南一队：《河南汝州中山寨遗址》，《考古学报》1991年1期；洛阳市第二文物工作队：《河南伊川县伊阙城遗址仰韶文化遗存发掘简报》，《考古》1997年12期。
[2] 刘军等：《中国河姆渡文化》，浙江人民出版社，1993年。
[3] 龙虬庄遗址考古队：《龙虬庄——江淮东部新石器时代遗址发掘报告》，科学出版社，1999年。

等文化系统,其经济区尚难以作明确细致的划分,大概可能有泾渭—晋南—豫西区、郑洛区、豫北冀南区和海岱区等。其中从泾渭流域到晋南、豫西这一大片地方在半坡早期就有像西安半坡那样的大型聚落,一般的聚落的典型如临潼姜寨一期聚落在2万平方米左右,居住人口据研究在500人左右[1]。到庙底沟时期,在它的东部出现了多处像华阴西关堡、华县泉护村和灵宝北阳平那样的面积达数十万乃至近百万平方米的大型遗址[2],都是迄今我们所知这一时期规模最大的聚落,无疑是当时本地区的经济中心。这一地区发现了粟和黍两种旱地作物,在半坡还出过芥菜或白菜的种子。猪等家养动物在肉食来源中一般占半数左右。这一地区制陶业十分发达,特别是彩陶在本地和周围地区的样式变化不多但产量极大,显示了存在少数几个制陶中心的迹象。本地区石器的出土量不是很大,并有很多陶制工具如陶刀等作为替代品,说明石器工业并不发达。石器出土较多并最具地方特色的地点在本地区的东部,表明那里很可能是石器的产地之一,石器种类以刀(两侧缺口)和铲(心形、舌形)为主,斧、锛、凿等其他器类均不多。西部的石器中铲和刀的数量较少,斧、锛、凿数量较多,很可能另有不同的来源,其中汉水中游地区应是其来源之一。西部的制骨业较为发达,在宝鸡北首岭遗址墓地中仅骨镞一项就有431件[3],占随葬品全数的三分之一,其中仅4号和8号墓的骨镞就分别有86和80件,有的墓葬中还有磨制骨器的磨石和骨料,骨珠和骨铲的数量也不少。此外,这一地区各遗址中的陶圆刮割器(圆陶片)、陶锉和打制的石盘状器出土量很大,如姜寨遗址一期发现圆陶片18000件,北首岭遗址出陶锉467件,庙底沟遗址一期有石盘状器2230件等,都是其中比较多的例子[4]。这几样东西的用途难以确定,但它们所代表的经济行为在本地区较为集中应该是事实。

郑洛区大致包括伊、洛、黄河及嵩山周围的豫中地区。这一地区在这一时期像伊川土门和鲁山邱公城那样超过30万平方米的大型聚落遗址就有十多处。这里

---

[1] 巩启明、严文明:《从姜寨早期村落布局探讨其居民的社会组织结构》,《考古与文物》1981年1期。
[2] 严文明:《文明起源研究的回顾与思考》,《文物》1999年10期;中国社会科学院考古研究所河南第一工作队等:《河南灵宝市北阳平遗址调查》,《考古》1999年12期。
[3] 中国社会科学院考古研究所:《宝鸡北首岭》,文物出版社,1983年。
[4] 中国科学院考古研究所:《庙底沟与三里桥》,科学出版社,1959年。

不仅有粟等旱地作物的发现,在渑池仰韶村和洛阳西高崖的陶器上还有稻谷的印痕[1]。猪等家养动物在肉食来源中比例很高,如渑池班村遗址这一比例可达84%[2]。这里的石器以有肩长方形铲、束腰镢和长方形石刀为主要特色,也有陶刀和缺口石刀,但数量不多,可见这一地区应有自己的石器工业。

豫北冀南区的资料较少,但在后岗一期石器多正弧刃斧和长方形铲,其他器类不多见[3],也是自成一系的石器工业。只是这样一套石器还可能与其东边的海岱区北辛文化有关系。北辛文化迄今发掘过的遗址都出土大量的石器,器类一般以长方形铲为主(约占石器总数的5成),其他还有斧、刀、镰、磨盘和磨棒等,锛、凿等木作工具少见。其中滕县北辛遗址仅石铲残件一项就有1000余片,同时还有斧等器坯数百件,遗址遍布砾石和砂岩砥石,可见这里本身就应是制作石器的地点[4]。直到北辛文化的晚期,在邳县大墩子遗址还发现过三处主要制作石铲的地点——"石器堆放点",各有以石铲为主的石器数十件,并包括半成品、打下来的石片和砥石等[5]。但这里已是北辛系统石器分布的最南端,再往南的青莲岗文化区所见石器则主要出自宁镇地区北阴阳营一系。到大汶口文化早期(刘林期),海岱区北辛系统的石器工业似已衰落,除正弧刃长身石斧仍具地方特色外,其他特别是出于墓葬中的大量石钺、长方形锛、凿等均属苏皖石器工业系列,一些玉器如环、璜、坠和小璧等则显然来自苏皖地区。可以看出这一时期黄河下游与长江下游地区有频繁的贸易往来。海岱区在大汶口文化早期出现了像大汶口那样的大型聚落,有随葬上百件陶、骨、石器的大型墓葬,各聚落墓葬中往往随葬大量陶器,表明有发达的制陶业,同时也有自成体系的制骨业,一般遗址或墓地中所出的骨器数量都远多于石器。

新石器时代晚期前一阶段经济繁荣的表现是多方面的,其中最为明确的指标

---

[1] 洛阳市博物馆:《洛阳西高崖遗址试掘简报》,《文物》1981年7期。
[2] 袁靖:《论中国新石器时代居民获取肉食资源的方式》,《考古学报》1999年1期。
[3] 佟柱臣:《中国新石器研究》(上)416页,巴蜀书社,1998年。
[4] 中国社会科学院考古研究所山东队:《山东滕县北辛遗址发掘报告》,《考古学报》1984年2期。
[5] 南京博物院:《江苏邳县大墩子遗址第二次发掘》,《考古学集刊》第一集,中国社会科学出版社,1981年。

就是区域资源的进一步开发、聚落在各区域的普遍增多和聚落规模的持续增大。同时,这一时期各地区手工业的发展和分化使得手工业的专门化增强,至少种类繁多的陶器、发达的彩陶、精制的石器、玉器和漆器等都是专业经济的产品。这种专业经济的发展由于受到了区域资源和经济结构的限制而日益趋向地域化,造成了专业的经济区的出现。区域经济各有特色,并有一定的互补性,促成了区域间频繁的贸易往来,贸易的方式多局限于沿途的互惠交换。远地贸易中得到的精美石、玉器等奢侈品被随葬入墓作为身份的象征。专业经济的发展不仅带来了区域经济的共同繁荣,也必然导致社会的分化。而这一时期的社会分化既表现在聚落的内部,也表现在聚落之间。各地区的大型聚落或中心聚落都应该是当时专业经济的中心,因而也聚集了大量的财富,像大汶口遗址的大汶口文化早期墓地和凌家滩墓地那样的大型墓葬乃是明显的例子,前者的大型墓葬中随葬有牛头和猪头,出数十件乃至上百件陶器等器物,后者则有数十到上百件的石、玉器;同时,大汶口的墓葬中出有骨质的制陶工具("两端刃器")[1],凌家滩的墓葬中则出有治玉工具和玉料,说明墓主本人或追悼墓主的利益集团应当就是积累了大量财富的手工业匠人或团体。而手工产品之所以能够作为财富的象征,自然是产品贸易十分畅达的结果。

四、核心经济区的出现与区域文明的曙光

在新石器时代晚期的后一阶段,前一时期发展起来的区域经济格局发生了一些重大改变。在长江中下游地区,紧接前一时期而来的屈家岭文化时期和良渚文化早期尚可以见到同此前相差不多的经济地理分区,但两湖地区和三角洲地区聚落的数量在成倍增加,而峡江区和苏皖区的经济日趋衰落。到石家河文化早中期和良渚文化中晚期时,曾经是长江中下游地区新石器时代石、玉器最集中的产地——峡江和苏皖石器工业区已完全衰落,其中峡江地区人烟稀少,很少有像样的聚落,苏皖区虽发现了这一时期的一些聚落遗址,但规模都不大,所见石器很是粗

---

[1] 山东省文物考古研究所:《大汶口续集——大汶口遗址第二、三次发掘报告》,科学出版社,1997年。

糙,更没有玉器的产品。而石家河文化集中分布的两湖地区和良渚文化集中分布的三角洲江浙区已经成为长江中下游地区经济发展的核心地区。

两湖地区这一时期聚落分布的态势与前一时期并没有什么不同,但聚落的数量有很大的增加,就局部的统计来看,澧阳平原大溪文化时期的遗址有40余处,而石家河文化(早中期)遗址则有200余处,其他地区聚落增加的数量也大致接近这样一个幅度。并且出现了很多面积达数十万平方米的大型遗址,有些大型聚落的周围修建了宽阔的城壕和城墙,其中最大的一处是天门石家河遗址,这个遗址的面积在石家河文化早中期时近8平方公里,遗址中心部位是一座城址,南北长1200、东西宽1100米,周围环壕宽40—80米,城内和城外都有大面积的居住区。据计算,单是城墙就要有1000人工作十年才能建成,并要有2—4万人口才能供养这1000人[1]。石家河文化早中期的制陶业比较发达,一些小件陶器都用轮制,能够区别出来的陶业系统不是很多,说明存在大规模的制陶中心。石家河文化陶业影响的范围很广,向北是其主要的方向,利用陶器划分的石家河文化地方类型一直可达南阳盆地和淮河上游。但石家河文化石器制作较屈家岭甚至大溪文化时期明显退步,各遗址出土石器的数量都不多,器类主要以斧、锛、凿等木作工具为主,石家河迄今出于肖家屋脊遗址最大的一座墓葬(M7)的随葬品主要是上百件的陶器,石器仅有钺1件[2],这可能与两湖周围石器工业区衰落,石家河文化的石器工业又没有发展起来有关。

良渚文化集中分布的地区主要在苏南和浙北的太湖流域,这一地区在良渚时期到处都有成群的聚落,特别是在文化的中心区域更是密集,单是余杭的良渚遗址群就在总面积34平方公里的范围内发现了居住遗址和墓地近50处,聚集了相当多的人口。良渚时期的遗址中普遍发现了石犁头,说明这一时期的水田农业已进入了犁耕阶段。良渚社会的分化十分明显,一些普通的墓地发现的墓葬浅坑掩埋,很少有随葬品,而大型的墓地位于高台或祭坛之上,随葬数量惊人的玉器、漆器、象

---

[1] 中村慎一:《关于石家河遗址的若干问题》,《日本中国考古学会会报》第七号,24-40页,1997年。
[2] 石家河考古队:《天门石家河考古发掘报告之一——肖家屋脊》,文物出版社,1999年。

牙器和精美陶器。良渚文化的石、玉器工业是当时手工业体系中最为重要的项目，其他如漆木器、象牙器等也多镶玉或与玉器做成复合产品。过去认为良渚文化的石、玉器工业是继承了此前当地崧泽文化的石、玉器手工业传统发展起来的，但实际上崧泽文化并没有自成系统的石、玉器手工业，崧泽的石、玉器产品主要来自邻近的宁镇地区。因此，良渚文化的石、玉器工业应当出自苏皖石、玉器工业体系，并成熟于苏皖石、玉器工业区解体之后。良渚石、玉器工业完全继承了苏皖的工艺传统，一些传统的器类也基本保存下来，但也有新的器类，形成了自己的特色。良渚文化一般遗址中都出土大量的石器，石器品种中仍有斧、锛、凿等一套木作工具，并新出现了一套犁头、破土器和耘田器等农用工具，这些器物是平常的民用石器，一般不用作随葬品，不见于大型的墓地当中。这类石器在各遗址的出土量都比较大，还看不出制作的中心，但可以肯定是当地所产。良渚玉器产业是迄今所知新石器时代诸文化中最为发达的，玉器的制作地点在余杭的安溪等地有所发现，玉器的器类包括装饰、仪仗、祭典、日用等诸多方面，但这些玉器均出于高等级的墓地当中，而且在高等级的不同层次的墓地中所见玉器的质料、种类和数量也分为不同的档次，可见玉器的原料和生产显然已经被当时社会分层当中的高等级集团所完全控制。只是当时这样的集团不止一个，我们在同等级的不同墓地中可以发现有出自不同的治玉系统的产品，如同处于良渚遗址群内的瑶山和反山的玉器就出自不同的体系。这种由很多高等级集团所控制的手工业系统可以称为贵族手工业，它不同于民间手工业产品可以自由贸易，也不同于官手工业只有一个系统，但其产品的分配有类似于官手工业的地方，即是以再分配的方式进行的，通行于高等级集团的内部，一般不见于民间。当然，良渚文化时期贵族手工业的产品还包括各种精致陶器、漆木器、骨（象牙）器、丝织以及它们的复合产品等产业，这些器物也都只见于高级别的墓地之中，可见当时高层社会已经控制了大量的社会经济资源。良渚玉器在良渚文化分布的中心区之外也颇有发现，这可能与良渚上层社会集团与外部社会的资源交换有关。

新石器时代晚期后一阶段黄河中下游地区的经济地理区系也有所变化，在仰韶文化晚期之后，出现在黄河中游地区的是庙底沟二期文化，但豫北冀南地区很少有这一时期的聚落,豫中地区也没有发现经济发达的聚落。庙底沟二期文化分布的中心区在关中、晋南、晋中和豫西一带,特别是在晋南周围形成了一处经济发达的核心区,这里单是面积在数百万平方米左右的聚落遗址就发现有襄汾陶寺和曲沃方城、东许等几处,面积在数十万平方米左右的遗址也有不少。这一地区农业发展的水平是比较高的,据陶寺遗址人骨的碳同位素测定,当时人们的食谱中 C4 植物的成分已达 70%[1]。经过发掘的陶寺和临汾下靳遗址墓地中出土了大量高品质的陶器、木器和石、玉器,这些产品只见于少数的一批大中型墓葬中,与同时期普通遗址所见的手工业产品有很大的不同。这说明在晋南地区也出现了同良渚文化一样的贵族手工业。陶寺早期墓地的大中型墓葬集中埋在一起,有宽大的墓室并有木棺,人体上下及棺上都铺垫或覆盖以多层的麻织物,有的墓中随葬猪骨,最多的见到 30 多副猪下巴。几座最大的墓葬随葬的器物都在一两百件以上,包括成套的黑衣彩绘陶日用器皿(灶、斝、罐、壶、豆、瓶、盘、盆等),成套的炊食彩绘木器(仓、案、俎、匣、托盘、圈足盘、斗、豆,还应有石厨刀和骨匕等),成套的乐器(鼍鼓、土鼓、石磬)和各种玉石饰件、武器、工具和礼仪用器等。这些器物中以石、玉器的数量最大,有磬、厨刀、镞、锛、钺、长条形刀、琮、瑗、环、梳、管等器类[2]。下靳墓地的大型墓葬中也出大量石、玉器[3],其中除有与陶寺相同的一些器类外,还有较多的璧和璜不见于陶寺,可见本地当时的贵族手工业也有不同的系统。这些器类中绝大多数的品种和样式都不是黄河中游地区传统石器工业的品类,而是长江下游地区玉石工业产品的翻版。这里贵族系统的石、玉器工业的产品样式及工艺应当出自苏皖—良渚石、玉器工业一系。由于庙底沟二期文化大致与良渚文化中晚期的年代相当,晋南的贵族石、玉器工业的出现正在苏皖石、玉器工业区的衰落之后,晋南贵族石、玉器工业应当继承了苏皖的传统,并很有可能是造成苏皖石、玉器工业衰落的原因之一。当然,庙底沟二期文化的遗址中仍可见到大量的黄河中游地

---

[1] 蔡莲珍等:《碳 13 鉴定和古代食谱研究》,《考古》1984 年 10 期。
[2] 中国社会科学院考古研究所山西工作队等:《1978—1980 年山西襄汾陶寺墓地发掘简报》,《考古》1983 年 1 期。
[3] 下靳考古队:《山西临汾下靳墓地发掘简报》,《文物》1998 年 12 期;山西省临汾行署文化局等:《山西临汾下靳村陶寺文化墓地发掘报告》,《考古学报》1999 年 4 期。

区传统(仰韶文化传统)的石器,如有肩石铲和长方形石刀等,甚至陶寺遗址本身也出这类石器,但它们不见于大中型墓葬中,应当不是贵族手工业的产品,而是当时民间手工业生产的民用产品。

晋南这一时期石器的制作地点已经有了一些线索,不久前在陶寺遗址就发现有大面积的石器制作区,出有器坯和石锤等加工石器的遗存。在陶寺以南 6 公里的大崮堆山采石场则是当时采集石料和进行石器初加工的场所,这里沿大崮堆山周围七八平方公里的范围内均有大量的石制品出土,其中大崮堆山南坡基岩表面的石制品堆积最为集中,面积约 15 万平方米,最大厚度可达 4 米,这里的石制品大量的都是石块、石片、石渣和石器的毛坯,器坯的形状有斧、铲、锛、磬和厨刀等[1]。看来,晋南地区有发达的石、玉器工业与这里有方便的石料来源有关。再有,关中东部、豫西和晋南这一片地方的经济之所以长期较为发达,是与晋西南的河东盐池资源分不开的。河东盐池是华北中原地区最大的盐产地,在我国盐业史上有着极为重要的历史作用,保利艺术博物馆新入藏的戎生编钟上就有晋国以大批的盐到南方交换铜料的铭文[2],钱穆考证"阪泉在山西解县盐池上源"[3],近人遂多认为阪泉之战乃是为争夺池盐而起,此说确否姑且不论,晋西南池盐在这一时期的重要性是毋庸置疑的。

黄河下游地区大汶口文化中晚期的经济也是十分发达的,大汶口等遗址的面积都在百万平方米以上。大汶口文化系统的陶器(特别是晚期)分布的范围已超出了海岱经济区的范围,向西向南深入了豫东、皖北等中原腹地。从大汶口、莒县陵阳河、诸城前寨和新沂花厅墓地的情况看[4],少数的大型墓葬往往集中下葬,随葬有数十个猪下颌、猪头甚至整猪整狗,花厅的几座大墓还有殉人。一些大墓随葬的手工制品多达一二百件。随葬品一般以陶器为主,各墓地的陶器品质较高但种

---

[1] 陶富海:《山西襄汾县大崮堆山史前石器制造场新材料及其再研究》,《考古》1991 年 1 期。
[2] 李学勤:《戎生编钟论释》,《文物》1999 年 9 期。
[3] 钱穆:《国史大纲》(修订本·上册)10 页,商务印书馆,1996 年。
[4] 山东省文物管理处等:《大汶口》,文物出版社,1974 年;山东省考古研究所等:《山东莒县陵阳河大汶口文化墓葬发掘简报》,《史前研究》1987 年 3 期;南京博物院:《1987 年新沂花厅遗址的发掘》,《文物》1990 年 2 期。

类多有不同,如大汶口晚期墓葬多白陶,在所有陶器中占到35%,陵阳河45座墓葬中随葬黑陶高柄杯663件,占所有随葬品的45%。大墓中常见高品质的骨、角、象牙器,器类有梳、雕筒、琮等,这些都应当是贵族手工业的产品。大汶口文化贵族手工业中的石、玉器工业不是很发达,器类有钺、锛、镯、环、笄(镞形器)、管、坠等,其中玉质者少而石质者较多,是富有自己特色的一套器物,应为本地制作的产品,但从其器类和工艺看,也是承自长江下游地区苏皖一系的。大汶口文化一般遗址中还常见斧、铲、刀、镰一类的民用石器,是本地的传统工具,不见于大型墓葬中。花厅大墓中还出有瓦足鼎、贯耳壶、带流杯、冠状器、琮、琮形管、琮形锥等多种良渚式陶、玉器,看来奢侈品的远程交换或贸易也是控制在贵族上层阶级手中的。

总结这一时期区域经济格局的变化情况可以看出,这一时期稍早的时候,即屈家岭文化、良渚文化早期、大汶口文化早中期之交和仰韶文化晚期之时大约是一个过渡时期,长江中下游和黄河中下游的区域经济布局还大致保持了前一时期的情形,但已经开始发生变化。进入石家河文化早中期、良渚文化中晚期、庙底沟二期文化和大汶口文化中晚期之后,在长江中下游和黄河中下游地区出现了两湖、太湖、晋南和海岱等几个核心经济区。这几个核心经济区的出现,并不仅仅是原有经济区的自然长成,而且还是以它们周围如峡江、苏皖、江淮、豫北冀南和豫中等经济区的衰落为代价的。这些原有经济区衰落的具体原因虽不可尽知,但可由苏皖石、玉器工业区的遭遇获得一些线索。苏皖工业区在前一时期是当时长江和黄河中下游地区唯一的玉器产地,其石器的工艺也是当时品质最高的,因而常被周围其他经济区当作奢侈品而大量索求。苏皖石、玉器工业在当地衰落之后,其石、玉器工业体系被周围太湖等区域的贵族手工业所继承,晋南、海岱等区的贵族石、玉器工业也可能与苏皖石、玉器系统有渊源,因此苏皖经济区的衰落应当与周围核心经济区贵族手工业的出现有很大关系。而这一时期的核心经济区与此前区域经济的最大不同就在于它有较强的独立性,很少依赖其他经济区的手工产品。另一个变化就是普遍出现了手工业中一般民用产品和多见于贵族大墓中的玉器、石器、漆木器、骨(象牙)器、高级陶器等奢侈品的分化,其中各经济区的民用手工业一般是此前当地手工业系统的继续,贵族手工业中则有外来的成分,而且在各个区内都有很多个贵族手工业的体系。贵族手工业的出现标志了社会分化的定型,说明权贵阶层已很稳固或世袭化。一些奢侈手工业产品的原料、生产和分配已被贵族阶层所垄断以加强其社会控制力,贵族手工业的产品在内部以再分配的方式流通,成为此后国家官手工业的前身。可见,这一时期经济核心区的形成是当时社会冲突加剧和核心集团对资源垄断的结果,是区域文明形成的体现。

五、长江经济区的衰落与中原文明的兴起

新石器时代晚期之后开始的所谓龙山化时期或龙山时代,有时也被称为新石器时代末期。这一时期是中国古代历史的大变动时期之一。其中出现在我们这里所讨论的地域范围内的重大变化,就是代表长江中下游地区传统文化的石家河文化和良渚文化到这一时期已全面衰落,过去繁荣密集的聚落和城址基本都已荒芜,传统的经济核心区已不复存在。这一时期长江中下游地区发现的聚落遗址数量很少,而且大多分布在长江以北。其中长江中游地区这一时期的聚落遗址已经发现了二三十处,集中分布在湖北的西北和北部地区,最大的一处遗址仍在石家河,面积达百万平方米。这里所见的文化遗存最早被称为石家河文化晚期,但其中陶业一项虽有部分品类承自石家河文化早中期,更多的则出自中原龙山文化的陶业系统,因此有研究者又将这类遗存划为中原龙山文化的地方变体。其他手工业门类以玉器最有特色。这批玉器集中发现于石家河、江陵枣林岗和钟祥六合等遗址的瓮棺葬中[1],大多为小件的饰物,有蝉、虎头、人头、鹰、龙等不同造型的佩饰,也有笄、柄形器、璜、坠、管、珠、牌、镞、纺轮等其他饰件,是自成体系的一套产品。由于上述瓮棺中还同时出有玉料,因此这批玉器很有可能是当地所产的。只是迄今我们还没有发现石家河文化早中期有玉器制作业,因此这一时期的玉业不会是当地传统手工业的传承,而同样应当来自中原一带。长江下游地区只在江北高邮左近

---

[1] 石家河考古队:《天门石家河考古发掘报告之一——肖家屋脊》,文物出版社,1999年;湖北省荆州博物馆:《枣林岗与堆金台——荆江大堤荆州马山段考古发掘报告》,科学出版社,1999年;荆州地区博物馆等:《钟祥六合遗址》,《江汉考古》1987年2期。

发现有几处这一时期的遗址,被称为南荡文化或南荡类型,其陶器特征与豫东王油坊式陶器相近,而少见本地的传统。总之,这一时期长江中下游地区已没有独立的区域经济,北部出现的一些聚落的手工业产品多有中原经济区的同类产品特征,说明此时的长江中下游地区已成为中原经济核心区的一部分。

这一时期的黄河中下游地区有客省庄文化、三里桥文化、王湾文化、后岗二期文化和龙山文化等文化系统,这些文化虽然都与本地区此前的地方文化有着程度不同的联系,但经济和文化发展的高度却远远超过了前一个时期。这一时期在黄河中下游的各个传统的经济文化区到处都可以看到分布密集的聚落,其中最为发达的地区应当在海岱和中原两个地区,单是位于中原腹心的伊洛郑州这一片地方就发现了500多处大大小小的聚落遗址[1],在山东的日照地区则发现有遗址230处[2]。山东和河南还发现了章丘城子崖、邹平丁公、淄博田旺、寿光边线王、五连丹土、日照两城镇、辉县孟庄、郾城郝家台、淮阳平粮台、登封王城岗和密县古城寨等10多处城址。黄河中下游地区的手工业在这一时期有了很大的进步。轮制陶器的技术得到了真正的普及,从各地陶器形制高度统一的情况看,一些大的制陶中心应已出现。不少遗址发现了小件的铜器和冶铜遗存,说明冶铜业也在逐渐发展,只是冶铜业还没有发现已成为贵族手工业的迹象。这一时期区域经济体系目前还难以作明确的划分,但处于核心经济区地位的至少应有中原和海岱两个区。其中海岱地区的陶业特别发达,其产品经常可以在周围地区见到,其中有一些水平很高的精品如蛋壳陶杯之类则只见于大型的墓葬中,应是出自当时贵族手工业的体系。海岱地区龙山玉器也自成系统,有很多地点发现了这一系统的产品,经发掘出土的见于临朐西朱封的3座大型重椁墓中[3],说明玉器制作业是被贵族手工业所垄断的。以豫中为中心的中原地区也应该有自己的石、玉器系统,并且应当与西北地区

---

[1] 赵春青:《郑洛地区新石器时代聚落的演变》,北京大学博士学位论文,1999年。
[2] 栾丰实:《日照地区大汶口、龙山文化聚落形态之研究》,张忠培等主编《中国考古学跨世纪的回顾与前瞻》190-198页,科学出版社,2000年。
[3] 山东省文物考古研究所等:《临朐县西朱封龙山文化重椁墓的清理》,张学海主编《海岱考古》第一辑,山东大学出版社,1989年;中国社会科学院考古研究所山东队:《山东临朐朱封龙山文化墓葬》,《考古》1990年7期。

的所谓"华西玉器"系统有所区别,而"华西玉器"系统的形成显然与此前晋南石、玉器工业有渊源关系,说明这一时期区域贵族手工业有了新的组合。

这一时期是中国新石器时代过渡到青铜时代或夏商周三代文明的转化期,有研究者认为其偏晚阶段按传统的说法已进入了传说中的夏代。这一时期区域经济格局的最大变化当然是长江中下游地区经济的衰落和黄河中下游地区经济的进一步发展。对长江中下游传统的独立经济区衰亡的原因虽有多种解释,但多数人认为与夏王朝建立之前尧、舜、禹时期对南方地区的长期征伐有关,这类大规模的战争当然与资源和财富的掠夺有关。从这一时期长江中下游地区已成为中原经济体系的组成部分的情况看,长江中下游传统的经济资源应当已被北方地区所利用。黄河中下游地区较前一时期发生的最大变化则是各传统经济区都有了比较均衡的发展,特别是以豫中为中心的中原经济区出现了再度的繁荣,黄河中下游地区成为这一时期经济发展的核心地区。广义的中原文明一枝独秀的局面应当发端于这一时期。

六、结语

中国史前文化发展的地理背景非常广阔,史前经济的门类、结构及其变化的情况十分复杂,本文仅以其中农业生计和主要门类的手工业生产及贸易的发展为线索,对中国新石器时代文化成长的腹心地区——长江、黄河中下游地区的经济地理格局的变化及其与史前文明化进程之间的联系做一粗略的概括。

早在新石器时代早期,中国史前经济的地区差异就已十分明显,这主要表现在南方和北方两种文化及其经济类型的分化上,而南方地区在这一时期已经有了最初的水稻种植农业。到新石器时代中期,长江中下游和黄河中下游地区分别出现了水田和旱作农业两种不同的农业体系,各地手工业的发展也开始有了区域的特色,一些大型的聚落成为地方经济发展的中心。区域经济的发展在新石器时代晚期的前一阶段达到了繁荣的时期,在长江和黄河中下游的各个文化区都有了自己富于特色的地方取食经济和手工业体系,有些地方则形成了专业的手工业生产经济区,区域间的贸易十分频繁,一些在手工业和贸易的发展中得到最大利益的个人和团体聚集了大量的财富,远程贸易获得的奢侈品成为社会上层追求的目标,对财富和异地产品的需求应当就是此后经济地理格局发生变化的原因之一。在新石器时代晚期的后一阶段,前一时期以资源和技术为基础自然形成的区域经济格局发生了重大变化,一些传统的经济区开始衰落,而另外一些则成长为核心经济区,衰落地区的特色手工业转移到了核心经济区从而得以继续发展,生产奢侈品的手工业为贵族所垄断,贵族手工业成为史前手工业进步的主流,这种变化标志着中国区域文明的产生。在新石器时代末期,中国史前文化经历了最大的一次变化,这就是长江中下游传统的独立经济区的衰落,黄河中下游地区在这一时期成为中国史前文化和经济发展的核心地区。由于此后三代文明都是在广义的中原地区即黄河的中下游展开的,是这一时期文化的延续,因此可以说黄河中下游经济区在新石器时代末期的繁荣和扩展最终奠定了三代文明的基础。

(本文原名"中国史前农业、经济的发展与文明的起源",载北京大学中国考古学研究中心编《古代文明研究》(第Ⅰ卷),35—57页,文物出版社,2002年。此次重刊略有修订。)

8
中国华南及其邻近地区：
新石器时代采集渔猎文化

在中国华南及其邻近的西南和东南亚地区史前时期，曾经出现过多种采取不同生计方式的文化群体。而且在越往后的时期，就越多见到多种不同生计形式在不同区域并存，或同一地区兼收并蓄不同生计方式的情况。不过各种生计形式的主要类型还是大致可以划分的，这就是旧石器时代的采集狩猎方式、新石器时代的采集渔猎方式和农业的生计方式。尽管这三种类型的生计方式并非截然可分，但确有各自的特色，并依次出现在不同的时期，同时也因采取不同的方式而由此影响到当时社会文化的各个方面。根据目前资料可知，中国华南及其邻近地区在整个旧石器时代的取食经济方式应当是简单的采集狩猎形式，在新石器时代的大部分时间里则是一种特别依赖水生食物的采集渔猎方式，又被称作广谱的或"富裕的食物采集文化"[1]，直到新石器时代后期才出现了农耕的方式。由于资料不够充分，本文无法对采集狩猎经济的形式、内容及其与文化其他方面之间的联系做深入探讨，以下将关注的是这一地区新石器时代的采集渔猎文化的出现、发展、类型和衰落，并申论这种文化对东南亚史前文化和人群形成的影响。

一、过渡时期生计和文化的转变

在旧石器时代，华南乃至南方地区都很少有关于古代人类生计的直接证据，但从部分保存较好的洞穴遗址所见的动物化石和石器类型来看，应当是属于狩猎采

---

[1] 张光直：《中国东南海岸的"富裕的食物采集文化"》，《上海博物馆集刊》第四期，上海古籍出版社，1987年。

集经济。从中更新世开始,中国南北方的文化差异逐渐形成,南方地区的石器类型十分简单,属于典型的粗大砾石石器工业,包括砍砸器、尖状器和原手斧,这种文化传统在南方地区整个旧石器时代一直十分稳定而鲜有变化。根据有关研究,所谓砾石石器工业乃是更多地依赖植物性食物采集者的工具传统。因此我们知道,南方地区在整个旧石器时代的采集狩猎经济更多地偏重植物性食物的采集,生计类型十分简单[1]。大约从3万年开始,随着最后冰期的来临,受到北方石器工业文化南下的影响,南方地区石器工业一变而以刮削器、尖状器等小型的石片石器为主,区域文化的变化也至为复杂。在岭南地区,这个时期的代表性遗存是广西柳州白莲洞遗址早期。这种变化在邻近的东南亚越南北部和泰国北部也同样可以清楚地看到[2]。正是这一变化才促使南方地区旧石器时代的采集狩猎经济传统开始向更为复杂多样的方向转变。

接下来从旧石器时代晚期至南方地区新石器时代中期之间的一段时间,是南方地区史前文化发生巨大变化的一个时期。这一时期多被称为"中石器时代",又被称为"后旧石器时代""旧石器时代向新石器时代过渡时期"或"新石器时代早期"[3]。在东南亚地区,这段时间是所谓"和平文化"时期,而南方地区特别是岭南的同时期遗存同"和平文化"具有高度的相似性。但从东南亚至中国南方广大的区域内,各地文化的差异和发展程度并不相同。这个时期分布在南方地区的古代文化大多出现在石灰岩洞穴中,目前已发现了数十处[4]。其中文化面貌变化最大、最为复杂,文化也最为发达的遗存分布在南岭南北两侧的洞穴中,这些洞穴的堆积物在这一时期大多为灰黄色,很多都包含有大量的螺壳,是一种"含介壳堆积物",因此也有研究者称之为"洞穴贝丘"[5]。类似的洞穴堆积在越南北部也有分

---

[1] 王幼平:《中国远古人类文化的源流》,科学出版社,2005年。
[2] 王幼平:《中国远古人类文化的源流》,科学出版社,2005年。
[3] 张弛:《简论南中国地区新石器时代早期文化》,张忠培等主编《中国考古学跨世纪的回顾与前瞻》190-198页,科学出版社,2000年。
[4] 焦天龙:《更新世末至全新世初岭南地区的史前文化》,《考古学报》1994年1期。
[5] 何乃汉:《岭南地区旧石器时代向新石器时代的过渡及其有关的几个问题》,《中国考古学会第五次年会论文集(1985)》,文物出版社,1988年。

布。在中国境内经过发掘的有江西万年仙人洞、吊桶环,广东封开黄岩洞、阳春独石仔、英德牛栏洞,海南三亚落笔洞,湖南道县玉蟾岩,广西桂林甑皮岩、庙岩、大岩,广西柳州白莲洞、鲤鱼嘴等。

此前研究者一般将这一时期的年代估计为全新世早期[1]或更新世与全新世之交[2],现在看来年代还应当稍早一些。如果以洞穴遗址"含介壳堆积物"出现年代为标志的话,那么年代最早的见于白莲洞洞穴西侧第3层和第2层,而第2层钙华BK82097 ^{14}C年代为距今19910±180年[3]。其次为庙岩遗址,这里第5层两个螺壳2K-2841和BA92036-1的年代分别为距今17238±237和18140±320年[4],还有独石仔下层螺壳BK-83001的年代为距今17170±180年[5],都与白莲洞的年代十分接近[6],其他地点的同类堆积则稍晚。实际上,也还有一些这个时期的洞穴遗址堆积不含螺壳,如仙人洞的第3层。但这些堆积中出土的其他一些相关标志性器物如陶器,最早见于仙人洞3C1b层、玉蟾岩E层和庙岩第5层,年代也大致在距今17000—16000年[7]。因此这个时期开始的时间应当大约在距今18000—17000年之间,年代下限可以下一个阶段南方新石器时代中期彭头山文化出现的时间为界,也就是大致在距今10000—9000年的时候。

这段时间正好应当是末次冰期的盛冰期以及随后的回暖期。南岭地区的古人类一般居住在洞穴之中。在对湖南道县130个洞穴调查中,共发现这个时期的遗

---

[1] 袁家荣:《湖南道县全新世早期洞穴遗址及其相关问题》,封开县博物馆等编《纪念黄岩洞遗址发现三十周年论文集》100-108页,广东旅游出版社,1991年。

[2] 如吴春明:《试析华南中石器时代文化的本土传统与外来影响》,英德市博物馆等编《中石器文化及有关问题研讨会论文集》6-18页,广东人民出版社,1999年;焦天龙:《更新世末至全新世初岭南地区的史前文化》,《考古学报》1994年1期。

[3] 柳州白莲洞洞穴科学博物馆等:《广西柳州白莲洞石器时代洞穴遗址发掘报告》,四川大学博物馆等编《南方民族考古》第一辑,1987年。

[4] 谌世龙:《桂林庙岩遗址的发掘与研究》,英德市博物馆等编《中石器文化及有关问题研讨会论文集》163页,广东人民出版社,1999年。

[5] 邱立诚等:《广东阳春独石仔新石器时代洞穴遗址发掘》,《考古》1982年5期。

[6] 上述碳十四年代均未校正,部分校正数据可参见中国社会科学院考古研究所等:《桂林甑皮岩》500-503页,文物出版社,2003年。

[7] 赵朝洪等:《中国早期陶器的发现及相关问题》,北京大学考古文博学院编《考古学研究》(五)上册,科学出版社,2003年。

址5处,都分布在山间谷地和小盆地中,代表了这个时期聚落分布密度的一般情况[1]。几乎所有经过发掘的遗址都发现当时人类居住的地方在洞穴的前厅,主要的遗迹是一些灰烬、石块和骨头密集分布的烧火堆或称火塘,有时在同一平面上有数个这样的火塘。

这个时期的石器工业以砾石石器为主要特征,有单面打的砍斫器、锄形器、亚腰斧,以及苏门答腊式石器等,岭南还多见所谓的"陡刃砍砸器"。有些遗址如仙人洞、白莲洞和鲤鱼嘴则还见有燧石、石英刮削器、尖状器等石片小石器。一种中间穿孔的扁平砾石十分普遍地发现于各处遗址。在仙人洞和白莲洞还有个别的磨制梭形器和磨刃切割器等。各个遗址最常见的骨角器有锥、尖刃器和铲形器,蚌器则为单孔和双孔的蚌刀,仙人洞遗址还有针、镞、鱼鳔和刀等。仙人洞、吊桶环、玉蟾岩、大岩、庙岩、甑皮岩和牛栏洞等遗址出有夹粗粒石英的陶器,年代比较早的是条纹陶和素面陶,比较晚的有绳纹陶和编织纹陶,器类主要有两种,条纹、绳纹的圜底罐形陶器以及素面和编织纹深腹钵形陶器。其中在岭北的仙人洞和玉蟾岩两种器物都有,岭南甑皮岩、大岩、庙岩和牛栏洞则只见后一种[2]。可见岭南岭北还有一定的文化差异。这些器物中石器主要是采集、狩猎和屠宰工具;骨器多为制皮用具,也有少量渔猎用具;陶器则是炊器和盛器;

这一时期各个遗址的堆积中都出土有大量的动物遗骸,动物的种类一般都有二三十种,但主要以哺乳类为最多,在哺乳类动物中又以水鹿(*Cervus unicolor*)、赤鹿(*Muntiacus muntjak*)、梅花鹿(*Cervus nippon*)、麂(*Muntiacus reeveoi*)和麝(*Moschuo* sp.)等鹿科动物为主。在有数量统计的遗址中,甑皮岩遗址一期哺乳动物占所有动物的95%,可鉴定标本中鹿类占67%;牛栏洞60%的动物为偶蹄类,其中鹿科动物有75%;庙岩鹿类占全部动物的65%[3]。其他遗址大概也是这样的情

---

[1] 袁家荣:《湖南道县全新世早期洞穴遗址及其相关问题》,封开县博物馆等编《纪念黄岩洞遗址发现三十周年论文集》100-108页,广东旅游出版社,1991年。

[2] 张弛:《中国南方的早期陶器》,北京大学中国考古学研究中心等编《古代文明》(第5卷)1-16页,文物出版社,2007年。

[3] 张镇洪等:《桂林庙岩遗址动物群研究》,英德市博物馆等编《中石器文化及有关问题研讨会论文集》187页,广东人民出版社,1999年。

况,只是仙人洞还有比较多的野猪。水生动物主要为种类丰富的各种贝类,有螺、蚌、蚬等,有些遗址还有数量比较多的鱼类龟鳖类。在仙人洞、玉蟾岩和甑皮岩有一定数量的鸟禽类,其中玉蟾岩鸟禽骨骼的个体数可占动物骨骼的30%。玉蟾岩和甑皮岩发掘浮选出了猕猴桃、野葡萄、梅、朴树籽、山核桃等许多可食性植物种子,甑皮岩还有块茎类植物遗存[1]。仙人洞、吊桶环、牛栏洞和玉蟾岩都发现了大量的稻属植硅石[2],其中仙人洞和吊桶环的稻属植硅石据研究被认为性状接近栽培稻。玉蟾岩还发现了数粒稻谷,被鉴定为"演化早期的原始栽培稻"[3]。这些应当都是当时采集狩猎经济的基本内容,与上述人工制品反映的内容有一致的关联性。只是与水稻有关的证据还存有疑问[4],作为谷物农业起源的证据还不够充分。

因此,尽管这一时期洞穴居住的形式仍然延续了旧石器时代的方式,但这一时期的石器、骨器和陶器等新型器具以及与之相关联的广谱的取食经济方式的出现,还是更加地接近了此后新石器时代文化内涵,而与本地区此前旧石器时代的文化特征有较大的区别,应当是南方地区新石器时代文化的源头。

二、广西及越南北部新石器时代贝丘遗址

南方地区特别是华南和西南的洞穴贝丘遗址一直延续到很晚的时期,如仙人洞至少延续到距今8000年,甑皮岩第五期则大致到距今7000—6000年之间。但大约从距今10000—9000年间开始,在南方地区广泛出现了富有新石器时代特征的、分布在河流阶地上的露天聚落。其中在长江中下游地区分别出现的是以彭头山—

---

[1] 袁家荣:《湖南道县玉蟾岩1万年以前的稻谷和陶器》,严文明等主编《稻作 陶器和都市的起源》35页,文物出版社,2000年;中国社会科学院考古研究所等:《桂林甑皮岩》286-294页,文物出版社,2003年。

[2] 顾海滨:《广东英德牛栏洞遗址硅质体、孢粉碳(炭)屑分析》,英德市博物馆等编《中石器文化及有关问题研讨会论文集》113-206页,广东人民出版社,1999年。

[3] 张文绪:《水稻的双峰乳突、古稻特征和栽培水稻的起源》,严文明等主编《稻作 陶器和都市的起源》122页,文物出版社,2000年。

[4] 中村慎一:《中国稻作起源論の現在》,《日本中国考古学会会报》第十号1-11页,2000年10月。

皂市文化和上山—跨湖桥文化为代表的新石器时代中期稻作农业文化,此后逐渐发展为新石器时代晚期的大溪文化、马家浜文化、河姆渡文化和崧泽文化等。与此同时,在华南及其邻近地区也开始出现河流阶地以及濒海的露天聚落,但这一地区的文化特征与长江中下游地区有所不同,是一种新形式的采集渔猎文化。在华南及其邻近地区,这些采集渔猎文化在不同区域还有着不同的内容。目前所知年代最早的是出现在广西及其邻近地区的贝丘遗存。

广西及其邻近的广东西部和越南北部广泛分布有贝丘遗址,由于分布的地区不同,所处的年代也不尽相同,这些贝丘遗存也还有不同的区域与时代的特征。其中比较集中地发现于桂南南宁地区周围左江、右江、邕江及其支流岸边的贝丘遗址,出现的年代最早,延续时间也比较长,已经被命名为顶蛳山文化。经过发掘的遗址有邕宁顶蛳山[1]、南宁长塘、南宁豹子头[2]、扶绥江西岸和敢造[3]。分布于桂中、桂东和粤西的郁江、浔江、黔江和西江及其支流的沿岸的贝丘也有很多,经过发掘的有横县西津[4]、秋江[5]、江口[6]、象山南沙湾[7]和广东封开簕竹口遗址[8]。其中横县的西津和秋江遗址文化面貌比较相近,而与另外彼此相近的江口、南沙湾、簕竹口的文化面貌不太一样。

顶蛳山文化的遗址一般背山面河,位于河流拐弯或两河交汇处的一级阶地。遗址上发现有大批的墓葬,如顶蛳山遗址发掘 500 平方米的范围内发现二期墓葬 16 座、三期墓葬 133 座,敢造 5.2×1.6 米范围内发现人骨 14 具,南宁长塘 5×5 米发掘范围内发现人骨 15 具。豹子头遗址还发现有制陶的场所。说明这些遗址都是

---

[1] 中国社会科学院考古研究所广西工作队等:《广西邕宁顶蛳山遗址的发掘》,《考古》1998 年 11 期。
[2] 中国社会科学院考古研究所广西工作队等:《广西南宁市豹子头贝丘遗址的发掘》,《考古》2003 年 10 期。
[3] 广西壮族自治区文物考古训练班:《广西南宁地区新石器时代贝丘遗址》,《考古》1975 年 5 期。
[4] 广西壮族自治区文物考古训练班:《广西南宁地区新石器时代贝丘遗址》,《考古》1975 年 5 期。
[5] 广西壮族自治区文物工作队等:《广西横县秋江贝丘遗址的发掘》,广西壮族自治区文物工作队编《广西考古文集》第二辑 144 - 187 页,科学出版社,2006 年。
[6] 广西壮族自治区文物工作队:《广西横县江口新石器时代遗址的发掘》,《考古》2000 年 1 期。
[7] 广西壮族自治区文物工作队等:《象州南沙湾贝丘遗址 1999—2000 年度发掘简报》,广西壮族自治区文物工作队编《广西考古文集》176 - 191 页,文物出版社,2004 年。
[8] 广东省文物考古研究所、封开县博物馆:《广东封开簕竹口遗址发掘简报》,《文物》1998 年 7 期。

长期居住的定居聚落遗存。几处遗址墓葬的人体葬式都是蜷曲特甚的屈肢葬和蹲踞葬，还有肢解葬，几乎没有随葬品。人工制品包括石器、骨器、蚌器和陶器。其中石器种类简单，大多为磨制的斧和锛，也有少量的砺石（有的有凹槽）和穿孔砾石。骨器有锛、铲、镞、锥、针、矛、钩等。蚌器最多见的是所谓"鱼头形"穿孔刀，还有少量铲和网坠。陶器为夹粗石英或砂的灰褐陶，器表饰浅篮纹和绳纹，器类只有微敛口、直口或敞口的直腹、鼓腹罐形器。顶蛳山和豹子头都可以将这类遗存分为两期，其中早期陶器多夹碎石英，晚期多夹砂或蚌末，早期多篮纹，晚期多绳纹。这些遗址中都发现有大量的水生和陆生动物骨骼，其中顶蛳山有鹿和野猪等食草动物、杂食动物以及啮齿类、食肉类和鸟类动物，水生动物主要是大量的螺蚌，可以鉴定出六个种，以及鱼类和龟鳖。顶蛳山一至三期植硅石研究鉴定出禾本科、棕榈科、葫芦科和西红柿枝科等多种植物遗存，其中应当包括可食性植物，但没有发现稻属植硅石，说明当时还没有稻作农业[1]。

西津和秋江遗址一期与顶蛳山文化有很相近的内容，西津发掘144平方米，发现100多具人骨，大多为蹲踞葬；秋江发掘110平方米，发现55处墓葬，人骨多散乱，也有屈肢葬、蹲踞葬和肢解葬。秋江遗址发掘出土的动物遗存也与顶蛳山类似。人工制品中，多数的斧、锛、砺石等，以及鱼头形蚌刀都与顶蛳山文化一样。但西津和秋江都发现的有肩石斧、长条形石斧、石凿、石矛和鳖甲刀却不见于顶蛳山文化。秋江遗址还发现很多石英石片刮削器。与顶蛳山文化相比，秋江一期的陶器夹蚌陶数量稍多，且有部分泥质陶，均饰绳纹，不见夹粗石英和饰浅篮纹者。秋江陶器器形除多与顶蛳山文化类似者外，还有卷沿和口内侧折弯的罐形器不见于顶蛳山文化。

江口遗址、南沙湾一期和籍竹口遗址与前两种贝丘遗存均有所不同，这三处都很少有骨器，基本没有蚌器。石器种类简单，多为斧、锛和砺石等。其中江口遗址所见陶器比较接近秋江，除夹砂陶外还有部分泥质陶，均饰绳纹，器类有直口罐以及卷沿和口内侧折弯的罐形器，还有直口有领的罐。南沙湾都是夹砂和夹蚌末的陶器，大多饰绳纹，还有极少的编织纹，器形多为卷沿和折沿口比较小的罐或釜。

---

[1]赵志军等：《广西邕宁县顶蛳山遗址出土植硅石的分析与研究》，《考古》2005年11期。

箳竹口陶器更像南沙湾,均夹粗砂和蚌末,多饰绳纹,器类多为卷沿、折沿和高领的鼓腹罐或釜。而在周围其他地区,卷沿、折沿和高领的罐或釜的形态是比较晚出的。说明这一组的年代应当要晚。

箳竹口实际上并不是贝丘遗址,而是一个石器的加工场所,出土大量的石料、毛坯、石片和石器的残次品。类似的石器制作场近年还发现有广西百色革新桥[1]、都安北大岭一期[2],以及广东英德史老墩等[3],也都是和贝丘同时但类型不同的遗存。

上述三种遗存的差别是明显的,除地域分布的不同之外,已经发表的^{14}C 年代说明它们的年代也不相同。其中顶蛳山二期有一个螺壳样本 ZK-2955,年代数据为距今 10365±113 年,豹子头 6 个螺壳标本年代最早的是 ZK-0842,为距今 10735±200 年,最晚的 ZK0840 为距今 9625±120 年,数据相对集中,说明这两个地点年代基本接近,与遗物所见的情况是吻合的。顶蛳山文化还有一个江西岸遗址发表了 3 个螺壳样本的年代数据,分别为距今 9385±140(ZK-0848)、8950±130(ZK-0850)、9245±140(ZK0851)年,3 个资料相当接近,年代较前两个地点晚,可能江西岸遗存在顶蛳山文化中年代比较晚一些。秋江遗址一期测定了 7 个螺壳样本,其中一个偏早,为距今 10820±150 年,其余 6 个数据接近,在距今 9350±160 和 8050±185 年之间,还有一个人骨数据为距今 8060±185 年,说明秋江的年代可能比较接近江西岸。南沙湾一期有 4 个年代资料,其中 3 个动物骨骼样本的年代分别为距今 5390±260、6070±130、6580±150 年,一个螺壳标本年代为距今 8740±120 年,动物骨骼的年代相对集中,应当比较接近实际。需要说明的是,顶蛳山、豹子头和江西岸的年代是由中国社会科学院考古研究所测定的,秋江和南沙湾的资料是由地质矿产部岩溶地质研究所测定的,它们各自都应当有可比性[4]。因此,尽管螺壳的年代数据有很大的不确定性,但上述年

---

[1] 广西壮族自治区文物工作队:《广西百色市革新桥新石器时代遗址》,《考古》2003 年 12 期。
[2] 林强等:《广西北大岭遗址考古发掘取得重要成果》,《中国文物报》2005 年 12 月 2 日第一版。
[3] 《英德沙口史老墩遗址》,英德市博物馆等编《英德史前考古报告》123-230 页,广东人民出版社,1999 年。
[4] 上述碳十四年代均未校正,部分校正数据可参见中国社会科学院考古研究所等:《桂林甑皮岩》500-503 页,文物出版社,2003 年。

代的相对早晚还是可以相信的,这也同遗物的比较所得到的结论是一致的。说明广西地区的贝丘遗存最早出现在10000—9000年间,最晚的年代大致在6000—5500年间,有从桂南南宁地区向周围扩散的趋势。

紧邻广西的越南北部地区最早出现的新石器时代遗存是最先发现于清化(Thank Hoa)省的贝丘遗址,称为多笔(Da But)文化[1]。目前已经发现遗址7处,其中有5处位于Ma河(Ma River)三角洲。在永禄县多笔遗址发现过12座蹲踞葬。多笔文化的陶器多篮纹、夹粗砂,有直口或微敞口的直腹、鼓腹罐形器,与顶蛳山文化陶器基本一样。石器包括磨制的斧、锛、穿孔砾石,砺石"有的有凹槽"(或称研钵);以及网坠等。多笔遗址最早的一个^{14}C数据为距今6547±60年,但那些直领篮纹的陶器很像顶蛳山二、三期的同类器,因此多笔文化出现的年代或许还要早一些,而接近卷沿的陶釜又很像南沙湾陶器,故而多笔文化延续的年代也可能比较长。而无论从区域分布还是从文化的联系上看,多笔文化的内容与顶蛳山文化系统应为一脉殆无疑问。

三、沅水中游和峡江地区的采集渔猎文化

在华南、西南和长江中游之间的沅水中游和长江的峡江地区也分布有大量的高度依赖水生动物性食物的采集渔猎文化遗址,其中沅水中游地区发现的都是贝丘遗址,分布于沅水及其支流的沿岸,已经被命名为高庙文化。高庙文化经过发掘的遗址有湖南黔阳高庙[2]、辰溪松溪口[3]、征溪口[4]和吉首河溪教场遗址[5],

---

[1] 阮文好:《越南的多笔文化》,中国社会科学院考古研究所编《华南及东南亚地区史前考古》341-346页,文物出版社,2006年。

[2] 湖南省文物考古研究所:《湖南黔阳高庙遗址发掘简报》,《文物》2000年4期;贺刚:《湖南洪江高庙遗址发掘获重大发现》,《中国文物报》2006年1月6日第一版。

[3] 湖南省文物考古研究所:《湖南辰溪县松溪口贝丘遗址发掘简报》,《文物》2001年6期。

[4] 湖南省文物考古研究所:《湖南辰溪县松溪口贝丘遗址发掘简报》,《文物》2001年6期。

[5] 湘西自治州文物管理处等:《吉首市河溪教场遗址发掘简报》,湖南省文物考古研究所等编《湖南考古2002》(上)52-71页,岳麓书社,2003年。

其他地点还有辰溪溪口、台坎大地、溆浦小江口、田湾等[1]。这几个遗址堆积很厚,都有不同时期的文化遗存,但文化面貌一脉相承。依照发掘者的分期,高庙文化大致划分为高庙下层、松溪口上层和高庙上层三个发展阶段[2],本文分别称为高庙文化的早期、中期和晚期,分别大致相当于洞庭湖地区的皂市下层文化、汤家岗文化和大溪文化。前三个遗址都有^{14}C年代测定并发表了7个数据,最早一个高庙BK92038为距今6790±90年,最晚一个辰溪口BK94114为距今5225±150年,校正后分别为距今7410±115年和5855±165年,再加上与洞庭湖地区文化遗存的交叉断代,高庙文化的年代还是能够比较确定的,大致在距今7500—5500年之间。

高庙遗址发掘面积比较大,下层偏晚发现有一处发掘者称为祭祀场所的遗迹,由柱洞和一批祭祀坑组成,坑内出经火烧过的牛、羊、鹿、龟、鱼和大量螺壳,附近有一座面积约40平方米的3室房屋。在遗址中部还发现有上层和下层各个时期的房屋20余座,都是两或三开间的地面式房屋,面积18—40平方米。发掘墓葬30余座,其中下层和上层偏早的墓葬都是蜷曲特甚的侧身屈肢葬,基本没有随葬品。上层偏晚开始有仰身直肢葬并有玉器和陶器等随葬品,是洞庭湖地区大溪文化影响的结果。

高庙文化的石器中有很多打制的砾石石器,主要的类型是在砾石石片远端修出刃部的砍砸器和砾石石片周缘打击的盘状器。磨制石器主要是有斧、锛、凿三种,另外还有数量不多的磨盘、磨棒和网坠。晚期出现有肩的斧和锛以及钺。骨角器有锥、针、刀、匕和穿孔蚌刀等,数量不是很多。高庙陶器早期和晚期既有承袭也有一些变化。早期陶器主要是夹砂陶,晚期出现夹蚌陶和泥质陶,陶色多为红褐和灰褐,早期特别以一种夹细小石英的黄白陶为特色,晚期基本不见而出现泥质红陶。早期陶器纹饰有绳纹、戳印篦点纹,器类有釜、罐、盘、钵、碗等,在盘的通体和釜、罐、钵的颈部通常饰有繁缛的戳印纹,图案包括兽面、凤鸟、波浪、梯形、带状、圆

---

[1] 吴顺东:《湖南辰溪大洑潭电站淹没区考古取得重要收获》,《中国文物报》2006年9月1日第二版。
[2] 发掘者只将高庙遗址下层称为高庙文化,本文则将沅水中游所有贝丘遗存统称为高庙文化。

圈等,图案内填篦点。晚期绳纹已经很少,多见拍印的橘皮纹,泥质陶有的为红衣黑彩,仍然有戳印纹但不填篦点,出现刻划纹。器类很多,有釜、罐、钵、盘、豆、鼎、碗和支脚等。

高庙文化的遗址都是淡水螺、蚌类贝丘,也有鱼、龟鳖等其他水生动物,大量的陆生动物则包括鹿、猪、麂、熊、象、犀和貘等,部分猪可以鉴定为家畜。高庙遗址下层和上层部分土样标本均未发现稻属植硅石[1],但征溪口遗址一件陶支脚和一件陶罐的陶胎内发现有稻壳,只是尚未判明这两件陶器的来源。

重庆至湖北西部的峡江地区沿长江及其支流的两岸分布有大量年代与高庙文化同时期的新石器时代遗址,其中年代最早的是主要分布在三峡地区的城背溪文化,随后在三峡地区出现的是大溪文化,在重庆地区峡江地区相对应的则为玉溪下层文化和哨棚嘴一期文化。

城背溪文化年代大致相当于高庙文化的早期到中期,主要分布在峡区外长江东出三峡的出口地区,经过发掘的遗址重要的有宜都城背溪、金子山、栗树窝、花庙堤、孙家河、枝江枝城北、青龙山[2]等。这些遗址包含了城背溪文化各个时期的内容,序列比较完整。在三峡内也有遗址发现,发掘过的有秭归朝天嘴[3]、柳林溪[4]和宜昌窝棚墩[5]等,数量不是很多,而且这几处遗址都是城背溪文化中年代最晚的,其中朝天嘴和窝棚墩年代稍早,柳林溪年代最晚,相当于高庙文化中期也就是汤家岗文化时期。城背溪文化的石器多为磨制的斧和锛及少量的凿,也有砾石石片打制的有柄的铲和砍砸器。骨器数量不多,有锥、针、铲以及少量的穿孔蚌刀。陶器在峡区以东有类似洞庭湖区的夹炭陶,峡区内则多为夹砂夹蚌陶,多饰绳纹,也有刻划、戳印纹和少量黑彩彩陶。峡区内的器物主要为折沿釜、罐、支脚、钵、碗、壶等。近年在重庆地区在丰都玉溪遗址下层发现有类似城

---

[1] 据贺刚在"中国社会科学院考古学论坛——2005年中国考古新发现"的发言,2006年1月10日。
[2] 湖北省文物考古研究所:《宜都城背溪》,文物出版社,2001年。
[3] 国家文物局三峡考古队:《朝天嘴与中堡岛》,文物出版社,2001年。
[4] 湖北省文物考古研究所:《1982年秭归县柳林溪发掘的新石器时代早期文化遗存》,《江汉考古》1994年1期;国务院三峡工程建设委员会办公室等:《秭归柳林溪》,科学出版社,2003年。
[5] 湖北省文物考古研究所:《宜昌窝棚墩遗址的调查与发掘》,《江汉考古》1994年1期。

背溪文化的遗存[1],石器也以磨制的斧为主,还有打制的铲和砍砸器,陶器多为夹砂绳纹陶,器类以折沿釜为主,还有罐、钵、碗等,不见三峡地区支脚。

峡江地区大溪文化时期的遗址数量众多,经过发掘的遗址也很多,其中三峡地区主要有宜昌中堡岛[2]、清水滩[3]、杨家湾[4]、三斗坪[5]、伍相庙[6]、秭归朝天嘴[7]、龚家大沟[8]、巫山欧家老屋[9]、大溪[10]、白狮湾[11]和巴东官渡口[12]等,清江流域有长阳西坪寺和桅杆坪等[13]。大溪文化发现有很多的墓葬和墓地,在三斗坪、中堡岛和大溪发现有蜷曲的屈肢葬、蹲葬,晚期则有比较多的仰身直肢葬和随葬品。大溪文化的石器与城背溪文化差不多,也是磨制的斧和锛最多见,还有打制的有柄铲和砍砸器,另有比较多的凿,晚期还有钺,清江流域则还多见打制的盘状器。三峡地区石器工业非常发达,每一处遗址都有大量的石器残次品、半成品石片和制作石器的石锤、石砧和砺石。骨器比较多,有锥、针、刀、矛等。早期的陶器多为夹砂和夹蚌的细绳纹陶,到晚期泥质陶逐渐增多,有少量彩陶。器类有

---

[1] 邹后曦等:《重庆峡江地区的新石器文化》,重庆市文物局等编《重庆·2001三峡文物保护学术研讨会论文集》17-40页,科学出版社,2003年。

[2] 湖北宜昌地区博物馆等:《宜昌中堡岛新石器时代遗址》,《考古学报》1987年1期;国家文物局三峡考古队:《湖北宜昌中堡岛遗址发掘简报》,《文物》1989年2期;国家文物局三峡考古队:《朝天嘴与中堡岛》,文物出版社,2001年。

[3] 湖北宜昌地区博物馆等:《宜昌县清水滩新石器时代遗址的发掘》,《考古与文物》1983年2期。

[4] 宜昌地区博物馆:《宜昌杨家湾新石器时代遗址》,《江汉考古》1984年4期;林邦存:《宜昌杨家湾遗址的重要考古发现和研究成果》,《中国文物报》1994年10月23日第三版。

[5] 湖北省文物考古研究所:《1985—1986三峡坝区三斗坪遗址发掘简报》,《江汉考古》1999年2期。

[6] 湖北省博物馆江陵考古工作站:《宜昌伍相庙新石器时代遗址发掘》,《江汉考古》1988年1期。

[7] 国家文物局三峡考古队:《朝天嘴与中堡岛》,文物出版社,2001年。

[8] 湖北省博物馆:《秭归龚家大沟遗址的调查与试掘》,《江汉考古》1984年1期。

[9] 吴耀利:《巫山县欧家老屋新石器时代遗址》,《中国考古学年鉴(1995)》214-215页,文物出版社,1997年。

[10] 四川长江流域文物保护委员会文物考古队:《四川巫山大溪新石器时代遗址发掘纪略》,《文物》1961年11期;四川省博物馆:《巫山大溪遗址第三次发掘》,《考古学报》1981年4期。

[11] 湖北省文物考古研究所:《长江三峡工程坝区白狮湾遗址发掘简报》,《江汉考古》1999年1期。

[12] 王然:《巴东官渡口新石器时代、商周及汉代遗址》,《中国考古学年鉴(1995)》182页,文物出版社,1997年。

[13] 长江流域规划办公室考古队:《1976年清江下游沿岸考古调查简报》,《江汉考古》1985年4期;湖北省清江隔河岩考古队、湖北省文物考古研究所:《清江考古》,文物出版社,2003年。

釜、支脚、罐、钵、盘、杯、鼎等。重庆地区的哨棚嘴一期文化以深腹绳纹罐为特色，也有釜、钵等。

峡江地区上述时期虽然没有贝丘遗址，但几乎每个遗址都发现有大量成层堆积的鱼骨，可见当时也是高度依赖水生动物的取食经济形态。峡江地区这个时期的遗址大都位于一些宽谷地带[1]，而宽谷地区正是长江半洄游性鱼类的产卵场，在这里产卵的如青、草、鲢、鳙、鳡等所谓四大家鱼的鱼骨是遗址中常见的鱼类。一些陆生动物如鹿、野猪等的骨骼也很常见。同高庙文化的情况十分类似的是，峡江地区在城背溪文化晚期的柳林溪遗址发现过很少的家猪骨骼，大溪文化时期也发现有饲养的家猪，但在肉食动物的比例中仅占15%左右[2]。在柳林溪遗址发现过有掺稻谷壳的陶器，但来源同样也不清楚，遗址中也没有发现其他的水稻遗存。由于峡江地区地势狭窄，几乎没有可耕地，没有发展稻作农业的条件，因此，峡江地区城背溪和大溪文化时期应当是以渔猎采集为主的取食经济形态。但高庙文化和峡江地区城背溪—大溪文化都有发达的制陶和石器工业，产品也都出现在了邻近的地区特别是两湖地区的西部，因此它们都应该与同时期的农业文化有广泛的经济交流[3]。

四、东南沿海的沙丘和早期贝丘遗址

东南地区早期的新石器时代渔猎采集经济文化都出现在沿海地区，比较集中地出现在广东、福建沿海以及沿海岛屿上，遗址的类型是沙丘和贝丘遗址。其中目前所知年代最早的类型是广东环珠江口、香港、澳门沙丘遗址上的咸头岭文化或称大湾文化，贝丘遗址出现稍晚，包括广西和广东东南部的防城、潮安贝丘遗存，福建沿海及沿海岛屿的壳丘头—富国墩文化和台湾的大坌坑文化，海南岛也有沙丘和贝丘

---

[1] 马继贤：《关于长江三峡地区古文化遗址分布的几个特点》，《江汉考古》1988年4期。
[2] 袁靖：《论中国新石器时代居民获取肉食资源的方式》，《考古学报》1999年1期。
[3] 张弛：《大溪、北阴阳营和薛家岗的石器、玉器工业》，北京大学考古系编《考古学研究》（四），科学出版社，2000年。

遗址。如果再往西延伸，越南北部沿海地区实际上也有大致同时期的贝丘遗存。

环珠江口的咸头岭文化就地理位置来看主要是利用海洋水生资源的一支古代文化群体，目前已调查或发掘的遗址据统计有20多处[1]，其中沿海岛屿上有11处，珠江三角洲海湾有8处，都是沙丘遗址，还有位于珠江河流台地的贝丘遗址3处。经过发掘的主要遗址有深圳咸头岭[2]、大黄沙[3]、大梅沙[4]，珠海草堂湾[5]、后沙湾[6]，香港大湾[7]、深湾[8]、高要蚬壳洲[9]等。这些遗存内容复杂，最为细致的划分有邓聪先生区分的咸头岭、大黄沙、后沙湾、蚬壳洲、深湾等有区别的五组[10]遗存，卜工先生划分的五个年代组和甲、乙两个文化系统[11]，以及西谷大先生划分的五期[12]和两种类型的集团。大致都认为大黄沙5、6层和咸头岭相对比较早，而大黄沙2层一类遗存比较晚，蚬壳洲和东莞万福庵贝丘遗址的年代更要晚一些。咸头岭文化的石器主要有斧、有肩锛、拍和砺石等，骨器不多见。陶器主要为夹砂陶釜和器座，常饰以贝划纹，早期有浅浮雕式的篦印纹白陶盘，刻划纹饰比较多见而彩陶较少，晚期则多见彩陶圈足盘和罐。其他器类还有盆、钵、豆、盖等。

---

[1] 邓聪：《华南土著文化圈之考古学重建举要》，香港中文大学中国考古艺术研究中心等编《东南考古研究》第二辑83-89页，厦门大学出版社，1999年。
[2] 深圳市博物馆等：《深圳市大鹏咸头岭沙丘遗址发掘简报》，《文物》1990年11期。
[3] 深圳市博物馆等：《广东深圳市大黄沙沙丘遗址发掘简报》，《文物》1990年11期。
[4] 深圳市博物馆：《广东深圳大梅沙遗址发掘简报》，《文物》1993年11期。
[5] 《三灶岛草堂湾遗址发掘》，珠海市博物馆等编《珠海考古发现与研究》22-33页，广东人民出版社，1991年。
[6] 《淇澳岛后沙湾遗址发掘》，珠海市博物馆等编《珠海考古发现与研究》3-21页，广东人民出版社，1991年。
[7] 区家发等：《香港南丫岛大湾遗址发掘简报》，《南中国及邻近地区古文化研究》237-240页，香港中文大学出版社，1994年。
[8] 香港考古学会：《南丫岛深湾考古遗址调查报告》，《香港考古学会专刊》3，1-293页，1978年。
[9] 广东省博物馆：《广东高要县蚬壳洲发现新石器时代贝丘遗址》，《考古》1990年6期。
[10] 邓聪等：《大湾文化试论》，《南中国及邻近地区古文化研究》395-450页，香港中文大学出版社，1994年。
[11] 卜工：《环珠江口新石器时代晚期考古学遗存的编年与谱系》，《文物》1999年11期。
[12] 西谷大：《中国東南沿海部の新石器時代》，《国立歴史民俗博物館研究報告》第70集1-56页，1997年。

最近咸头岭遗址的两次发掘发现了更为明确的地层关系[1],可以将咸头岭遗存划分为四段,其中最早一个阶段的遗存在环珠江口地区还不多见,^{14}C 测年为距今 7000 年。此外大黄沙有一个炭化粮食标本 ZK2513 的 ^{14}C 年代为距今 5130±100 年(校正为距今 6255±260 年),蚬壳洲标本 KWG-871 年代为距今 5130±100 年,所以估计大湾文化的年代在距今 7000—5500 年之间。其中,咸头岭文化早期的年代大致与高庙文化中期或汤家岗文化相当,晚期大约与高庙文化晚期或大溪文化早中期相当,文化内容也颇多相似之处,但细节又不完全相同,不过两地区之间的年代序列是吻合的。环珠江口地区最早出现稻作的证据目前只见于香港西贡沙下遗址和高明古椰,年代不到距今 5000 年[2],即在咸头岭文化结束之后。

广西防城、钦州和广东潮安发现过十几处早期的贝丘遗址,其中防城亚菩山、马兰咀山、杯校山[3]和潮安陈桥村、石尾山[4]等几处文化面貌十分接近,遗址都是背山面海邻近小河流的贝丘,贝类主要是牡蛎(Qstrea, sp.),也有文蛤(cytherea, sp.)、魁蛤(Aroa, sp.)、田螺(Viuiparus sp.)和乌蛳(Semiewecospira),其他水生动物还有鱼和龟等。遗址中发现的脊椎动物也比较多,有鹿、猪、牛、象、兔、鸟等。文化遗物中,石器以一种打制的尖状器——蚝蛎啄最有特色,数量很多,还有打制的砍砸器和手斧状器以及网坠,磨制石器则有长方形和有肩石斧、锛,长条形凿以及磨盘、杵、砺石等。骨器在陈桥村特别多,有锥、镞、针、簪、刀、斧、网坠和蚌铲等。陶器多为夹砂夹蚌绳纹釜,有的有红衣或赭红彩以及划纹。出蚝蛎啄的这类贝丘遗存在福建沿海也有发现,其中马祖炽坪陇下部堆积有海贝标本的 ^{14}C 年代发表,其中 GX-31215 为距今 5560±70 年,NTU-3650 为距今 5330±60 年[5],校正后的年代估计在大湾文化的偏晚阶段。另外,沙下遗址最早的遗存中也出有大量的蚝

---

[1] 深圳市文物考古鉴定所:《深圳咸头岭遗址发现距今 7000 年前新石器时代遗存》,《中国文物报》2006 年 12 月 6 日第二版。
[2] 康乐及文化事物署古物古迹办事处编制:《香港的远古文化——西贡沙下考古发现》57-64 页,2005 年 10 月。
[3] 广东省博物馆:《广东东兴新石器时代贝丘遗址》,《考古》1961 年 12 期。
[4] 广东省文物管理委员会:《广东潮安的贝丘遗址》,《考古》1961 年 11 期。
[5] 陈仲玉等:《马祖炽坪陇遗址研究计划发掘报告》,连江县马祖民俗文物馆。

蛎啄或尖状器，但年代也许稍晚。

福建东部沿海及沿海岛屿的壳丘头—富国墩文化是当地新石器时代的开始，其中已经发掘过的贝丘包括平潭岛壳丘头[1]，金门岛富国墩[2]、金龟山[3]和马祖岛炽坪陇下部堆积[4]。壳丘头的器物组合主要是陶器、石器、骨器和贝器。陶片为手制，火候低，质地粗糙松散，器壁厚而不均。器形多为釜、罐，装饰以压印和刻划为主，有贝齿纹、指甲纹和箆点纹等。石器以小型梯形锛为主，还有少量的穿孔石斧、穿孔石刀和石杵、臼等[5]。金门岛金湖镇的富国墩[6]贝冢遗址在1968年发掘出土陶片、凹石(1件)及兽骨片等。陶色有黑色和红色，有带纹或素面，带有黑胎、烧制火候低等特点。有纹陶片的纹样以贝印纹和指甲纹为主，以蚌类的壳缘刻纹印于陶上，呈波纹、点线纹、直线纹等，其他有横线、斜线和横列短直线的刻印纹，其后1999年的发掘没有出土石器，但鉴定出三十多个种属的贝类，以及鱼骨、鹿和猪骨及鸟骨等。至于金龟山[7]贝丘的中层和下层以素面陶、指甲印纹陶及蚌壳压印纹陶为主，但上层则为细绳纹陶，石器的数量很少。

壳丘头贝丘的年代，目前已经发表了12个[8]，所发表的校正年代有：ZK-2337为公元前3640—前3240年，ZK-2336为公元前3650—前3100年，ZK-2338

---

[1] 福建省博物馆：《福建平潭壳丘头遗址发掘简报》，《考古》1991年7期。
[2] 林朝棨：《金门富国墩贝塚遗址》，《台湾大学考古人类学刊》1973年33/34卷36-38页，台湾大学人类学系；黄士强：《金门考古调查》，尹建中主编《中国民间传统技艺访查报告》22-27页，教育部社会教育司委托，台湾大学人类学研究计划报告，1982年；陈维钧：《金门岛史前遗址调查研究》(一)，金门公园管理处，1999年。
[3] 陈仲玉：《福建省金门岛考古遗址调查》，金门公园管理处委托"中研院"历史语言研究所，1997年；陈仲玉：《福建金门金龟山与浦边史前遗址》，香港中文大学中国考古艺术研究中心等编《东南考古研究》第二辑，厦门大学出版社，1999年；陈维钧：《金门县金龟山遗址考古发掘报告》，金门县文化局委托"中研院"历史语言研究所，2004年。
[4] 陈仲玉等：《马祖炽坪陇遗址研究计划发掘报告》，连江县马祖民俗文物馆。
[5] 福建省博物馆：《福建平潭壳丘头遗址发掘简报》，《考古》1991年7期。
[6] 林朝棨：《金门富国墩贝塚遗址》，《台湾大学考古人类学刊》1973年33/34卷，台湾大学人类学系。
[7] 陈仲玉、董伦道：《金门地区考古遗址初步调查(一)期末报告》，台湾地区行政事务管理机构营建署，1995年；陈仲玉：《金门岛考古遗址调查研究》，金门公园管理处委托"中研院"历史语言研究所，1997年。
[8] 林恭务：《福建沿海新石器时代文化综述》，陈仲玉、潘建国主编《中国东南沿海岛屿考古学研讨会》75-90页，连江县政府文化局，2005年。

为公元前 3650—前 3050 年，NTU‐1711 为公元前 4310—前 4040 年，BA 04300 为公元前 4500—前 4350 年，BA 04301 为公元前 3650—前 3510 年，BA 04302 为公元前 3780—前 3640 年，BA 04303 为公元前 3790—前 3650 年，BA 04304 为公元前 3670—前 3510 年，BA 04305 为公元前 3630—前 3360 年，BA 04306 为公元前 3670—前 3510 年，BA 04307 为距今 3640—前 3490 年。其中除了 BA 04300、04301、04302、04303、04306 为木炭之外，其他都是贝壳标本。如果排除 BA 04300 有古老炭偏老的可能，壳丘头遗存的年代大致集中在距今 5600—5000 年间，相当于咸头岭大湾文化偏晚阶段或更晚。富国墩测得的年代已经发表了 7 个，分别是：NTU‐63 为距今 5458±327 年，NTU‐64 为距今 5799±348 年，NTU‐65 为距今 6305±378 年[1]，Beta‐130030 为距今 6210±40 年，Beta‐130031 为距今 6280±40 年，Beta‐130032 为距今 6250±40 年[2]，NTU‐3655 为距今 5670±40 年[3]，全部来自贝壳标本，校正后的年代大约在距今 6700—5800 年之间，年代可能和大湾文化相当。金龟山测得的年代则已有 7 件公布，分别是：GX‐20426 为距今 5475±70 年，GX‐20427 为距今 5940±70 年[4]，GX‐23272 为距今 6680±100 年[5]，Beta‐196581 为距今 6730±40 年，Beta‐195206 为距今 7080±40 年，Beta‐198055 为距今 7320±40 年，Beta‐195207 为距今 7910±40 年[6]。其中除了 Beta‐195207 是木炭标本有偏老的可能性外，其余都是来自贝壳标本的年代，校正过的年代大约距今 7700—5800 年之间，由于所伴随的陶片数量相当少且无其他器物并存，因此目前还难以判断它的文化属性。

大坌坑文化代表华南地区新石器文化向台湾的第一波扩张，目前在台湾和澎

---

[1] 林朝棨：《金门富国墩贝塚遗址》，《台湾大学考古人类学刊》1973 年 33/34 卷，台湾大学人类学系。
[2] 陈维钧：《金门岛史前遗址调查研究》(一)，金门公园管理处，1999 年。
[3] 陈仲玉、刘益昌、蓝敏菁：《台闽地区考古遗址：连江县、金门县》，台湾地区行政事务管理机构委托"中研院"历史语言研究所之研究报告，2001 年。
[4] 陈仲玉：《福建省金门岛考古遗址调查》，金门公园管理处委托"中研院"历史语言研究所，1997 年。
[5] 陈仲玉：《福建金门金龟山与浦边史前遗址》，香港中文大学中国考古艺术研究中心等编《东南考古研究》第二辑，厦门大学出版社，1999 年。
[6] 陈维钧：《金门县金龟山遗址考古发掘报告》，金门县文化局委托"中研院"历史语言研究所，2004 年。

湖已发现的遗址有30多处，经过发掘的主要有大坌坑、凤鼻头遗址下层[1]、南关里、南关里东[2]、澎湖的菓叶[3]等。这类大坌坑文化的遗址主要位于沿海沙丘或近海河口，有的则形成贝丘，例如台南的八甲村和澎湖马公岛的菓叶。大坌坑文化的器物组合包括陶器、石器、骨器、贝器等。陶器以圆腹圜底罐为主要器型，陶罐的口缘外侧常有突脊，陶罐表面常有绳纹、划纹或贝印纹，而其中罐身多施绳纹，或施贝印纹，口部或肩部则可见划纹。有的陶器器表有红衣，偶而也可见到彩陶。石器的种类比较少，主要是斧、锛、拍及网坠，其中包括有肩斧及有段锛。张光直先生从石器的组合推论大坌坑文化的主要生业方式是以狩猎、捕鱼和采集为主，可能有园艺式的根茎作物；而且由于没有石刀出现，大坌坑文化应该尚无密集农业[4]。不过，愈到晚期的大坌坑遗址所发现器物种类及数量也愈多，文化内容更复杂，或许由于生业方式已经有了转变。例如最近发现稻米、小米的南关里、南关里东应属于大坌坑文化的晚期阶段，该遗址出土了石刀、石镞，大量的贝蚌刀、贝环、贝珠等，年代在距今4800年以后，比福建最早出现稻作农业的昙石山文化早期的年代还要晚一些。

目前大坌坑文化的年代已经发表了10多个，主要介于距今6000—4600年之间，由于年代的延续长达1500年之久，因此再做分期是有必要的，刘益昌先生即曾提出三分期的看法，将大坌坑文化分为早期、中期和晚期三个阶段[5]。其中测出年代较早的台南八甲村贝丘，有一个数据发表，为距今5480±55年，校正后的年代

---

[1] Chang, K.C., 1969. *Fengpitou, Tapenkeng and the Prehistory of Taiwan*. Yale University Publication in Anthropology no. 73. New Haven：Yale University Press.

[2] 臧振华、李匡悌、朱正宜等：《台南科学工业园区道爷遗址未划入保存区部分抢救考古计划期末报告》，南部科学工业园区管理局委托"中研院"历史语言研究所，2004年。

[3] Tsang C-H, 1992. *Archaeology of Peng-Hu Islands*. Institute of History and Philology, Academia Sinica, Taipei. Special Publications. No.95, Plate 45.

[4] Chang, K.C., 1969. *Fengpitou, Tapenkeng and the Prehistory of Taiwan*. Yale University Publication in Anthropology no. 73. New Haven：Yale University Press.

[5] 刘益昌、郭素秋：《金门富国墩遗存在亚洲大陆东南沿海的地位及其意义》，陈仲玉、潘建国主编《中国东南沿海岛屿考古学研讨会》135－195页，连江县政府文化局，2005年。

大约是距今 6407—6193 年[1]，说明大坌坑文化早期与咸头岭文化中晚期大约同时。从大坌坑文化出土的器物组合及特征作为文化比较，最近也有研究者陆续提出大坌坑文化可能与咸头岭文化或珠江三角洲史前文化有所关联[2]，两地的共同特征包括绳纹陶、贝纹陶、彩陶、划纹陶、石拍以及有肩锛等。从另一个角度来看，也有研究者比较大坌坑文化及壳丘头遗址下层和浙江河姆渡文化的关系，并指出前述两者都可以见到河姆渡文化的要素，而且台湾和福建所见的河姆渡要素并不相同，可能分别受到了来自河姆渡文化的部分影响[3]。因此，壳丘头—富国墩文化和大坌坑文化似乎同时和咸头岭文化及河姆渡文化有文化上的关联性。

越南北部也发现有这个时期的贝丘遗址，它们的主要特征是海洋经济资源取向，所发现的墓葬葬式都是蜷曲的屈肢葬和蹲踞葬。在越北 Nghe An 省及 Ha Tinh 省的海岸平原有所谓的 Quynh Van 文化，目前这类遗址已经发现了 21 处，主要集中在 Quynh Luu 海湾，这些遗址的典型堆积中含有大量的水生海贝、海蟹、海龟和陆生动物骨骼。陶器器壁厚，含粗掺合料，有的在器底有突起的圆锥体。石器组合主要是打制石器、杵状器等，还有相当少的磨制石斧。在越南北海岸的 HaiPhong 省有所谓的 Cai Beo 文化，这类文化的分布除了 Cai Beo 遗址位于 Cat Bat 岛外，另外在 Ha Long 湾以及 Bai Tu Long 也有类似的发现。石器组合包括石锛、斧、凿等，稍晚（第二层）才出现有肩石斧。陶器的烧成火候低，有直口或微敞口的圜底或平底罐形器，早期陶器的器表多饰篮纹，其后出现绳纹、刻划纹和点状纹等。Quynh

---

[1] 黄士强：《台南县归仁乡八甲村遗址调查》，《台湾大学考古人类学刊》1974 年 35/36 卷 62 - 68 页。Chang, Kwang-chih., 1986. *The Archaeology of Ancient China*. 4th edition. New Haven: Yale University Press. Spriggs, Matthew. 2003. Chronology of the Neolithic transition in Island Southeast Asia and the Western Pacific. *Review of Archaeology* 24/2, pp. 57 - 80.

[2] 陈有贝：《广东南、北地区的史前文化差异——兼论台湾史前史的相关问题》，《台湾大学考古人类学刊》2001 年 57 卷；Tsang C-H., 2005. Some Recent Archaeological Discoveries in Taiwan and Northern Luzon and Their Implications for Austronesian Expansion. 2005 年 Lapita 圆桌会议论文（2005.6.5—6.）."中研院"人文科学研究中心考古学研究专题中心，"中研院"；刘益昌、郭素秋：《金门富国墩遗存在亚洲大陆东南沿海的地位及其意义》，陈仲玉、潘建国主编《中国东南沿海岛屿考古学研讨会》135 - 195 页，连江县政府文化局，2005 年。

[3] 刘益昌、郭素秋：《金门富国墩遗存在亚洲大陆东南沿海的地位及其意义》，陈仲玉、潘建国主编《中国东南沿海岛屿考古学研讨会》135 - 195 页，连江县政府文化局，2005 年。

Van 遗址所得到的碳素年代大约在距今 5000 年, Cai Beo 遗址下层的碳素年代大约是距今 6500 年[1]。从目前资料看,在越南出现的这类贝丘大都集中在北部沿海和沿海岛屿上,出现的年代可能在距今 6500—5000 年之间。

五、有关问题的讨论

华南地区以及南方地区旧石器时代遗址发现的多是一些石器群,只有一些洞穴遗址保留有动物遗存,因此有关当时生业的资料不是很多,但从相关的文化遗存特别是简单的石器类型来看,当时生计的内容也应该是比较简单的采集狩猎经济。从末次冰期的盛冰期开始,华南地区南岭两侧的洞穴居民逐渐发展起来一种比较复杂的渔猎采集经济,相应的人工制品也发生了很大的变化。这种复杂的渔猎采集经济是一种广谱的形式,渔猎对象包括各种陆生动物、水生动物以至鸟类,采集各种植物性食物,甚至可能逐渐产生了植物性食物的栽培,水稻就有可能是其中的一种。人工制品包括新型的石器种类、大量的骨角蚌器以及简单的陶器,从而成为此后新石器时代各种文化和经济类型的源头。这种新的文化和生活方式在中国南方乃至东南亚地区并不普遍,只是在南岭的南北两侧最为发达,在海南岛和越南北部也有类似的遗存,但相对比较简单一些,例如没有发现陶器。同时期很多地方的文化仍然延续了旧石器时代晚期以来的生计和生活方式,如中国西南地区。这个时期延续的时间很长,南岭两侧的文化有些不同,例如石器和陶器就不一样,只是发展变化的细节还有待考证。不过可以说,这应当是以后新石器时代南岭两边长江中下游地区和华南文化向不同方向发展的开始。

南岭地区的洞穴文化延续时间很长,如甑皮岩二至四期的年代在 11000—8000 年间,五期在 8000—7000 年间,甚至更晚。但大约从距今 10000—9000 年间开始在

---

[1] Higham, Charles., 2002. *Early Cultures of Mainland Southeast Asia*, London: Thames and Hudson. 以及 Nguyen, et al., 2004. Northern Vietnam from the Neolithic to the Han Period. in Ian Glover and Peter Bellwood eds. *Southeast Asia-From prehistory to history*, London: Routledge Curzon, pp.177 – 208.

广西南部出现了河流阶地类型的采集渔猎文化——顶蛳山文化。这支文化的遗址都是螺类贝丘，除了居住方式与此前有所不同外，其他方面特别是生计内容和类型都与前一时期的洞穴文化没有大的区别。陶器也只有篮纹和绳纹的釜和罐，大量的骨角蚌器甚至都没有什么变化，只是石器类型更多了一些，特别是用于木作的斧和锛，说明新类型的居住方式需要大量木作业。这种居住方式和活动地点的转变或许是随着冰期后气候的逐渐回暖，洞穴附近的资源不能满足人口的增加，古人类为开拓新的资源而逐渐向大河流域扩张而形成的。因此，华南及其邻近地区年代最早的新石器时代采集渔猎文化——顶蛳山文化应当是直接来自华南洞穴文化的。这支文化目前所知最先出现在广西南部的左江和邕江流域，继而扩散到右江、红水河、郁江、浔江、黔江以至广东西部的西江，几乎遍布了广西全境，并向西发展到越南北部，被越南学界称为多笔文化。在长期的发展过程中，居住地点的选择、生计方式的内容、墓葬的形制，以及文化的各个方面的面貌很少发生变化，而只是在器物形态和类型方面略有不同。这支文化最晚的遗存很可能是南沙湾和籺竹口那种，年代大约在距今5500年前。

与顶蛳山文化大致同时，在南岭以北的长江中下游地区出现了农业文化。现在知道年代最早的大约距今约9000年，在长江中游洞庭湖地区的是彭头山文化。长江下游地区浦阳江流域的上山遗存可能也有农业，年代也可能更早，但目前还难以确定。约在距今7500年时，长江中游地区的农业文化发展为皂市文化和城背溪文化，长江下游上山遗存受到中游文化影响发展为跨湖桥文化。这些早期的农业文化与早期的新型采集渔猎文化如顶蛳山文化应当没有特别大的区别，特别是在采集和渔猎经济的内容方面，只是长江中下游地区的农业文化中有稻作农业，并至少在7500年时出现了猪等家畜的饲养和纺织业，而顶蛳山文化一直都没有这样的内容。

大约在距今7500年前后，华南、西南与长江中游交接的沅水中游和峡江地区也出现了采集渔猎文化。其中沅水中游的高庙文化出现的年代可能稍早，时间约当皂市文化和城背溪文化的早期，而峡江地区稍晚，在城背溪文化的晚期。沅水中游高庙文化的具体来源还不是很清楚，但峡江地区最早的新石器时代文化就是城背溪晚期文化。在峡区以外的城背溪文化是有农业的，在城背溪文化的夹炭陶中发现了稻谷,但峡区内就没有夹炭陶,说明有少量农业的城背溪文化进入峡区内后由于没有发展农业的条件就放弃了农业。峡江地区渔猎采集文化的来源就是城背溪文化应当没有问题。高庙文化也可能来自彭头山—皂市文化。沅水中游地区的高庙文化遗址都是贝丘,峡江地区城背溪—大溪文化和玉溪—哨棚嘴一期文化虽然没有贝丘遗址,但遗址中都有密集的鱼骨堆积,都属于高度依赖水生食物的采集渔猎生业体系。这两地没有谷物农业,但都发现有少量的家猪。尽管目前不能确定这些家猪的来源,但这两地文化的来源都有可能是农业文化,且都和长江中游的农业文化保持着密切的联系。沅水中游的高庙文化有特别发达的制陶业,陶器种类繁多,精美的花纹白陶显示了高度发达的精神文化,峡江地区的大溪文化也有很多的陶器种类,并有大量的彩陶,同时也有少量的纺轮(高庙文化似未见纺轮),说明有当地的纺织业。这两个地方文化发展和变化的速度也比较快,在高庙文化晚期和大溪文化时期更是聚落密集,文化与长江中游日益趋同,进而扩展到了黔西北和黔东北地区[1]。比较来看,广西地区的顶蛳山系统文化直接来自华南洞穴文化,在发展过程中变化一直都不大,与农业文化基本没有什么接触,可以称为原生型的新石器时代采集渔猎文化,而沅水中游的高庙文化、峡江地区的城背溪—大溪文化和玉溪—哨棚嘴一期文化则应当是次生型的新石器时代采集渔猎文化。

约当7000—5500年间,中国广东、广西、福建东南沿海和越南北部以及沿海岛屿的采集渔猎文化兴起。这里最早出现的是环珠江口岸和岛屿上的咸头岭文化或大湾文化,一般为沙丘遗址,后来又有广东福建沿海、沿海岛屿及珠江、闽江边的海岸河岸防城、潮安贝丘、壳丘头—富国墩文化和大垄坑文化的贝丘遗址等。说明东南沿海地区采集渔猎经济的内容比较复杂,而这里的文化也同样比较复杂。多数学者认为,咸头岭文化的白陶和彩陶应当来自湖南的高庙文化、汤家岗文化以及大溪文化[2],更有学者详细论证了咸头岭文化来自上述长江中游地区文化的各种文

---

[1] 王红光:《贵州考古的新发现和新认识》,《考古》2006年8期。
[2] 何介钧:《环珠江口的史前彩陶与大溪文化》,《南中国及邻近地区古文化研究》71-78页,香港中文大学出版社,1994年;邓聪:《华南土著文化圈之考古学重建举要》,香港中文大学中国考古艺术研究中心等编《东南考古研究》第二辑83-89页,厦门大学出版社,1999年。

化因素,认为湖南地区在这个时期对环珠江口地区有长期和连续不断的影响[1]。但也有学者认为环珠江口地区的白陶和彩陶应当来自大溪文化,同时期的刻划纹陶器系统应当是本地的土著文化[2]。但实际上环珠江口甚至附近整个广东迄今都还没有发现早于咸头岭文化的有陶器的新石器时代文化,也就是说咸头岭文化没有广东本地的"土著"来源,而咸头岭文化中刻划纹陶器的风格和器类正是出现在桂北的甑皮岩第五期文化的特征。尽管桂北一带相当于甑皮岩第五期文化以及稍晚文化遗存的内容尚未完全发掘出来,我们还不能对两地的联系做更多的推断,但此前研究已经揭示出至少甑皮岩第五期文化与高庙文化有密切的联系[3],因此咸头岭文化中刻划纹陶器遗存的年代很有可能是最早的,相当于高庙文化的早期。而咸头岭文化相当于大溪文化时期的内容实际与峡江地区的大溪文化更为接近,最近在重庆酉水流域的酉阳笔山坝遗址发现了大溪文化遗存[4],已经将峡江地区与沅水流域紧密连接起来。至此,我们可以说咸头岭文化的内容大都是外来的,特别是来自湖南西南部、桂北地区甚至湖北西南部。此外,广西地区顶蛳山—南沙湾贝丘文化有越往东南年代就越晚的趋势,并在比较晚的时候出现在广东西部,广西防城沿海的贝丘遗存文化内容比较简单,应当是由顶蛳山文化系统发展而来的,进而逐渐扩展到广东和福建沿海。越南北部沿海地区的贝丘遗存则应当是多笔文化的后裔。福建沿海的壳丘头—富国墩文化和大坌坑文化年代较大湾文化早期为晚,但与咸头岭文化有密切的联系,此外也还有长江下游地区文化内容的影响,因此应当是广东沿海地区以及长江下游地区的混生文化。

  东南沿海地区混合了原生和次生型采集渔猎文化内容,产生得最晚,文化面貌也最复杂,陶器种类繁多,组合类似于沅水中游和峡江地区高庙文化和大溪文化。既出现了外来以纺轮为代表的纺织,也出现了可能是当地产生的树皮布拍,因此可

---

[1] 裴安平:《环珠江口地区咸头岭文化类型的序列与文化性质》,香港中文大学中国考古艺术研究中心等编《东南考古研究》第二辑 117-131 页,厦门大学出版社,1999 年。
[2] 卜工:《环珠江口新石器时代晚期考古学遗存的编年与谱系》,《文物》1999 年 11 期。
[3] 中国社会科学院考古研究所等:《桂林甑皮岩》462 页,文物出版社,2003 年。
[4] 《重庆酉水流域首次发现大溪文化遗存》,《中国文物报》2007 年 5 月 25 日第二版。

以说是一种混生型的采集渔猎文化。其中广东沿海长时间与桂北甑皮岩五期遗存、长江中游高庙文化、大溪文化以及广西地区贝丘文化保持高度的一致性文化特征,说明这里不断有北部和西部人群迁入。福建沿海及台湾则又有广东和长江下游地区文化的迁入。采集渔猎经济文化向东南沿海地区的扩张,目的应当是开发新的渔猎采集经济资源,其中显然包括海洋资源,这批文化先出现在沿海,继而进入海南和台湾等沿海岛屿,成为了新石器时代开拓海洋的文化先驱。出现这种情况的原因应当与此时正逢全新世大暖期的气候条件有关,这时的气候是全新世以来最有利于采集渔猎经济发展的时期,同时也是长江中下游地区农业文化迅速发展和扩展的时期。沅水和峡江地区的采集渔猎文化就是在这一时期达到了最为繁盛的顶点。华南及其邻近地区在这个时期人口大量增加,同时受到长江中下游地区文化发展的挤压,才开始不断地开发东南沿海地区的资源。其中,像广西那样的原生型采集狩猎文化扩张慢,影响力小,与农业文化邻近的次生采集渔猎文化如湖南的高庙文化、大溪文化以及桂北地区同时期文化扩张快,影响也大。在这个时期,广西地区只有在平南石脚山和甑皮岩发现有白陶[1],高庙文化和大溪文化的影响不见于广西的大部分地区,因此在岭南形成了广西(含越南北部)和广东—福建沿海两个大的采集渔猎文化区,两个区域的采集渔猎经济和文化内容都不一样。而华南北部人群的迁徙之所以流向东南,或许也同此时中国广西和越南北部地区已经有了采集渔猎人群的存在有关。

华南及其邻近地区的新石器时代采集渔猎文化开始衰落的年代大约在5500—5000年间,广西地区最晚的贝丘遗址如南沙湾就结束于这个时期,此后广西再没有贝丘遗址的生成,新出现的文化如顶蛳山四期很可能是有稻作农业的文化[2]。沅水中游地区的高庙文化以及峡江地区的大溪文化也结束于这个时间,当地的聚落大为减少,此后出现在这两个地区的是产生于长江中游两湖地区的屈家岭文化。

---

[1] 中国社会科学院考古研究所广西工作队等:《1996年广西石器时代考古调查简报》,《考古》1997年10期。
[2] 赵志军等:《广西邕宁县顶蛳山遗址出土植硅石的分析与研究》,《考古》2005年11期。文中认为顶蛳山四期大约在距今6000年,但未提出证据,或许应当稍晚一些。

广东和福建沿海的遗址也在这个时期大量减少[1],同时,广东自北而南开始有农业文化——石峡文化的逐渐发展。福建沿海出现了有农业的昙石山文化;在台湾则是大坌坑文化晚期,最近也发现有农业遗存。这个时期正是全新世大暖期之后的降温期,当时华南的年平均气温比现在还要低2度,气候以及由此带来的环境变化也许是华南及邻近地区新石器时代采集渔猎文化在这个时期衰落的原因之一。同时还可能与长江中下游地区农业文化在这个时期发生的巨大变化,促使农业文化直接进入岭南及邻近地区有关[2]。此后华南及邻近地区仍然可能有采集渔猎文化的延续,但已经镶嵌在农业文化之中了,与农业文化有着密切的联系。

六、结语

华南及其邻近地区的新石器时代采集渔猎文化有很多不同的类型,主要可以区分为华南洞穴贝丘类型、广西地区(包括越南北部)螺类贝丘类型、沅水中游及其附近的螺类贝丘类型、峡江地区鱼骨堆积类型、珠江口地区沙丘遗址类型和东南沿海(广东、福建乃至越南北部)贝丘类型。它们各自的采集渔猎经济方式可能有所不同,先后出现的时间也不尽相同,但一些共同的文化特征如高度依赖水生资源、蜷曲特甚的屈肢葬等长期保存。其间的发展可以分为三个时期或三个阶段。第一个时期是萌芽期,在距今18000—10000年间,为小规模的洞穴文化时期,华南乃至南方地区新石器时代的许多新型文化因素都出现于这个时期。第二个时期为初步发展期,年代约当距今10000—7000年间,先是在广西南部河流阶地出现了顶蛳山文化。这个文化应当是由岭南前一时期的洞穴文化直接发展而来的,是原生的新石器时代采集渔猎文化。偏晚的阶段在华南邻近的沅水中游、峡江地区以及黔西北和黔东北地区出现了高庙文化、城背溪—大溪文化和玉溪—哨棚嘴一期文

---

[1] 西谷大:《中国東南沿海部の新石器時代》,《国立歴史民俗博物館研究報告》第70集1-56页,1997年。
[2] 张弛:《南方史前文化的发展及其意义》,《南方文物》2006年2期。

化。这些文化很可能都是由彭头山—城背溪文化等农业文化发展而来,与农业文化邻近且联系密切,是次生的新石器时代采集渔猎文化。第三个时期,为繁荣发展期,广西地区顶蛳山后续文化、沅水中游的高庙文化以及峡江地区的大溪文化都进入了最为繁荣的时期,长江中下游农业文化也正当高度发达的时期,华南北部和西部的采集狩猎人群为开拓新资源不断迁往东南沿海,在广东和福建沿海及沿海岛屿上出现了咸头岭文化、防城贝丘、壳丘头—富国墩文化和大坌坑文化。岭南地区形成了广西和东南沿海(广东、福建)两个大的采集狩猎文化区。在距今 5500 年以后,华南及邻近地区的采集狩猎文化同时衰落,聚落点迅速减少,同时有新型农业文化逐渐进入岭南地区。

相对于旧石器时代的采集狩猎文化而言,新石器时代华南的采集渔猎文化有很大的不同,发展出了比较大规模的聚落和比较复杂的文化。但相对于农业文化来说,它本身的增长很慢,向外的扩散也很慢。表面看来,华南新石器时代采集渔猎经济与长江中下游地区稻作农业经济是同一个来源,在最初发展起来的时候经济与社会的差别并不是很大,但长江中下游在距今 9000 年后发展起稻作农业之后,在距今 7000—5500 年间就迅速扩展到长江中下游全境并产生了社会的分化,出现了很大规模的聚落和高度发达的石、陶、玉、漆、丝麻纺织等手工业。而华南及其邻近地区的渔猎采集文化的变化则有所不同,它的内部很少见到社会关系的调整,社会群体的增长很慢,文化长期缺乏变化。特别突出的例子就是广西顶蛳山文化系列那种原生的采集渔猎集团,只是在开发同样的渔猎采集资源过程中缓慢地扩展。而像沅水中游和峡江地区高庙文化和大溪文化那样可能来自农业文化、邻近农业文化区、与农业文化有长期交流的次生采集渔猎文化则相对复杂,文化、社会和社群的变化和发展相对比较快。在特定的时期和特定的条件下,与农业文化区相邻的桂北、湖南西南部、浙江南部等采集渔猎集团不断迁徙并开发新的资源,于距今 7000—5500 年间先后在华南沿海地区及沿海岛屿形成了利用海洋资源的新型混生采集渔猎文化。而这些采集渔猎文化的衰落和新一轮的变化则又要等到气候环境以及邻近的长江中下游地区农业文化的扩张才出现。

但农业文化在华南地区发展的基础毕竟是建立在华南高度发展的采集渔猎文

化基础之上的。农业文化开始进入华南地区时碰到的采集渔猎文化在距今7000—5500年间渐次形成,其中华南的西部为原生的采集渔猎文化,东部沿海地区为混生型的采集渔猎文化。这两个不同的文化区构成了此后农业文化传入时华南的文化底层。华南西部广西地区的采集渔猎文化源远流长,文化相对较为简单,人群较为单纯。东南沿海地区的采集渔猎文化主体来自华南与湖南交界的地方,也有来自西部广西和长江下游地区的文化因素,想必人群的构成也应类似,文化和人群的构成相对比较复杂,但主体接近长江中游。这两个地区新石器时代的采集渔猎文化都有不断开发新的资源而逐渐扩张的趋势,只是向东南亚尚处于旧石器时代的地区行之未远,前者止于越南北部,后者止于台湾岛。以后传入的农业文化分别与这两种采集渔猎文化融合,继而分别向东南亚大陆和岛屿扩张,成为以后南亚语系和南岛语系语言和文化分化的嚆矢。

(本文原名"中国华南及其邻近地区的新石器时代采集渔猎文化",合著者洪晓纯,载北京大学考古文博学院编《考古学研究》(七),科学出版社,2008年。此次重刊略有修订。)

9
中国华南和西南地区：
农业出现的时间及相关问题*

一、引言

  根据"特快列车(Express train)"理论,东南亚新石器时代农业文化的出现是在中国大陆农业迅速南传的过程中实现的。在这个过程中伴随了分布于东南亚岛屿地区最早的南岛语族(Austronesian)的形成和分布于东南亚大陆地区南亚语族(Austroasiatic)的形成。"特快列车"理论认为南岛语族和南亚语族最早的来源很可能是长江中游地区,在史前的特定阶段通过东南福建、台湾、华南和西南向这些地区传播[1]。由于中国大陆南方史前农业文化向东南亚地区的传播或扩展的基地应当是华南和西南地区,因而农业特别是稻作农业在华南和西南地区的出现和发展遂成为上述立论中的关键问题。目前,稻作农业最早起源于长江中下游地区的线索已经比较明确,但在岭南——福建和西南地区出现的时间却还存在不同说法,涉及的问题既有稻作证迹不够充足也有已有证据年代学方面研究不够等诸多方面。实际上,华南和西南地区稻作农业是由长江中下游地区传播而来,在目前已经成为共识,而传播的时间和地点很可能不是一次性和单一性的。稻作农业在华南和西南地区的出现和成长过程或是一个需要长期研究的问题,不一定能够在短期内解决。而稻作农业的发展继而向东南亚地区扩展也是要有一定条件的,这就

---

* 本文为提交"文物保护与南中国史前考古国际研讨会"(2007年12月,香港)的会议论文。

[1] Diamond, J., 1988. Express Train to Polynesia. *Nature* 336, pp. 307–308; Diamond J. and Bellwood P., 2003. Farmers and their Languages: The First Expansions. *Science* 300, pp. 597–603; Bellwood P., 2005. *First Farmers*, Oxford: Blackwell Publishing.

是华南和西南地区的农业文化要发达到一定程度，并有向外扩展的动力和要求，这个问题还同长江流域新石器时代文化的变化发展有密切的联系，因此必须联系起来考虑。本文将对相关问题做一些初步讨论。

二、广东及闽台地区早期农业的证据

由于近年来学界对农业考古日趋重视，福建、华南和西南地区都出现了一些有关稻作农业的新证据，目前见于报道年代最早的都集中在福建、台湾和广东地区。

其中广东早在 20 世纪 70 年代，于石峡遗址下层和中层都出土了大量的稻谷和水稻茎秆，经鉴定为栽培稻[1]，年代属于石峡文化，是当时我们知道岭南地区年代最早并且可以确定的稻作农业遗存。近年来新发现的早期稻作遗存证据有三处：一是粤北曲江石峡遗址下文化层，二是环珠江口地区香港西贡沙下遗址，三是西江下游高明的古椰遗址。

据有关研究者报道，1985 年发掘的石峡下文化层出土有稻谷遗存[2]，但还没有详细资料发表。石峡下文化层出土遗存一般称为"前石峡文化"或"石峡一期文化"。这一文化堆积由于层位在石峡文化遗存之下，所以年代较石峡文化为早，只是早到何时却没有一定的说法。一种观点推定石峡一期文化年代很早，认为大致与汤家岗文化年代相当(绝对年代可达距今 6800 年)[3]，也就是说与珠江口地区咸头岭文化最早阶段同时或还要早。另一种观点认为石峡一期文化年代比咸头岭彩陶白陶遗存晚，与草堂湾一期、深湾 f 层年代相当[4]。石峡一期文化的陶器主要为绳纹和细绳纹折沿釜、直领罐，领和肩部饰有刻划纹、篦点纹、小圆圈纹和指甲纹，敛口圈足盘圈足部位多饰圆镂孔和小圆圈纹，没有彩陶也没有印纹硬陶，确实

---

[1] 杨式挺：《谈谈石峡发现的栽培稻遗迹》，《文物》1978 年 7 期。
[2] 杨式挺：《广东新石器时代文化与毗邻原始文化的关系》，《岭南文物考古论集》271－281 页，广东地图出版社，1998 年。
[3] 广东省文物考古研究所：《广东考古世纪回顾》，《考古》2000 年 6 期。
[4] 朱非素：《试论石峡遗址与珠江三角洲古文化的关系》，广东省文物考古研究所编《广东省文物考古研究所建所十周年文集》24－63 页，岭南美术出版社，2001 年。

与草堂湾一期和深湾 f 层的陶器特征很相近[1]。即便是很多将这一类遗存归为大湾文化或咸头岭文化的研究者也认为应当属于该文化的最晚阶段[2]。而深湾 f 层陶片热释光年代为公元前 2900 年,说明石峡一期文化的绝对年代大致在距今 5000 年前后。

沙下遗址在这里最早的新石器时代堆积中出土稻米 1 粒,还有大量水稻亚科和葫芦科植物硅酸体[3]。沙下遗址 2002 年发掘的新石器时代遗存被分为两期,其中第一期的内容与东莞圆洲等遗址相近[4],其年代已经是石峡文化时期,在距今 4500 年以后。古椰出土水稻的标本数量比较多,年代大致与沙下新石器时代同时[5]。

过去所知福建最早的水稻出土见于昙石山文化[6]。最新的一些发现仍未突破这个时期,昙石山遗址第九次发掘在属于昙石山文化的堆积中发现了 2 粒稻谷[7],对这次发掘采集的木炭标本测年校正数据为公元前 2870—前 2340 年。年代稍晚的霞浦黄瓜遗址第二次发掘和明溪南山遗址也发现有水稻[8]。

台湾发现最早的稻米的地点是台南的南关里和南关里东[9],时代应属于大坌

---

[1] 香港考古学会:《南丫岛深湾考古遗址调查报告》,《香港考古学会专刊》3,1-293 页,1978 年;《三灶岛草堂湾遗址发掘》,珠海市博物馆等编《珠海考古发现与研究》22-33 页,广东人民出版社,1991 年。

[2] 邓聪等:《大湾文化试论》,《南中国及邻近地区古文化研究》395-450 页,香港中文大学出版社,1994 年;裴安平:《珠江口地区咸头岭类型的序列与文化性质》,香港中文大学中国考古艺术研究中心、厦门大学历史系考古教研室编《东南考古研究》第二辑 117-128 页,厦门大学出版社,1999 年。

[3] Tracey Lu, Zhao Zhijun, Zheng Zhuo. The Prehistoric and Historic Environments, Vegetations and Subsistencec Strategies at Sha Ha, Sai Kung,康乐及文化事物署古物古迹办事处编:《香港的远古文化——西贡沙下考古发现》57-64 页,2005 年。

[4] 香港古物古迹办事处、河南省文物考古研究所:《2002 年度香港西贡沙下遗址 C02 区和 DⅡ02 区考古发掘简报》,《华夏考古》2004 年 4 期。

[5]《2006 年度南方地区考古新发现》,《南方文物》2007 年 4 期。

[6] 严文明:《再论稻作农业的起源》,《农业考古》1989 年 2 期。

[7] 水稻出土层位承发掘者陈兆善先生见告。

[8] 陈兆善:《福建史前考古十年收获(1996—2005 年)》,浙江省文物考古研究所编《浙江省文物考古研究所学刊》第八辑 275-283 页,科学出版社,2006 年。

[9] 臧振华、李匡悌、朱正宜等:《台南科学工业园区道爷遗址未划入保存区部分抢救考古计划期末报告》,南部科学工业园区管理局委托"中研院"历史语言研究所,2004 年。

坑文化的晚期阶段,年代经测定大致为距今4700—4200年,这里也同时出土了粟和豆[1]。到了距今4200年以后,大量稻作农业的证据相继出土,包括陶器上的稻米印痕或是直接的炭化稻谷证据,地点涵盖澎湖的赤崁B[2]、台湾南部的垦丁[3]和右先方[4]、台湾北部的芝山岩[5]以及台湾东部的长光[6]等等。

可见,东南沿海地区广东和福建、台湾的稻作农业出现的年代几乎是同时的,大约都不超过距今5000年,并在4500年以后开始比较普遍。

三、广西和西南地区早期农业的证据

广西地区稻作农业的研究在近年来也有了很大的进展,根据已有的一些新发现,有些研究者认为农业在广西出现的时间在6000年甚至6500年[7]。然而详查发表的资料,相关的证据都没有这样早。

广西最早的稻作农业遗存证据被认为是邕宁顶蛳山四期的水稻植硅石[8]。顶蛳山遗址一至三期的年代都很早,其中二、三两期属于所谓顶蛳山文化[9],在这三期的堆积物中都没有发现稻属植硅石,但到第四期突然出现大量的稻属植硅石,当然很可能与水稻的栽培有关。但顶蛳山四期并没有直接的测年,需要与其他相关遗存进行对比。顶蛳山遗址所在的桂南地区新石器时代早中期为顶蛳山文化所

---

[1] 臧振华:《从台湾南科大坌坑文化遗址的新发现检讨南岛语族的起源地问题》,浙江省文物考古研究所编《浙江省文物考古研究所学刊》第八辑337-348页,科学出版社,2006年。

[2] 臧振华:《台湾考古》69页,台湾地区行政管理机构办公场所文化建设委员会,2000年。

[3] 李光周:《垦丁国家公园考古调查报告》,图版8A,台湾地区行政事务管理机构营建署垦丁国家公园管理处,1985年。

[4] 臧振华、李匡悌、朱正宜等:《台南科学工业园区道爷遗址未划入保存区部分抢救考古计划期末报告》,南部科学工业园区管理局委托"中研院"历史语言研究所,2004年。

[5] 黄士强:《芝山岩遗址发掘报告》55页,台北文献委员会,1984年。

[6] 赵金勇:《台东县长滨乡长光遗址发掘报告》,台湾大学人类学研究所硕士论文,1994年。

[7] 赵志军:《对华南地区原始农业的再认识》,中国社会科学院考古研究所《华南及东南地区史前考古》145-156页,文物出版社,2006年。

[8] 赵志军等:《广西邕宁县顶蛳山遗址出土植硅石的分析与研究》,《考古》2005年11期。

[9] 中国社会科学院考古研究所广西工作队等:《广西邕宁顶蛳山遗址的发掘》,《考古》1998年11期。

中国华南和西南地区：农业出现的时间及相关问题　　181

分布,新石器时代晚期以降的文化编年还不是很清楚。顶蛳山四期遗存与顶蛳山文化相差甚远,其陶器主要有夹炭陶和夹砂陶,器类有高领罐、圜底罐、釜和杯等,多饰绳纹,在高领罐的颈部还饰有刻划的卷云纹等纹饰。特征接近武鸣弄山岩洞穴墓葬的陶器,如绳纹直领球腹罐、刻划卷云纹和陶杯等[1]。岩洞葬在桂南延续的时间很长,而弄山一般认为是其中年代最早的,如韦江认为属于夏商时期[2],发掘者则认为属于新石器时代末期,亦即距今4500—4000年间[3]。由于弄山岩洞葬中出土的几件"大石铲"与桂南地区新石器时代末期所谓"大石铲"文化所见者并无二致,因此后一种断代也是有理由的。总之,弄山岩洞葬的年代应当在距今4500年的新石器时代末期之后。顶蛳山四期遗存虽然与弄山岩洞葬陶器并不完全一样,但时代也不会相差太远。

　　桂北资源县晓锦遗址已经接近湖南,这里发掘的遗存被划分为三期,其中第一期未发现农业迹象,第二期则发现了大量稻谷遗存[4]。由于同类遗存在当地发现不多,桂北新石器时代中晚期的年代序列也未建立,年代难以估计。就第一期中出现断面为菱形的石镞,第二期出现断面为三角形的石镞来看,第一期的年代应在屈家岭文化以后,第二期则应在龙山时代的晚期以后。晓锦三期都有^{14}C年代发表,其中第一期3个年代分别为距今3920±140(99ZXNT8⑦)、3620±150(99ZXNT8⑨)和3890±150(01ZXWT2⑨)年,第二期5个年代分别为距今3850±140(01ZXWT2⑦)、3420±140(01ZXWT2Y1)、4030±110(99ZXST4⑤)、4700±800(99ZXNTT7③)和4700±200(98ZXNT4③)年。显然其中有部分数据是与分期颠倒的。按原理早期的^{14}C样本是有可能混入晚期堆积中的,堆积物年代应当与最晚的数据接近,因

---

[1] 广西壮族自治区文物工作队、南宁市博物馆、武鸣县文物管理所:《广西武鸣县岜旺、弄山岩洞葬发掘报告》,广西壮族自治区文物工作队编《广西考古文集》第二辑206-237页,科学出版社,2006年。

[2] 韦江:《广西先秦考古述评》,广西壮族自治区文物工作队编《广西考古文集》第二辑48-59页,科学出版社,2006年。

[3] 李珍、杨轲:《广西武鸣弄山、岜旺岩洞葬的发掘与研究——兼论桂中南早期岩洞葬的有关问题》,中国社会科学院考古研究所编《华南及东南亚地区史前考古》421-434页,文物出版社,2006年。

[4] 广西壮族自治区文物工作队等:《广西资源县晓锦新石器时代遗址发掘简报》,《考古》2004年3期。

此晓锦二期的年代校正后大致可能在新石器时代的末期。

桂西那坡感驮岩遗址在发掘遗存的第二期后段发现有炭化稻谷和粟[1]。其中粟的^{14}C测年为距今3131±50(DY-D1015)年,炭化稻的测年为距今3463±50(DY-D1014)和2883±50(DY-D1013)年。发掘简报通过陶器对比也认为第二期后段的年代接近商代晚期,是大致不错的。

西南地区农业出现最早的地方应当是四川,其中川西北早在仰韶文化中晚期和马家窑文化时期已经有从西北迁徙而来的马家窑文化人群[2],最早年代大致在距今5000年左右,推测应当带来了旱作农业。随后成都平原地区宝墩村文化的稻作农业则应当是从长江中游经过川东重庆地区传播而来的。贵州目前所知最早的农业遗存是威宁鸡公山遗址出土的水稻,年代相当于商代晚期[3]。云南最早的新石器时代文化是滇池附近的石寨山类型,曾经出土过水稻遗存,这个类型的海东遗址有1个^{14}C资料发表,为距今4235±150年[4]。而有确切的稻作证据的宾川白羊村文化,^{14}C年代为公元前1820±85年[5]。其他如元谋大墩子等的年代就更晚了。

总之,目前所知广西和西南地区,除四川农业出现可能稍早以外,其他如广西、云南和贵州等地最早的农业大致都出现在距今4500年之后新石器时代末期。

四、华南、西南地区的新石器文化及其与长江中下游地区的联系

目前所知东南沿海、华南和西南最早的稻作农业出现的时间大致就是这样一个情况。在这样广大的区域中,农业特别是稻作农业出现的时间并不完全相同,主要区分为两种情况。一是福建和广东所在的东南地区,稻作农业大致出现在距今

---

[1] 广西壮族自治区文物工作队、那坡县博物馆:《广西那坡县感驮岩遗址发掘简报》,《考古》2003年10期。

[2] 陈剑:《波西、营盘山及沙乌都——浅析岷江上游新石器文化演变的阶段性》,《考古与文物》2007年5期。

[3] 贵州省文物考古研究所、四川大学历史文化学院考古系、威宁县文物保护管理所:《贵州威宁县鸡公山遗址2004年发掘简报》,《考古》2006年8期。

[4] 肖明华:《云南考古述略》,《考古》2001年12期。

[5] 云南省博物馆:《云南宾川白羊村遗址》,《考古学报》1981年3期。

5000年左右；另一个是广西和云贵地区，稻作农业大致出现在距今4500年以后。前一个年代相当于长江中下游地区屈家岭文化与石家河文化早期之交或良渚文化早中期之交，后一个年代相当于石家河文化中期和良渚文化晚期以后。与长江中下游地区相比，东南沿海、华南和西南地区出现稻作农业的时间显然是比较晚的。当然，目前所知的证据并不一定就是最早的，考古发现总有可能把曾经是最早的东西不断地提到更早。因此，为了要说明这一地区农业出现的时间，我们还需要观察在这之前上述地区的文化生态。

华南新石器时代文化从来就可以分为福建广东（含沿海岛屿）与广西（含越南北部）两个大的区域[1]，从很早开始这种区别就一直比较明显。早在新石器时代早中期，分布于广西地区的主要是本地原生的顶蛳山文化系列采集狩猎文化。这个文化目前发现的取食经济特征是所谓的采集渔猎，但特别依赖于河流的淡水生物，遗留下来的也都是贝丘遗址，陶器和石器的种类也很简单。顶蛳山文化是一支最早出现于岭南地区的新石器时代文化，开始比较集中地发现于桂南南宁地区周围左江、右江、邕江及其支流岸边，经过发掘的遗址有邕宁顶蛳山[2]、南宁长塘、南宁豹子头[3]、扶绥江西岸和敢造[4]。年代比较晚的则逐渐分布于桂中、桂东和粤西的郁江、浔江、黔江和西江及其支流的沿岸，在紧邻广西的越南北部地区清化（Thank Hoa）省的贝丘遗址也是这一类遗存，不过被称为多笔（Da But）文化[5]。经过发掘的有横县西津[6]、秋江[7]、江口[8]、象山南沙湾[9]和广东封开篱竹

---

[1] 张弛、洪晓纯：《中国华南及其邻近地区的新石器时代采集渔猎文化》，北京大学考古文博学院编《考古学研究》（七），科学出版社，2008年。

[2] 中国社会科学院考古研究所广西工作队等：《广西邕宁顶蛳山遗址的发掘》，《考古》1998年11期。

[3] 中国社会科学院考古研究所广西工作队等：《广西南宁市豹子头贝丘遗址的发掘》，《考古》2003年10期。

[4] 广西壮族自治区文物考古训练班：《广西南宁地区新石器时代贝丘遗址》，《考古》1975年5期。

[5] 阮文好：《越南的多笔文化》，中国社会科学院考古研究所编《华南及东南亚地区史前考古》341-346页，文物出版社，2006年。

[6] 广西壮族自治区文物考古训练班：《广西南宁地区新石器时代贝丘遗址》，《考古》1975年5期。

[7] 广西壮族自治区文物工作队等：《广西横县秋江贝丘遗址的发掘》，广西壮族自治区文物工作队编《广西考古文集》第二辑144-187页，科学出版社，2006年。

[8] 广西壮族自治区文物工作队：《广西横县江口新石器时代遗址的发掘》，《考古》2000年1期。

[9] 广西壮族自治区文物工作队等：《象州南沙湾贝丘遗址1999—2000年度发掘简报》，广西壮族自治区文物工作队编《广西考古文集》176-191页，文物出版社，2004年。

口遗址[1]。其中横县的西津和秋江遗址文化面貌比较相近,而与另外彼此相近的江口、南沙湾、籪竹口的文化面貌不太一样。年代比较晚的南沙湾一期有4个样本的测年,其中3个动物骨骼样本的年代分别为距今5390±260、6070±130、6580±150年,1个螺壳标本年代为距今8740±120年,由于水生样本的年代可能会偏老,与动物骨骼的年代也许并不矛盾。因此,以南沙湾的年代来看,顶蛳山文化延续的最晚年代大致应当在距今6000—5500年间。顶蛳山文化分布于适合稻作农业成长的西江流域的大小支流,但并没有发现有稻作农业的遗存,顶蛳山遗址这个时期的堆积物中甚至连稻属植硅石都没有发现。这支文化虽也有不断扩张的倾向,但似乎与其他地区特别是长江中游的新石器时代文化没有太多的交流,长时期也鲜有文化的变化,自身难以演变为农业文化。

广东和福建地区迄今还没有发现新石器时代早中期的原生新石器时代文化。这里最早出现的是在环珠江口地区的咸头岭文化,年代最早也许可达距今7000年,延续的时间大致到距今5500—5000年间。这个文化的器物比较复杂,经济形态还不清楚,但从分布在海岸沙堤的环境来看,应当是一支海洋性经济倾向的文化,不大可能有农业的内容。由于咸头岭文化与湖南的汤家岗—大溪文化十分相像,也有研究者认为应该是大溪文化的地方变体[2]。但咸头岭文化显然不会直接来自两湖地区农业已经发达的腹心地带,而只能来自湖南南部南岭山地区如高庙—松溪口—大溪文化系列。在距今6000年前后,两广沿海地区还有除咸头岭文化之外的其他一些遗存,如防城、钦州和潮安发现的十几处早期的贝丘遗址等,同样没有农业的信息,其来源虽然一时难以说清楚,但也应当是当地或邻近的南岭山地采集渔猎文化的变体。同样在这个时期,福建沿海和台湾也出现了当地最早的新石器时代文化,即壳丘头(富国墩)文化和大坌坑文化,壳丘头(富国墩)文化和大坌坑文化的器物组合及特征与咸头岭文化或珠江三角洲史前文化

---

[1] 广东省文物考古研究所、封开县博物馆:《广东封开籪竹口遗址发掘简报》,《文物》1998年7期。
[2] 裴安平:《珠江口地区咸头岭类型的序列与文化性质》,香港中文大学中国考古艺术研究中心、厦门大学历史系考古教研室编《东南考古研究》第二辑117-128页,厦门大学出版社,1999年;卜工:《环珠江口新石器时代晚期考古学遗存的编年与谱系》,《文物》1999年11期。

有很多的相似之处[1]，同时也有来自河姆渡文化的部分影响[2]，但同样不会是直接来自河姆渡文化，而应当来自浙南闽北目前还不是很清楚的同时期新石器文化。总之，广东和福建沿海地区的早期新石器时代文化全部都是来自于邻近地区的采集渔猎文化。而南岭北侧山地靠近长江中下游地区确实普遍存在一些早期的新石器文化，如沅水中游地区的高庙—松溪口大溪文化系列，再如峡江地区的大溪文化系列等，也还应当有一些至今尚未发现或辨认出来的文化，它们应当是岭南新石器时代文化的重要来源。这些文化很可能来源于长江中下游地区农业文化如彭头山文化、城背溪文化，但这些山地文化本身至今没有发现什么稻作农业的迹象，高庙遗址屈家岭文化以前的文化堆积中就没有发现稻属植硅石的存在[3]。因此，它们迁徙至岭南也不会携带稻作农业的传统，更何况两广沿海地区最早出现的实际都是一些开发海洋资源的新石器文化。

可见，广东、福建最早开始出现的新石器文化是外来的，与长江中下游南部的山地文化有长期密切的联系，广西最早的新石器时代文化是当地的，但与外面的文化联系甚少，构成了农业出现在或进入到岭南地区时的文化生态背景。这两种情况也许是造成广东—福建与广西两个地区农业出现的时间和来源有所不同的主要原因。相同的是这两个地区在早期新石器文化发生和发展的过程中同样都很可能没有本地原生的稻作农业经济，而只是有着不一样的采集渔猎取食形态。这种情况在闽粤地区一直延续到距今5500—5000年间，在广西则大致在距今6000—5500年间。

接下来是华南新石器时代文化出现衰落的一段时期，这段时间在福建正是壳丘头文化与昙石山文化之间，而这两个文化之间究竟是怎样的关系，是否后者由前

---

[1] 陈有贝：《广东南、北地区的史前文化差异——兼论台湾史前史的相关问题》，《台湾大学考古人类学刊》2001年57卷64-86页；Chang, Kwang-chin, 2005. Some Recent Archaeological Discoveries in Taiwan and Northern Luzon and Their Implications for Austronesian Expansion. 2005年Lapita圆桌会议论文（2005.6.5-6.）．"中研院"人文科学研究中心考古学研究专题中心，台北："中研院"。

[2] 刘益昌、郭素秋：《金门富国墩遗存在亚洲大陆东南沿海的地位及其意义》，陈仲玉、潘建国主编《中国东南沿海岛屿考古学研讨会》135-195页，连江县政府文化局，2005年。

[3] 贺刚、陈利文：《高庙文化及其对外影响与传播》，《南方文物》2007年2期。

者直接发展而来,是目前我们还不清楚的事情。在广东沿海地区早有研究者注意到这一现象[1]。在广西,虽然有一些零星的数据提示我们可能存在有这个时期的文化遗存,但文化的面貌是什么样子还不清楚。值得注意的是岭南这种采集狩猎文化衰落的现象实际不仅仅局限在岭南,岭南邻近地区过去曾经繁荣的采集渔猎文化如沅水中游和峡江地区也有同样的情况发生,其原因我们曾推测为气候的变冷,但还不能肯定。很难想象这样一个文化衰落的时期,岭南地区在既无自己文化压力又无邻近文化刺激的情况下能够自己产生农业文化,故而岭南稻作农业必然来自长江中下游地区应无可置疑。

问题在于长江中下游地区早已经开始了农业化的进程,为何一定要迟到距今5000年间才传播到华南地区?这应当与长江中下游地区早期农业形态或新石器时代早期的生业形态有关,也应当与当时该地区的文化生态有关。长江中下游地区早期生业形态的材料并不充分,只是大概知道其中的农业成分并不占很大比例,在边缘地区很可能由彭头山文化发展而来的高庙文化和峡江地区城背溪—大溪文化甚至可能放弃了已经开始的稻作传统。另一方面,彼时长江中下游地区尚有很大的发展空间,社群聚落主要都是向流域腹心地区尚未开发的地区拓展。至距今5000年间,长江中下游地区经济进一步发展,农业经济逐渐成为生计的主要来源,下游地区的良渚文化区甚至可能出现了最早的犁耕农业,人口增长达到了十分密集的程度,社会和文化也发生剧烈的变化。而距今5000年前,正是长江下游良渚文化中晚期和中游石家河文化早中期的农业、社会和文化发展的顶峰时期,中下游之间的张四墩文化和樊城堆文化也开始逐渐扩张。同时期福建和广东地区的昙石山文化和石峡文化中多有良渚文化和樊城堆文化的因素,即是在长江中下游族群南迁的过程中出现的,这一点已经有很多的研究可为证明。闽粤早期的稻作农业也应该是在这期间开始出现的。同时,长江中游屈家岭文化向南扩展到原来曾是采集渔猎文化的沅水中游地区和峡江地区,才使得广西和西南地区能够直接面对

---

[1] 西谷大:《中国東南沿海部の新石器時代》,《国立歷史民俗博物館研究報告》第70集1-56页,1997年。

稻作农业文化,广西和四川的稻作农业文化正是在随后发展起来的。也就是说,福建和广东沿海地区稻作农业出现的时间很有可能是基本同时的,广西和西南地区稻作农业出现的最早时间还不是很清楚,但目前看来有可能稍晚一些,来源应当是长江中游地区。

五、华南和西南早期农业发生的背景、过程及其向东南亚的扩散

华南地区早期农业的出现当然不仅仅是简单的稻作农业问题。很多研究早已经提出块茎类作物应当是华南地区最先种植的作物,但目前的发现只有甑皮岩的相关线索[1],无法进行讨论。旱作农业在华南地区的出现只有台湾大坌坑文化台南南关里遗址和广西西部感驮岩的粟作证据。南关里还有大豆,但并没有更多的传播线索。西南地区现在有很多证据表明,在仰韶文化中晚期和马家窑文化时期,已经有西北种植粟类作物的人群进入川西北,但在川西北的移民和传播路线目前所知还一直限于有黄土分布的区域,并没有影响到广大的四川盆地,向西南进入云南的迹象也不是很清楚。长江中游也是一条线索,那里早在大溪文化时期的城头山遗址已经发现有粟[2],但传播的线索同样不清楚。家畜在华南地区出现的时间也不清楚,虽然在邻近华南的沅水中游地区早在高庙文化中已经发现有家猪,但随后在华南地区出现的时间则没有什么相关的证据。不过可以肯定的是,农业在华南和西南地区一开始出现就已经不是单纯的早期稻作农业的单一体系,而是混杂有旱作农业的成分,很可能是以十分成熟的形态传入的,因此可以适应华南和西南多种多样的区域生态环境。这是造成此后华南和西南文化迅速发展、人口大量增加的一个很重要的因素。

农业文化在华南出现之后,随即在这里造成了当地文化的飞跃式发展。距今

---

[1] 中国社会科学院考古研究所等:《桂林甑皮岩》286-294页,文物出版社,2003年。
[2] 那须浩郎、百原新、安田喜宪:《试从大型植物遗存看城头山遗址的稻作环境——以杂草种子、果实为主》,湖南省文物考古研究所、国际日本文化研究中心《澧县城头山——中日合作澧阳平原环境考古与有关综合研究》90-97页,文物出版社,2007年。

4500年开始至距今3500年左右,福建沿海地区出现了黄瓜山文化[1],与台湾当地的"新石器时代中期文化(或称细绳纹陶文化)"联系密切,应当是有新一轮移民从福建沿海渡海迁台[2]。广东沿海地区出现了所谓"印纹陶文化",遗址数量较以前增加了数倍[3]。以桂南地区为中心的所谓"大石铲文化"或"大龙潭类型"几乎遍布广西并在广东西部和越南北部也有发现[4]。同时,西南地区新石器时代文化也是从这个时期开始繁荣起来的。这一文化的繁荣以及人口的迅速增长在华南和西南地区是前所未见的,与此前本地区数千年采集狩猎经济下的文化发展相比,这个时期的变化无疑是大范围而快速的,其中人口的增加还可能与长江中下游地区人群的迁徙有关。华南和西南地区发生这一变化之初,正值良渚文化晚期和石家河文化中期,此时长江中下游地区文化逐渐衰落,良渚文化和石家河文化人群开始大量出现在华南、西南与长江中下游交接的山地,其中粤北山地有石峡文化,粤西桂东西江流域出现了"乌骚岭类型",这两种遗存有很大的相似性,又分别与赣鄱地区的樊城堆文化和湘江流域的岱子坪类型十分相像,很可能是后两者发展的结果[5],在沅水和资水上游则出现了斗篷坡文化等[6],这些新的文化类型都与同时期长江中下游地区有着千丝万缕的联系,应当是长江中下游地区人口南迁的证据。此后,伴随着长江中游文化的进一步衰落和解体,华南和西南地区文化开始繁荣,人口的数量应当已经超过了当时的长江中下游。同时,随南迁人群而来的多种形

---

[1] 林公务:《福建沿海新石器时代文化综述》,《福建文博》2005年4期。
[2] Chang, K.C., 1969. *Fengpitou, Tapenkeng and the Prehistory of Taiwan*. New Haven: Yale University Publication in Anthropology 73. Tianlong Jiao, Prehistoric Population Migrations and Regional Interactions across the Taiwan Strait, 山东大学东方考古研究中心编《东方考古》第2集15-37页,科学出版社,2005年。
[3] 赵辉:《珠江三角洲地区几何印纹陶的出现和文化的发展》,许倬云、张忠培主编《中国考古学的跨世纪反思》上册230-250页,商务印书馆,1999年。
[4] 陈远璋:《桂南大龙潭类型遗址初论》,中国社会科学院考古研究所《华南及东南地区史前考古》409-420页,文物出版社2006年。
[5] 贺刚:《南岭南北地区新石器时代中晚期文化的关系》,《中国考古学学会第九次年会论文集(1993)》183-193页,文物出版社,1997年。
[6] 贺刚:《南岭南北地区新石器时代中晚期文化的关系》,《中国考古学学会第九次年会论文集(1993)》177-182页,文物出版社,1997年。

态的农业经济以及当地的采集狩猎经济共同支撑了华南和西南地区人口的大量增加，这应当从另一方面说明这里的农业不是原生型的和单一型的，否则便无法解释这一变化发生速度如此之快的真正原因。

同时还应加以注意的是，农业向东南亚岛屿和大陆地区传播的时间也是从这个时期开始的。目前证据表明，从中国台湾向菲律宾北部文化扩张的年代正是在这一时期，伴随人口的迁徙，菲律宾出现了与中国台湾新石器时代中期类似的陶器、石器以及矿源在中国台湾东部的玉器，还有稻作农业[1]。目前在菲律宾最早的稻作证据出土于吕宋岛北部的 Andarayan 遗址，一个炭化稻谷的年代数据为公元前 2050—前 1400 年(AMS)，另一件木炭样本的年代为公元前 1950—前 1050 年[2]。距今 4000 年前正是南岛语族由中国台湾向菲律宾北部扩张的起始阶段[3]。至于东南亚大陆地区，一般认为稻作农业的开始在距今 4500 到 4000 年之间[4]。在越南开始大量出现稻米的年代约莫距今 4000 年[5]，像是越南北部的冯原(Phung Nguyen)文化不但有大量的稻米证据，而且该文化还带有强烈的华南要素，包括绳纹陶、有刻划卷云纹的陶器、有肩石锛、石镞、玉环、玉玦以及陶纺轮等。泰国地区比较肯定的稻作证据也不早于距今 4300 年[6]，在距今 4000 年以后农业聚落开始在泰国大量出现，例如位于泰国北部的 Non Nok Tha、Ban Chiang、Non Kao Noi 以及泰国中部的 Ban Lum Khao[7]。

---

[1] 洪晓纯：《台湾及其邻近岛屿的史前文化关系——兼论南岛语族的起源问题》，陈仲玉、潘建国主编《中国东南沿海岛屿考古学研讨会》，连江县政府文化局，2005 年。

[2] Snow, B.E., et al., 1986. Evidence of Early Rice Cultivation in the Philippines. *Philippine Quarterly of Culture and Society* 14, pp. 3–11.

[3] Hung, H.C., 2005. Neolithic Interaction between Taiwan and Northern Luzon: The Pottery and Jade Evidences from the Cagayan Valley. *Journal of Austronesian Studies* 1(1), pp. 109–133.

[4] Higham, C., 2003. Language and Farming Dispersals: Austroasiatic Languages and Rice Cultivation. In P. Bellwood and C. Renfrew eds., *Examining the Language/Farming Dispersal Hypothesis*, pp. 223–232. Cambridge: McDonald Institute for Archaeological Research.

[5] Bellwood, P., 2005. *First Farmers*, pp. 131–132, Oxford: Blackwell Publishing.

[6] Glover I. G. & Higham, C.F., 1996. New Evidence for Early Rice Cultivation. In Harris D. ed., *The Origins and Spread of Agriculture and Pastoralism in Eurasia*, pp. 412–441. London: UCL Press.

[7] Higham C., 2004. Mainland Southeast Asia from the Neolithic to the Iron Age. In Glover I. and Bellwood P. eds., *Southeast Asia: From Prehistory to History*, pp. 41–67. London: Routledge Curzon.

可见,正是在距今4500—3500年间华南和西南地区文化发展和人口大量增长的基础上,在人口压力之下,才造成了农业文化向东南亚岛屿和大陆地区的进一步扩张。福建、广东沿海地区和广西、西南地区一东一西两个文化区新石器时代文化的基础不同,农业文化的来源不同,传播的路径不同,造成东南亚岛屿与大陆此后出现的农业文化也有所不同,形成了南岛语族和南亚语族文化新的文化底层。

六、结语

在目前华南和西南地区农业证据还不够充分和确切的情况下,要讨论农业和农业社会在华南的生长和发展问题,就需要从史前文化的多方面联系中寻找更多的线索。本文并不能全面地展开这个问题,当然也不可能完全解决这样大的问题。上述的初步讨论只能大致看出,华南和西南的农业不是原地原生的,而是由长江中下游地区甚至包括长江上游的西北地区传播而来的。传播到福建、广东沿海地区的时间大致在距今5000年左右,传播到广西、西南地区的时间大致在距今4500年左右,后一个时间也许还可能稍稍提前一些。农业向这些地区传播的路线也并不相同,这是由这些地区的早期新石器时代文化生态和背景、这些地区与周围新石器时代文化之间的相互关系,以及周围文化发展的情况等诸多因素所决定的。这些情况当然主要包括农业发展的形态以及社会发展的程度等方面。早期农业文化不仅传播速度慢,而且还有在传播过程中重新退化为全面采集渔猎经济的可能,华南和西南邻近地区的沅水中游地区和峡江地区早期新石器时代文化即是一个可能的例子[1]。只有在长江中下游地区农业经济和社会文化发展到一定程度时,才有可能出现向华南和西南地区全面推进的局面。而华南和西南地区早期农业文化迅速成熟,继而向东南亚岛屿和大陆地区的迅速扩展,正说明华南和西南地区早期农业不是简单的原生农业,而且根据现有的资料还可以看到这些地区早期农业是包括

---

[1] 张弛、洪晓纯:《中国华南及其邻近地区的新石器时代采集渔猎文化》,北京大学考古文博学院编《考古学研究》(七),科学出版社,2008年。

稻作和旱作等多种成熟农作成分的。此外,在农业传播过程中似乎还包括了大量外来人口和社群的迁入。正是这样一个由多种因素构成的社会文化条件下,华南和西南地区史前文化才可能在新石器时代末期迅速繁荣并向周围特别是向东南亚地区拓展。

(本文原名"华南和西南地区农业出现的时间及相关问题",合著者洪晓纯,载《南方文物》2009年3期。此次重刊略有修订。)

10

中国沿海：早期海洋适应性文化

中国沿海以及沿海岛屿在25000年前就有旧石器时代的人类活动,如山东长岛、台湾和海南都有相关的发现。在旧石器时代末期的海南三亚落笔洞遗址已经发现有海洋经济和海洋文化相关的内容[1]。只是这些旧石器时代的相关遗存内容还比较贫乏。直到新石器时代在沿海地区出现的海岸型贝丘和沙丘遗址中才有了利用海洋资源的丰富证据,它们无疑是海洋适应性的文化遗存。新石器时代的海岸型贝丘和沙丘遗址在中国沿海地区主要分布在两个区域,一个是东北部的山东和辽宁一带的沿海及岛屿,另一个是东南福建和两广的沿海及岛屿,包括台湾和海南(图10-1)。此前的研究大都认为这两个地区的海岸型贝丘遗址是适应全新世海侵的新环境下才出现的,时间在距今7000—6000年之间[2]。但也有研究者引用了年代更早的非贝丘遗存的海洋资源利用的证据,认为海洋适应性经济出现的年代可以更早而且开始的地点是浙江和福建沿海地区[3]。本文定义的早期海洋适应性文化在距今5000年以前,认为这些相关的资料在中国早期海洋性适应文化的形成过程上还有进一步讨论的余地。

一

中国沿海东北部地区集中发现的新石器时代早期海洋适应性文化遗存,是分布在黄海和渤海交界处的胶东半岛和辽东半岛沿海及沿海岛屿上的贝丘遗存,其

---

[1] 郝思德、黄万波编著:《三亚落笔洞遗址》,南方出版社,1998年。
[2] 袁靖:《中国大陆沿海地区史前时期人地关系研究》,北京大学中国考古学研究中心、北京大学古代文明研究中心编《古代文明》(第1卷)58-70页,文物出版社,2002年。
[3] 焦天龙:《东南沿海新石器时代经济形态的变迁与南岛语族的扩散》,山东大学东方考古研究中心编《东方考古》第7集128-135页,科学出版社,2010年。

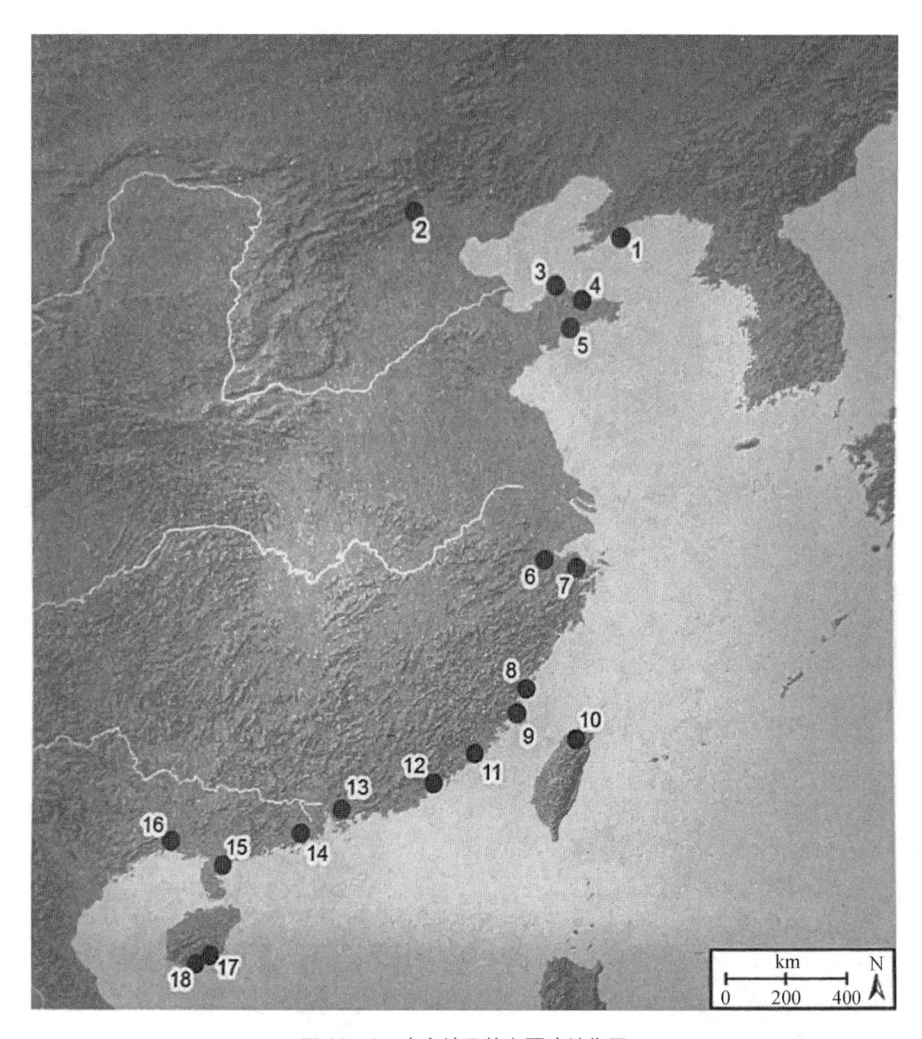

图 10-1　本文涉及的主要遗址位置

1. 小珠山　2. 山顶洞　3. 北庄　4. 白石村　5. 北阡　6. 跨湖桥　7. 河姆渡　8. 马祖炽坪陇、亮岛　9. 壳丘头　10. 大坌坑　11. 金门富国墩、金龟山　12. 陈桥　13. 咸头岭　14. 新村　15. 鲤鱼墩　16. 防城　17. 莲子湾　18. 落笔洞

中胶东半岛及其附属岛屿上发现有不少于 20 处[1]，辽东半岛及其附属岛屿上发

---

[1] 中国社会科学院考古研究所编著：《胶东半岛贝丘遗址环境考古》189 页，社会科学文献出版社，1999 年；王青、任天龙、李慧冬、聂政、于成龙、李贝、王忠保：《青岛丁字湾—鳌山湾沿岸史前早期遗址的人地关系演变：以遗址资源域调查和分析为中心》，《第四纪研究》2014 年 1 期。

现 33 处[1]（图 10-2）。胶东半岛的贝丘遗址都属于本文定义的早期海洋适应性文化,实际上在大约距今 5000 年以后,胶东半岛地区已经没有典型的贝丘遗址了。

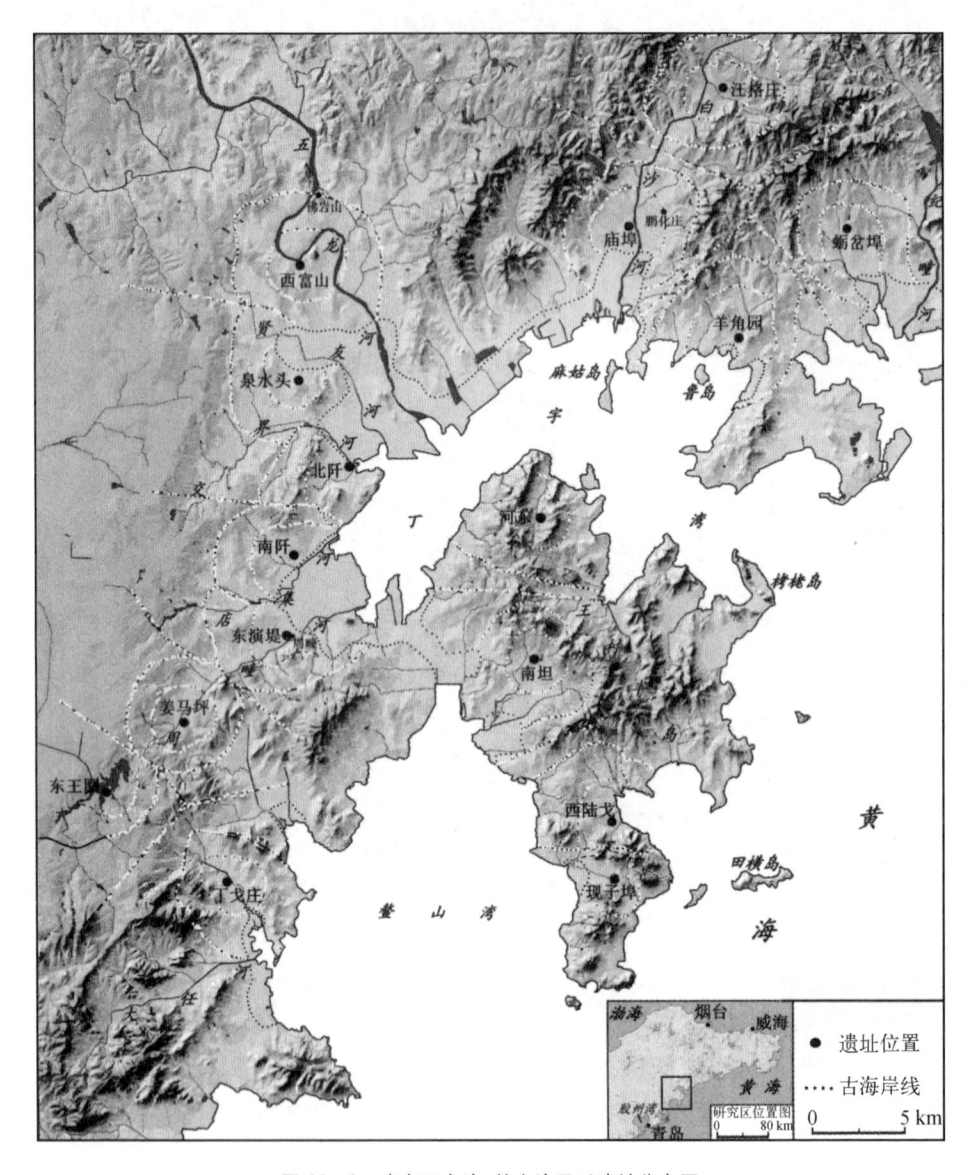

图 10-2　青岛丁字湾、鳌山湾贝丘遗址分布图

---

[1] 中国社会科学院考古研究所编著:《胶东半岛贝丘遗址环境考古》198-199 页,社会科学文献出版社,1999 年。

辽东半岛地区大多数贝丘遗址也属于这一时期。这些贝丘遗址一般坐落在海边山坡上或河流入海处的坡地上，面向海湾，距现在的海边1—5公里左右。但在全新世海侵发生时期，海平面高出现在3米左右，至少胶东半岛在当时不能称为半岛，而应当是岛屿林立的场景，当时大多数遗址所在的位置其实是岛上的坡地，位置也比现在稍靠近海边。

有研究指出胶东半岛贝丘遗址开始时间在白石村一期，结束时间在紫荆山一期，绝对年代为距今6000—4860年，辽东半岛开始于小珠山下层，结束于于家村下层，绝对年代为距今7000—4000年[1]。但实际上这些绝对年代问题很多，很难说是准确的。就文化分期来看，胶东半岛发掘所见年代最早的是烟台白石村遗址的白石村一期文化，其年代相当于山东地区的北辛文化[2]，辽东半岛最早的贝丘遗址年代是小珠山下层，也就是新近发掘小珠山遗址所划分的小珠山一期，年代相当于辽西地区的赵宝沟文化[3]。而北辛文化与赵宝沟文化在大的时代上看是同时期的，也就是说胶东半岛与辽东半岛的贝丘遗址开始出现的年代是差不多的。据综合研究的结果，北辛文化的绝对年代可以早到距今7000年，小珠山下层的测年则在距今6500年左右[4]。如果进一步考虑北辛文化、赵宝沟文化在中国新石器时代年代体系中的位置，则可以大致认为胶东半岛和辽东半岛贝丘遗存出现的年代大致在距今7000—6500年之间。

胶东半岛和辽东半岛贝丘遗存的遗址延续时间大都很长（图10-3），以目前所见发掘面积比较大的遗址所见，烟台白石村遗址有一期和二期即相当于北辛文化和大汶口文化早期的深厚堆积[5]；长岛北庄遗址有相当于大汶口文化早期、中

---

[1] 中国社会科学院考古研究所编著：《胶东半岛贝丘遗址环境考古》189-199页，社会科学文献出版社，1999年。
[2] 栾丰实：《北辛文化研究》，《海岱地区考古研究》27-53页，山东大学出版社，1997年。
[3] 中国社会科学院考古研究所、辽宁省文物考古研究所、大连市文物考古研究所：《辽宁长海县小珠山新石器时代遗址发掘简报》，《考古》2009年5期。
[4] 中国社会科学院考古研究所编著：《中国考古学——新石器时代卷》274、373页，中国社会科学出版社，2010年。
[5] 烟台市博物馆：《烟台白石村遗址发掘报告》，北京大学考古学系、烟台市博物馆《胶东考古》28-95页，文物出版社，2000年。

期、龙山文化和岳石文化的堆积[1];即墨北阡遗址有北辛文化末期至大汶口文化早期的堆积[2];长海小珠山遗址分为五期,从小珠山一期一直延续到龙山文化时期[3]。各个遗址中从最早的北辛文化和小珠山一期开始,就有大量柱洞、半地穴房址和墓葬,但其中堆积最丰富的都在大汶口文化早期和小珠山二、三期。也就是说两地北辛文化和小珠山一期的遗址就已经都是长期定居聚落的遗留,到大汶口文化早期和小珠山二、三期时,不论是遗址的数量还是遗址堆积所显示的规模都达

图 10-3　胶东半岛贝丘遗址断面

---

[1] 北京大学考古实习队、烟台地区文管会、长岛县博物馆:《山东长岛北庄遗址发掘简报》,《考古》1987 年 5 期。
[2] 山东大学历史文化学院考古学系等:《山东即墨市北阡遗址 2007 年发掘简报》,《考古》2011 年 11 期。
[3] 辽宁省博物馆、旅顺博物馆、长海县文化馆:《长海县广鹿岛大长山岛贝丘遗址》,《考古学报》1981 年 1 期;中国社会科学院考古研究所、辽宁省文物考古研究所、大连市文物考古研究所:《辽宁长海县小珠山新石器时代遗址发掘简报》,《考古》2009 年 5 期。

到了顶峰,这个时期结束的时间则是距今5000年左右。胶东半岛和辽东半岛贝丘遗址结束的年代也有许多不同的说法,在相关研究中,有些学者认为贝类遗存比较少的遗址就不是贝丘遗址,例如胶东半岛发现有少量的大汶口文化中晚期遗址,也有不少龙山文化时期的遗址,但都很少有贝类遗存,不能算作贝丘遗址。不过大汶口中期以后的时段已经超出了本文关心的范围。

胶东半岛北辛文化时期在烟台白石村遗址发现有2座屈肢葬式的墓葬,在北阡遗址发现有大量的柱坑和柱洞,小珠山一期则发掘到集中分布的6座圆角方形半地穴房屋基址,其中如F4面积有16平方米,中心有灶,居住面上散见石器、陶器和骨器。相对完整发掘的聚落有北阡和北庄大汶口文化早期聚落两处。其中北阡遗址大汶口文化早期残存面积2000多平方米,已经发掘房屋90余座、墓葬196座,可以细分为4个时段。房屋之间有两片各为100和200平方米的空场,四周有房屋和两片墓地。所见房屋有半地穴和基槽地面式两种,墓葬有二次合葬墓和迁出墓两种,共计埋葬了300多个个体[1]。北庄遗址在长岛县大黑山岛上,遗址发现于山的东南坡,共发掘大汶口早期半地穴房屋93座,集中分布在南北两片,中间为一片空场。这些房屋也大致可以分为3—4个时段,最晚一个时段可以看出4—5座房屋一组相背围成院落的情况,同时期至少有4个这样的院落[2]。北庄房屋的面积大多也是10多平方米,屋内设1—3个灶,一般都是住人的。在南北两片空场上发掘到2座多人合葬墓,埋入人数最多的一座有50多个个体。这两处村落显然都是在大汶口早期数百年内长期居住的,房屋布局长期稳定,同时期至少有20座房屋,基本的居住单位为院落,其中居民应当是一个家族,一个村落的人口应当有百人左右。

胶东半岛贝丘遗址早期居民的经济生活形态目前已经有了一个十分完备的研究案例,即北阡遗址的相关研究。这里数百份炭化植物样本的鉴定结果表明,大汶口文化早期居民的植物性食物以农作物黍($Panicum\ miliaceum$)为主,也有少量的

---

[1] 栾丰实、王芬、林玉海:《胶东半岛区域视野下的北阡考古》,山东大学东方考古研究中心编《东方考古》第10集,科学出版社,2013年。
[2] 张弛:《北庄一期房屋的分期与布局》,北京大学学士学位论文,1985年。

粟(*Setaria italica*),同时还利用栎果(*Quercus* sp.)等坚果,并发现有李属(*Prunus* sp.)、葡萄属(*Vitis* sp.)等水果和马齿苋(*Portulaca* sp.)等野菜[1]。出土的近40万件动物骨骼中,以全部动物数量计,从北辛文化到大汶口文化早期都以软体动物为主,不同时段占总数的50%—90%,其次为哺乳动物,鱼类和鸟类比较少。软体动物绝大多数为海产,有文蛤(*Meretrix* sp.)、青蛤(*Cyclina sinensis*)、毛蚶(*Scapharca* Sp.)、缢蛏(*Sinonovacula constricta*)、牡蛎(*Ostreidae*)、脉红螺(*Rapana*)等。哺乳动物则以家养的猪(*Sus Scrofa domestica*)为主,其次为鹿(*Cervus nippon*)、獐(*Hydropotes inermis*)等野生动物[2]。大汶口早期37个个体的人骨C、N稳定同位素研究结果认为当时的食物结构以粟黍类植物和海洋贝类为主,其中 ^{15}N 值并不特别高[均值(8.8±1)‰],说明鱼类也许不是主要的资源[3],与上述动植物遗存的研究结果大致吻合。

对胶东半岛20处贝丘遗址的动物遗存调查结果也与北阡遗址的情况十分相似,只是发现在半岛不同部位遗址中的贝类有所不同,与海岸类型及遗址是否接近河口有关,调查还采集到软骨鱼(*Chonsrichthyes*)、鲈鱼(*Lateolabrax japonicas*)、真鲷(*Pagrosomus major*)、黑鲷(*Sparus macrocephalus*)等海洋鱼类以及螃蟹(*Decapoda*)等[4]。白石村也发掘出土了相同的海洋鱼类骨骼[5]。辽东半岛相关的资料比较少,小珠山遗址发掘和调查在一、二期均发现有农作物粟和黍,但研究者推测采集渔猎似乎是生业经济的主体部分,其中当然包括对海产品

---

[1] 靳桂云、王育茜、王海玉、吴文婉:《山东即墨北阡遗址(2007)炭化种子果实遗存研究》,王海玉、靳桂云:《山东即墨北阡遗址(2009)炭化种子果实遗存研究》,山东大学东方考古研究中心编《东方考古》第10集,科学出版社,2013年。

[2] 宋艳波:《北阡遗址2007年出土动物遗存分析》,山东大学历史文化学院考古学系等《山东即墨市北阡遗址2007年发掘简报》附录一,《考古》2011年11期;宋艳波:《北阡遗址2009、2011年度出土动物遗存初步分析》,山东大学东方考古研究中心编《东方考古》第10集,科学出版社,2013年。

[3] 王芬、樊榕、康海涛、靳桂云、栾丰实、方辉、林玉海、苑世领:《即墨北阡遗址人骨稳定同位素分析:沿海先民的食物结构研究》;王芬、宋艳波、李宝硕、樊榕、靳桂云、苑世领《北阡遗址人和动物的C、N稳定同位素分析》,山东大学东方考古研究中心编《东方考古》第10集,科学出版社,2013年。

[4] 中国社会科学院考古研究所编著:《胶东半岛贝丘遗址环境考古》192-198页,社会科学文献出版社,1999年。

[5] 成庆泰:《烟台白石村新石器时代遗址出土鱼类的研究》,烟台市博物馆《烟台白石村遗址发掘报告》附录一,北京大学考古学系、烟台市博物馆《胶东考古》,文物出版社,2000年。

的利用[1]。显然,距今 7000—5000 年间,胶东半岛和辽东半岛贝丘遗址的生业系统都长期稳定地依赖海洋软体动物和鱼类,并一直镶嵌在旱作农业和陆地生物的采集狩猎经济当中。

二

东南沿海地区有大量的从新石器时代直至青铜时代的贝丘和沙丘遗址,大都是海洋适应性的文化遗存。其中早期在福建和台湾分别有壳丘头文化和大坌坑文化,都是海岸型贝丘遗址类文化遗存,在广东、香港和澳门比较明确的是咸头岭文化(或大湾文化),多为海岸沙丘遗址文化遗存,也有贝丘遗址。海南也有很多沙丘遗址,年代稍晚一些。珠江三角洲贝丘遗址一般年代比较晚,大多都不是海岸型贝丘[2],但广东潮安和广西防城、钦州的几个海岸型贝丘遗址被认为年代可以早于距今 5000 年,也有研究者将之称为陈桥文化[3]。

福建东部沿海及沿海岛屿发现的贝丘遗址是当地新石器时代的最早遗存,其中已经发掘过的包括平潭岛壳丘头[4],金门岛富国墩[5]、金龟山[6]和马祖岛炽

---

[1] 靳桂云、栾丰实、张翠敏、王宇:《辽东半岛南部农业考古调查报告——植硅体证据》,山东大学东方考古研究中心编《东方考古》第 6 集,科学出版社,2009 年。

[2] 珠江三角洲史前遗址调查组:《珠江三角洲史前遗址调查》,北京大学考古系编《考古学研究》(四)140 - 165 页,科学出版社,2000 年。

[3] 魏峻:《粤东闽南地区先秦考古学的分期与谱系》,北京大学考古文博学院、北京大学中国考古学研究中心编《考古学研究》(九)150 - 153 页,文物出版社,2012 年。

[4] 福建省博物馆:《福建平潭壳丘头遗址发掘简报》,《考古》1991 年 7 期;焦天龙、范雪春、罗莱、林公务:《2004 年平潭壳丘头遗址发掘报告》,《福建文博》2009 年 1 期。

[5] 林朝棨:《金门富国墩贝塚遗址》,《台湾大学考古人类学刊》1973 年 33/34 卷,台湾大学人类学系;黄士强:《金门考古调查》,尹建中主编《中国民间传统技艺访查报告》22 - 27 页,教育部社会教育司委托,台湾大学人类学系之研究计划报告,1982 年;陈维钧:《金门岛史前遗址调查研究》(一),金门国家公园管理处,1999 年。

[6] 陈仲玉:《福建省金门岛考古遗址调查》,金门国家公园管理处委托"中研院"历史语言研究所,1997 年;陈仲玉:《福建金门金龟山与浦边史前遗址》,香港中文大学中国考古艺术研究中心等编《东南考古研究》第二辑,厦门大学出版社,1999 年;陈维钧:《金门县金龟山遗址考古发掘报告》,金门县文化局委托"中研院"历史语言研究所,2004 年。

坪陇下部堆积[1]以及本次研讨会所讨论的马祖亮岛的岛尾Ⅰ遗址[2](图10-4)。这些遗址虽然一般被归类为同一种文化,但年代有相当的差距。壳丘头遗址目前已经发表了12个年代数据,其中贝壳校正海洋效应后年代大致集中在距今6000年到5500年间,炭样本的年代稍早一些[3]。金门富国墩测得的年代数据已经发表了7个,全部都来自贝壳标本,校正后的年代大约在距今7500到5000年之间。金龟山也有7个数据公布,其中贝壳样本校正过的年代大约在距今7800—5600年之间。马祖东莒岛炽坪陇的贝壳测定年代最早为距今6000年,但有4个数据在距今4000年左右。最近发掘的马祖亮岛岛尾Ⅰ遗址分别由贝壳、木炭及人骨测得了5个年代,经校正后可以早到距今8300至7300年(以上遗址的年代数据请参见表10-1)。除炽坪陇不确定外,其他地点都在距今5000年以前。

图10-4 马祖亮岛岛尾Ⅰ遗址

---

[1] 陈仲玉等:《马祖炽坪陇遗址研究计划发掘报告》,连江县马祖民俗文物馆。
[2] 陈仲玉等:《马祖亮岛岛尾遗址第一期研究(期末报告)》,连江县政府文化局委托马祖亮岛考古队执行研究,2012年。
[3] 焦天龙、范雪春、罗莱:《壳丘头遗址与台湾海峡新石器时代早期文化》,《福建文博》2009年2期。

表 10-1　金门及马祖等贝丘遗址年代

遗址名称	实验室编号	测定年代(BP)	标本性质	校正年代(BC)	资料来源
金门富国墩	NTU-63	5458±327	贝类	4538—3013（95.4%）	林朝棨 1973
	NTU-64	5799±348	贝类	5014—3440（95.4%）	
	NTU-65	6305±378	贝类	5541—3951（95.4%）	
	Beta-130030	6210±40	贝类	4720—4486（95.4%）	陈维钧 1999:30
	Beta-130031	6280±40	贝类	4806—4559（95.4%）	
	Beta-130032	6250±40	贝类	4774—4533（95.4%）	
	NTU-3655	5670±40	贝类	4169—3933（95.4%）	陈仲玉等 2001
金门金龟山	GX-20426	5475±70	贝类	3958—3652（95.4%）	陈仲玉等 1997:8
	GX-20427	5940±70	贝类	4487—4167（95.4%）	
	GX-23272	6680±100	贝类	5386—4916（95.4%）	陈仲玉 1999
	Beta-196581	6730±40	贝类	5334—5102（95.4%）	陈维钧 2004, 2007
	Beta-195206	7080±40	贝类	5621—5467（95.4%）	
	Beta-198055	7320±40	贝类	5861—5654（95.4%）	
	Beta-195207	7910±40	木炭	7028—6931（16.3%），6921—6877（9.2%），6859—6650（69.9%）	
马祖东莒岛炽坪陇	NTU-3650	5330±60	贝类	3799—3512（95.4%）	陈仲玉等 2004
	NTU-3654	3770±30	贝类	1751—1529（95.4%）	
	NTU-3648	3740±30	贝类	1722—1507（95.4%）	
	GX-28226	3900±70	贝类	2015—1623（95.4%）	
	GX-28227	3940±70	贝类	2088—1676（95.4%）	
	GX-31215	5560±70	贝类	4072—3706（95.4%）	
马祖亮岛岛尾 I 遗址	NTU-5556	7160±60	贝类	5719—5490（95.4%）	陈仲玉等 2012:41
	NTU-5605	7300±60	贝类	5873—5617（95.4%）	

（续表）

遗址名称	实验室编号	测定年代（BP）	标本性质	校正年代（BC）	资 料 来 源
马祖亮岛岛尾Ⅰ遗址	NTU-5612	6970±50	贝类	5555—5336（95.4%）	陈仲玉等 2012：41
	GX33672-AMS	6700±50	木炭	5712—5534（95.4%）	
	Beta-321640	7380±40	人骨	6380—6204（83.9%），6191—6183（0.8%），6172—6154（2.1%），6146—6099（8.6%）	

校正的年代根据 OxCal version 4（Bronk Ramsey 2009），使用 INTCAL09 数据库校正陆生动物标本，使用 MARINE09 校正海生标本（Reimer et al. 2009）；海洋贮存库效应值（marine reservoir correction）为（R）of 82±18（Yoneda et al. 2007）。

  壳丘头、富国墩、金龟山、炽坪陇和岛尾Ⅰ遗址都是面积不大的贝丘遗址。其中壳丘头是个坡地遗址，残留面积4000平方米，遗址北面依山，南向海湾滩涂。第一次发掘700多平方米，发现有集中两片的上百个小洞，可能与建筑有关，此外还有21个贝壳坑和1座墓葬，似乎是一处定居的遗址。第一次发掘发现的陆生动物骨骼中以梅花鹿、赤鹿、水鹿和野猪为主，鱼类发现有隆头龟、海龟和须鲸，贝类以文蛤为主，还有牡蛎、蚶和小海螺。第二次发掘研究的结果分辨出了十九种海贝，主要为丽文蛤（*Metrix Lusoria*），其次是褶牡蛎（*Ostrea Plicatula*），还有泥蚶（*Arca Granosa*），也有大量的海洋鱼骨。发掘土样经过水选，没有发现任何植物遗存。

  金门岛金湖镇的富国墩贝冢遗址在1968年的发掘中鉴定出二十种贝类，以及很少量的兽骨[1]。2004年于金龟山的发掘可以辨认出二十二种贝类，两个4平方米的探坑各于其中1平方米的区域进行了贝类的全面采集（深度约80—110厘米），分别取得203.8、154.2千克的贝类，但整季的发掘只取得166.23克的兽骨[2]。

  大坌坑文化也是台湾岛年代最早的新石器时代文化，目前在台湾和澎湖已发

---

[1] 林朝棨：《金门富国墩贝冢遗址》，《台湾大学考古人类学刊》1973 年 33/34 卷 36-38 页。
[2] 陈维钧：《金门县金龟山遗址考古发掘报告》，金门县文化局委托，2004 年。

现有 40 处以上遗址,经过发掘的主要有台北大坌坑、高雄凤鼻头遗址下层[1]、台南南关里、台南南关里东[2]、台东长光、澎湖马公岛菓叶[3]等。大坌坑文化的遗址主要位于沿海沙丘或近海河口,有的则形成贝丘,例如八甲村和菓叶;有的则形成沙丘,例如台东的长光。从几处大坌坑文化遗址所测定的年代及其陶器的特征,可以初步将台湾的大坌坑文化遗址分为早、晚两期。大坌坑文化早期的遗址约当距今 6000 年至 5000 年间,但也有认为可能早到距今 6500 年,如最近高雄新园遗址的 3 件木炭测年便将年代推到距今 6500—6000 年间[4]。从陶器特征来看,大坌坑文化早期的遗址包括台北大坌坑,高雄福德爷庙、六合、孔宅、新园,花莲港口,及台东长光等。上述这些遗址出土的石器的种类很少,主要为石锛、石斧,并可能有树皮布打棒。根据大坌坑遗址中属于大坌坑文化的 10 片陶片研究其所包含的植硅石,结果发现含有若干稻子植硅石,并判断可能属于野生稻。[5]

大坌坑晚期遗址的年代则不超过 5000 年,集中在距今 4800—4200 年为主,本期以台南的南关里和南关里东为代表。这个时期的石器种类较前期多样化,有石锛、石斧、穿孔石刀、砝码型网坠、磨制石镞、有肩石斧、贝刀等,并有装饰品如贝玦,甚而制造玉器。值得注意的是这个阶段不仅有树皮布打棒,也出现了陶纺轮。根据在南关里和南关里东发现的植物遗留显示,这一阶段应已有小规模的农业,已种小米及大米等作物。这个时期显然已有较具规模的聚落和大面积的墓葬,已流行仰身直肢葬、拔牙习俗,以及已有简单的陪葬品如陶器、贝器等,还有家狗,但尚不清楚是否已有驯化的家猪。从出土的动物遗留来看,这个时期仍大量依赖海洋资

---

[1] Chang, Kwang-chin, 1969. *Fengpitou, Tapenkeng and the Prehistory of Taiwan*. Yale University Publication in Anthropology no. 73. New Haven: Yale University Press.
[2] 臧振华、李匡悌、朱正宜等:《台南科学工业园区道爷遗址未划入保存区部分抢救考古计划期末报告》,南部科学工业园区管理局委托"中研院"历史语言研究所,2004 年。
[3] Tsang C-H, 1992. *Archaeology of Peng-Hu Islands*. Institute of History and Philology, Academia Sinica, Taipei. Special Publications. No.95, Plate 45.
[4] 颜廷仔:《高雄市路竹区新园遗址考古试掘结果暨相关研究问题》,《田野考古》16(1):85-118,2013 年。
[5] 陈有贝:《大坌坑的生业模式探讨——陶片硅酸体分析方法的尝试》,《台湾大学考古人类学刊》66:125-154,2006 年。

源及陆上的狩猎活动。在南关里,经过分析的脊椎动物遗留有 48 千克(标本总数为 123878 件),而其中 44 千克可以辨识出来的遗留包含 25 千克的鱼类。野鹿和野猪提供了陆生资源的主要蛋白质来源(占 21 千克),而鸟类及爬虫类则很少[1]。由于所发现的鱼骨占了动物蛋白的一半以上,再加上那些庞大的贝丘遗留所包含的贝类,显然鱼、贝类为大坌坑晚期的居民提供了一个稳定的食物来源。

广东、广西和海南目前所知年代最早的文化类型是广东环珠江口、香港、澳门沙丘遗址上的咸头岭文化(或称大湾文化)。就地理位置来看,咸头岭文化应该主要是利用海洋水生资源的一支古代文化群体,目前已调查或发掘的遗址据统计有 20 多处[2],其中沿海岛屿上有 11 处、珠江三角洲海湾有 8 处,都是沙丘遗址,也还有位于珠江河流台地的贝丘遗址 3 处。经过发掘的主要遗址有深圳咸头岭[3]、大黄沙[4]、大梅沙[5]、珠海草堂湾[6]、后沙湾[7]、香港大湾[8]、深湾[9]、高要蚬壳洲[10]等。这类遗存向东北也可能分布到粤东的海丰[11](图 10-5)。

最近咸头岭遗址的两次发掘发现了最为明确的地层关系,可以将咸头岭遗存划分为五段,发表的 11 个 1 至 4 段的碳样本大都在距今 7000—5000 年间,个别样

---

[1] Li, K.T., 2013. First Farmers and their Coastal Adaptation in Prehistoric Taiwan, in Anne P. Underhill ed. *A Companion to Chinese Archaeology*, pp. 612-633. Hoboken, NJ: John Wiley & Sons Inc.

[2] 邓聪:《华南土著文化圈之考古学重建举要》,香港中文大学中国考古艺术研究中心等编《东南考古研究》第二辑,厦门大学出版社,1999 年。

[3] 深圳市博物馆等:《深圳市大鹏咸头岭沙丘遗址发掘简报》,《文物》1990 年 11 期。

[4] 深圳市博物馆等:《广东深圳市大黄沙沙丘遗址发掘简报》,《文物》1990 年 11 期。

[5] 深圳市博物馆:《广东深圳大梅沙遗址发掘简报》,《文物》1993 年 11 期。

[6] 《三灶岛草堂湾遗址发掘》,珠海市博物馆等编《珠海考古发现与研究》22-33 页,广东人民出版社,1991 年。

[7] 《淇澳岛后沙湾遗址发掘》,珠海市博物馆等编《珠海考古发现与研究》3-21 页,广东人民出版社,1991 年。

[8] 区家发等:《香港南丫岛大湾遗址发掘简报》,《南中国及邻近地区古文化研究》237-240 页,香港中文大学,1994 年。

[9] 香港考古学会:《南丫岛深湾考古遗址调查报告》,《香港考古学会专刊》3,1-293 页,1978 年。

[10] 广东省博物馆:《广东高要县蚬壳洲发现新石器时代贝丘遗址》,《考古》1990 年 6 期。

[11] 魏峻:《粤东闽南地区先秦考古学的分期与谱系》,北京大学考古文博学院、北京大学中国考古学研究中心编《考古学研究》(九),文物出版社,2012 年。

图 10-5 咸头岭遗址远眺及遗址发掘场景

本(BA06857)甚至达到距今 8000 年左右,第 5 段一个样本的两个数据(BA06861、Wk19114)则在距今 4500 年左右[1]。咸头岭遗址最早一个阶段的遗存在环珠江

---

[1] 深圳市文物考古鉴定所编著:《深圳咸头岭——2006 年发掘报告》39-41 页,文物出版社,2006 年。

口地区还不多见,根据与内陆高庙文化的陶器样式对比,研究者认为最早应当在距今 7000 年。此外大黄沙有一个炭化粮食标本(ZK2513)的 ^{14}C 年代为距今 5130±100 年(校正为距今 6255±260 年),蚬壳洲标本(KWG-871)年代为距今 5130±100 年,所以一般估计大湾文化的年代在距今 7000—5000 年之间。

由于沙丘遗址一般就位于海边沙堤上,遗址本身就是沙丘,堆积物都是水平的沙层,可见大都经过海水的侵扰,很难找到原生的堆积和遗迹,只有少数遗址如咸头岭发现过红烧土面,因此堆积物中炭样的来源也很难说就是原生的或与陶器的分期是吻合的。从沙丘遗址的位置来看,当时大都应当是沙堤—泻湖的生态环境,有人类可以利用的海生资源。沙丘遗址保留下来的遗物虽不丰富,很难说是长期定居的证据,但都有成套的陶器和石器,显示了人类一定时期内生活的场景。绝大多数沙丘遗址没有保留骨骼、贝类遗存,有大植物的话也难以确定其来源,因此生业情况没有完整的可以确定的证据。不过最近发掘的海南陵水莲子湾沙丘遗址出土了很多海洋贝类和鱼类遗存,同时也有陆生动物骨骼[1],尽管其年代可能要稍晚于咸头岭文化,但也可以作为相关的线索。而最近发表的台山新村沙丘遗址出土石制工具的表层残留物植硅体和淀粉分析结果表明,60%的植硅体都来源于棕榈(*Caryota sp.*),在可鉴定的淀粉粒种类中,含量最多的也来自于棕榈,研究者因此判断,来自棕榈茎髓的淀粉、现在称为西米的东西,应当是当时的主要食物之一,此外还有水生植物根茎类和坚果等[2]。新村遗址的年代最早可达距今 5000 年,与咸头岭文化相当接近。

广西防城、钦州和广东潮安发现过十几处早期的海岸型贝丘遗址,其中防城亚菩山、马兰咀山、杯校山[3]和潮安陈桥村、石尾山[4]等几处文化面貌十分接近,都

---

[1] 刘业沣:《海南史前考古取得突破性进展——陵水桥山遗址是海南地区迄今发现最大的史前遗址》,中国考古网 http://www.kaogu.cn/html/cn/chuangxingongcheng/chuangxinxiangmu/2014/0328/45688.html.
[2] Yang Xiaoyan et al., 2013, Sago-Type Palms Were an Important Plant Food Prior to Rice in Southern Subtropical China, *plosone*. Volume 8, Issue 5, pp. 1–8.
[3] 广东省博物馆:《广东东兴新石器时代贝丘遗址》,《考古》1961 年 12 期。
[4] 广东省文物管理委员会:《广东潮安的贝丘遗址》,《考古》1961 年 11 期。

是背山面海邻近小河流的坡地贝丘遗址。遗址出土有淡水软体动物,也有大量的海洋贝类,主要有牡蛎(*Qstrea*, sp.)、文蛤(*cytherea*, sp.)、魁蛤(*Aroa*, sp.),还有田螺(*Viuiparus* sp.)和乌蛳(*Semiewecospira*)。其他水生动物还有鱼和龟等。遗址中发现的脊椎动物也比较多,有鹿、猪、牛、象、兔、鸟等。还值得一提的是,这类遗存中有一种打制的石器尖状器——蚝蛎啄最有特色,数量很多,此外还有打制的砍砸器和手斧状器以及网坠等。新近发掘的湛江鲤鱼墩贝丘遗址第④层所出贝壳测年为距今5050±100年(未校正),更早的⑤层下发掘8座墓葬,可以说明遗址是长期定居的聚落,其中2个未污染人骨样本稳定同位素^{15}N值分别高达14.8‰和12.8‰,远高于陆生生境中杂食动物的高值9‰,表明摄取了大量的海生动物资源[1]。

上述贝丘遗址多见的蚝蛎啄在福建沿海的贝丘遗址中也出土,例如壳丘头遗址、亮岛岛尾Ⅱ遗址和马祖炽坪陇下部堆积中所见。另外,香港沙下遗址最早的地层中也出有大量的蚝蛎啄或尖状器[2]。这些线索表明,广东、广西和海南的沙丘遗址与贝丘遗址所表现出来的遗址形态虽有不同,但生业经济形态或许是一样的,都是采集狩猎经济,没有农业的内容,在肉食来源中大量稳定地依赖海洋资源。

三

本文之所以将中国沿海地区早期海洋适应性文化的年代上限界定在距今5000年以前(或5000—4500年之间),是由于不论东北方胶东半岛—辽东半岛还是东南沿海的福建、台湾、两广的新石器文化,在这个年代之后都发生了比较大的变化。胶东半岛和辽东半岛沿海在这个年代也就是大汶口文化早期和小珠山三期之后已经基本见不到比较典型的贝丘遗址,特别是在胶东半岛地区,大汶口文化中期和晚

---

[1] 胡耀武、李法军、王昌燧、Michael P. Richards:《广东湛江鲤鱼墩遗址人骨的C、N稳定同位素分析:华南新石器时代先民生活方式初探》,《人类学学报》2010年3期。
[2] 康乐及文化事务署古物古迹办事处编制:《香港的远古文化——西贡沙下考古发现》57–64页,2005年。

期的遗址数量大大减少,直到龙山文化时期才有所恢复,但也不再有贝丘堆积。当然,没有贝丘遗址并不意味着海洋适应性文化的消失,而显然是适应方式发生了转变,已有研究认为这种变化是环境与生活方式的双重变化所造成的[1]。东南沿海地区则是在这个时限之后出现了农业经济的迹象[2],之后虽然仍然有贝丘遗址和沙丘遗址,但相关的文化内容也应当发生了转变。只有海南岛的情况目前还不是很清楚。

从北辛文化开始至大汶口文化早期一直有稳定的海洋适应性文化存在,这一文化的人群以定居方式结群居住在胶东半岛与辽东半岛沿海和岛屿上,单一聚落的人群从房屋数量上看人数上百并且还有不同层次的社会组织。生业方式中有种植黍和粟的旱地农业以及坚果的采集,肉食资源中虽有家猪的饲养和鹿类的狩猎,但还是以采集海洋贝类和捕捞海洋鱼类为主,在北辛文化至大汶口文化早期长达两千年的时间里变化不大,是一种稳定地依赖海洋资源的文化。胶东半岛与辽东半岛之间有庙岛群岛、长山列岛等一连串的岛屿,两地人员往来方便,文化交流密切,胶东半岛可以见到辽东地区的筒形罐,辽东半岛也出土山东半岛的彩陶等器物。现在当地渔民还时常能从海底打捞上史前时期的器物,目前所见年代最早的是岳石文化(距今3800年)的完整的甗[3],应当是沉船上的器物,说明史前时期海上航行是很频繁的。同时胶东半岛与辽东半岛的文化还都与各自的内陆有密切交流,沿海地区的考古学文化与内陆地区从器物上看属于同一文化系统,甚至人群的体质特征也没有分别,北阡遗址大量样本的人骨形态学研究表明,沿海地区人群的体质特征以及颅骨变形和拔牙等习俗也都和内陆大汶口文化是一样的[4]。

---

[1] 中国社会科学院考古研究所编著:《胶东半岛贝丘遗址环境考古》197页,社会科学文献出版社,1999年。
[2] Zhang Chi & Hsiao-chun Hung, 2010. The Emergence of Agriculture in Southern China, *Antiquity* 84, pp. 11 – 25.
[3] 陈列于烟台博物馆。
[4] 刘超等:《北阡遗址人类颅骨的形态学研究》,山东大学东方考古研究中心编《东方考古》第10集,科学出版社,2013年。

东南地区福建、台湾、广东、广西沿海的贝丘和沙丘遗址见证了这一地区至少从距今 7000 年开始就有了稳定地依赖海洋资源的壳丘头文化、大坌坑文化和咸头岭文化的人群。只是相对来说，这些文化的单一人群规模应当比胶东半岛和辽东半岛要小，定居程度也要低很多，特别是沙丘遗址的所在位置靠近海边泻湖，相对贝丘遗址来说更不适于人类居住。这些文化的生业系统中不存在农业的因素，采集的植物性食物中有大量的热带植物如棕榈一类资源，肉食中虽有鹿类和野猪，但主要依赖的应当是海洋鱼类和贝类资源，以湛江鲤鱼墩人骨稳定同位素测定结果来看，这里贝丘遗址的居民较胶东半岛同时期居民摄取了更多的海洋鱼类的营养。上述各个文化之间也有经常性的交流，如有研究者认为台湾的大坌坑文化应当来自福建沿海的壳丘头文化[1]，也有研究者提出大坌坑文化可能与咸头岭文化或珠江三角洲史前文化有关联[2]，两地的共同特征包括绳纹陶、贝纹陶、彩陶、划纹陶以及石拍等。还有研究者发现大坌坑文化、壳丘头文化都可以见到河姆渡文化的要素，而且台湾和福建所见的河姆渡要素并不相同，可能是分别受到了来自河姆渡文化的部分影响[3]。显然，壳丘头—富国墩文化和大坌坑文化似乎同时和咸头岭文化及河姆渡文化有文化上的交往。这些所谓文化的交流显然是建立在海上航行基础之上的。鲤鱼墩人类颅骨形态研究结果认为，这里 7 个个体的样本形态接近，与中国境内其他早期人群都有不同，属于"古华南类型"，与现代南亚类型接近[4]。可见不同地区海洋适应性文化的人群来源不同，中国沿海地区的海洋适应性文化不会是单一的来源。

---

[1] 焦天龙、范雪春、罗莱：《壳丘头遗址与台湾海峡新石器时代早期文化》，《福建文博》2009 年 2 期。
[2] 陈有贝：《广东南、北地区的史前文化差异——兼论台湾史前史的相关问题》，《台湾大学考古人类学刊》2001 年 57 卷 64 - 86 页；Tsang C-H., 2005. Some Recent Archaeological Discoveries in Taiwan and Northern Luzon and Their Implications for Austronesian Expansion. 2005 年 Lapita 圆桌会议论文（2005.6.5 - 6.）."中研院"人文科学研究中心考古学研究专题中心，台北："中研院"；刘益昌、郭素秋：《金门富国墩遗存在亚洲大陆东南沿海的地位及其意义》，陈仲玉、潘建国主编《中国东南沿海岛屿考古学研讨会》135 - 195 页，连江县政府文化局，2005 年。
[3] 刘益昌、郭素秋：《金门富国墩遗存在亚洲大陆东南沿海的地位及其意义》，陈仲玉、潘建国主编《中国东南沿海岛屿考古学研讨会》135 - 195 页，连江县政府文化局，2005 年。
[4] 李法军、王明辉、冯孟钦、陈诚、朱泓：《鲤鱼墩新石器时代居民头骨的形态学分析》，《人类学学报》2012 年 3 期。

除了上述两个集中的区域之外，其实相同时期别的地区也有利用海洋资源的线索，最为引人注意的当属河姆渡文化。目前所知河姆渡文化也有海边的遗址，新近发掘的宁波鱼山遗址距海边就只有 7 公里[1]，也有遗址跨海出现在舟山群岛上[2]。河姆渡文化各个遗址所见动物遗存虽然以陆生和淡水动物为主，但一些遗址中也偶尔见到极少量的海洋动物遗骨，如河姆渡遗址就有海龟(*Chelonia mydas*)、鲸(*Cetacea Indet*)、真鲨(*Carcharhinus* sp.)、灰裸顶鲷(*Gymnocranius griseus*)、锯缘青蟹(*Scylla serrata*)[3]，田螺山遗址有大量利用水生资源的证据，其中也有很少量的海洋鱼类如鲨鱼(*Carcharhinus* sp.)和鲭科(*Scombridae*)鱼类的骨骼[4]。这些当然不是稳定利用海洋资源的证据，但也可以说明河姆渡文化中有海洋适应性的人群或者至少与海洋适应性文化人群有交流。

胶东半岛—辽东半岛与东南沿海稳定地利用海洋资源的海洋适应性文化，都在距今 7000—5000 年间的，但最近的年代学研究和新的发现也有一些新的更早的年代线索。有研究者指出，胶东地区年代最早的白石村一期其实并不单纯，从中还可以划分出一类以釜和支脚为代表的年代更早些的遗存，其年代相当于早于北辛文化的后李文化阶段[5]，这就意味着胶东半岛海洋适应性文化有可能提前到距今 7000 年以前，只是这类遗存数量很少，也难以确认与这类器物共存的海洋性遗存，因此目前证据还不够充分，也难以讨论其生业特征。福建沿海的马祖也有早于 7000 年遗存的线索，如前述金龟山与最近披露的亮岛人[6]，都有更早的年代数据，但这两个案例都还需要与壳丘头文化其他地点的遗存做对比研究，方能在整个

---

[1] 雷少:《宁波发现距海岸线最近的河姆渡文化遗址——鱼山遗址Ⅰ期发掘的阶段性成果》,《中国文物报》2014 年 8 月 1 日第八版。

[2] 王和平、陈金生:《舟山群岛发现新石器时代遗址》,《考古》1983 年 1 期。

[3] 浙江省文物考古研究所:《河姆渡——新石器时代遗址考古发掘报告》(上) 201 - 210 页,文物出版社,2003 年。

[4] Zhang Ying, 2014. Animal Procurement in the Late Neolithic of the Yangtze River Basin: Integrating the Fish Remains into a Case Study from Tianluoshan, p. 102, A dissertation presented to The Institute of Archaeology, UCL, UK..

[5] 霍东峰、华阳、董文斌:《一个假设 两类遗存——"白石村第一期遗存"辨析》,山东大学东方考古研究中心编《东方考古》第 7 集,科学出版社,2010 年。

[6] 陈仲玉:《亮岛人 DNA 研究》,连江县政府出版,2013 年。

福建沿海地区早期新石器时代文化体系中揭示其意义。

浙江沿海地区也有早于河姆渡文化的线索可以向上追溯，这就是位于杭州湾附近的跨湖桥文化。萧山跨湖桥遗址出有海豚科（*Delphinidae*）骨骼2个个体，下孙遗址灰坑中出有三个品种的牡蛎（*Ostrea gigas Thunberg*、*Ostrea rivularis Gould*、*Ostrea glomerata gould*）以及锯缘青蟹（*Scylla serrata*），也是利用海洋资源的实例，但跨湖桥遗址出土大量的动物骨骼是陆生、淡水动物和鸟禽类，显然肉食来源与海洋资源无关，而下孙遗址发掘面积很小，海生贝类只见于一个灰坑，其他动物骨骼也多属陆生[1]。跨湖桥和下孙遗址跨湖桥文化时期的堆积物之上都覆盖有海相沉积物，是全新世海侵淹没这片区域的证据。值得注意的是，跨湖桥以及其后继者河姆渡文化的河姆渡遗址、田螺山遗址所见少量的海洋生物中均有金枪鱼、鲨鱼、鲸鱼和海豚这类远海鱼类，其意义也有待进一步阐发，但都还不是稳定利用海洋资源的证据。

年代更早的海南三亚落笔洞遗址（图10-6）所发表的同层位螺壳和兽骨样本年代数据各1个，分别为10890±100（BK94122）和10642±207年，校正后应当达到距今12000年[2]，石器类型看来也大致在旧石器时代末期。这个洞穴遗址堆积中发现了大量哺乳动物骨骼和大量的软体动物遗存，其中螺蚌壳估计在7万件以上，分类有七目二十四种，包括蚶科（*Arcidae*）、牡蛎科（*Ostridae*）和鹦鹉螺科（*Nautilidae*）等多种海洋食用种类，只是相关资料并没有给出海洋品种与淡水品种的比例[3]。落笔洞距三亚海边只有数公里之遥，海洋软体动物是落笔洞人长期依赖的食物资源之一，但依赖程度还不好确定。

其实，以北京山顶洞遗址曾经发现的3件海蚶壳制作的装饰品来看[4]，中国东部地区的人类早在旧石器时代晚期就早已开始利用海洋资源。旧石器晚期以来最后冰期进入盛期，裸露的东亚大陆架上人类活动的情况目前还只能猜测，但大陆

---

[1] 浙江省文物考古研究所、萧山博物馆：《跨湖桥》261、313页，文物出版社，2004年。
[2] 落笔洞还有一个骨头样本BA95061的数据为距今4520±200年，与出土器物群年代不符而被认为是混入的，见郝思德、黄万波编著：《三亚落笔洞遗址》113页，南方出版社，1998年。
[3] 郝思德、黄万波编著：《三亚落笔洞遗址》40-120页，南方出版社，1998年。
[4] Pei, W. C., 1939. The Upper Cave Industry of Choukoudian, Pal. Sin. New Ser, D. 9, pp. 1-41.

图 10-6 落笔洞外景及发掘场景

与远离大陆的如日本列岛有交往是不争的事实,比如冰期时日本也随大陆一起细石器化以及陶器的传播,表明大陆架上一定有人类的活动。但当时是否形成了某种程度上依赖海洋资源的群体,则没有直接证据。落笔洞旧石器时代末期利用海洋资源的例子则是逐渐进入全新世、海平面上升后的事情,但这个时期中国沿海地区的发现不多,难以做进一步的讨论。

全新世早期以后,中国东部地区的华北和华中逐渐产生农业,开始新石器化进程,但从旧石器时代晚期以来适应不同地区不同环境和资源的各种采集狩猎经济体系和策略一直在各地延续。华北和华中地区不同的采集狩猎经济一直镶嵌在初级农业的经济体系之中,而沿海地区的采集狩猎策略中应当就包括对海洋资源的利用,跨湖桥文化利用海洋资源是其中的一个例子。只是这个阶段利用海洋资源的资料目前还很少,相关遗址年代学的证据也不充分,不能肯定是否有稳定的海洋适应性文化的出现。但同时期在日本列岛和朝鲜半岛南部沿海都发现有距今8000年稳定利用海洋资源的贝丘遗址[1],暗示中国同时期类似遗存的发现是迟早的事情。目前有充分证据揭示,至迟在7000年以降至距今5000年之间,中国沿海北部胶东半岛和辽东半岛出现了基于农业但长期稳定依赖海洋资源的海洋适应性文化,在东南沿海福建、台湾、广东和广西出现了在没有农业的采集狩猎体系中更为依赖海洋资源的稳定的海洋适应性文化。

中国东部地区早在旧石器时代晚期就已经出现利用海洋资源的证据,全新世之后的新石器时代早期沿海地区依然有类似的实例,只是还不能估计这个时期对海洋资源依赖的程度。目前有稳定利用海洋资源证据的海洋适应性文化是从距今7000年前开始的,有两种文化的类型:一个是分布在中国北部沿海的胶东半岛和辽东半岛地区,这里一开始就有农业和比较大规模定居的聚落,形成贝丘遗址,在食物构成中长期稳定地利用贝类和鱼类等海产资源;另一个是在福建、台湾、广东和广西的东南沿海地区,人群规模相对比较小,形

---

[1] 安承模:《公元前5000—6000年南朝鲜早期栉文人的生计模式》,余姚市河姆渡遗址博物馆编《河姆渡文化国际学术论坛论文集》108-118页,中国时代经济出版社,2013年。

成了沙丘和贝丘遗址,其中贝丘遗址的居民较沙丘居民居住更为稳定,生业系统包括采集热带可食性植物和狩猎陆生动物,同时也稳定依赖海洋贝类和鱼类资源,甚至摄取海洋鱼类营养的比重大于前者。这两种海洋适应性文化并不仅仅局限于中国沿海地区,其中前者还应该出现于朝鲜半岛的西海岸,后者也见于越南北部沿海地区。有线索表明,这两种文化传统都有可能产生于更早的时期。同时期的浙江河姆渡文化也有偶尔利用海洋资源的相关证据,相信河姆渡文化靠近海边遗址的相关资料披露后会有进一步认识。距今 5000 或 4500 年之后,农业扩散至岭南和东南,北部和东南沿海地区海洋适应性文化都发生了一定程度的转变,但转变的原因应该不同。

表 10-1 引用文献

林朝棨
1973《金门富国墩贝冢遗址》,《台湾大学考古人类学刊》33/34:36-38。

陈仲玉
1999《福建金门金龟山与浦边史前遗址》,《东南考古研究》2:52-61。

陈仲玉、王花俤、王建华、林锦鸿、游桂香、贺广义、潘建国
2004《马祖东莒炽坪陇史前遗址的研究》,台湾文化建设委员会赞助,马祖民俗文物馆委托。

陈仲玉、刘益昌、蓝敏晶
2001《台闽地区考古遗址普查研究计划第六期研究报告》,台湾地区行政事务管理机构委托,台北:"中研院"历史语言研究所。

陈仲玉、董伦道、黄信凯
1997《金门岛考古遗址调查研究》,金门公园管理处委托,台北:"中研院"历史语言研究所。

陈仲玉等
2012 《马祖亮岛岛尾遗址第一期研究(期末报告)》,连江:连江县政府文化局委托马祖亮岛考古队执行研究。

陈维钧
1999《金门岛史前遗址调查研究(一)》,台湾地区行政事务管理机构营建署金门公园管理处委托。
2004《金门县金龟山遗址考古发掘报告》,金门县文化局委托。
2007《金门金龟山贝冢遗址的重要性及其文化意义》,《田野考古》11(1-2):75-108。

Bronk R. C.
2009. Bayesian Analysis of Radiocarbon Dates. *Radiocarbon* 51, pp. 337-360.

Reimer, P. J., *et al.*,

2009. IntCal09 and Marine09 Radiocarbon Age Calibration Curves, 0 – 50000 years cal. BP. *Radiocarbon* 51, pp. 1111 – 1150.

Yoneda, M., *et al.*,
2007. Radiocarbon Marine Reservoir Ages in the Western Pacific Estimated by Pre-bomb Molluscan Shells. *Nuclear Instruments and Methods in Physics Research* B – 259, pp. 432 – 437.

（本文原名"中国沿海的早期海洋适应性文化"，合著者洪晓纯，载《南方文物》2016年3期。此次重刊略有修订。）

11
中国北方生业经济结构的区域特征*
——旧大陆西部作物及家畜传入初期

在目前的证据中,旧大陆西部早期传入中国的主要是小麦(*Triticum aestivum*)和大麦(*Hordeum vulgare*)等作物,绵羊(*Ovis sp.*)、山羊(*Capra sp.*)、黄牛(*Bos sp.*)和马(*Equus sp.*)等家畜,以冶铜为主的冶金技术,以及各种铜器、权杖头等器物。以发源于西方的作物和技术向中国的传播为主,当然也有原产中国的粟黍类作物向西传播的事例。但这些作物和技术的传播究竟开始于何时,是偶然的传播还是基于东西方文化长期的交流,这些作物和技术传入中国后对中国传统新石器时代社会分别产生了多大影响,都还不是很清楚。本文无力全面解决这些问题,仅搜集旧大陆西部早期传入中国的作物及家畜资料,尝试辨析这些因素在进入中国的初期,也就是龙山—二里头文化时期,在当时北方地区生业体系中的作用,以及这种作用在不同区域中的差异,以期对上述问题做部分的回答。这里所谓不同区域是指黄河中下游地区、燕辽—北方—甘青所在的半月形地带以及河西走廊—新疆地区,在中国自然、农业地理中分别属于旱作农业区、半农半牧区和干旱绿洲区(图11-1)。

一、中国最早的旧大陆西部作物和家畜

在中国考古学文献中,有多个发现距今5000年左右小麦的事例,赵志军对此做过详尽的分析,认为早于公元前2500年的小麦证据都不无问题,难以据信[1]。

---

* 本文由国家社科基金2012年重大项目"邓州八里岗仰韶聚落研究与报告编写"(批准号12&ZD190)资助。
[1] 赵志军:《小麦传入中国的研究——植物考古资料》,《南方文物》2015年3期;赵志军:《小麦东传与欧亚草原通道》,中国社会科学院考古研究所夏商周考古研究室编《三代考古》(三),科学出版社,2009年。

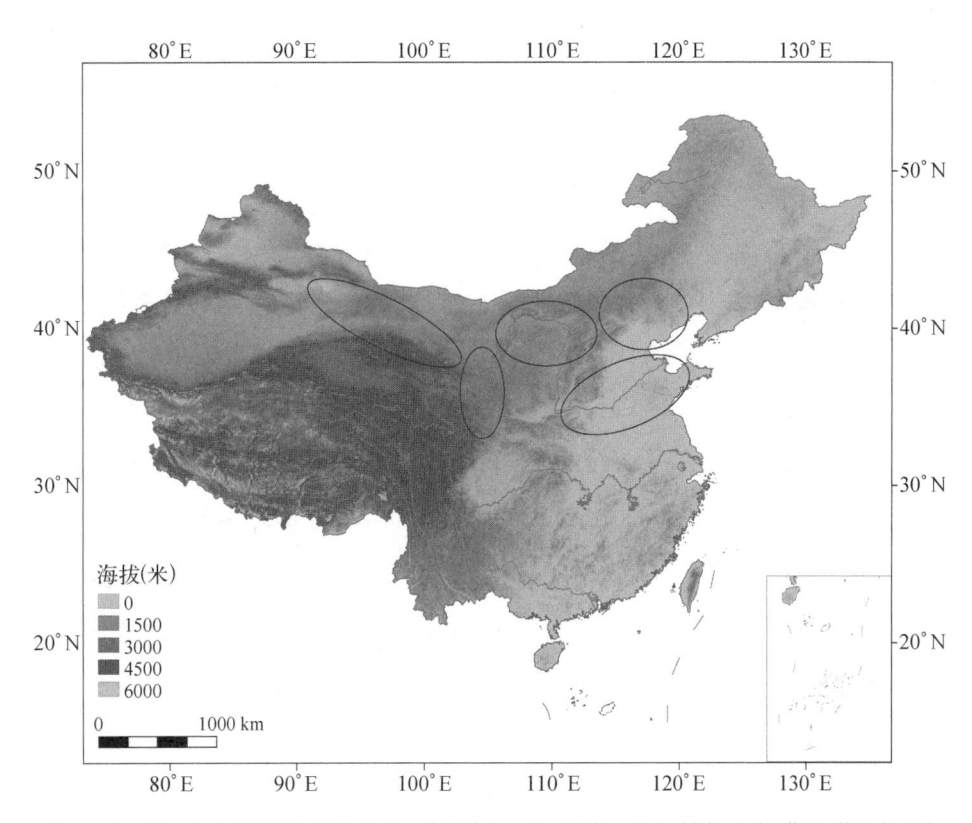

图 11-1　图上 5 个圈起来的区域,从西向东顺次为：河西走廊—新疆、甘青、北方、燕辽、黄河中下游

距今 5000 年左右的大麦出自西安米家崖遗址仰韶文化晚期器物上的植硅石遗存[1],同样也还有待进一步分析和更多的证据。年代更晚的有关大麦的线索则见于东灰山、西城驿、禹会村、照各庄和陶寺晚期[2],但照格庄、禹会村样本只有一两粒,陶寺的样本存在很大疑问,比较多的样本主要来自河西走廊的东灰山和西城驿,年代已经是四坝文化时期的了。最有可能将小麦带到中国的是出现在新疆北部的阿凡纳切沃文化(Afanasievo Culture),年代大致与仰韶文化中晚期相当,但目

---

[1] Wang, Jiajing, et al., 2016. Revealing a 5000-y-old Beer Recipe in China, *PNAS*. 刘莉、王静佳、赵昊：《米家崖仰韶文化谷芽酒的科学鉴定问题》,http://www.kaogu.cn/cn/xueshuyanjiu/yanjiuxinlun/kejikaogu/2016/0530/54102.html。

[2] 赵志军、何驽：《陶寺遗址 2002 年度浮选结果及分析》,《考古》2006 年 5 期。

前并没有两个文化之间接触的确切迹象。因此即便公元前3000—前2300年间有零星的交流也是不稳定的,更无法估计在当时的文化和生计中起到什么确定的作用。

迄今为止中国最早的家马发现在距今4000—3600年左右的甘肃地区,这里有多处遗址发现马骨,黄河中下游地区龙山文化和二里头文化时期也有一些遗址有马,但数量不是很多,其作用也不清楚[1]。中国最早发现的绵羊和黄牛证据见于西北地区甘肃和青海,分别发现于天水师赵村和民和核桃庄遗址,出自石岭下类型和马家窑文化时期,年代当在公元前3000年之初[2],但数量很少,其作用也难以评估。

目前所知,分布在半月形地带上,年代在公元前3000年前半期的动物骨骼系统鉴定数出自陕北,即仰韶文化晚期(泉护二期)靖边五庄果墚、横山县大古界、杨界沙等3个遗址[3]。这三个遗址出土动物遗骨以野生为主,分别达到66%、90%和56%,主要是草兔(*Lepus capensis*)、狍(*Capreolus capreolus*)、雉(*Phasianidae*)一类动物,家养动物比例一般达不到40%,主要是猪(*Sus domesticus*),还有狗(*Canis familiaris*),没有可以确认的绵羊(*Ovis sp.*)和黄牛(*Bos sp.*)。就食肉量的贡献来说,也许猪的比重要更大一些,但不难看出陕北地区这个时期肉食来源中,狩猎的野生动物占了很大的比例,其他邻近地区如内蒙古中南部的稍早时期仰韶文化石虎山、王墓山、庙子沟遗址所见也是相差不多的[4],可见这种情况是当地长期的传统。

由此可以确认,在公元前2300年也就是龙山文化之前,西北地区有关小麦和大麦的证据都不够充分。西北和北方地区肉食来源以野生动物为主,家畜主要是

---

[1] 袁靖:《中国古代家马的研究》,《中国史前考古学研究——祝贺石兴邦先生考古半世纪暨八秩华诞文集》436-443页,三秦出版社,2004年。

[2] 傅罗文、袁靖、李水城:《论中国甘青地区新石器时代家养动物的来源及特征》,《考古》2009年5期。

[3] 胡松梅、孙周勇:《陕北靖边五庄果墚动物遗存及古环境分析》,《考古与文物》2005年6期;胡松梅、杨利平、康宁武、杨苗苗、李小强:《陕西横山县大古界遗址动物遗存分析》,《考古与文物》2012年4期;胡松梅、孙周勇、杨利平、康宁武:《陕北横山杨界沙动物遗存研究》,《人类学学报》2013年1期。

[4] 黄蕴平:《石虎山I遗址动物骨骼鉴定与研究》,《岱海考古(二)——中日岱海地区考察研究报告集》489-513页,科学出版社,2001年;黄蕴平:《王墓山坡下、王墓山坡中、红台坡上、东滩遗址动物骨骼鉴定》,《岱海考古(三)——仰韶文化遗址发掘报告集》259页,科学出版社,2003年。

传统中国本土驯化的家猪、绵羊、山羊、黄牛和马等旧大陆西部的家畜即使已经东传,在当时生业经济中也没有什么作用。旧大陆西部的作物和家畜稳定地出现在河西走廊—新疆东南部、半月形地带和黄河中下游地区并在它们各自生业系统中起到一定作用,应当是在龙山文化之后。

二、黄河中下游地区

龙山文化和二里头文化时期,小麦在山东和河南已经有普遍的发现。据赵志军统计,有日照两城镇、聊城教场铺、胶州赵家庄、烟台照格庄、章丘马安、蚌埠禹会村、博爱西金城、登封王城岗、禹州瓦店、邓州八里岗、新密新砦、偃师二里头、洛阳皂角树等,但每个遗址所见数量不多,在农业遗存中占比极小。表 11 - 1 为两城镇[1]、教场铺[2]、照格庄[3]、赵家庄[4]、马安[5]、禹会村[6]、西金城[7]、王城岗[8]、瓦店[9]、八里岗[10]、新砦[11]、二里头[12]和陶寺[13]等遗址农作物浮选的

---

[1] 凯利·克劳福德、赵志军、栾丰实、于海广、方辉、蔡凤书、文德安、李炅娥、加里·费曼、琳达·尼古拉斯:《山东日照市两城镇龙山文化植物遗存的初步分析》,《考古》2004 年 9 期。
[2] 赵志军:《两城镇与教场铺龙山时代农业生产特点的对比分析》,《东方考古》第 1 集 210 - 224 页,科学出版社,2004 年。
[3] 靳桂云、赵敏、王传明、王富强、姜国钧:《山东烟台照格庄岳石文化遗址炭化植物遗存研究》,《东方考古》第 6 集 331 - 343 页,科学出版社,2010 年。
[4] 靳桂云、王海玉、燕生东、刘长江、兰玉富、佟佩华:《山东胶州赵家庄遗址龙山文化炭化植物遗存研究》,中国社会科学院考古研究所考古科技中心编《科技考古》(第三辑),科学出版社,2011 年。
[5] 陈雪香、郭俊峰:《山东章丘马安遗址 2008 年浮选植物遗存分析》,《东方考古》第 5 集 368 - 371 页,科学出版社,2008 年。
[6] 中国社会科学院考古研究所、安徽省蚌埠市博物馆:《蚌埠禹会村》250 - 260 页,科学出版社,2013 年。
[7] 陈雪香、王良智、王青:《河南博爱西金城遗址 2006—2007 年浮选结果分析》,《华夏考古》2010 年 3 期。
[8] 赵志军、方燕明:《登封王城岗遗址复选结果分析》,《华夏考古》2007 年 2 期。
[9] 刘昶、方燕明:《河南禹州瓦店遗址出土植物遗存分析》,《南方文物》2010 年 4 期。
[10] 邓振华、高玉:《河南邓州八里岗遗址出土植物遗存分析》,《南方文物》2012 年 1 期。
[11] 赵志军:《中华文明形成时期的农业经济发展特点》,《国家博物馆刊》2011 年 1 期。
[12] 赵志军:《公元前 2500—公元前 1500 年中原地区农业经济研究》,中国社会科学院考古研究所考古科技中心编《科技考古》(第二辑),科学出版社,2007 年。
[13] 赵志军、何驽:《陶寺遗址 2002 年度浮选结果及分析》,《考古》2006 年 5 期。

统计数据,其中照格庄、马安遗址为岳石文化时期(但马安有 1 份样本为商代),二里头遗址样本来自二里头文化时期,王城岗遗址样本为龙山—二里头合计,但仅有 1 粒小麦为二里头文化时期,其余均为龙山文化时期。除新砦、禹会村、八里岗样本量太少,八里岗有可能出现了晚期小麦混入的情况(直接测年为西周时期),可能会有偏差外,其他地点大都是以粟、黍或再加水稻为主,有一定数量的小麦,但小麦出土数量都不到 1%,出土概率最高的教场铺也只有 4%。因此,山东和中原地区小麦出土地点虽不少,但在每一个地点所占比例都极小,在当时植物性食物当中起不到什么作用。出土大麦的照格庄和禹会村分别只有 1 和 2 粒,无从讨论。

表 11-1 黄河中下游遗址农作物浮选统计数据

遗 址	样本	粟 (Setaria italica)	黍 (Panicum miliaceum)	稻谷 (Oryza sativa)	小麦 (Triticum aestivum)	大麦 (Hordeum vulgare)	大豆 (Glycine max)
陶 寺	47	9160	606	30	—	?	3
新 砦	26	62	12	11	4		3
二里头	101	5868	961	3240	2		80
王城岗	85	1442	125	17	1		155
瓦 店	139	2253	385	1144	8		573
八里岗	7	29%	24%	35%	11%		
两城镇	122	98	6	454	2		40
教场铺	270	粟黍合计 36%		49%	4%		21%
照格庄	80	7505	421	4	16	1	4
赵家庄	71	232	75	425	10		
马 安	11	706	24		6		3
禹会村	283	2		33	18	2	
西金城	37	740	5		1		8

注:表中数字为出土数量,百分比为出土概率。

新砦、陶寺、二里头以及另一个二里头文化时期伊川南寨遗址都有人骨稳定同位素 ^{13}C 数据发表[1]，相关数据（表11-2）说明陶寺人主食来源完全依赖小米类作物，其他三个地点以小米为最主要食物，但有20%以下的少量C3类植物性食物，研究者估计应当为水稻。人骨 ^{13}C 与上述炭化作物研究所得结论完全吻合。

表11-2　新砦、陶寺、二里头、南寨人骨稳定同位素数据

遗　址	样本数量（个体）	^{13}C 平均值	C4类食物比例
新　砦	8	-9.6±1.4‰	80%
陶　寺	12	-6.3‰	100%
二里头	20	-8.6‰	88%
南　寨	9	-9.58‰	80%

中原龙山文化和二里头文化的王城岗、瓦店、新砦、陶寺、二里头等5个遗址有最新的出土动物骨骼统计数据[2]，家畜可鉴定标本数和最小个体数的最低值出自新砦遗址新砦期和王城岗遗址龙山期，为75%和50%，最高值为二里头文化一期和陶寺遗址晚期，为90.90%和94.67%，也就是说这几个遗址人群的肉食来源绝大多数出自家畜，最多的时期已经达到90%以上。家畜品种都有猪、狗、黄牛和绵羊等四种，以猪的比例为最高，不论是可鉴定标本数还是最小个体数，一般都在50%以上，龙山文化时期绵羊的可鉴定标本数和最小个体数最低是新砦龙山期的2.10%和3.77%，最高是陶寺晚期的17.95%和16.58%，一般则在10%左右。黄牛可鉴定

---

[1] 吴小红、肖怀德、魏彩云、潘岩、黄蕴平、赵春青、徐晓梅、Nives Ogrinc:《河南新砦遗址人、猪食物结构域农业形态和家猪驯养的稳定同位素证据》，张雪莲、仇士华、薄官成、王金霞、钟建:《二里头遗址、陶寺遗址部分人骨碳十三、氮十五分析》，中国社会科学院考古研究所考古科技中心编《科技考古》（第二辑），科学出版社，2007年。

[2] 袁靖、黄蕴平、杨梦菲、吕鹏、陶洋、杨杰:《公元前2500年—公元前1500年中原地区动物考古学研究——以陶寺、王城岗、新砦和二里头遗址为例》，中国社会科学院考古研究所考古科技中心编《科技考古》第二辑，科学出版社，2007年；动物考古课题组:《中华文明形成时期的动物考古学研究》，中国社会科学院考古研究所考古科技中心编《科技考古》（第三辑），科学出版社，2011年。

标本数和最小个体数最低是瓦店龙山三期的5.15%和5.66%,王城岗和陶寺也都不到10%,只有新砦稍高一些。二里头文化时期绵羊和黄牛的数量逐渐增多,在王城岗、新砦和二里头遗址绵羊的可鉴定标本数和最小个体数大多在20%—30%之间,黄牛可鉴定标本数在7.69%—19.94%、最小个体数在4.80%—25.00%之间。海岱龙山文化的教场铺遗址家畜可鉴定标本数占45.03%,最小个体数为58.96%,比例小于中原地区,其中黄牛可鉴定标本数为15.48%,最小个体数为5.88%,绵羊可鉴定标本数仅为0.31%[1]。可见绵羊和黄牛虽然在黄河中下游地区的生业系统中有一定的比例,但比例不高,一般只在10%—20%之间。

三、半月形地带

处于半月形地带上的燕辽地区、北方地区和甘青地区有浮选植物遗存发表的不多,其中燕辽地区赤峰兴隆沟第三地点、三座店等遗址出土的都是粟、黍、大豆三类作物,特别是三座店遗址浮选了193份样本,获得10万余粒植物种子,99.9%都是这三类作物,干脆就没有小麦[2]。北方地区石峁遗址浮选结果以粟、黍和藜麦为主,附近其他遗址如神木木柱柱梁、神圪垯梁也是如此,同样没有发现小麦[3],就连靠近北方地区、与北方地区文化系统有密切联系的晋南陶寺遗址也没有发现小麦。木柱柱梁遗址7个个体人骨稳定同位素^{13}C值平均为−8.2±1.5‰,主要以C4类粟黍为主,平均达到84.2%,少量C3食物可能来自食草家畜[4]。甘青地区青海民和喇家遗址95份样本浮选结果只发现有粟、黍两种农作物,分别有

---

[1] 动物考古课题组:《中华文明形成时期的动物考古学研究》,中国社会科学院考古研究所考古科技中心编《科技考古》(第三辑),科学出版社,2011年。

[2] 农业研究课题组:《中华文明形成时期的农业经济特点》,中国社会科学院考古研究所考古科技中心编《科技考古》(第三辑),科学出版社,2011年;孙永刚:《试论夏家店下层文化生业方式——以植物考古学为中心》,《内蒙古社会科学(汉文版)》2013年5期。

[3] 尹达:《河套地区史前农牧交错带的植物考古学研究——以石峁遗址及其相关遗址为中心》,中国社会科学院考古研究所博士论文,2015年。

[4] 陈相龙、郭小宁、胡耀武、王炜林、王昌燧:《陕西神木木柱柱梁遗址先民的食谱分析》,《考古与文物》2015年5期。

56098和8612粒[1]，没有发现小麦，该遗址12个人骨样本稳定同位素^{13}C平均值为-6.89‰，100%为C4类也就是小米类食物[2]，与大植物种子所见结果一致。另一个可为参考的是马厂至齐家文化时期的青海同德宗日遗址，墓葬人骨稳定同位素显示墓主的食物一直以C4类为主[3]。这些证据显示，龙山文化和二里头文化时期小麦在北方、燕辽和甘青地区所在的半月形带上根本就没有种植，也没有出现在当时的食谱当中。

在西北、北方和燕辽地区的齐家文化、朱开沟文化以及夏家店下层文化中，绵羊和黄牛的比例则要高很多。齐家文化喇家遗址哺乳动物可鉴定标本数为873，其中猪占26.80%，绵羊为48.11%，山羊为0.46%，黄牛为16.72%，最小个体数为44，其中黄牛占6.82%，绵羊38.64%，山羊2.72%[4]。广河齐家坪家畜的可鉴定标本数和最小个体数分别为97.37%和85.71%，其中绵羊可鉴定标本数和最小个体数分别为36.49%和27.27%，黄牛为29.73%和9.09%，猪为29.73%和45.45%[5]。鄂尔多斯朱开沟遗址家畜占89%，其中绵羊与猪骨数量几乎相当，占三分之一强[6]。榆林火石梁遗址家畜比例为81%，绵羊和山羊无论是可鉴定标本数还是最小个体数都超过了所有动物骨骼的半数，黄牛则接近9%[7]。夏家店下层文化赤峰大山前遗址的家畜无论可鉴定标本数还是最小个体数都达到了98%，其中绵羊和黄牛的可鉴定标本数占15.34%和23.31%，最小个体数为10.87%和15.65%，猪的比例

---

[1] 赵志军：《青海喇家遗址尝试性浮选的结果》，《中国文物报》2003年9月19日第八版；叶茂林：《齐家文化农业发展的生态化适应：原始草作农业初探——以青海喇家遗址为例》，《农业考古》2015年6期。

[2] 张雪莲：《碳十三和氮十五分析与古代人类食物结构研究及其新进展》，《考古》2006年7期。

[3] 崔亚平、胡耀武、陈洪海、董豫、管理、翁屹、王昌燧：《宗日遗址人骨的稳定同位素分析》，《第四纪研究》2006年4期。

[4] 叶茂林：《齐家文化农业发展的生态化适应：原始草作农业初探——以青海喇家遗址为例》，《农业考古》2015年6期。

[5] 动物考古课题组：《中华文明形成时期的动物考古学研究》，中国社会科学院考古研究所考古科技中心编《科技考古》（第三辑），科学出版社，2011年。

[6] 黄蕴平：《内蒙古朱开沟遗址兽骨的鉴定与研究》，《考古学报》1996年4期。

[7] 胡松梅、张鹏程、袁明：《榆林火石梁遗址动物遗存研究》，《人类学学报》2008年3期。

分别为49.19%和56.06%,牛羊合计略少于猪,但也接近了40%[1]。赤峰上机营房子家畜比例较低,只有40%左右,但家畜中牛羊合计最小个体数也有37.50%,超过了猪的比例25.00%[2]。总之,甘青地区、北方地区和燕辽地区这一所谓"半月形"地带上龙山文化—二里头文化时期各个遗址家畜的数量一般都达到了80%以上,有的更多达98%,家畜中牛羊所占比例大多可达到40%,有些地点甚至在50%以上,超过了猪的比例。

四、河西走廊—新疆地区

小麦在河西走廊和新疆地区却十分重要,四坝文化大麦小麦发现很多,如民乐东灰山[3]、张掖西城驿和酒泉三坝洞子[4]。火烧沟墓地14个个体人骨样本的^{13}C平均值为-12.48‰,C4和C3类植物分别占58%和42%,麦类食物占了比较大的比例[5]。火烧沟是单纯的四坝文化时期遗址,而西城驿有马厂文化、西城驿文化(马厂文化—四坝文化过渡时期)和四坝文化3个时期,不同时期4个个体人骨样本^{13}C比值显示麦类食物有逐渐增加的趋势[6]。干骨崖30个个体人骨样本^{13}C

---

[1] 王立新:《大山前遗址发掘资料所反映的夏家店下层文化的经济形态与环境背景》,吉林大学边疆考古研究中心编《边疆考古》第6辑,科学出版社,2007年;动物考古课题组:《中华文明形成时期的动物考古学研究》,中国社会科学院考古研究所考古科技中心编《科技考古》(第三辑),科学出版社,2011年。

[2] 动物考古课题组:《中华文明形成时期的动物考古学研究》,中国社会科学院考古研究所考古科技中心编《科技考古》(第三辑),科学出版社,2011年。

[3] 甘肃省文物考古研究所、吉林大学北方考古教研室:《民乐东灰山》,科学出版社,1998年;李水城、王辉:《东灰山遗址炭化小麦再议》,北京大学考古文博学院、北京大学中国考古学研究中心编《考古学研究》(十),科学出版社,2012年。Flad R., et al., 2010. Early Wheat in China: Results from New Studies at Donghuishan in the Hexi Corridor. *The Holocene*, Volume 20, Number 6. pp. 955–965.

[4] 蒋宇超、李水城:《附录六 酒泉三坝洞子遗址出土植物遗存的初步分析》,甘肃省文物考古研究所、北京大学考古文博学院《酒泉干骨崖》415–417页,文物出版社,2016年。

[5] 张雪莲:《碳十三和氮十五分析与古代人类食物结构研究及其新进展》,《考古》2006年7期。

[6] 张雪莲、张君、李志鹏、王良仁、陈国科、王鹏、王辉:《甘肃张掖市西城驿遗址先民食物状况的初步分析》,《考古》2015年7期。

平均值为-17.5‰,较火烧沟的C3类信号更为显著[1]。新疆罗布泊小河墓地一个编篓中就有上百粒小麦,古墓沟墓地也同样出土小麦[2],人骨同位素显示以C3所代表的麦类食物为主[3]。虽然河西走廊和新疆东南部较半月形地带更为干旱,但这里利用雪山融水形成了绿洲农业,农业生态与中亚地区完全一样,从中亚地区传播来的小麦在这一地区显然不存在环境适应性问题。四坝文化和新疆地区的绿洲聚落遂得以稳定发展,连通了早期丝绸之路。粟(黍)作农业出现在中亚地区也在距今4000前后[4],正是这一时期新疆与中亚地区农业相互交流的证据。

河西走廊和新疆地区这一时期家畜骨骼数据比较少,马厂文化武威磨咀子遗址家畜比例可鉴定标本数和最小个体数分别为95.15%和73.33%,其中绵羊占31.63%和54.55%,黄牛占5.10%和9.09%,猪为63.27%和36.36%,以最小个体数计则牛羊比例高于猪[5]。西城驿家畜骨骼的出现频率同样以绵羊为最高[6]。与上述甘青、北方和燕辽地区相比,绵羊的比例要更高一些。西城驿遗址4、火烧沟墓地14、干骨崖30个个体人骨样本稳定同位素^{15}N平均值分别为11.65‰、12‰左右和11.6‰,三个数据几乎一样,表明从马厂文化到四坝文化时期居民肉食比较高[7]。

---

[1] 刘歆益:《附录五 酒泉干骨崖、三坝洞子遗址出土人骨和动物骨骼的稳定同位素分析》,甘肃省文物考古研究所、北京大学考古文博学院《酒泉干骨崖》406-414页,文物出版社,2016年。

[2] 王炳华:《孔雀河古墓沟发掘及其初步研究》,《新疆社会科学》1983年1期;新疆文物考古研究所:《2002年小河墓地调查与发掘报告》,吉林大学边疆考古研究中心编《边疆考古》第3辑,科学出版社,2004年。

[3] 张全超、朱泓:《新疆古墓沟墓地人骨的稳定同位素分析——早期罗布泊先民饮食结构初探》,《西域研究》2011年3期;屈亚婷、杨益民、胡耀武、王昌燧:《新疆古墓沟墓地人发角蛋白的提取与碳、氮稳定同位素分析》,《地球化学》2013年5期。

[4] Jones M., et al., 2011. Food globalization in prehistory. *World Archaeology*, 43:4, pp. 665-675.

[5] 动物考古课题组:《中华文明形成时期的动物考古学研究》,中国社会科学院考古研究所考古科技中心编《科技考古》(第三辑),科学出版社,2011年。

[6] 宋艳波:《西城驿遗址2014年出土动物遗存分析》,北京大学"早期东西文化交流"国际学术研讨会,2016年。

[7] 张雪莲、张君、李志鹏、张良仁、陈国科、王鹏、王辉:《甘肃张掖市西城驿遗址先民食物状况的初步分析》,《考古》2015年7期;刘歆益:《附录五 酒泉干骨崖、三坝洞子遗址出土人骨和动物骨骼的稳定同位素分析》,甘肃省文物考古研究所、北京大学考古文博学院《酒泉干骨崖》406-414页,文物出版社,2016年。

而中原地区新砦遗址 8、陶寺遗址 7 个人骨[15]N 平均值分别为 9.0 ±1.0‰ 和 8.88‰[1]，都低于西城驿、火烧沟和干骨崖，何况新砦和陶寺都是当时都邑性大型聚落，为西城驿、火烧沟和干骨崖遗址所不及，因此更能反映河西走廊普通社群食肉量之高。新疆吐鲁番小河墓地、古墓沟墓地和克里雅河北方墓地都有奶制品[2]，古墓沟人骨同位素显示出很高的食肉量[3]，都说明绵羊和黄牛无论作为肉食还是对其奶类等次级产品的利用在本地区生业系统的作用都要远高于猪。

五、有关讨论

上述分析表明，旧大陆西部的作物和家畜稳定地出现在中国北部地区的时间在龙山文化和二里头文化时期，但这一时期小麦和大麦等作物，绵羊、山羊、黄牛等家畜，在中国北部不同地区取食经济当中的作用，是有很大区域性差异的。这种区域性差异明显出现在三大地区，即河西走廊与新疆所在的绿洲农业区，半月形地带上甘青、北方和燕辽所在的此后被称为"农牧交错带"的半农半牧区，以及黄河中下游中原和山东所在的中国新石器时代传统旱作农业区。小麦和大麦，黄牛、绵羊和山羊在河西走廊—新疆绿洲农业中各占约 50%，应当说是绿洲农业重要的组成部分，其余部分则是小米和猪，出自东部中原地区。半月形地带上甘青、北方和燕辽地区的植物性食物完全依赖粟、黍两种小米，根本见不到小麦和大麦，但黄牛、绵羊和山羊却在北方和燕辽地区的家畜中占到半数，甘青地区的齐家文化中这一比例更高，羊和牛的比例超过了半数，也就是说超过了猪，是这个地区区域经济的重

---

[1] 吴小红、肖怀德、魏彩云、潘岩、黄蕴平、赵春青、徐晓梅、Nives Ogrinc：《河南新砦遗址人、猪食物结构域农业形态和家猪驯养的稳定同位素证据》，张雪莲、仇士华、薄官成、王金霞、钟建：《二里头遗址、陶寺遗址部分人骨碳十三、氮十五分析》，中国社会科学院考古研究所考古科技中心编《科技考古》（第二辑），科学出版社，2007 年。
[2] 梁一鸣、杨益民、伊弟利斯·阿不都热苏勒、李文瑛、李晓明、王昌燧：《小河墓地出土草篓残留物的蛋白质组学分析》，《文物保护与考古科学》2012 年 4 期。
[3] 张全超、朱泓：《新疆古墓沟墓地人骨的稳定同位素分析——早期罗布泊先民饮食结构初探》，《西域研究》2011 年 3 期；屈亚婷、杨益民、胡耀武、王昌燧：《新疆古墓沟墓地人发角蛋白的提取与碳、氮稳定同位素分析》，《地球化学》2013 年 5 期。

要组成成分。这些作物和家畜在黄河中下游的中原和山东地区虽有普遍发现,但小麦所占比例微乎其微,牛羊的比例在龙山文化时期只有10%左右,到二里头文化时期也不过20%左右,可以说几乎没有什么大的作用。至于中原地区这个时期是否开始了利用羊毛等"农副产品革命"(次级农业革命)[1],还有赖更多的证据。

从公元前3000年初期开始,原来只是核心地区边际地带的中国北方和甘青地区,在仰韶文化晚期逐渐发展生成了当地的文化特征,如内蒙古中南部的海生不浪文化、陕北的泉户二期文化、甘青地区的马家窑文化等,并开始出现进一步向西向北扩展的趋势。西来作物如小麦、大麦,家畜如马和绵羊在这一时期虽也有一些如上述所引的零星发现,但相关证据都存在难以解释的问题。以目前资料看,北方和甘青地区整体还是传统的黄河中游农业经济体系,陕北、河套等北方地区家畜甚至还没有成为肉食来源的主体。可见这个时期即便已经有西来作物和家畜的引入,在当时生业中也没有任何切实的作用。

河西走廊在公元前3000年前期才开始有马家窑文化遗存出现,此后的半山期遗存在这里也有发现,至龙山文化时期,新疆东部哈密地区已经有了马厂文化的踪迹,到四坝文化时期,河西走廊和新疆东部(以天山北路墓地所见)都可见稳定的聚落并持续发展[2]。马家窑文化的马家窑期、半山期遗址数量都不是很多,马厂期和西城驿文化时期逐渐增多,四坝文化时期这一区域达到了有史以来的鼎盛期。正当马厂—四坝文化时期,新疆北部地区持续发现发源于萨彦—阿尔泰和中亚地区的奥库涅夫文化(Okunevo Culture)、赛依玛—图尔宾诺文化(Seima-Turbinno Culture)、安德罗诺沃文化(Andronovo Culture)遗存。罗布泊地区分布着大致相当于马厂—四坝文化时期的小河—古墓沟文化,墓葬所见人种就有印欧语系的来源[3],林梅村认为他

---

[1] 李志鹏、Katherine Brunson、代玲玲:《中原地区新石器时代到青铜时代早期羊毛开发的动物考古学研究》,《第四纪研究》2014年1期。
[2] 李水城:《西北与中原早期冶铜业的区域特征及交互作用》,《考古学报》2005年3期。
[3] 韩康信:《新疆孔雀河古墓沟墓地人骨研究》,《考古学报》1986年3期;崔银秋、许月、杨亦代、谢承志、朱泓、周慧:《新疆罗布诺尔地区铜器时代居民mtDNA多样态性分析》,《吉林大学学报(医学版)》2004年4期。

们属于受赛依玛—图尔宾诺文化排挤,自北疆南下的切木尔切克人的文化[1]。但新疆北部地区的草原农业文化与罗布泊地区的绿洲农业经济应当有所不同。河西走廊马家窑与半山人群带来的应当是传统的中国北方旱作农业。马厂期的武威磨咀子遗址浮选 50 升土样,所见作物全部是粟和黍,只有 1 粒疑似黑麦(*Secale cereal*),未见小麦和大麦[2],不过该遗址绵羊和黄牛的比例开始接近家畜的一半。至四坝文化时期才在河西走廊和新疆东南部地区全面形成上述绿洲农业的特征。从四坝文化西城驿遗址发现的土坯房屋、齐家文化喇家遗址房屋出现壁炉[3]等现象来看,中亚地区绿洲农业文化的影响确实存在,同时,原产中国的粟(黍)作农业出现在中亚地区也在公元前 2000 年前后[4],这就说明河西走廊和新疆的绿洲农业与中亚地区是连为一体的。正由于河西走廊、新疆东南部地区的生态条件与中亚地区完全一样,引种小麦、大麦等西来作物应当没有物种的生态适应性问题。由此开始,河西走廊向西至新疆的丝绸之路上在这一时期都有定居聚落的发现,连通欧亚东西方于是有了稳定的通道。

  半月形地带在红山文化、庙底沟文化之后的小河沿文化、庙底沟二期文化—阿善三期文化以及马家窑文化半山期,目前还没有什么相关的生业资料可以参考,情况不清楚。但从龙山文化时期开始到二里头文化时期,从燕辽经北方、西北至西南地区的半月形地带开始逐渐兴盛。甘青地区、北方地区和燕辽地区先后有马厂文化、齐家文化、石峁文化、朱开沟文化、夏家店下层文化等,终于形成了与原来新石器时代核心区域一样发达的文化区,彻底改变了此前新石器时代的文化格局。本地区在这一时期没有小麦和大麦的种植,应当与这个区域特别干旱,麦类作物不能适应当地生态条件有关。但这个时期肉食来源基本依赖家畜,牛羊等西来家畜成

---

[1] 林梅村:《塞伊玛—图尔宾诺文化与史前丝绸之路》,《文物》2015 年 10 期。
[2] 农业研究课题组:《中华文明形成时期的农业经济特点》,中国社会科学院考古研究所考古科技中心编《科技考古》(第三辑),科学出版社,2011 年。
[3] 甘肃省文物考古研究所、北京科技大学材料与冶金史研究所、中国社会科学院考古研究所、西北大学文化遗产学院:《甘肃张掖市西城驿遗址 2010 年发掘简报》,《考古》2015 年 10 期;中国社会科学院考古研究所、青海省文物考古研究所:《青海民和喇家史前遗址的发掘》,《考古》2002 年 7 期。
[4] Jones M., et al., 2011. Food globalization in prehistory. *World Archaeology*, 43:4, pp. 665 – 675.

为当地生业体系中的重要支柱,应当是这个区域得以一时繁盛的重要原因,并为这一地区社会文化繁荣、人口的大量增加奠定了基础,半月形地带从此才有了重要的战略地位。

黄河中下游地区从龙山文化时期开始出现了一波文化上的"龙山化",但至二里头时期除洛阳盆地以外的其他地方都多少有所衰落。这一时期该地区基本保持了此前的传统旱作农业体系,但由于生态上并不像甘青、北方和燕辽地区那么干旱,或许已经开始了小麦的引种,相关遗存的发现还相当普遍,但在主食中却没有占多大的比例;牛羊等外来家畜从龙山到二里头时期逐渐有所增加,但始终没有成为主体。可见西来的作物和家畜对黄河中下游地区的生业经济来说只是有所补充,尚未起到多大作用。

总之,龙山文化—二里头文化时期是中国新石器时代以来传统文化格局发生重大转变的时期,同时也是旧大陆西部作物及家畜引进中国北部地区并开始稳定嵌入原来的本土生业经济系统的时期。但这些外来作物如小麦、大麦,家畜如黄牛、绵羊、山羊在不同地区有不同的作用。作用最大的地区在河西走廊—新疆东南部,这里由此形成了与中亚地区连为一体的绿洲农业体系。其次是在甘青、北方和燕辽地区,外来家畜成为这个地区生业系统的支柱。最后是黄河中下游地区,外来作物和家畜只是当时生业的补充。从作物和家畜两种角度来看,外来家畜除了在前两个地区有重要作用外,在黄河中下游地区也有一定的比例,而小麦大麦除了在绿洲农业区占近半数的比例外,在其他两个区域中并没有意义。因此,这些旧大陆西部传来的作物和家畜显然对龙山文化—二里头文化时期中国史前文化格局的改变起到了相当大的作用。

(本文原名"旧大陆西部作物及家畜传入初期中国北方生业经济结构的区域特征",载《华夏考古》2017 年 3 期。此次重刊略有修订。)

12

中国长江流域早期农业文化的扩张[*]

——论贾湖一期文化遗存

舞阳贾湖遗址位于河南南部的淮河上游地区,遗址面积5万多平方米,从1983年至2001年一共发掘7次,揭露面积达2600多平方米[1]。这是当时所知裴李岗文化时期面积最大的遗址,也是发掘面积最大、揭露遗存最为丰富的遗址。贾湖前六次发掘报告完整披露了详尽的发掘内容,将所有遗存分为三期九段,进而通过与周边其他同时期文化和遗存的仔细对比,认为贾湖这三期遗存具有明显的地方特征,是与裴李岗、磁山等考古学文化同时并存的一支独立的史前文化[2],所以命名为"贾湖文化"。但同时报告也认为贾湖三个时期文化遗存中,"一、二期之间的变化要大于二、三期之间的变化,一、二期之间有不少器形的变化似较突然"[3],说明贾湖一期遗存还有较之二、三期更为独有的特征。近年来,随着类似贾湖一期遗存发掘的增多和不断披露,以及相关发现的不断出现,更加加深了我们对这类遗存的认识。

一

贾湖一期遗存在贾湖遗址三期的堆积物中虽相对比较少,但迄今仍然是这类遗

---

[*] 感谢刘莉教授、郑云飞博士、秦岭博士对有关水稻小穗轴研究的指教以及王海明研究员对小黄山遗存分期的指教。感谢余雯晶制作图12-2。本文由北京大学人文社会科学学术方向明确的基础性探索研究课题"中国农业起源及早期发展研究"(2009)资助。

[1] 河南省文物考古研究所编著:《舞阳贾湖》,科学出版社,1999年。中国科学技术大学科技史与科技考古系、河南省文物考古研究所、舞阳县博物馆:《河南舞阳贾湖遗址2001年春发掘简报》,《华夏考古》2002年2期。

[2] 河南省文物考古研究所编著:《舞阳贾湖》(上卷)531页,科学出版社,1999年。

[3] 河南省文物考古研究所编著:《舞阳贾湖》(上卷)502页,科学出版社,1999年。

存发现数量最多的例子,贾湖前六次发掘共揭露房屋、墓葬、灰坑及窑址等遗迹共 148 处(大多属第一期第三段)。典型的陶器有绳纹或素面角把罐、素面方口盆、双耳罐、罐形壶、深腹盆和敞口钵等(图12-1)。这批陶器几乎都属于夹砂陶,多见红衣,特别是罐形壶的红陶衣十分鲜明。只在二、三段才出现少量泥质陶和夹蚌(亦夹砂)陶,但数量并未超过 3%。而第二期第四段以后,泥质陶占到 42.9% 以上,并大量出现夹蚌、云母、滑石和夹炭陶。第五段以后的贾湖二、三期,陶器种类中基本不见第一期的典型器物如角把罐、方口盆、双耳罐、罐形壶等,器类以卷沿罐、鼎、小口壶、三足钵以及各种钵类为主。而第四段的器物种类更加接近于第一期,只是陶质更接近第二、三期,也有研究者认为第四段应当归入第一期更为合适[1]。无论如何,贾湖

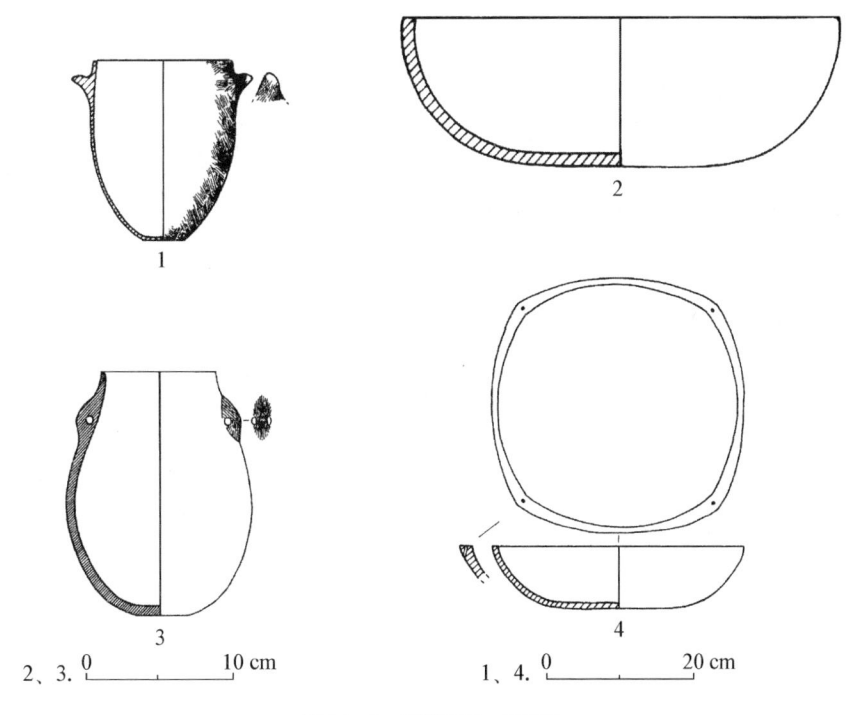

图 12-1 贾湖遗址一期陶器

1. 角把罐(H278∶1) 2. 罐形壶(M376∶1) 3. 钵(H115∶18) 4. 方口盆(H82∶2)
(引自《舞阳贾湖》图一七五、二〇三、二二六、二三九)

---

[1] 韩建业:《裴李岗文化的迁徙影响与早期中国文化圈的雏形》,《中原文物》2009 年 2 期。

第一期与第五段以后的二、三期的陶器群完全不是一种系统。如果撇开贾湖一期的文化内容,则"贾湖文化"的特征与裴李岗文化至少在陶器上就不易区分了。

与贾湖一期遗存几乎完全一样的内容还有豫西南邓州八里岗新近发掘到的最早一期遗存[1],主要是十几个灰坑或窖穴。陶器均为夹粗细砂、云母的红、红褐陶,器类以各种素面角把罐、绳纹罐和四角盆为主,占到所有器类的九成以上,其他只见一些钵类、盖和个别桥形钮的残片。这里的绳纹罐没有复原者,也可能是角把罐。所谓四角盆实际上是在盆沿上附加4个上面有穿孔的尖突,与贾湖所见的方口盆是一种器物,区别是贾湖方口盆圆角近方,在圆角处加厚唇沿并穿孔。而角把罐的样子更是与贾湖一期的没有区别。

据相关研究披露,在距离稍远的豫西渑池班村遗址也发掘出土了一批类似贾湖一期遗存的材料(图12-2),被称为"班村类型"[2]。相关遗存发现有房屋7座、灰坑56座。出土陶器以夹砂陶为主,占83%以上,多为红色或红褐色,其他还有夹云母和泥质陶。陶器种类主要是角把罐和钵类。其中角把罐多饰绳纹,角把的位置较之贾湖同类器稍靠下,残片数量占44.05%。钵类中主要是绳纹钵,占25.3%,另外还有泥质红陶钵和三足钵,分别占17.26%和5.06%。其他的器类还有个别鼎足、瓢、杯、盆等。发掘和研究者认识到班村这类遗存与裴李岗有较大差别,与贾湖一期有更多的相似之处,但倾向于认为是与贾湖文化、裴李岗文化同一级别的考古学文化。[3] 由于班村这批材料尚未发表,是否能进一步分期还不知道,这里还无法做细致讨论。

豫西地区其他相关遗址还有新安荒坡和济源长泉。其中荒坡发掘灰坑3座[4],所见陶器为素面粗泥红褐陶和夹炭红褐陶,常见的器形为角把罐和钵。其

---

[1] 张弛:《邓州市八里岗新石器时代遗址》,《中国考古学年鉴(2008)》268-269页,文物出版社,2009年。需要说明的是,这篇报道完成于遗址刚刚发掘完毕陶片尚未清洗整理之际,因此文中对这个时期器物的说法多有不确之处,当以本文为是。

[2] 张居中:《试论班村遗址前仰韶时期文化遗存》,北京大学考古文博学院、中国国家博物馆编《俞伟超先生纪念文集(学术卷)》157-163页,文物出版社,2009年。

[3] 河南省文物考古研究所编著:《舞阳贾湖》(上卷)528-531页,科学出版社,1999年。

[4] 河南省文物管理局、河南省文物考古研究所编:《新安荒坡黄河小浪底水库考古报告》(三)13-17页,中州出版社,2008年。

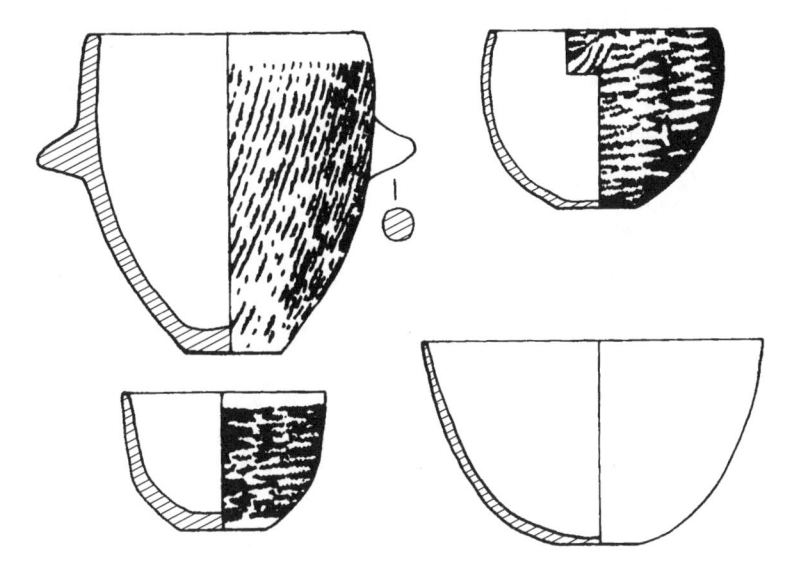

图 12-2　班村遗址出土陶器

（引自《裴李岗文化的迁徙影响与早期中国文化圈的雏形》图二）

中角把罐的样子与贾湖一期和八里岗同类器一样，一件"未名器"T20H33：1 上有双孔马鞍形横錾，这样的横錾在贾湖一期三段和二期四段的敛口钵上很常见。长泉发现灰坑 4 座，[1] H65 与 H49 所出角把罐、三足钵均不相同。其中前者角把罐有绳纹，角把接近腹中部，像是班村同类遗存的特征；后者角把罐为素面，折沿，角把在沿下上翘，类似临汝中山寨[2]、郏县水泉[3]和贾湖三期所见者。

豫中及周边地区发现含有贾湖一期遗存的地方仅长葛石固遗址 1 处[4]。石固遗址发掘面积非常大，发掘报告将这里的裴李岗文化遗存分为四期，有研究者对这个分期进行过分析，认为其中石固Ⅰ、Ⅱ期的大部分遗存与贾湖三期相当，石固Ⅲ、

---

[1] 河南省文物管理局、河南省文物考古研究所编：《黄河小浪底水库考古报告》（一）11-16 页，中州出版社，1999 年。
[2] 中国社会科学院考古研究所河南一队：《河南临汝中山寨》，《考古学报》1991 年 1 期。
[3] 中国社会科学院考古研究所河南一队：《河南郏县水泉裴李岗文化遗址》，《考古学报》1995 年 1 期。
[4] 河南省文物研究所：《长葛石固遗址发掘报告》，《华夏考古》1987 年 1 期。

Ⅳ期大致与贾湖二期相当[1]。实际上石固Ⅲ、Ⅳ期中有的角把罐如 H101∶4、H94∶1等相当近似于贾湖一期者,Ⅳ期Ⅰ式(T33②∶16)、Ⅱ式盆(T6②∶9)在沿下有4个穿孔鋬手,以及不少单位出罐形壶和折肩壶。这样的特点是与贾湖一期三段和二期四段十分相似的。

　　总结上文可以看出,贾湖一期遗存的特征还是十分鲜明的,其陶器以夹砂红、红褐陶为主,很少有泥质陶。陶器类型主要是素面和绳纹直口小平底角把罐和各种钵类,特别是口沿上有4个穿孔突起鋬手的钵最有特色,在东部还见有红衣罐形壶等器物。其中分布于豫西南或豫南的贾湖一期和八里岗最早期遗存年代相当,器物形态也最为相近。豫西的班村、荒坡和长泉相关遗存至少相当于贾湖一期三段至二期四段,但器物的形态有些当地特征。豫中的石固相关遗存与贾湖一期三段、二期四段十分接近。这类遗存与以裴李岗遗址为代表的[2],以卷沿罐、鼎、小口壶、三足钵等器物为特征的裴李岗文化全然不同。过去也有研究者注意到它的特色,认为属于"贾湖文化"的早期,或属于裴李岗文化的早期[3]。为清楚起见,本文暂称这类遗存为"贾湖一期遗存",但包括贾湖二期四段。定义以裴李岗遗址为代表的遗存为裴李岗文化,在贾湖遗址是二期五段及其以后各段的内容。从贾湖的分期来看,裴李岗文化的陶器群显然是在贾湖一期之后才出现的。

二

　　上文的讨论实际上大多是以贾湖遗址的分期为标尺进行的,对于相关遗存相对年代的确认并没有能够细致到贾湖分期中"段"的级别,只是大致明确了贾湖一期、八里岗这类"贾湖一期遗存"和裴李岗文化的定位,以及大致落在二者之间、陶

---

[1] 河南省文物考古研究所编著:《舞阳贾湖》(上卷)529－530页,科学出版社,1999年。
[2] 开封地区文管会、新郑县文管会:《河南新郑裴李岗新石器时代遗址》,《考古》1978年2期。开封地区文物管理委员会、新郑县文物管理委员会、郑州大学历史系考古专业:《裴李岗遗址一九七八年发掘简报》,《考古》1979年3期。
[3] 韩建业:《裴李岗文化的迁徙影响与早期中国文化圈的雏形》,《中原文物》2009年2期。

器面貌更像是前者偏晚阶段的石固有关遗存以及豫西班村、荒坡和长泉的相对年代位置。因此下面对于绝对年代的讨论也只能是在这个年代级别上进行。为此,可以将已经发表的相关遗存的 ^{14}C 年代数据分成五组来讨论,即贾湖、八里岗、裴李岗文化、石固和班村,以便确定各类遗存的绝对年代。

在这五组数据中,贾湖目前已有的 19 个样本数据比较散乱[1],并不完全与陶器分期相吻合。其中比较有规律的是木炭的数据普遍偏早,人骨和草木灰数据有很大的不确定性,如样本 BK95013 和 BK95017 都是人骨,分属一段和五段,但绝对年代几乎一样。贾湖报告在详细讨论了这些数据形成偏差的原因之后,认为第一期的校正年代在公元前 7000—前 6600 年之间,第二期在公元前 6600—前 6200 年之间,第三期在公元前 6200—前 5800 年之间[2]。其中一个一期二段果核样本年代为公元前 7050—前 6600 年(BK91007)[3],应当没有偏差,可以作为贾湖一期的一个年代定点。第三期中较晚的数据应当接近贾湖裴李岗文化时期遗存的年代。

八里岗早期遗存目前已经测定了 15 个数据,样本中 1 个为果核、2 个为稻谷,其他均为木炭。这些数据的年代十分集中,年代最早的一个 BA08129(H1987 木炭)为公元前 6700—前 6480 年,最晚的一个 BA08122(H1986②木炭)为公元前 6390—前 6080 年。2 个稻谷样本的年代分别为公元前 6530—前 6420 年(BA10080)和公元前 6600—前 6440 年(BA10081)。与贾湖一期的年代两相参照,可以认为贾湖一期遗存的年代不会晚于公元前 6000 年。贾湖果核样本(BK91007)的数据属于一期二段,则一段的年代应当更早。因而整个贾湖一期的年代很可能在公元前 7000—前 6000 年之间。给出一个有把握的时间定点则应当是八里岗稻谷的年代,即在公元前 6500 年前后。

裴李岗文化一组的数据出自裴李岗、中山寨、莪沟、水泉、铁生沟、花窝、马良沟和沙窝李,共 18 个[4],都是木炭样本。其中除了裴李岗遗址本身的一个数据公元

---

[1] 河南省文物考古研究所编著:《舞阳贾湖》(上卷)515－516 页,科学出版社,1999 年。
[2] 河南省文物考古研究所编著:《舞阳贾湖》(上卷)515－519 页,科学出版社,1999 年。
[3] 如无特别说明,本文碳十四年代数据均为利用 OxCal3.0 版本校正过的树轮校正年代,95%可能性。
[4] 参见中国社会科学院考古研究所编:《中国考古学(新石器时代卷)》804－805 页,中国社会科学出版社,2010 年。

前8780—前8290年（ZK－0572）年代过早，一个公元前8000—前5700年（ZK－0434）过于宽泛，一般不为研究者采用之外，其他数据中最早的为公元前6700—前5850年（裴李岗 ZK－0754），最晚的为公元前5750—前4800年（裴李岗 ZK－0751），余者均集中在公元前6000年前后，普遍晚于上述贾湖一期的年代。如果考虑到这组样本都来自木炭，因而所得数据很可能要偏早的话，我们可以估计以裴李岗遗址所见的裴李岗文化遗存的绝对年代应当大致在公元前6000年及其之后。

石固的3个样本 WB79－60（前6460—前6090年）、WB80－15（前6370—前6010年）和 WB80－17（前6030—前5720年）也都是木炭，分别出自报告所分Ⅱ、Ⅲ、Ⅳ期的 H159、H238和 H197[1]，查报告《灰坑统计表》[2]，其中前一个灰坑出壶、后两个灰坑出折肩壶和三足钵，都是裴李岗文化或接近裴李岗文化时期的器物，3个年代也都落在了裴李岗文化的年代范围内，前两个还是比较偏早的。当然这三个数据很可能都不是石固早期接近于贾湖一期那些遗存的年代。

班村的两个数据都很晚，一个木炭样本 BA94088（前4100—前2700年）的年代已经到了仰韶文化时期，一个果核样本 BA94087（前6070—前5610年）的年代落在了上述裴李岗文化偏晚的年代范围内[3]，这两个数据与上节对这批遗存相对年代的分析不符合，由于详细的报告尚未发表，其意义无法做具体的讨论。由于豫西地区长泉（H49）、孟津寨根[4]和巩义瓦窑嘴[5]都出有裴李岗文化时期遗存，而且这三个遗址的遗存是前后相接的，其中并没有与班村遗存同时期的任何迹象，因此本文猜测班村遗存的年代应当早于裴李岗文化时期，否则便没有了班村这批遗存的年代位置。

由于本文没有检讨贾湖一期和裴李岗文化的详细分期，甚至没有能真正确认

---

[1] 河南省文物研究所：《长葛石固遗址发掘报告》，《华夏考古》1987年1期。
[2] 河南省文物研究所：《长葛石固遗址发掘报告》，《华夏考古》1987年1期。
[3] 张居中：《试论班村遗址前仰韶时期文化遗存》，北京大学考古文博学院、中国国家博物馆编《俞伟超先生纪念文集（学术卷）》160页，文物出版社，2009年。
[4] 洛阳市文物工作队、郑州大学考古系：《寨根新石器时代遗存》，河南省文物管理局编《黄河小浪底水库考古报告》（二）160－175页，中州古籍出版社，2006年。
[5] 巩义市文物管理所：《河南巩义市瓦窑嘴新石器时代遗址试掘简报》，《考古》1996年7期。

二者之间的确切界限,因此无法给出它们各自的年代区间,只能由上述讨论得出一个大致年代定点,即贾湖一期遗存的绝对年代应当在公元前6500年前后,本文定义的裴李岗文化的年代在公元前6000年前后。

三

关于贾湖一期遗存取食经济的内容目前发表最丰富的就是贾湖遗址的资料。在前六次发掘的报告中,分析了浮选出来的1000多粒炭化稻米的样本,通过粒型的分析,并结合9个样本的稻属植物硅酸体研究得出结论,认为贾湖水稻是一种籼粳分化尚不明显并且还含有野生稻一些特征的原始栽培稻。报告还对贾湖人骨做了稳定同位素分析,结果发现贾湖人的食性以 C_3 型植物为主,未见以粟、黍等植物为主的 C_4 型食物。此外还分析了遗址发现的野生稻、栎果、野菱和野大豆,认为贾湖时期的稻作农业虽然发达,但这类野生植物性食物的存在同时说明采集经济仍然是重要的补充。

在贾湖遗址第七次发掘中,对125份土样进行了定量浮选,其中分别属于一期、二期和三期的土样各有34、63和28份[1],但仅有59份土样出土了炭化植物遗存。共发现4121粒植物种子、228块块茎残块、7872块硬果残块。分析报告按照植物种类的出土概率对这批样本进行了统计,结果发现与农耕生产活动相关的植物种类出土概率都不高,其中稻谷的出土概率为15%,两种田间杂草马唐属和稗属的出土概率都不到5%。而与采集活动相关的植物种类中,硬果壳核(菱角等)和块茎残块(莲藕等)的出土概率达30%以上,野大豆和栎果都在20%以上。因此推断当时的取食经济活动以采集狩猎为主,以农耕生产为辅。

贾湖第七次发掘的植物分析报告还特别指出,这批样本中属于第三期的数量很少(依所发表的统计表统计),第三期28份土样中出土的植物遗存合计只有45粒(块),没有统计意义。上述引用的统计结果实际上可以看作是贾湖一、二期的情

---

[1] 赵志军、张居中:《贾湖遗址2001年度浮选结果分析报告》,《考古》2009年8期。

况。由于报告只分期发表了植物个体的数量,而没有分期的植物出土概率情况,这里只能粗略对比一期和二期的个体数量。其中值得注意的是,二期的土样份数几乎是一期的两倍,但一期却出土了4倍于二期的稻谷(324∶78),两种田间杂草的数量也是一期远高于二期。而采集经济植物中除数量较少的种类以外,一期的栎果要多于二期(267∶97),但一期的菱角则要远远少于二期(116∶7307)。因此大致给我们的一个印象就是,贾湖一期农耕活动的比例要较二期为高。为回应根据贾湖前六次发掘出土水稻粒型研究,认为贾湖水稻可能是药用野生稻的看法[1],有关研究还发表了第七次发掘的水稻粒型测量数据,发现贾湖稻粒从一期到三期有一个从大变小的趋势[2]。年代最早的家猪也出现在贾湖一期[3]。

从新近发掘的八里岗遗址贾湖一期遗存11个灰坑土样的浮选中,出土的完整稻粒有22个,稻属穗轴516个,另外还出土稻残片148个,橡子116个。从出土概率来看,橡子出现于2个灰坑,而稻却见于几乎所有的灰坑。此外,还发现有疑似黍和野生大豆的植物遗存,但黍个体很小,很难判断是未成熟的黍还是野生黍。这两类植物的数量都很少,且仅见于一个灰坑中。由于样本量和出土单位的数量都不够多,很难据此得出一定的结论[4]。但可以看出,八里岗和贾湖一期的植物性食物的来源还是很相似的。

对八里岗贾湖一期时每粒稻米的长、宽、厚三个数据进行测量,并与贾湖、跨湖桥、龙虬庄、八十垱、田螺山的稻米粒型进行比较的结果显示,八里岗稻米粒型更接近于跨湖桥出土的材料[5]。对八里岗这一时期灰坑H2000出土水稻穗轴(样本数占所有516个穗轴的84%)的鉴定结果显示,驯化型占71.5%,野生型占10.4%,其余为不成熟稻和未能鉴别的穗轴[6]。目前有两组数据可

---

[1] 秦岭、傅稻镰、Emma Harvey:《河姆渡遗址的生计模式——兼谈稻作农业研究中的若干问题》,山东大学东方考古研究中心编《东方考古》第3集,科学出版社,2006年。
[2] 刘莉、李炅娥、蒋乐平、蓝万里:《关于中国稻作农业起源证据的讨论与商榷》,《南方文物》2009年3期。
[3] 罗运兵、张居中:《河南舞阳县贾湖遗址出土猪骨的再研究》,《考古》2008年1期。
[4] 邓振华:《河南邓州八里岗遗址出土植物遗存分析》9-11页,北京大学学士学位论文,2009年。
[5] 邓振华:《河南邓州八里岗遗址出土植物遗存分析》20页,北京大学学士学位论文,2009年。
[6] 邓振华:《河南邓州八里岗遗址出土植物遗存分析》28页,北京大学学士学位论文,2009年。

以略作比较,同样是区分为驯化型、野生型和不成熟型的田螺山出土 2461 个小穗轴样本中,早晚两个时期的驯化型小穗轴分别为 27.4% 和 38.8%,演化时间为 300 年(距今 6900—6600 年)[1]。仅仅区分了粳稻型(驯化型)和野生型的跨湖桥、罗家角和田螺山出土的小穗轴中(样本数分别为 120、100 和 351 个),粳稻型比例分别为 41.7%、51.0% 和 51.0%。研究者按跨湖桥年代为距今 8000 年,罗家角和田螺山年代为距今 7500 年计算,500 年中这里水稻的驯化速率为 9%[2]。如果同样按照三分法统计,则后一组数据中罗家角、田螺山同前一组田螺山的数据应当是差不多的。从单一地点单一时期的样本数来看,八里岗 H2000 的小穗轴样本数少于前一组田螺山的数量,多于后一组的三个地点。而八里岗 H2000 小穗轴中驯化型的比例要远远高于这三个地点,时代也要早于跨湖桥遗存(时代的讨论详后文),甚至略高于目前仅有的良渚数据[3]。如果小穗轴形态的区分确实能够说明水稻的驯化程度的话,那么早在距今 8500 年前后的八里岗贾湖一期遗存中就已经有驯化程度很高的水稻品种了。

其他地点如班村遗址只有很少的相关资料,已经发表的有所谓"班村类型"两个灰坑 H2033 和 H1010 的浮选结果[4],出土了大量朴树的内果皮、山茱萸果核、栎属子叶块、紫苏坚果和野大豆,应当都属于采集性食物遗存。

四

贾湖一期遗存在淮河上游以及汉水中游地区的出现应当不是一个孤立的事件,但目前在北方地区还没有找到或者没有能够确认与贾湖一期同时的遗存。在

---

[1] Fuller D. Q., et al., 2009. The Domestication Process and Domestication Rate in Rice: Spikelet Bsases From the Lower Yangtze. *Science*, Vol. 323, pp. 1607-1610.
[2] 郑云飞、孙国平、陈旭高:《7000 年前考古遗址出土稻谷的小穗轴特征》,《科学通报》2007 年 9 期。
[3] Fuller D. Q., et al., 2009. The Domestication Process and Domestication Rate in Rice: Spikelet Bsases From the Lower Yangtze. *Science*, Vol. 323, 1609.
[4] 孔昭宸、刘长江、张居中:《渑池班村新石器遗址植物遗存及其在人类环境学上的意义》,《人类学学报》1999 年 4 期。

南方地区，与贾湖一期遗存明显有相似性的则有钱塘江流域的小黄山早、中期遗存[1]和长江中游的彭头山文化[2]。尽管目前所见这三种文化遗存的分布相隔比较遥远，但它们陶器群都相对很简单，应当是一致的时代特征。颜色鲜明的红衣罐形壶是这三种遗存中都有的器类。贾湖一期罐形壶与小黄山的壶很相似，小黄山也有竖孔横錾盆，只是錾手在盆的中部。小黄山早中期的年代在公元前7000—前6000年之间（校正后数据）。彭头山文化陶器的主要器类是釜和钵两种，贾湖一期陶器则以角把罐和方口盆（四角盆）为主，这两种器物实际也就是釜、钵一类，在两种遗存的陶器群中都能占所有器物的八九成。彭头山文化的测年数据主要也在公元前6500年前后。

此外，小黄山晚期是跨湖桥文化一类遗存[3]，而跨湖桥文化与贾湖二期都出时代特征明显的折肩壶，跨湖桥文化的绝对年代比贾湖一期晚而接近于贾湖二期[4]。在长江中游地区与跨湖桥文化同时的是皂市下层文化[5]和城背溪文化，这两种遗存中也有折肩壶，城背溪文化的枝城北、青龙山遗址还出有裴李岗文化时期的三足钵和折沿角把罐等器物[6]，也应当与裴李岗文化大致同时。因此可以间接确定贾湖一期的年代要早于跨湖桥文化、皂市下层文化和城背溪文化。小黄山中期与跨湖桥文化、彭头山文化与皂市下层文化—城背溪文化的传承关系，恰与贾湖一期遗存与贾湖二期以及裴李岗文化的传承关系可以对照。

时代在贾湖一期遗存之前，河南发现的近万年的文化遗存先有舞阳大岗的细石器遗存[7]，后有最近新发现的新密李家沟有陶遗存。类似大岗的细石器文化在

---

[1] 王海明、张恒、杨卫：《浙江嵊州小黄山遗址发掘》，国家文物局主编《2005中国重要考古发现》9-13页，文物出版社，2006年。王海明：《浙江早期新石器文化遗存的探索与思考》，宁波市文物考古研究所、宁波市文物保护管理所编著《宁波文物考古研究文集》14-23页，科学出版社，2008年。

[2] 湖南省文物考古研究所编著：《彭头山与八十垱》，科学出版社，2006年。

[3] 浙江省文物考古研究所、萧山博物馆：《跨湖桥》，文物出版社，2004年。

[4] 浙江省文物考古研究所、萧山博物馆：《跨湖桥》222-227页，文物出版社，2004年。

[5] 焦天龙：《论跨湖桥文化的来源》，《浙江省文物考古研究所学刊》第八辑372-379页，文物出版社，2006年。

[6] 湖北省文物考古研究所：《宜都城背溪》117、139页，文物出版社，2001年。

[7] 张居中、李占扬：《河南舞阳大岗细石器地点发掘报告》，《人类学学报》1996年2期。

李家沟被叠压在有陶遗存的下面,3个木炭样本的年代为距今10500—10300年之间(引文校正数据)。显然是细石器的文化传统的李家沟有陶遗存,其陶器几乎很少见绳纹,是一种遍布全身滚印竖点纹的盂罐类器物,年代为距今9000—8600年(引文校正数据)[1]。如果这个年代无误的话,正与贾湖一期遗存前后相接甚至有所交错,显然不是贾湖一期遗存的前身。贾湖一期遗存陶器群的主体是角把罐与盆的搭配,其中角把罐多饰绳纹、直口小平底,也就是釜一类器物;方口盆(四角盆)则是钵一类器物。与北方类似东胡林遗存的、万年以来以罐和盂作为炊器的陶器群不是一个传统,而釜与钵的陶器群搭配则正好是长江中游地区万年以前从陶器开始出现就一直延续下来的传统[2]。贾湖一期遗存中稻属与橡子并用的生业形态也是长江中下游地区新石器时代在晚期以前的传统,因此贾湖一期文化遗存应当是南方人群向淮汉和黄河中游地区扩张的结果。而大岗一类细石器遗存在距今1万年之后退缩到豫中,距今约8600年后完全退出了华北南部地区。

贾湖一期遗存出现的时代正是全新世大暖期来临之际,随着暖温带和亚热带的持续北移,在长江中游地区类似彭头山文化的人群逐渐北移。根据上山等遗址的发现可知,南方地区至少在冰后期就已经出现了利用稻属植物的生业经济[3]。而在大暖期来临之前,无论就现代野生稻的分布还是历史上的发现情况看[4],淮汉一带都应当是没有野生稻或至少是野生稻分布的边缘地区。根据稻作农业起源的边缘起源论[5],生活在亚热带北缘的人群既缺乏野生稻资源,又有更大的对耐贮存植物性食物的需求,以渡过较亚热带南部更为漫长和寒冷的冬季,同时也由于野生稻种群的缺乏,隔绝了与栽培稻种的基因交流,使得栽培稻的演化速率在大暖期来临之际的淮汉地区贾湖一期遗存中明显增快。这就解释了上述贾湖一期遗存

---

[1] 北京大学考古文博学院、郑州市考古研究院:《中原地区旧、新石器时代过渡的重要发现——新密李家沟遗址发掘收获》,《中国文物报》2010年1月22日第八版。

[2] 张弛:《中国南方的早期陶器》,北京大学中国考古学研究中心编《古代文明研究》(第5卷)1-16页,文物出版社,2006年。

[3] 郑云飞、蒋乐平:《上山遗址出土的古稻遗存及其意义》,《考古》2007年9期。

[4] 范树国、张再君、刘林、刘鸿先、梁承邺:《中国野生稻的种类、地理分布及其生物学特征》,《面向21世纪的中国生物多样性保护》84-95页,中国林业出版社,1999年。

[5] 严文明:《再论稻作农业的起源》,严文明《史前考古论集》385-399页,科学出版社,1998年。

中有关稻作农业相对发达的现象。实际上,在这个时期以及以后一段时间内(跨湖桥文化和皂市文化时期),长江中游地区的文化也同时对长江下游地区影响甚大,但长江下游小黄山—跨湖桥文化稻种的演化程度却远不及淮汉地区的八里岗,或许是因为长江下游—钱塘江流域与淮汉地区地理环境很不相同的原因,这就从另一方面说明了稻作农业边缘地区起源论的合理性。

从现有资料分析,贾湖一期遗存偏早时段主要分布在淮河和汉水中游一带,偏晚时段往北往西分布到了豫中和豫西,已经覆盖了迄今所知裴李岗文化的分布范围。考虑到贾湖一期遗存的陶器、石器以及生业形态都与裴李岗文化有继承关系,甚至贾湖一期墓葬死者头侧放置陶壶的习俗也是裴李岗文化常见的现象[1],因此可以认为裴李岗文化乃至人群都应当来自贾湖一期。贾湖一期遗存的文化因子是裴李岗文化的主要源头。目前研究者一致认为,在裴李岗文化时期,农业文化最为发达的地区就是裴李岗文化分布的区域,这显然与其前身贾湖一期遗存农业发展的程度相对较高密切相关。此外,分布在豫西地区的贾湖一期遗存——"班村类型"的主体器物是绳纹角把罐和绳纹钵,与关中地区老官台文化(或白家文化)以绳纹三足罐和绳纹钵为主体的陶器群显然十分相像。老官台文化(或白家文化)的年代大致相当于裴李岗文化偏晚的时期,与"班村类型"的年代相接续,在关中地区迄今找不到文化来源,因此很可能是"班村类型"的后续文化。如果再扩大范围来看,山东地区的后李文化时代与裴李岗文化相当,陶器群体也以釜、钵类为主,食物遗存中也同样有稻属植物[2],估计也应当来自与贾湖一期遗存同一时期的、类似的南方文化系统。可以想见,黄河中下游地区公元前6000年以降的新石器时代中期文化的形成应当主要是长江流域和淮汉一带文化和人群北进的结果。

本文对贾湖遗址一期遗存的认识,看上去似乎意在揭示一种"贾湖一期文化"遗存的存在。但贾湖一期遗存发掘和发表出来的资料并不多,文化的分布区域和

---

[1] 张弛、魏尼:《裴李岗文化墓葬随葬品研究》,北京大学中国考古学研究中心编《古代文明研究》(第7卷)1-20页,文物出版社,2008年。

[2] Gary W. Crawford、陈雪香、王建华:《山东济南长清区月庄遗址发现后李文化时期的炭化稻》,山东大学东方考古研究中心编《东方考古》第3集,科学出版社,2006年。

年代也不是十分确定,还有很多相关问题需要深入的研究。本文根据现有资料,仅从陶器群体、绝对年代和经济形态三个方面提炼出这类文化遗存的文化和时代特征。判断这类以角把罐和有錾手的钵为特征的遗存,内涵不同于裴李岗文化,年代早于裴李岗文化,时代大致与南方地区的彭头山文化和小黄山文化同时。其来源应当是南方的长江流域,在全新世大暖期即将来临之际向北方黄河流域扩展,在与北方新石器文化相遇的过程中发展为黄河中游裴李岗和老官台等文化。黄河下游后李文化也应当是由这类遗存同时期的相邻遗存发展而来的。有线索表明,这类遗存中稻作农业在当时取食经济中所占比例虽不大,但稻种的驯化程度却很高,甚至高于时代晚于这个时期的跨湖桥文化和河姆渡文化所在的地区。种植农业可以应付或补充华北南部寒冷的冬季以及采集经济歉收的年景,这应当是贾湖一期遗存能够迅速向北扩展的主要原因。而在它向北拓展的同时,与华北北部同时期旱作农业文化之间的关系则是以后需要关注的课题。总之,贾湖一期遗存在全新世大暖期到来之际中国新石器时代文化飞速发展的过程中占据了十分重要的地位,奠定了此后黄河流域文化发展的基础。

(本文原名"论贾湖一期文化遗存",载《文物》2011 年 3 期。此次重刊略有修订。)

叁

区域文化

中国南方地区新石器时代早期文化：简论

中国南方地区史前文化：发展及其意义

大汶口文化对长江中下游地区的影响

磁山文化的个案
　　——北福地一期遗存与北福地报告

新石器时代葬仪空间所见饮具四例

良渚文化玉器"立鸟"刻符比较研究一例

13
中国南方地区新石器时代早期文化：简论

一

中国新石器时代早期文化的探索由来已久，在南方地区，研究的焦点则一直集中在华南发现和发掘的一系列洞穴和贝丘遗存上。很早人们就发现这些遗存的内容和年代并不一样，大致可以分为，年代最早的以封开黄岩洞[1]、阳春独石仔[2]为代表的石灰岩洞穴遗存，其次位于南宁地区邕江两岸的豹子头、西津、敢造、江西岸等贝丘遗存[3]及年代最晚的防城（原东兴）亚菩山、马兰咀山、杯较山[4]和潮安陈桥村、石尾山、海角山[5]等沿海的贝丘遗存三类。至20世纪80年代，随着对华南地区^{14}C年代可靠性研究的深入及岭南、长江中游地区新石器时代文化编年序列的进一步完善，特别是咸头岭文化和彭头山文化的发现，使得学界对上述遗存的年代和文化属性有了更为深入的认识。

三类遗存中，年代较晚的防城和潮安两组贝丘遗址都处于濒海环境，所出自然遗存反映了它们有着颇为相似的取食经济体系。从文化遗存的内容来看，其石器工业系统中都以打制的蚝蛎啄为主要类型，因而应是年代相差不多的同一种文化遗存。其陶器的器类简单，多为夹砂、贝壳末的敞口釜类，肩颈部多饰压印蚶齿纹或刻划纹，也有绘带状赭红彩的，这些特点与咸头岭文化同类器十分相似[6]，说明

---

[1] 宋方义等：《广东封开黄岩洞洞穴遗址》，《考古》1983年1期。
[2] 邱立诚等：《广东阳春独石仔新石器时代洞穴遗址发掘》，《考古》1982年5期。
[3] 广西壮族自治区文物考古训练班等：《广西南宁地区新石器时代贝丘遗址》，《考古》1975年5期。
[4] 广东省博物馆：《广东东兴新石器时代贝丘遗址》，《考古》1961年12期。
[5] 广东省文物管理委员会：《广东潮安的贝丘遗址》，《考古》1961年11期。
[6] 李伯谦：《广东咸头岭一类遗存浅识》，《东南文化》1992年3—4期。

它们的年代也相去不远,而咸头岭文化与长江中游地区的大溪文化早期(或汤家岗文化)的年代相若,也就说明防城和潮安这类沿海贝丘遗存显然不属于南方地区新石器时代早期文化的范围。年代早一些的南宁贝丘遗存已有豹子头、江西岸等遗址的多个螺壳标本的 ^{14}C 年代数据,其中多数年代都在距今 10000 年上下,最早的一个豹子头 ZK842 为距今 10735±200 年,由于石灰岩地区贝、螺壳的年代一般要偏老 1000—2000 年,因此这类遗存的年代应在距今 9000—7500 年间[1]。当然数据中也还有偏晚的,说明这类遗存有进一步划分的可能,但以豹子头遗址第三层为代表的一类显然是最早的,应落入上述年代的范围。这类遗存的石器以斧、锛类的磨制器为主,有较多的骨、蚌器,陶器单一,主要是夹砂、蚌末的绳纹直口鼓腹圜底罐类,与长江中游彭头山文化的同类器很相似。彭头山文化已有了很多的 ^{14}C 年代数据,其中多数可靠的数据都集中在距今 8000 年左右,最早的一个陶片有机碳的 AMS 年代为距今 9100±120 年(BK87022)[2]。由此看来以豹子头为代表的南宁贝丘遗存与彭头山文化的年代是约略相当的。而彭头山文化在长江中游地区新石器时代文化中的位置已十分明确,它有着十分发达的各类陶、石、骨、竹木器具。尽管石器中有较多的打制砾石器和燧石小石器,其他各种迹象也表明其取食经济中有较大比例的狩猎采集方式的成分,但各遗址普遍都发现有稻作农业的遗存。据澧县八十垱遗址所出大量的稻谷和稻米的形态学研究,这里水稻的群体性征复杂,属于一种非籼非粳的古栽培稻类型。八十垱遗址地处澧水环境,这里的稻作应当就是水田农业[3]。此外,所有遗址都发现有猪、羊、鸡等家畜、家禽的骨骼,说明家畜的饲养也已是多样化的了,显然,彭头山文化的农业生产已脱离了农业最初发生时期的状态。同时,彭头山文化的聚落如八十垱遗址所见,面积有 3 万多平方米,周围有环壕土围墙,聚落内居住区、墓葬区、仓房区("干栏建筑区")、垃圾区(北面河道)区划井然,聚落形态与其后的皂市文化及北方地区的磁山、裴李岗文化没有大的分别。因此,多数学者认为彭头山文化应属中国新石器时代的中期文化(或中

---

[1] 原思训:《华南早期新石器 C14 年代数据引起的困惑与真实年代》,《考古》1993 年 4 期。
[2] 陈铁梅:《彭头山等遗址陶片和我国最早水稻遗存的加速器质谱 C14 测年》,《文物》1994 年 3 期。
[3] 裴安平:《澧县八十垱遗址出土大量珍贵文物》,《中国文物报》1998 年 2 月 8 日第一版。

期偏早)。与彭头山文化年代大致相当的南宁贝丘遗存自然也不是新石器时代早期的文化遗存,而应是南方地区新石器时代中期的另一支地方性考古学文化,当然这一时期的文化遗存在华南可能还有万年仙人洞遗址第一次发掘的"上层文化"[1]、第二次发掘的"第二期文化"[2],桂林甑皮岩遗址试掘第三层的上部堆积[3]等洞穴遗存。

早于彭头山文化又与其年代相连接的文化遗存在南方地区就只有以黄岩洞、独石仔为代表的一类更新世末期至全新世早期的洞穴遗存了。这批遗存发现的地点据有的研究者20世纪90年代初统计,岭南大致有武鸣苞桥A洞、芭勋B洞、滕翔C洞,桂林D洞、东岩洞,来宾盖头洞,柳州白莲洞(第二期文化),柳江陈家岩,崇左矮洞,封开黄岩洞、罗髻岩,阳春独石仔,青塘吊珠岩等;湖南道县有三角岩、麻拐岩、后龙洞、洞尾岩和杨家岩等[4]。这一时期洞穴的堆积在地层上晚于更新世,含大量的螺、蚌壳及脊椎动物化石,所出动物化石几乎全部是现生种类。文化遗存有丰富的石、骨、角、蚌器。石器工业以打制的砾石石器为主,大多用锤击法单面打击砾石制成,石片石器较少,基本器类中以砍砸器为多,还有刮削器和尖状器,磨制石器多见穿孔砾石(所谓"重石")和刃部磨光的切割器,有的地点还有燧石小石器。骨、角、蚌器则有锥、针、镞、铲、刀等器类。其年代有独石仔、黄岩洞、三角岩、罗髻岩和白莲洞等遗址的多个螺壳和烧骨标本^{14}C数据,其中螺壳数据多数在距今12000年左右,最晚的一个出自黄岩洞ZK677,为距今10950±300年,修正后均早于距今9000年。偏早的数据出自独石仔下文化层、中文化层下部和中文化层上部的烧骨标本,分别为距今16680±570(BK83018)、15350±250(BK83017)和14260±130(BK83016)年[5]。由于这类遗存特征比较突出,相对分布地区和年代也较为集

---

[1] 江西省文物管理委员会:《江西万年大源仙人洞洞穴遗址试掘》,《考古学报》1963年1期。
[2] 江西省博物馆:《江西万年大源仙人洞洞穴遗址第二次发掘报告》,《文物》1976年12期。
[3] 广西壮族自治区文物工作队:《广西桂林甑皮岩洞穴遗址的试掘》,《考古》1976年3期。
[4] 袁家荣:《湖南道县全新世早期洞穴遗址及其相关问题》,《纪念黄岩洞遗址发现三十周年论文集》,广东旅游出版社,1991年。
[5] 原思训等:《阳春独石仔和柳州白莲洞遗址的年代测定》,《纪念北京大学考古专业三十年论文集》,文物出版社,1990年。

中,因而多数研究者认为它们应属同一种文化遗存。也有学者认为这类遗存具有划分时代的意义,是华南地区新石器时代早期的文化。由于在20世纪80年代及其以前,在这类遗存中没有发现可以明确认定的通体磨光石器、陶器及农业遗存与之共存,所以还有不少学者称这类遗存为"后旧石器时代""中石器时代"或"由旧石器时代向新石器时代过渡"的文化。实际上,在早已发掘过的同类遗址堆积如仙人洞第一次发掘的"下层文化"、第二次发掘的"第一期文化",甑皮岩试掘第三层的下部,柳州大龙潭鲤鱼嘴的下文化层[1]和桂林庙岩遗址[2]中都已发现有陶片与这类遗存共出,但由于年代等种种原因而无法得到确认。直到20世纪90年代以来,新的发掘和多学科综合研究又为这类遗存提供了新的内容,加深了我们对这一时期文化遗存的认识。

二

20世纪90年代以来提供新的发掘资料的主要有江西万年仙人洞、吊桶环[3]和湖南道县玉蟾岩[4]等几处。其中仙人洞和吊桶环位于赣东北石灰岩丘陵地区的大源盆地,仙人洞在盆地北部的山脚下;吊桶环则位于盆地西部高约60米的一座小山顶上,是一处岩棚遗址,二者之间的直线距离仅约800米。1993和1995年秋季,由北京大学考古系、江西省文物考古研究所和美国安德沃考古基金会(AFAR)组成的联合考古队继20世纪60年代的两次发掘之后,再次对仙人洞遗址进行了系统采样,并在吊桶环遗址进行了小规模的发掘。在仙人洞的采样发掘了1962年未打掉的T3和T4间的隔梁,并沿1964年发掘的T6西壁向内掘进了0.5米,清理的堆积层位仍可与以前发掘的层次相对应。吊桶环的发掘最深达4米,但仍未到基岩。两处遗址堆积的年代大致能对应,说明它们曾同时被利用,所出文化

---

[1] 柳州市博物馆等:《柳州市大龙潭鲤鱼嘴新石器时代贝丘遗址》,《考古》1983年第9期。
[2] 何英德等:《从广西史前文化看旧石器时代向新石器时代的过渡》,《南方文物》1992年3期。
[3] 张弛等:《江西万年仙人洞与吊桶环遗址》,《历史月刊》(台北)1996年6月号。
[4] 袁家荣:《玉蟾岩获水稻起源新物证》,《中国文物报》1996年3月3日第一版。

遗存有相当于仙人洞第一次发掘的"上层文化"(第二次发掘的"第二期文化")、"下层文化"(第二次发掘的"第一期文化")和更早的旧石器时代末期的遗存。我们这里所讨论的是相当于"仙人洞下层文化"的那一部分。

这一时期的堆积在仙人洞的堆积较厚,即1962年发掘T3的第3层,又可分为3A、3B1、3B2、3C1a、3C1b和3C2等几个小层,在吊桶环较薄,只有D、E两个层次。所出文化遗物有石、骨、角、蚌、陶等各类器具。其中石器均为打制,多见各种砾石砍砸器、刮削器和石锤,也有石英、燧石小石器,器类有刮削器、镞和石叶等。骨、角、蚌器很多,有骨锥、骨针、骨镞、骨鱼镖、"角铲"和穿孔蚌器(刀)等。这些器物在以前的发掘报告中都曾见过,陶器也不出以前发表的范围,只是有了更为深入的了解。

新出的这一时期陶片数量也不少,有上百块,多为器腹片,也有少量器口片,但没有可复原的器物。这些陶片的陶土都很相似,具粉砂质结构,陶土中常见倍半氧化铁结核,应出自波动水环境下的淤积土。所有陶片的陶土中都加有粉碎的石英岩作掺和料,石英岩的颗粒一般较粗大,粒径多在1—3毫米之间,有些可达5毫米以上,分选不好,显然未经过进一步的筛选。由于同时期遗址中出土了不少石英岩石器,说明附近可能会有这样的原料,陶器也很可能就是在当地制作的。陶片的烧成颜色以褐色为基调,有褐色、暗褐色、红褐色和灰褐色等多种,不少陶片还有黑色夹芯,说明陶胎氧化不充分,可能不是在陶窑中烧制的。陶器的制坯方法有两种,一种是泥片贴塑法,另一种是泥条叠(圈)筑法。其中,泥片贴塑陶是用长方形的泥片一片片向上贴塑的,其修整方式有两种,一种以竹(或木、骨)质平齿形片状器在器表平行刮抹,在陶器的内、外壁都留下了类似浅篮纹的条状纹,在口片上可见到这类条痕一直延伸到唇部,可以称为条纹陶;另一种方法则是先用竹木片在器表刮抹和戳压,然后再用手抹平,形成素面陶。条纹陶和素面陶的装饰大致相同,即在器物口部唇沿上见有间隔1厘米的"V"字形或"U"字形齿状凹槽,在近口部还有用小棒状器由内壁向外顶出的一周单行乳凸,乳凸直径平均0.6厘米,有的用力过大,顶出了小孔。这两类陶器的器壁较厚,在0.7厘米以上,有的达1.2厘米,虽无完整器形,但可推测为直口的圜底罐形器。

泥条叠筑陶的做法是用1—2厘米厚的泥条层层向上叠筑成器坯,但由于所见陶片都不大,看不出泥条是否成圈。这类陶器在修整成形时用拍子拍打以使泥条紧密接合,拍子上都缠有绳线或成束的纤维,拍打后在器表印下了类似"绳纹"的痕迹。这种印痕有粗有细,大都在1—3毫米之间,只是从印痕上看不大清有绞结很好的线股或用线绞结的绳子股,因此有学者认为拍子上缠的应是稍经搓捻的植物纤维,但仍不妨将这类陶器称为绳纹陶。绳纹陶有两种,一种只在陶器外壁有绳纹,一直延伸至唇上,绳纹为竖向,有时有交错,是为单面绳纹陶;另一种内外壁均有绳纹,内壁为横向,外壁为竖向,但有时外壁绳纹被草草抹光,为双面绳纹陶,数量较前者略少。绳纹陶器的装饰发现有在器口部外壁戳印的单行或双行小圆窝。这类陶器的器形参照1962年发掘时出土的一件基本可复原的器物,应是圆唇(略外侈)直口的圜底罐(或釜)。此外,泥条叠筑绳纹陶除了大多是以粗粒石英岩为掺和料之外,还见有少量用绳纹碎陶片作掺和料的,制法则没有区别。还有两三块泥条叠筑陶片的外壁拍印有草编或绳编席状纹,可称为编织纹陶。

上述几种陶器在仙人洞20世纪60年代两次发掘时就分别见于T3第3层(可细分为A、B甲、B乙、C甲和C乙等五小层)、T4第二、三、四层,T5第四层和T6第三层等多个层次。在1993和1995年发掘中,最早的陶片见于3C1b层,所出陶器种类均为条纹陶,未见其他类型的陶片。其上3C1a层所出陶器有条纹陶和素面陶两种。而再上的3B2、3B1和3A层则只有绳纹陶和极少的编织纹陶,未见条纹陶和素面陶。吊桶环所出陶片不多,这里出陶片最早的层位是E层,各有素面陶和绳纹陶2片,其次是D层,只有绳纹陶。因此,上述不同制法的仙人洞"下层文化"陶器可能还有编年的意义,其中,条纹陶的年代最早,素面陶次之,绳纹陶稍晚,编织纹陶可能还要晚一些。

1993和1995年的发掘在仙人洞和吊桶环遗址完整地采集了各种自然遗物和自然遗存的土壤样本。在各层位近40个用于植硅石分析的样品中找到了1600余个各种植物的硅酸体,其中也包括600余个稻属植硅石的个体。研究者利用多元分析的统计学方法比较了双峰体形态的稻属植硅石,鉴别出了一定数量的野生稻和栽培稻形态的植硅石,并发现二者在不同时期的地层样品中的分布是不同的。

在吊桶环遗址的 G、H、I、J、K、L 和 M 等旧石器时代末期的层位中只发现有野生稻（*Oryza nivara*）形态的植硅石，且有逐渐增多的趋势。在吊桶环 E 层和仙人洞 3C1a 层开始出现野生稻和栽培稻（*Oryza sativa*）植硅石共出的现象，此后，在吊桶环 D 层和仙人洞 3B1、3B2 层中所见仍是野生和栽培稻植硅石共存的现象，只是后者的数量有所增多。在仙人洞"下层文化"的层位中出现栽培稻的植硅石，说明在当时栽培稻已开始成为人们食物中的一种了，同时从仙人洞 3C1a 和吊桶环 D 层所出人骨的碳同位素（^{12}C、^{13}C）和氮同位素（^{14}N、^{15}N）的测试也倾向于证明这一点。到吊桶环 C 层和仙人洞 2A 层所代表的大约相当于新石器时代中期的层位中，栽培稻植硅石的数量已达 55% 以上，表明稻作农业已有了相当程度的发展。

仙人洞和吊桶环出土的动物遗骨数量很大，经初步鉴定有鹿、猪、野兔、野狸、龟和鸟禽类等多种，其中数量最多的是鹿科动物的骨骼，其次则是猪和鸟禽类。这反映了当时狩猎活动的一般取向。

仙人洞 1964 年发掘的下层曾有过一个兽骨的 ^{14}C 数据距今 8825±240 年（ZK92），因与上层数据年代颠倒而存有疑问。1993 和 1995 年两次发掘在仙人洞和吊桶环各层位都采到了木炭，并由中美双方利用 AMS 技术测定了 30 多个样本，但所得数据普遍偏早。相当于原仙人洞"下层文化"的层位所得数据也是如此，在距今 19780±360（BA95136）—15050±60（UCR3555）年之间的年代数据就有好几个，最晚的一个为距今 12430±80 年（UCR3561），出自仙人洞的 3B1 层，应该与同层位的文化遗存的年代接近。

与仙人洞、吊桶环发掘的同时，玉蟾岩遗址也进行了两次发掘。玉蟾岩是湘南石灰岩地区的一个洞穴遗址，洞厅内的堆积较完整而时代相对单一。两次发掘出土了各种石、骨、角、牙、蚌、陶器。石制品全为打制，石器有砍砸器、刮削器、切割器、锄形器等，基本是单面加工的砾石石器，缺乏类似仙人洞的燧石小石器。骨器有锥、铲等。陶器仅于近底部发现两堆，陶胎厚薄不一，最厚处达 2 厘米，烧成黑褐色，陶土中掺有石英岩颗粒，粒径大小不一，多在 5—10 毫米之间。复原的一件为圆唇侈口斜腹尖圜底的釜形器。这里陶器的内外壁均拍印有绳纹，绳纹为单股，十分粗松。这种陶器的制法与前述仙人洞双面绳纹陶颇为相似。

玉蟾岩的文化层普遍发现有稻属植硅石,更为重要的是出土了4枚稻谷壳,其中有2枚发现于近底部的层位中,根据稻谷壳表面双峰乳突形态的镜下分析,研究者认定它们是一种兼有野、籼、粳特征,由野生稻向栽培稻初期演化过程中最原始的古栽培稻类型。

玉蟾岩文化层中浮选出的植物遗存多达四十余种,有珊瑚朴、野葡萄、中华猕猴桃等。大量的动物遗骨中,以水鹿、梅花鹿、赤鹿、小鹿等各种鹿科动物的数量最多,其次是猪、牛、竹鼠、豪猪等,鸟禽类的骨骼也很多,个体数量达30%以上,还有不少鱼、龟鳖、蚌、螺等水生动物。这里动物遗存的情况与仙人洞十分相似。

玉蟾岩发表的 ^{14}C 年代数据有两组,其一来自3H层中陶片有机碳的AMS测年数据,其中残留碳(residue)BA95057b为距今14810±230年,腐殖酸(humic acid)BA95057a为距今12320±120年,而陶片制作和使用的年代应在这两者之间[1];另一组为T9 3E、3B2和2B5层所出兽骨的常规测年,数据分别为距今8194±610 (ZK-2903)、8820±399(ZK-2902)和7707±413(ZK-2901)年(半衰期5568年)[2]。两组数据尽管不属同一层位,相对层位也未颠倒,但从共存文化遗存的情况看,差距不应如此之大。比较来看,其中前一组陶片的年代与上述仙人洞同类陶器所出层位炭的年代相近,都是用AMS方法测定的,后一组兽骨的年代与仙人洞1964年发掘下层兽骨的年代相近,都是用常规方法测定的。从原理上说,AMS方法固然要比常规方法准确,但也不致相差太远。看来"华南早期新石器 ^{14}C 年代数据的困惑"依然存在。

另外,庙岩遗址5L层所出陶片也有两个 ^{14}C AMS方法测得的数据,分别为残留炭BA94137b距今15660±260年,腐殖酸BA94137a距今15560±500年。与同层位所出炭的AMS年代接近[3]。庙岩陶片亦为夹大粒石英岩的厚胎褐色陶,面素

---

[1] Yuan Sixun, et al., 1997. Applications of AMS Radiocarbon Dating in Chinese Archaeological Studies. AIP CP392, pp. 803-806, AIP Press, New York.

[2] 中国社会科学院考古研究所考古科技实验研究中心:《放射性碳素测定年代报告(二四)》,《考古》1997年7期。

[3] Yuan Sixun, et al., 1997. Applications of AMS Radiocarbon Dating in Chinese Archaeological Studies. AIP CP392, pp. 803-806, AIP Press, New York.

无纹,与仙人洞素面陶颇为相似,年代也很接近。如果说仙人洞、吊桶环与陶片同层炭的来源有可能更早,因而其年代尚不足以说明同层位文化遗存的年代的话,玉蟾岩和庙岩陶片的年代则应是可信的,特别是它们都不会晚于腐殖酸的年代。这两组陶片的年代中,庙岩素面陶早而玉蟾岩双面绳纹陶晚的顺序也与仙人洞同类陶器排序相合。从这些陶器的测年和编年情况来看,甑皮岩遗址出有距今1万年前的夹石英绳纹陶片,其年代也应是可信的。

三

从文化的内容和年代来看,仙人洞、吊桶环和玉蟾岩发现的文化遗存显然与前述黄岩洞、独石仔一类遗存属于同一范畴。只是新的发现为这类遗存增添了更为丰富的内容,这主要反映在:1.坐实了早期陶器的存在,这些陶器器形单一,是直口或敞口的圜底罐(釜)类,陶土中夹粗粒石英岩,胎较厚,早晚阶段的制法有所不同;2.有关稻属植物遗存的初步分析表明早期的稻作农业在这一时期已经出现;3.多样性的采集渔猎经济特别是渔猎的方式有一定的倾向性,猎取的对象以鹿科动物和猪等大型动物为主,鸟禽类和水生动物也占不小的比例。这些新的发现使得我们对这一时期的遗存有了进一步的了解。

现有资料表明,这批更新世末与全新世之交至全新世早期的洞穴遗存主要分布在我国南方石灰岩山地丘陵地区的山前地带,而目前尤以南岭的南北两侧发现较多,遗址类型虽以洞穴遗存为多,但也有露天遗址,如最近发掘的邕宁顶蛳山第一期遗存即是一例[1],相信类似的露天遗址以后还会有所发现。各遗址的文化面貌虽小有区别,但单面打击的砾石石器,穿孔"重石",磨刃"切割器",各种骨、角、蚌器,掺大粒石英的素面或绳纹陶器及原始的稻作农业等,则是它们共有的文化内容,各遗址所处的生态环境基本相同,取食经济的方式大体一样,居住的方式更为

---

[1] Fu Xianguo, 1998. The Excavation at Guangxi Zhuangzu Autonomous Region. *Bulletin of the Indo-Pacific Prehistory Association*. vol. 17, p. 39.

一致。目前所知我国南方地区在这一时期还只有这一类遗存,在同时期的北方地区则有在华北及其邻近地区广泛存在的一支典型的细石器文化,这种细石器文化中最近发现有距今 11000 年前的陶器共存,其整体面貌虽不完全清楚,但仅以其各种类型的细石器遗存为主的石器工业一端即可知与南方同时期文化截然不同。我国北方地区的细石器工业是与整个东北亚地区同时期的石器工业连为一体的,南方地区这一时期遗存从石器工业系统来看,与邻近的东南亚大陆地区同时的砾石工业有一定的联系,以至于不少研究东南亚地区文化的学者倾向于认为它们属于同时期的广泛存在于东南亚地区的和平文化,但和平文化典型的苏门答腊式砾石石器显然与中国南方地区此时的砾石石器有所不同,和平文化中也不见陶器,更没有稻作农业的遗存。因此,南方地区这一时期的文化遗存显然应该是一支独具特色的考古学文化,在这个考古学文化中,仙人洞遗址发掘最早,遗存也比较丰富,或许可称为仙人洞文化。

就 ^{14}C 年代数据和交叉断代的情况来看,仙人洞文化结束的年代在距今 10000—9000 年间,早于南方地区彭头山文化等新石器时代中期偏早的遗存。仙人洞文化的遗存中以砾石石器为主,少数地方兼有燧石、石英小石器的石器工业,显然是我国南方地区旧石器时代石器工业传统的继续。发达的骨角器则是这一时期欧亚大陆及其邻近地区共同的时代特征。稍早的条纹陶、素面陶是目前已知世界上最早的陶容器,与西伯利亚阿穆尔河流域的符米(Khummy)、乌斯季诺夫卡(Utsinovka)3 号遗址所出早期陶器无论从陶质、掺和料还是泥片贴塑制坯然后用梳状器刮抹器壁的制法都很相像(符米遗址的年代数据是距今 13260±100 年)[1]。稍晚出现的拍印绳纹陶是本地特有的,这种制陶技术在南方地区新石器时代中期得到了广泛的流行。生业系统中,以鹿科动物、猪及各种水生动物为主的狩猎对象结构已是新石器时代的特色,有较大比例的鸟禽类则是这一文化的特色,稻作农业的成分究竟有多少虽无从知晓,但无疑是中国南方以稻作为主的农业体

---

[1] Kajiwara, H., et al., 1995. A Japanese-Russian Joint Excavation in the Far East: The Discovery of the Oldest Potteryc in the Maritime Region of Russia. *Navosihirsk* 12(16), pp.16–17.

系起源的最早证迹。与南方新石器时代中期诸文化遗存相比,仙人洞文化无疑与彭头山文化最为接近,彭头山文化即是以打制的大型砾石石器、燧石小石器为主的石器工业,绳纹陶器和早期的稻作农业为特征的。仙人洞文化显然已经具备了南方地区新石器时代文化的一些基本的特点,是南方地区新石器时代中期文化的主要来源,因此应该属于中国南方新石器时代的早期文化。仙人洞文化和华北地区的细石器文化一南一北构成了中国新石器时代文化的主要源头,并在以后分别形成了以长江和黄河为中心的新石器时代中、晚期文化。

仙人洞文化产生和发展的时期,正是最后一次冰期的盛冰期过后,全球气温逐渐回暖的一段时间。在盛冰期时退至南岭附近的北亚热带北界虽已经开始逐渐往北推移,但南方地区的气候仍较今日干凉。南方山地丘陵地带的山前地区成为这一时期文化发展的主要场所,洞穴居住的方式也广为采用。由中国普通野生稻生长的温光交和性所决定,在当时的气候环境下,野生稻分布的北界应较现在更偏北一些,即在南岭一线[1]。而稻作农业起源的"边缘理论"认为[2],在野生稻分布的边缘地区,既有栽培稻所赖以产生的基本物质基础,又有因野生稻数量不多,不便采集而激发起的人工培育的动力。这一地区在这一时期又有较为发达的文化,因而有可能成为中国栽培水稻的起源中心,目前的一些发现也倾向于证明这一点。到新石器时代中期,随着气温的进一步回暖,整个南方地区的气候与环境已经接近现在的情况,稻作农业文化的中心逐渐北移,终于在长江中游的洞庭湖平原形成了一支新的文化——彭头山文化。而这一时期的洞庭湖地区仍处于陆升的时期,过去的湖盆早已消失,现代的洞庭湖尚未形成,整个洞庭湖区是一片河网切割的平原地貌,这就为新石器时代中期文化的发展提供了广阔的腹地,在现今的洞庭湖底新石器时代中期文化的遗址多有发现是明证[3]。与此同时,南岭和岭南地区的气候环境较以前更为优越,自然的食物资源也更为丰富,使得在这里的新石器时代中期

---

[1] 张文绪:《水稻的双峰乳突、古稻特征和栽培水稻的起源》,严文明等主编《稻作 陶器和都市的起源》,文物出版社,2000年。

[2] 严文明:《我国稻作起源研究的新进展》,《考古》1997年9期。

[3] 中国科学院《中国自然地理》编辑委员会:《中国自然地理·历史自然地理》88-109页,科学出版社,1982年。

如豹子头一类贝丘遗存文化更容易延续其前身仙人洞文化的广谱采集渔猎经济的生活方式。由于缺乏环境的压力,也没有很大的发展空间,因而也就没有了发展农业的动力和条件,以至于至今也未在其遗存中发现有什么农业的迹象,而采集渔猎的生活遗存却很丰富,这种情况在这一地区甚至一直延续到了新石器时代中期以后才有所改变。

1998 年 8 月于京郊西三旗

(本文原名"简论南中国地区的新石器时代早期文化",载张忠培、许倬云编《中国考古学跨世纪的回顾与前瞻》,190-198 页,科学出版社,2000 年。此次重刊略有修订。)

14
中国南方地区史前文化：发展及其意义

　　中国南方地区北接黄河流域，南连东南亚，处于东亚的中心部位。这里地域辽阔，地势西高东低，西部有云贵高原，东部有南岭横亘其间，将整个区域分隔为长江中下游、华南和西南三个大的自然地理单元。而南岭又是南方地区的气候分界线和敏感带，因此使得南方地区的地理环境多种多样，但气候却比较稳定。由于这里早期的历史在一向以华夏地区为中心的传统文献中疏于记载，致使过去一般认为南方地区成为中国的经济重心是在唐宋以后，也因此牵累到南方地区史前史在中国史乃至东亚历史上的地位一直没有得到足够的重视和研究。这种情况直到近30年来在田野考古的不断推动下才有所改变。中国南方地区过去数十年特别是最近30年的发现、发掘和研究成果取得了巨大成就，极大地改变了我们对于南方、中国乃至东亚地区史前历史的看法。尽管这些成果及其在史前历史中的意义还在不断地被揭示当中，但仅就目前的认识来看，是无论如何评价都不为过的。

　　追溯这样一段时间虽不算很长的研究历史恐怕也要用一部书的篇幅来描述，如果简单划分，也许可以20世纪70年代中期河姆渡遗址的发现为界限分成两个时期。前一个时期可以说是广泛的发现时期，如元谋人、资阳人、柳江人、马坝人、长阳人等古人类遗存和观音洞、富林、石龙头、八仙洞等旧石器时代文化，以及长江中下游地区的大溪文化、屈家岭文化、石家河文化、马家浜文化、崧泽文化、良渚文化、北阴阳营文化以及岭南地区的贝丘遗址等新石器时代文化，这些旧石器至新石器时代各个时期的文化遗存广泛地分布于南方地区的各个省区。后一个时期则可以说是系统的探索和研究时期。巫山人、建始人、郧县人、南京人、和县人等古人类的化石证据不断发现，为南方地区人类起源提供了系统的资料。元谋、百色盆地、建始龙骨洞、汉中、澧水、沅水流域、大洞、鸡公山等石器群的发现建立了南方地区旧石器时代从早到晚的发展序列,在偏晚的时期还可以分辨出不同的区域特征。以河姆渡的发现为契机,彭头山文化、仙人洞、玉蟾岩等一系列早期水稻遗存的发现,使我们对于南方地区稻作农业的起源、发展和传播有了全面而系统的了解。新石器时代早中期遗存的发现在长江中下游地区建立起了完整的新石器时代文化序列,农业、手工业经济和聚落遗存的新发现和深入研究使我们对这一地区的史前社会有了全面的认识,也因此为我们理解周边地区史前文化建立了一个坐标。岭南地区福建昙石山文化、广东石峡文化,西南地区四川宝墩村文化以及广西、云南和重庆地区近些年来一系列的新发现,也在不断地更新着我们对这些地区史前历史的知识。

一

现在知道,中国南方地区的史前文化基本是本地产生、独具特色并在区域互动的基础上不断发展起来的,在史前的各个时期都对周边地区产生了巨大的影响。早在100多万年以前的早更新世,这里就发现了元谋人、陨县人及其石器工业。至中更新世,中国旧石器时代南北的区域文化差异已经形成。南方的长江中下游和岭南地区普遍发现有人类化石和成组的石器地点群,如百色盆地、澧水中下游和鄂西北等地,石器类型属于典型的粗大砾石石器工业,包括砍砸器、尖状器和原手斧。而西南地区多见零散的洞穴遗址,石器类型以各类刮削器等石片石器为主。南方本地文化的区域特征也开始显露,直到晚更新世早期南方地区这种文化的东西区域差异依然明显。进入旧石器时代晚期,随着最后冰期的来临,南方地区一度受到北方石器工业文化南下的影响,文化面貌发生了多次变化,石器工业一变而以刮削器、尖状器等小型石片石器为主,区域文化的变化也至为复杂。直到盛冰期的结束,南方地区才又恢复了过去砾石石器工业的传统[1]。根据有关研究,所谓砾石石器工业乃是更多地依赖植物性食物采集者的工具传统,而石片石器则是偏重狩猎经济生活方式的利器。因此,南方地区在整个旧石器时代的植物性采集经济传

---

[1] 王幼平:《中国远古人类文化的源流》,科学出版社,2005年。

统源远流长，但在旧石器时代之末又夹杂了狩猎经济的内容，使得南方地区文化采集狩猎经济传统更为复杂多样。

大约在末次冰期的盛冰期或随后的回暖期至距今10000年间的一段时间，是南方地区史前文化发生巨大变化的一个转折点。这一时期多被称为"中石器时代"，又被称为"后旧石器时代""旧石器时代向新石器时代过渡时期"或"新石器时代早期"。但不论如何称呼，所指的时间和内容基本都是一样的，时代特征也愈益明确[1]。这个时期分布在南方地区的古代文化大多出现在南岭南北两侧的石灰岩洞穴中，目前已发现了数十处。在洞穴中的堆积物大多为灰黄色，很多都包含有大量的螺壳，因此也有研究者称之为"洞穴贝丘"[2]。文化遗物中，石器工业以砾石石器为主要特征，有单面打的砍砸器、锄形器、亚腰斧、穿孔砾石、磨刃切割器等，有些遗址也见燧石、石英刮削器、尖状器等石片小石器。各种锥、针、镞、刀、鱼鳔等骨、角器十分发达，还多见单孔和双孔的蚌刀。在万年仙人洞、道县玉蟾岩、桂林庙岩、甑皮岩、大岩等遗址出有夹粗粒石英条纹、绳纹的圜底罐形陶器以及素面和编织纹深腹钵形陶器。

这一时期的生业系统的主要内容为渔猎采集经济，渔猎对象以鹿、猪类为主，还有较大比例的鱼鳖类、螺蚌类和鸟禽类。玉蟾岩和甑皮岩发掘浮选出了猕猴桃、野葡萄、梅、朴树籽和山核桃等许多可食性植物种子[3]。利用水稻的证据发现于这一时期。玉蟾岩1993和1995年发掘出土的3粒稻谷，被有的研究者鉴定为"演化早期的原始栽培稻"[4]，但也有研究者认为应当是野生稻[5]。仙人洞和吊桶

---

[1] 张弛：《简论南中国地区新石器时代早期文化》，张忠培等主编《中国考古学跨世纪的回顾与前瞻》190-198页，科学出版社，2000年。

[2] 何乃汉：《岭南地区旧石器时代向新石器时代的过渡及其有关的几个问题》，《中国考古学会第五次年会论文集(1985)》，文物出版社，1988年。

[3] 袁家荣：《湖南道县玉蟾岩1万年以前的稻谷和陶器》，严文明等主编《稻作 陶器和都市的起源》35页，文物出版社，2000年。中国社会科学院考古研究所等：《桂林甑皮岩》286-294页，文物出版社，2003年。

[4] 张文绪：《水稻的双峰乳突、古稻特征和栽培水稻的起源》，严文明等主编《稻作 陶器和都市的起源》122页，文物出版社，2000年。

[5] Crawford, G. W., 1998. The origins of rice agriculture: recent progress in East Asia. *Antiquity* 72 (278). pp. 858-866.

环采集到这一时期的稻属植硅石也被认为有可能是野生稻的[1]。因此这些与水稻遗存是否属于栽培稻是有很大疑问的,作为谷物农业起源的证据还不够充分[2]。而且这一时期洞穴居住的形式也是从旧石器时代晚期以来一直延续下来的,表明社会形态很可能与旧石器时代没有很大的区别。但尽管如此,如果两相比较来看,上述那些石器、骨器和陶器等新型器具以及与之相关联的广谱的取食经济方式的出现,还是更加地接近了以后南方地区新石器时代的文化内涵,因而具有重大的划时代的意义。现在看来,这批遗存延续的年代很长,演变的过程尚待进一步的发现和研究,如果因为还没有栽培农业的出现就将这一阶段划入旧石器时代,显然不够妥当。

二

接下来的南方地区史前历史虽然无可争议地进入了农业生产的时代,但农业的发展和扩散却是一个漫长的过程。根据目前的发现和研究,南方农业发展的摇篮是在长江中下游地区,这里农业社会发展的阶段经历了四个主要的时期[3],每个时期也都对周边地区产生了极大的影响。

第一个时期通常被称为新石器时代中期,年代在距今约10000—7000年间。这一时期在长江中下游发现的文化遗存还不是十分普遍,其中中游地区主要是在洞庭湖区澧水流域发现的彭头山—皂市文化和湘江中下游的大塘文化,下游地区则有在钱塘江流域的上山—跨湖桥文化。这是一批在小流域内集中出现的阶地和台地聚落,不同于本地区旧石器时代的洞穴遗址,具有鲜明的新石器时代聚落特征。澧县八十垱遗址的聚落面积有3万多平方米[4],周围有环壕土围墙,在里面

---

[1] Zhao, Zhijun, 1998. The Middle Yangtze Region in China Is One Place Where Rice Was Domesticated: Phytolith Evidence from the Diaotonghuan Cave, Northern Jiangxi. *Antiquity* 72. pp. 885–897.

[2] 中村慎一:《中国稻作起源論の現在》,《日本中国考古学会会報》第十号1–11页,2000年10月。

[3] 参见张弛:《长江中下游地区史前聚落研究》,文物出版社,2003年。

[4] 裴安平:《澧县八十垱遗址出土大量珍贵文物》,《中国文物报》1998年2月8日第一版;《湖南澧县梦溪八十垱新石器时代早期遗址发掘简报》,《文物》1996年12期;湖南省文物考古研究所编著:《彭头山与八十垱》213–275页,科学出版社,2006年。

1000多平方米的发掘区内发现有房屋建筑24处、墓葬98座、灰坑80座以及一片"干栏建筑区"。其中居住房屋的面积多在10—30平方米,多位于聚落北部和西北较高处,西北部一片集中的干栏建筑推测可能是仓房。墓葬有的集中分布,有的零星分布在居住区四周。这些墓葬一般随葬几件陶器或石器,墓葬随葬品没有明显的差别,说明聚落内部人们之间没有明显的等级分化,集中分布的仓房或许说明聚落内部存在相当大程度上的集体分配制度。

这个时期几乎在各个经过发掘的遗址中都普遍发现有稻作农业的迹象。在长江下游地区,年代接近距今10000年的浦江上山遗址的陶器中夹杂大量的稻谷壳,有研究者认为属于栽培稻[1]。年代稍晚的萧山跨湖桥遗址也有上千粒古栽培稻的稻谷和大米出土[2]。作为农业重要组成部分的家畜饲养业在这个时期开始有了明确的证据,跨湖桥出土的狗和猪已经有了明显的家畜的体质特征。长江中游地区的八十垱遗址局部发掘曾收集到近2万粒稻谷和稻米,被鉴定为一种非籼非粳的古栽培稻类型[3],彭头山等很多遗址也都发现有稻作遗存。彭头山—皂市文化也发现有可能是家猪和鸡的骨骼。尽管还有人对这个时期出土稻作遗存是否就是驯化品种提出疑问[4],但这个时期已经开始有了与栽培和驯养有关的农业活动是可以肯定的。在这个时期稍晚的跨湖桥和皂市文化时期出现了纺织业,跨湖桥出土了上百件纺轮和线轮。其他与生业相关的制陶、石器和木器等手工业也很发达,跨湖桥还见到了最早的独木舟。至此,中国南方传统的新石器时代主要的生业方式俱已完备。只是八十垱和跨湖桥遗址出土的大量菱角、芡实、莲子、橡子以及各种野生动物遗存的比例远较栽培作物和家畜的数量为多,说明农业经济在这一时期也许还并不是很发达。

第二个时期是新石器时代晚期,年代大约在距今7000—5500年间。这一时期

---

[1] Jiang Leping, Liu Li, 2006. New Evidence for the Origins of Sedentism and Rice Domestication in the Lower Yangzi River, China. *Antiquity*, 80, pp. 355–361.
[2] 浙江省文物考古研究所:《跨湖桥》273–277页,文物出版社2004年。
[3] 张文绪等:《湖南澧县梦溪八十垱出土稻谷的研究》,《文物》1997年1期。
[4] Crawford, G. W., 1998. The Origins of Rice Agriculture: Recent Progress in East Asia. *Antiquity* 72 (278). pp. 858–866.

正处于全新世大暖期,长江流域的气候接近现在的岭南,正适合于新石器时代多样化经济的发展。长江中下游地区人口逐渐增多,新石器时代文化迅速发展。到这个时期后一阶段,两湖地区有大溪文化,汉水中游有仰韶文化,苏皖平原区有北阴阳营—薛家岗文化,赣鄱地区有拾年山文化,江浙地区有马家浜—崧泽文化和河姆渡文化。各个区域的经济和社会普遍开始发生分化,分化的现象不仅产生于各个聚落社群的内部,而且还发生于聚落之间甚至区域之间。数量最多的普通聚落一般面积只有二三万平方米,居住的人口有上百人,例如汉水中游地区的淅川下王岗[1]和邓州八里岗[2],聚落占地面积1—2万平方米,聚落中有两排或两组房屋,按照下王岗完整发掘的一排房屋有29间共17套房屋,大约可住100人来计算,整个聚落的人口或可达200多人。普通的聚落一般有集中墓地,往往有上百人埋葬在墓地中,有的墓地多达上千人。很多墓地都能从空间上看出来划分为不同的葬区,因此知道普通的聚落也有不同继嗣群体的分化。不同墓葬区的随葬品有时在数量和质量上有很大的差别,有的墓葬区每墓只随葬几件器物,而有的墓葬区每墓有数十件,因此可以看出来,即便在同一聚落中,有些小的继嗣群体占有较其他群体更多的财富。而少数大型聚落面积则有一二十万平方米,最大的含山凌家滩甚至达到上百万平方米[3]。从一些迹象看,大型的聚落是小区域中的经济中心,如澧县城头山[4]发现有集中分布的8座以上的陶窑,附近还有工棚和取土坑,很像是专门的制陶作坊,而普通的小聚落往往只发现有零星的陶窑。再如凌家滩遗址北部的墓地,发掘的墓葬中很多都出有上百件华丽玉器和石器,有的还随葬有很多玉料和制作石、玉器的工具,这样的情况在小聚落的墓地中是见不到的。类似凌家滩的玉器在周围遗址也有发现,说明这里可能是玉器的生产中心。城头山还发现有大片祭祀场地,说明一些大型聚落很可能还是祭祀中心。

  各个区域的经济形态很可能有一些不同,江浙地区在草鞋山等马家浜和崧泽

---

[1] 河南省文物研究所等:《淅川下王岗》166-183页,文物出版社,1989年。
[2] 北京大学考古实习队:《河南邓州八里岗遗址发掘简报》,《文物》1989年9期。
[3] 安徽省文物考古研究所:《凌家滩》,文物出版社,2006年。
[4] 湖南省文物考古研究所编著:《澧县城头山——新石器时代遗址发掘报告》,文物出版社,2007年。

文化遗址中发现了成群的水稻田,但田块都不是很大,一般只有三五平方米,联系到河姆渡遗址出土大量的骨木耜,可以知道这一时期的农业进步不明显,仍然是所谓的园圃农业或耜耕农业的生产规模(崧泽文化晚期才出现犁耕)。家养动物在肉食中的比例也只占到15%—26%[1]。而两湖地区城头山遗址发现的大溪文化早期(或称汤家岗文化)的水稻田至少在2分,或许说明两湖地区的农业规模要稍大一些,但两湖平原地区由于缺乏原料,几乎没有石器工业。苏皖地区的石器和玉器制作业规模很大,产品交流到四周所有的区域。正是在社群之间和区域之间广泛的产品贸易交流中,长江中下游新石器时代晚期文化得以繁荣。

第三个时期或许可以称为新石器时代后期,年代在距今约 5500—4500 年间。长江中下游地区的社会文化格局发生了重大变化,出现了两个区域经济和文化的核心地区,一个是两湖地区的屈家岭—石家河文化区,一个是环太湖地区的良渚文化区,而这两个文化区的周边如汉水中游、苏皖、赣鄱、苏北等地,或者文化衰落萎缩或者变化不大。在两湖和环太湖地区聚集了大量的人口和社群,由此造成了资源和领地的紧张,促使社群间社会关系发生调整。其中比较明显的是新出现了大规模的城址和聚落群,如石家河和良渚都分别是两地中最大的聚落和聚落群体。石家河遗址的面积达 8 平方公里,中心部位是一座周围有宽达 60—80 米的环壕围绕的土城,城内面积有 100 万平方米,在城外则有很多的聚落点[2]。良渚遗址群则由 130 多处遗址组成,密集分布在 40 平方公里的范围内[3]。这些大遗址或遗址群的周围在很大的区域内没有其他同时期遗址,说明它们直接的领地都比较大,都可能接近了现在的一县之地,这已经是中国古代小国的规模了。这些大型遗址和遗址群都是在这个时期新出现的,石家河遗址和良渚遗址群在此前的大溪文化和崧泽文化时期都只是比较小的普通遗址,在屈家岭文化时期和良渚文化早期这两个地方突然出现大规模的聚落,不应当是本地聚落自身的发展,而是有大规模社群形成后迁居到此地的,说明这种大型社群的出现是这个时期的新生事物。而这

---

[1] 袁靖:《论中国新石器时代居民获取肉食资源的方式》,《考古学报》1999 年 1 期。
[2] 北京大学考古系等:《石家河遗址调查报告》,《南方民族考古》第五辑,1992 年。
[3] 浙江省文物考古研究所:《良渚遗址群》314-326 页,文物出版社,2005 年。

个时期其他一些比较小的聚落也有迹象表明有成群分布的倾向,说明这个时期出现比较大的社会群体是一个普遍的现象。各种大小不等的城址纷纷出现,说明社会关系十分紧张。

这个时期社群内部的分化形成了等级,社群之间的分化也在加剧。区域之间和社群之间有了很大的差别,有些区域经济不很发达,有些则有大规模的手工业。有些聚落和聚落群体非常大,像石家河遗址和良渚遗址群,有些则非常小,只有1—2万平方米,一些小的城址也只有10万平方米左右。在各个聚落社群内部的社会等级差别也很明显,例如良渚文化聚落中的墓地已经发现很多,一般墓地的规模都比较小,只有20座左右墓葬,说明当时社会的基本继嗣群就是这样一个规模。这样的墓地之间差别非常大,有的墓地埋在平地上,没有随葬品或只有几件日用陶器和石器,有的则埋在高大的人工土墩上,随葬上百件玉器、石器和漆器。最大的墓葬都发现于良渚遗址群中,著名的瑶山[1]和反山[2]墓地埋在高大的用不同颜色的土和石头建造的祭坛上,墓葬中有棺和椁,很多墓葬都随葬了数百件玉器、石器和嵌玉漆器,也许还有缀玉片的丝织物。而同样在良渚遗址群中也有很多小型墓地,只随葬几件或几十件陶器和石器。

造成这种情况的原因应该十分复杂,但无疑气候的变化起了很大的作用。这个时期正是全新世大暖期过去后的降温期,适应原来暖湿气候的新石器时代晚期的生产方式发生转变,其中最明显的证据来自良渚文化。早在崧泽文化晚期已经开始出现的犁耕农业到良渚时期十分普遍,还新出现了一批如耘田器、破土器、石刀等开垦、耕作和收割的新型农具,是所谓的犁耕方式,肉食动物中家猪的比例也上升到70%左右,农业一变而成为集约的生产经济,成为当时生计的主要来源。正是这种生产方式的转变,促使大量的族群向两湖和环太湖适合发展农业的平原地区迁移,才造成两湖和环太湖地区成为这个时期社会文化发展的核心地区。再有一个重要的原因就应当是区域和社会群体之间资源的竞争,在前一个时期已经出

---

[1] 浙江省文物考古研究所:《瑶山》,文物出版社,2003年。
[2] 浙江省文物考古研究所:《反山》,文物出版社,2005年。

现的区域和社群发展的不平衡现象继续扩大,促使资源重新组合,并造成了更大规模的社群的出现,长江下游地区过去玉器制作业的中心——苏皖地区衰落,大规模的玉器制作业向太湖地区转移就是一个例子。

第四个时期是新石器时代末期,年代大约在距今 4500—4000 年间,这是长江中下游地区新石器时代文化全面衰落的时期,过去的屈家岭—石家河文化和良渚文化大量的聚落群都已消失,存在于两湖地区的是石家河晚期文化或称后石家河文化,在长江下游地区是所谓的南荡文化或广富林类型,但遗址发现很少而且规模也很小。分布的地方大多在长江以北,其中长江下游文化的衰落最为严重。过去这些地区发达的石器、玉器和漆器工业也已经消失,遗址中发现的农业遗存变少。出现这种情况的原因还不是很清楚,但应当是多种原因造成的,其中部分原因大概与黄河流域人口的南迁有联系。早在良渚文化晚期,大汶口文化晚期文化的扩张已经到达长江沿岸[1],两湖地区石家河文化也与大汶口晚期文化有着密切的关系。到这一时期,下游实际上就是北方龙山文化王油坊类型开发的边际地区,中游石家河文化晚期也有大量的中原龙山文化因素。长江中下游文化大规模的衰落期应该一直延续到商代以前。

三

与长江中下游地区不同,华南和西南地区在新石器时代早期之后出现的是一种高度依赖捕捞水生动物的采集狩猎生活方式,而且在很长一段时间里一直保持着这种经济形态,直到新石器时代的最后阶段才有农业的出现,而且显然是从长江中下游地区扩散过去的。由于与长江中下游地区一直保持着密切的联系,华南和西南地区的新石器时代文化的发展和变化也经历了时期大致一样的四个阶段。

在新石器时代中期,华南和西南地区仍然有前一时期延续下来的洞穴居住方

---

[1] 参见北阴阳营遗址 H2。南京博物院:《北阴阳营——新石器时代及商周时期遗址发掘报告》87-88 页,文物出版社,1993 年。

式,仙人洞、甑皮岩、鲤鱼嘴等洞穴遗址都有这个时期的堆积,而且还延续到了很晚的时期,特别是在一些偏远的地区。但这些已经不是当时文化的主流。这个时期普遍出现了河流边分布密集的平地聚落,年代比较早的主要是一支分布在广西左江、右江和邕江及其支流的顶蛳山文化,这支文化向西南还分布在越南的北部地区,被称为多笔文化。稍晚的有分布在湖南沅水中游的高庙文化以及湖北西部、重庆东部的峡江地区城背溪文化和玉溪下层遗存[1]。这些集中分布在河边的平地型聚落的形式虽然与长江中下游地区同时期彭头山—皂市文化、跨湖桥文化表面上看来大致一样,但聚落经济的内容却有很大的不同。这一时期在顶蛳山文化的遗址中至今没有发现与农业有关的遗存[2],高庙文化和峡江地区只在陶器中发现很少的稻谷壳以及家猪的骨骼,还无法确定是不是当地的东西。其中顶蛳山文化和高庙文化遗址多为螺壳堆积的贝丘,城背溪文化和玉溪下层则多见鱼骨,同时也有大量其他陆生动物遗骸,总之表现的是一种高度依赖捕捞水生动物的采集渔猎生计形态。其他的共同点还包括基本没有纺织业,流行蜷曲特甚的屈肢葬、蹲葬等。只是高庙文化和城背溪文化都位于南岭北侧,出现的时间也稍晚,与邻近的洞庭湖地区彭头山—皂市文化有密切的联系,来源可能与这些农业文化有关。而岭南地区目前可以确定的这类遗存还只有顶蛳山文化,云贵地区同时期则只有类似云南蒙自马鹿洞和保山塘子沟遗址发现那种旧石器时代晚期类型的遗存[3]。因此可以说,高度依赖水生动物的新型采集渔猎经济文化在岭南也许分布并不十分普遍,在除峡江以外的西南地区则很可能还没有出现。

到新石器时代晚期,随着全新世大暖期暖湿气候的来临,华南和西南地区采集渔猎经济也获得了迅速发展的机遇,分布于沅水中游的贝丘遗址大多是属于这个时期的。峡江地区聚落点迅速增多,是史前该地区最为繁盛的时期。由于这里是长江流域最大的鱼类产卵场,因此鄂西大溪文化、渝东玉溪坪文化早期特别依赖渔

---

[1] 邹后曦等:《重庆峡江地区的新石器文化》,重庆市文物局等编《重庆·2001三峡文物保护学术研讨会论文集》17-40页,科学出版社,2003年。
[2] 赵志军等:《广西邕宁县顶蛳山遗址出土植硅石的分析与研究》,《考古》2005年11期。
[3] 张兴永:《云南两处旧石器末期至新石器早期遗址》,封开县博物馆等编《纪念黄岩洞遗址发现三十周年论文集》109-111页,广东旅游出版社,1991年。

业,遗址堆积中常见成层的鱼骨堆积。这里的石器制作业也很发达,多数遗址都有大量石器制作的遗存。岭南地区也发现有这个时期的石器制作场,如广西百色革新桥[1]、都安北大岭一期[2],以及广东英德史老墩等[3]。这些专门的石器制作地点代表了新的经济因素。这一时期华南地区另一个重大变化是对新区域和新的采集狩猎资源的开拓,在广西、广东和福建濒海地区普遍出现的贝丘遗址,如广西防城和广东潮安石尾山、陈桥村的贝丘遗址,以及代表新经济生活方式的沙丘遗址。在珠江口地区这类遗存被称为咸头岭文化(大湾文化),这是南方地区人类最先开拓海洋资源的开始。同时这些适应海洋生活的采集渔猎民还渡海到海南岛以及福建沿海岛屿,形成壳丘头文化(或金门岛的富国墩文化)的贝丘遗址,并在澎湖和台湾岛形成大坌坑文化。已经有研究者指出,这批沿海的采集渔猎文化应当来自沅水中游大溪时期遗存(高庙文化上层文化)[4],也有研究者干脆径称之为大溪文化岭南型[5]。这个时期仍然几乎没有华南地区出现农业的确凿证据,只有三峡大溪文化可能有家畜的饲养,但在陆生肉食动物中的比例很低,只有10%—20%[6]。

新石器时代后期是华南地区高度依赖水生动物的渔猎采集文化大范围萎缩和长江中下游农业族群开始南迁的时期。出现这种情况的原因应当与这个时期的气候变冷,渔猎采集经济出现危机有关,也同长江中下游同时期社会的变化有密切的联系。其中华南和西南地区衰落最为明显的是位置最靠北的沅水中游和峡江地区采集渔猎文化,这两个地方的遗址数量比以前大为减少,遗址出土器物的文化面貌同此前不能连接[7],应当是外面的屈家岭文化移民迁入的结果。华南地区珠江三

---

[1] 广西壮族自治区文物工作队:《广西百色市革新桥新石器时代遗址》,《考古》2003年12期。
[2] 林强等:《广西北大岭遗址考古发掘取得重要成果》,《中国文物报》2005年12月2日第一版。
[3] 《英德沙口史老墩遗址》,英德市博物馆等编《英德史前考古报告》123-230页,广东人民出版社,1999年。
[4] 何介钧:《环珠江口的史前彩陶与大溪文化》,《南中国及邻近地区古文化研究》71-78页,香港中文大学出版社,1994年。
[5] 卜工:《环珠江口新石器时代晚期考古学遗存的编年与谱系》,《文物》1999年11期。
[6] 袁靖:《论中国新石器时代居民获取肉食资源的方式》,《考古学报》1999年1期。
[7] 孟华平:《长江中游史前文化结构》,长江文艺出版社,1997年。

角洲和闽江三角洲贝丘和沙丘遗址数量也有明显减少的情况[1]。同时,在粤北出现了石峡文化,粤西桂东西江流域出现了"乌骚岭类型",这两种遗存有一定的相似性,又分别与赣鄱地区的樊城堆文化和湘江流域的岱子坪类型十分相像,很可能是由后两者发展而来的[2]。而闽江下游新出现的昙石山文化也与赣东北和浙西南的良渚文化有密切联系[3]。华南这些新出现的文化都不是本地生长起来的,聚落面貌与长江中下游的农业聚落基本一样,在石峡文化和昙石山文化的多个遗址还发现了水稻遗存[4]以及玉器等,因此应当是长江中下游农业族群南迁的结果。稍后台湾也出现了水稻、粟等栽培作物[5]。西南地区不久之前在川西北茂县发现了营盘山马家窑文化遗址[6],知道这个时期有移民自西北迁徙而来[7]。

新石器时代末期气候回暖,华南和西南地区进入了史前文化最为繁荣的时期,估计当时的人口应当超过同时期的长江中下游。福建和广东地区的几何印纹陶文化多种类型的贝丘遗址大量增加[8],而像石峡三期那样的河流阶地遗址应当是农业类型聚落的遗存,这类遗存向北一直影响到湖南的沅水和资水上游,形成当地的斗篷坡文化[9]。台湾当地新石器时代中期遗址的数量更是数倍于前,岛内农业发展,并开始有广泛的石器、玉器贸易交流。广西有这一时期数量众多的遗址,被称

---

[1] 西谷大:《中国東南沿海部の新石器時代》,《国立歴史民俗博物館研究報告》第70集1—56页,1997年。

[2] 贺刚:《南岭南北地区新石器时代中晚期文化的关系》,《中国考古学学会第九次年会论文集》(1993)183-193页,文物出版社,1997年。

[3] 参见浙江省文物考古研究所等编:《好川墓地》,文物出版社,2001年。

[4] 严文明:《再论稻作农业的起源》,《农业考古》1989年2期。杨式挺:《谈谈石峡发现的栽培稻遗迹》,《文物》1978年7期。

[5] 臧振华、李匡悌、朱正宜等:《台南科学工业园区道爷遗址未划入保存区部份抢救考古计划期末报告》98-100页,南部科学工业园区管理局委托"中研院"历史语言研究所报告,台北,2004年。

[6] 成都市文物考古研究所等:《四川茂县营盘山遗址试掘报告》,成都市文物考古研究所编著《成都考古发现》1-77页,科学出版社,2002年。

[7] 或许还要早到庙底沟文化时期,见陈剑等:《长江上游地区文明化进程学生讨论会纪要》,《考古》2005年5期90页。

[8] 赵辉:《珠江三角洲地区几何印纹陶的出现和文化的发展》,许倬云等主编《中国考古学的跨世纪反思》上册221-250页,商务印书馆,香港,1999年。

[9] 贺刚:《南岭南北地区新石器时代中晚期文化的关系》,《中国考古学学会第九次年会论文集》(1993)177-182页,文物出版社,1997年。

为"大石铲文化",这个时期的顶蛳山遗址四期发现了大量的稻属植硅石[1],年代稍晚些桂北的资源晓锦遗址第二期发现有大量的水稻[2]。西南地区在成都平原突然出现的宝墩村文化发现有多座的城址,是该地区发展水平最高的一支文化。在云南地区,过去认为最早的新石器时代文化是滇池周围出现的湖滨贝丘遗址群,但近年来的发掘表明它们的年代在公元前两千纪的中叶[3],而西部年代最早的是宾川周围的发白羊村文化,其中白羊村遗址发现了很多稻壳和稻秆,年代在公元前2500—前2000年之间。也就是说云南地区最早的新石器文化一开始就是有稻作农业的,没有当地发展的线索,因而很可能是外来的。华南和西南地区在这个时期文化的繁荣和人口的大量增加应当与农业的发展有关,但又不会仅仅是当地文化发展的结果,如果联系到长江中下游地区人口大量减少的情况同样出现在这个时期,或许可以推测是有人群南迁和西迁的结果,否则就难以解释像突然出现的宝墩村文化的来源[4]。当然西南地区同时也还受到西北地区文化的影响。

四

南方地区各个区域的史前文化有密切的联系,因此史前文化的发展呈现了大致一样的阶段性。在旧石器时代,南方地区似乎没有明确的文化重心,到旧石器时代末期至新石器时代早期,文化最为发达的地方应当在南岭的南北两侧,而新石器时代早期以后则长期在长江中下游,至新石器时代末期又转向华南和西南。南方地区文化发展的各个阶段以及文化重心的转变都对中国乃至东亚、东南亚地区的史前历史产生了至为深远的影响。

早更新世之后,气候发生过多次的冷暖变化,中国北方地区的古人类一般生活

---

[1] 赵志军等:《广西邕宁县顶蛳山遗址出土植硅石的分析与研究》,《考古》2005年11期。
[2] 广西壮族自治区文物工作队等:《广西资源县晓锦新石器时代遗址发掘简报》,《考古》2004年3期。
[3] 孙华:《西南考古的现状与问题》,《南方文物》2006年3期。
[4] 俞伟超:《三星堆蜀文化与三苗文化的关系及其崇拜内容》,《文物》1997年5期。

在气候比较温暖的间冰期,冰期时则向受气候变冷影响不很大的南方移动。北方地区很少发现寒冷时期古人类及其文化遗存,而南方地区则不论暖期还是冷期同样都有丰富的古人类文化存在,因此旧石器时代的南方地区实际上为中国的古人类提供了维系生存的避难所。南方地区也因气候的稳定一直都保持着文化的连续性,在石器工业上的表现就是砾石石器的传统[1],这种传统代表的是更多地依赖植物性食物的生计方式,这就使得南方地区的古人类对于植物性食物的获取有着更多的了解和偏爱。在最后冰期的最盛期,在北方文化的强烈影响下,南方旧石器时代末期的文化和生计形式更为复杂多样,这就为新石器时代文化的出现准备了充分的条件。

南方地区旧石器时代晚期文化是与整个东南亚地区连为一体的,在最后的阶段至少岭南地区与东南亚都是和平文化的分布范围,石器的类型以及居住方式都十分接近。但最早出现变化的地方却是在华南的南岭南北两侧地区,这里出现的新石器化过程是东亚历史上的一个重大历史事件。在最后冰期的盛冰期时,这一地区率先出现了东亚地区最为复杂多样的采集渔猎经济,与之相应的人类文化也同样发生了很大变化。这里出现的陶器和磨制石器最早的年代可达一万六七千年[2],玉蟾岩遗址发现利用水稻的年代也可以早到15000年前。如果这样的年代可以采信,这里就将是东亚乃至世界上新石器时代生活方式开始最早的区域。而这样早的年代实际上是将这种转变发生的时间直接定格在历史上气候最为寒冷的时期。这就意味着对东亚乃至世界历史的改写,和对现有农业起源以及新石器时代生活方式出现理论的挑战,其中当然也包括陶器起源的种种说法[3]。

其实,即便是随后在长江中游地区发展起来的彭头山文化可以确认的早期稻作农业也较目前所知的北方地区农业出现的年代要早一些。在最后冰期的最盛期,华北气候寒冷,地表植被草原或荒漠—草原化,这个时候在华北各地的旧石器

---

[1] 王幼平:《中国远古人类文化的源流》324页,科学出版社,2005年。
[2] 赵朝洪等:《中国早期陶器的发现及相关问题》,北京大学考古文博学院编《考古学研究》(五)上册,科学出版社,2003年。
[3] Richard. P., 2005. The Social Context of Early Pottery in the Lingnan Region of South China. *Antiquity* 79. pp. 819–828.

时代晚期文化中广泛流行石叶特别是细石叶技术,这是适应草原环境的专业化狩猎者所特有的石器技术。随着气候的回暖和全新世的来临,这种石器工业也就逐渐退出华北地区。但此后华北地区出现的新石器时代磁山—裴李岗文化是高度依赖采集和农业的文化,与华北细石器文化应该不是继承的关系[1]。鉴于淮河流域裴李岗文化贾湖遗址既有粟作也有稻作农业,而且陶器等人工制品与彭头山文化的不无相似之处,有研究者已经提出了对华北地区农业独立起源的疑问以及北方农业起源时期与南方稻作农业的关联性[2]。更有学者论证了北方的粟作农业是在南方稻作农业北进时适应北方气候的产物,也因此北方地区的粟作在一开始就有了一定的规模[3]。

新石器时代中期稍晚的时候,稻作农业出现在汉水中游的何家村和李家村遗址。新石器时代晚期的仰韶文化时期,稻作农业已经在关中地区出现,豫中则有很多的证据。至新石器时代末期,山东北部的龙山文化也有了稻作农业的证迹。因此,稻作农业一直都是北方地区南部农业结构中重要的组成部分。随后,稻作农业经过山东半岛至辽东半岛再到朝鲜半岛直至东渡日本,构成了东亚地区最基层的早期农业体系[4]。

新石器时代中期至新石器时代后期,长江中下游地区一直是南方地区的文化中心,与东亚地区另一个最为发达的新石器时代文化中心——黄河中下游地区相比邻。在这一段将近4500年的时间里,长江中下游一直保持着两地文化交往中较为主动一方的角色,社会发展的程度则大致保持了与黄河中下游一致的步调和水平。在新石器时代晚期逐渐成熟的石器、玉器、漆器和丝绸手工业达到了当时的最高水平,对黄河中下游地区产生了极大的影响。到新石器时代后期,这里出现的犁

---

[1] 王幼平:《晚更新世末至全新世初华南与华北石器技术的发展》,(桂林)"华南及东南亚地区史前考古—纪念甑皮岩遗址发掘三十周年国际学术研讨会"论文,2003年。
[2] Cohen, D. J., 2003. Microblades, Pottery, and the Nature and Chronology of the Palaeolithic-Neolithic Transition in China. *The Review of Archaeology*, pp. 21–36.
[3] 朱延平:《关于中国栽培植物起源问题的探讨》,吉林大学边疆考古研究中心编《庆祝张忠培先生七十岁论文集》21–36页,科学出版社,2004年。
[4] 严文明:《东北亚农业的发生与传播》,《农业考古》1993年3期。

耕集约农业也是当时最为先进的农耕制度。在这个时期的偏早阶段,屈家岭文化或它的影响直接到达了豫中地区[1],良渚文化(早期)或其影响则分布到山东和江苏交界处[2],是长江中下游新石器时代文化对北方地区影响最大的时段。直至新石器时代后期偏晚阶段,随着气候变冷达到峰值的时候,大汶口晚期文化向南扩张到长江沿线,这种情况才发生转变。随后的新石器时代末期长江中下游地区开始进入了史前文化的衰退期,对黄河流域的影响逐渐衰微。但此时南方地区史前文化的一系列成就早已植根于中国古代文化的土壤之中,成为以后中华早期文明的源头之一。

长江中下游地区新石器时代农业文化同样对华南和西南直至东南亚地区的史前历史有着重大的影响,但这种影响发生的时间要偏晚一些。

早在新石器时代早期,南岭南北两侧洞穴遗存的文化面貌就有所不同[3],此后的发展更加加剧了这种区域的差异。在随后的新石器时代中期,长江中下游地区率先出现了新的聚落形式,一种建立在平原河流边的台地型村落。这批村落中由于居住的人口远较此前为多,生计方式中稻作农业的成分不断增加,家畜饲养开始出现,纺织等手工业也在这个时期出现。从陶器、石器以及生计方式来看,长江中下游地区新石器时代中期的彭头山等文化就是由前面的南岭地区洞穴文化直接发展而来的。到新石器时代晚期这样的村落逐渐遍布了长江中下游的各个地区,进而出现了区域和社群间的差异。不同的区域有不同的文化特征乃至经济特色,一些比较大的聚落成为区域经济和文化的中心,聚落内部社群也在继嗣体系和财产等方面出现分化。在新石器时代后期,随着犁耕农业的出现,农业经济有了迅速发展,人口和聚落的数量增多,区域之间和社群之间资源竞争日益加剧,导致了社群的重组、社会结构的转变以及区域经济的转换。在长江中下游的两湖地区和环太湖地区出现了屈家岭—石家河文化和良渚文化两个大的核心文化区。在核心区域中新出现了一批面积达数平方公里的大型聚落以及大量的聚落群,很多聚落都

---

[1] 参见郑州市文物考古研究所编著:《郑州大河村》,科学出版社,2001年。
[2] 参见南京博物院编著:《花厅——新石器时代墓地发掘报告》,文物出版社,2003年。
[3] 张弛:《中国南方的早期陶器》,北京大学中国考古学研究中心等编《古代文明》(第4卷),文物出版社,2006年。

修建了环壕土城墙,说明聚落社群之间社会关系的空前紧张。聚落内部等级的分化也在不断加大。这样的社会变化是以前所不曾出现过的,长江中下游地区也在这个时期达到了史前最为繁盛的时期。长江中下游地区新石器时代这样一个发展的过程中,虽然在不同时期还受到了黄河流域的不同影响,但主要的方面还是本地区经济、社会和文化自身发展的结果。接下来的新石器时代末期是长江中下游地区史前文化的巨大的变动时期,以前核心区域的社会文化急速衰落,大型聚落、聚落群和城址已经不见,代之而起的是一些小型而分散的村落,农业经济也有所倒退,北部黄河流域的影响十分明显,整个长江中下游地区的人口大量减少。发生这种变化的原因至今还不清楚。

华南和西南地区新石器时代文化的发展则有很大的不同,但与长江中下游地区文化的发展息息相关。新石器时代中期在华南的西江流域(包括越南北部)、华南与长江中下游地区相接的南岭北侧以及西南东部峡江地区出现的是一批富有新石器时代特色的采集渔猎文化群体,这种采集渔猎经济活动特别依赖水生的鱼类和螺蚌,因而在这些地区留下了很多贝丘遗址,可以说是与长江中下游地区以农业为生计有所不同的另一种生活方式。从陶器、石器等器物的形态看,西江流域的顶蛳山文化应当直接来自前一个时期的洞穴文化,生业方式也与此前十分接近。而沅水流域的高庙文化和峡江地区的城背溪文化则很可能来自长江中游地区的彭头山文化,但放弃了农业,生业方式发生了较大的变化。在新石器时代晚期,随着全新世大暖期最为温暖气候的到来,这种生活方式获得了空前的发展。其中与位于湖南北部的高庙文化、峡江地区的大溪文化以及广西东部的采集狩猎文化有密切联系的人群纷纷向东南扩展,在东南沿海地区形成了开发海洋资源的采集渔猎新文化,留下了众多的贝丘和沙丘遗址。这支文化由于适应了海洋生活,不久就渡海向福建和广东沿海岛屿进发,形成了福建沿海的壳丘头文化和台湾的大坌坑文化。这是东南和华南地区史前最早海洋文化形成的开始。同时在越南北部也出现了类似的留下贝丘遗址的新石器时代采集渔猎族群,这也是华南地区新石器时代文化向东南亚大陆地区扩张的开始。因此可以说,华南地区在新石器时代中晚期出现的高度依赖水生动物资源的采集渔猎文化是东南亚地区新石器时代新生活方式的先驱。

新石器时代后期气候的变冷使得华南和西南地区的采集渔猎文化逐渐萎缩。由于这些采集渔猎族群或者来源于当地的新石器时代早期洞穴,或者来源于由彭头山文化蜕变而来的山地采集渔猎族群,如沅水流域的高庙文化或峡江地区的城背溪—大溪文化,要么本身就没有发展出农业,要么由初期的农业文化重新退回到完全的采集渔猎经济,在岭南地区的扩张方向又基本是在开拓海洋资源,因此并没有发展出当地的农业经济。而此时由于长江中下游地区生产方式的剧烈变化和社会群体的重组,促使一些族群向岭南地区迁徙,在华南形成了昙石山文化和石峡文化,造成稻作农业乃至文化向华南的扩张。同时,西南地区川西北也有粟作农业群体的迁入。这就引发了农业文化与华南和西南原来的采集渔猎文化的直接交流、融合,改变了当地的人口和社会结构,并在这里形成了新形态的史前文化。在随后的新石器时代末期,长江中下游地区文化衰落,人口不断向华南和西南迁徙,新形态的文化迅速成长,特别是稻作农业和旱作农业等多种农业形式的集中出现,使华南和西南地区在史前时代最后阶段人口大量增加,成为南方地区的文化中心,揭开了南方地区史前历史新的一页。

如果引用张光直先生过去总结的"龙山形成期"的概念[1],那么这两个时期就是"龙山形成期"的两个阶段。前一个阶段即新石器时代后期是华南和西南地区新型农业文化形成期,后一个阶段即新石器时代末期是这两个地区的文化繁荣期。正是由于新石器时代末期华南和西南地区文化的繁荣和人口的密集,随即造成了这里文化和人口向东南亚岛屿和大陆地区的扩散。目前有明确证据证明从中国台湾向菲律宾北部文化扩张的年代正是在这个时期[2],越南北部和泰国北部出现农业文化的年代也是在这个时期[3]。此后,农业文化加速向东南亚大陆地区扩

---

[1] Chang, K.C., 1964. Prehistoric and Early Historic Culture Horizons and Traditions in South China. *Current Anthropology*, 5(5). pp. 359, 369–375.

[2] 洪晓纯:《台湾及其邻近岛屿的史前文化关系—兼论南岛语族的起源问题》,陈仲玉、潘建国主编《中国东南沿海岛屿考古学研讨会》,连江县政府文化局,2005年。

[3] 参见 Charles H., 2002. *Early Cultures of Mainland Southeast Asia*. London: Thames and Hudson. 或 Charles H., 2003. Language and Farming Dispersals: Austroasiatic Languages and Rice Cultivation. In Bellwood P. & Renfrew C. eds., *Examining the Language/Farming Dispersal Hypothesis*, pp. 223–232. Cambridge: McDonald Institute for Archaeological Research 等。

散形成了南亚语族文化,向东南亚岛屿以及太平洋地区扩散形成了南岛语族文化[1]。因此,在华南和西南地区先后出现的两种经济文化模式应当是东南亚地区史前历史的主角,它们向东南亚地区扩张的历史也同南岛和南亚语族语言学史研究得出的结论大体一致[2]。同时,华南地区在这一时期特别是稍后的一段时间里也对长江中下游地区产生了巨大的影响。沅水和资水上游的斗篷坡文化应当是岭南文化的一支,石家河文化晚期也可以见到印纹陶的影响,之后江浙一带马桥文化及其同时期的长江中下游地区也都是印纹陶的文化传统,构成了南方地区青铜时代文化的底层。

中国的南方地区和北方地区在东亚史前历史上都扮演了最为重要的角色。由于它们各自所处的地理位置、自然环境、与外部文化的联系以及内部区域互动的情况各不相同,在史前的各个时期起到的历史作用也各不相同。在中华文明形成的初期,北方地区黄河流域在新石器时代末期由于受到北方和西北文化的推动产生了新的变化,而北方地区的发展则来自更遥远的西北方向的刺激,随后在这里率先形成了青铜文明,开启了中国早期文明的历史。但南方地区则没有这样的幸运,在它的南边并没有一个相当发达的文明存在,因此南方地区在进入早期历史时期以后的地位似乎并没有北方地区那么引人注目,但如前所述,它在史前时期的历史地位却是不容低估的。而且,随着南方史前考古更多的发现和深入的研究,南方地区的史前历史及其影响还将进一步被揭示出来,对东亚乃至世界史前文化发展的诸种理论也必将提出难以想象的挑战。

(本文原名"南方史前文化的发展及其意义",载《南方文物》2006年2期。此次重刊略有修订。)

---

[1] 参见 Bellwood, P., 1991. The Austronesian Dispersal and the Origins of Language. *Scientific American* 265, pp. 88-93. 或 Bellwood, P., 2005. *First Farmers—The Origins of Agricultural Societies*. pp. 111-142, London: Blackwell 等。
[2] 参见 Ilia, P., & Shnirelman, V., 1998. Rice in Southeast Asia: A Regional Interdisciplinary Approach, In R. Blench and M. Spriggs eds., *Archaeology and Language* II. pp. 379-89. London: Routledge 等。

15
大汶口文化对长江中下游地区的影响

良渚文化和屈家岭—石家河文化时期是长江中下游地区社会发生巨大变化的时期。这个时期在环太湖和两湖地区分别形成了长江中下游地区的核心文化区。在这两个核心文化区中，人口密集，族群规模庞大，社会分化严重，形成了与此前很不相同的社会和文化格局[1]。良渚和屈家岭—石家河文化社会的形成和发展，与长江中下游地区区域内部社群的分化以及区域间社群的流动有密切的关系，特别是在良渚和屈家岭文化形成之初更是如此[2]。但这应当只是问题的一个方面。在良渚文化和屈家岭—石家河文化和社会进一步发展的过程中，还与北方特别是黄河下游地区大汶口文化向南的发展有密切的联系。大汶口文化对长江中下游地区的影响已经有过前人的论述[3]，本文将做进一步的申论。

一

良渚文化和屈家岭—石家河文化大体处于同一时期。其中，良渚文化早期、屈家岭文化大致与大汶口文化中期年代相当，良渚文化中晚期、石家河文化早中期基本与大汶口文化晚期的年代相当[4]。总结以往的研究成果，可以大致看出不同时期这些文化的分布互有消长，彼此间的文化影响也是此消彼长。

---

[1] 张弛：《长江中下游地区史前聚落研究》，文物出版社，2003年。
[2] 张弛：《良渚文化社会结构及其形成过程》，（台北）"新世纪的考古学——文化、区位、生态的多元互动"学术研讨会论文，2003年。
[3] 栾丰实：《大汶口文化与崧泽、良渚文化的关系》，《海岱地区考古研究》，山东大学出版社，1997年；韩建业、杨新改：《苗蛮集团来源与形成的探索》，《中原文物》1996年4期。
[4] 石家河文化分期引用张绪球：《长江中游新石器时代文化概论》，湖北科学技术出版社，1992年。

其中,大汶口文化中期时,大汶口文化往南大致应分布在鲁南苏北交界一带[1]。新沂花厅遗址诸多大汶口文化中期和良渚早期器物的发现[2],说明这个时期鲁南苏北交界地区是大汶口文化和良渚文化分布的交错地带。大汶口中期往西南至少分布到豫东周口和皖北亳州一带[3]。周口烟草公司仓库[4]以及亳州富庄[5]都发现了大汶口文化中期的墓葬,墓葬葬俗甚至人体拔去侧门齿的习俗都与大汶口文化完全一样[6],显然可以认为是大汶口文化移民的遗存。而在豫西南的汉水流域和豫南地区的淮水流域则分布着由仰韶文化晚期偏早遗存发展而来或在长江中游地区屈家岭文化强烈影响下产生的屈家岭文化地方类型[7],禹县谷水河遗址发现有很多大汶口文化与屈家岭文化遗存[8],说明这里是大汶口文化与屈家岭文化分布的交错地带。

良渚文化早期和屈家岭文化时期是良渚文化和屈家岭—石家河文化分布范围最大的时期,也是长江中下游地区对黄河中下游地区文化影响最大的时期,豫西和豫中地区受到屈家岭文化的影响[9]、海岱地区受到良渚文化的影响都很明显[10]。在南北交流中,长江中下游地区在这个时期显然是施加影响的强力一方,如果说大汶口文化中期对于良渚文化和屈家岭文化也有一定影响的话,那么也仅限于在它们偏北的地区,如苏北和豫南;良渚文化与屈家岭文化分布的中心地区则不见大汶口文化影响的痕迹。

---

[1] 栾丰实:《大汶口文化与崧泽、良渚文化的关系》,《海岱地区考古研究》,山东大学出版社,1997年。
[2] 南京博物院编著:《花厅——新石器时代墓地发掘报告》,文物出版社,2003年。
[3] 栾丰实:《大汶口文化的分期和类型》,《海岱地区考古研究》,山东大学出版社,1997年。
[4] 周口地区文化局文物科:《周口市大汶口文化墓葬清理简报》,《中原文物》1986年1期。
[5] 杨立新:《安徽淮河流域的原始文化》,《纪念城子崖遗址发掘60周年国际学术讨论会论文集》,齐鲁书社,1993年。
[6] 高广仁:《谈谈对安徽淮北地区新石器时代遗址的初步认识》,《文物研究》第五辑,黄山书社,1989年。
[7] 杨育彬:《试论河南境内大汶口文化与屈家岭文化》,宿白主编《苏秉琦与当代中国考古学》,科学出版社,2001年。
[8] 河南省博物馆:《河南禹县谷水河遗址发掘简报》,《考古》1979年4期。
[9] 杨育彬:《试论河南境内大汶口文化与屈家岭文化》,宿白主编《苏秉琦与当代中国考古学》,科学出版社,2001年。
[10] 栾丰实:《良渚文化的北渐》,《中原文物》1996年3期。

接下来的大汶口文化晚期,上述的文化分布态势发生了变化。大汶口文化逐步向南拓展,到大汶口文化最晚阶段至少已经到达长江一线。南京北阴阳遗址 H2 所出器物(图 15-1)都是大汶口式的,特别是其中刻符大口尊(陶缸)和陶鬶;只有一件盆有点像海岱龙山文化早期的盆形鼎,或许说明这个灰坑的年代在大汶口文化与龙山文化之间[1]。大汶口文化晚期遗存向西南已经可以在豫南驻马店和信阳地区见到[2],豫东和皖北地区的大汶口文化遗址数量增多,这里的遗存已经被命名为大汶口文化的尉迟寺类型和颍水类型[3]。再往南的皖西南地区则在这个

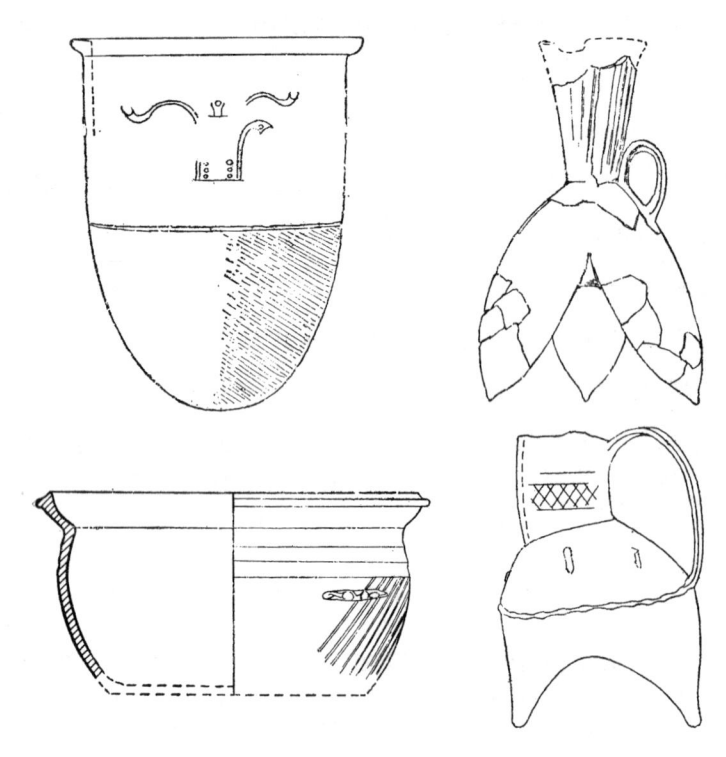

图 15-1 北阴阳营遗址 H2 出土陶器

(据《北阴阳营——新石器时代及商周时期遗址发掘报告》图四九,比例不同)

[1] 南京博物院:《北阴阳营——新石器时代及商周时期遗址发掘报告》,文物出版社,1993 年。
[2] 杨育彬:《试论河南境内大汶口文化与屈家岭文化》,宿白主编《苏秉琦与当代中国考古学》,科学出版社,2001 年。
[3] 杜金鹏:《试论大汶口文化颍水类型》,《考古》1992 年 2 期。

时期新出现了张四墩文化或张四墩类型,这个新出现的文化与本地此前薛家岗文化差别很大,并不是薛家岗文化的直接后继者,而与大汶口文化晚期有很多相似之处[1]。而大汶口文化的影响则甚至已经到达了长江南岸,在皖南黄山蒋家山遗址发现了有刻划符号的大汶口式陶缸片[2]。

这个时期的良渚中晚期文化和石家河文化分布范围较良渚早期和屈家岭文化时期向南退缩,其中良渚文化中晚期主要分布在长江以南的环太湖地区,江北乃至宁镇地区很少有良渚文化遗存。石家河文化则主要分布在汉水中游以南的两湖地区,在过去广泛分布有屈家岭文化遗存的汉水中游地区的文化开始衰落,石家河文化时期的遗址数量很少且堆积比较薄。豫南地区也很少有石家河文化的迹象。因此,大汶口文化晚期的文化实际上与一直是良渚文化和石家河文化腹心地区的范围直接接触,这个时期长江中下游的良渚文化、石家河文化与北方地区文化之间的关系实际上仅仅是与大汶口文化晚期文化之间的关系,而与其他地区如豫中豫西很少联系。相互影响的趋势则以大汶口文化为强势的一方,并且相对来说,大汶口文化对于中游地区的影响似乎更加深入,石家河文化特别是分布在湖北北部地区的地方类型中有很多与大汶口文化类似的器物,这是在此前的研究中已经充分揭示了的。

二

早有研究者指出,出现在长江中游地区的大汶口文化器物多为与"意识形态"相关的种类[3]。实际上在良渚文化中晚期与石家河文化早中期环太湖和两湖地区出现最多的大汶口文化式器物是陶鬶,在石家河文化偏北的地区还比较多见高柄杯,这两种器物形制都与大汶口文化同类器一样,但制作要粗糙得多,显然基本都是仿制品。作为实用的器具被大量仿制,说明大汶口文化的宴饮风俗被良渚人

---

[1] 朔知:《皖西南新石器时代文化的变迁》,《南方文物》2006年2期。
[2] 吴卫红:《安徽抢救发掘蒋家山新石器时代遗址》,《中国文物报》2004年11月10日第一版。
[3] 韩建业、杨新改:《苗蛮集团来源与形成的探索》,《中原文物》1996年4期。

和石家河人所竞相追模,而其他的仿制器物则比较少见。

此外,在石家河文化中还大量发现刻符陶缸(臼),特别是在石家河遗址群中的肖家屋脊和邓家湾的发现尤其多。其中肖家屋脊发现九种41个刻符[1],邓家湾发现六种14个[2](图15-2)。与大汶口文化所见刻符大口尊上的六类九种[3]或八种[4]符号相比(图15-3),多数不同,但至少有两种即菱形和"日、月"

图15-2 肖家屋脊和邓家湾陶缸刻符

(据《肖家屋脊》图一六八、一七一;注释22图一八五)

---

[1] 湖北省荆州博物馆等:《肖家屋脊》,文物出版社,1999年。
[2] 湖北省文物考古所等:《邓家湾》,文物出版社,2003年。
[3] 栾丰实:《东夷考古》,山东大学出版社,1996年。
[4] 山东省文物考古研究所编著:《山东20世纪的考古发现和研究》,科学出版社,2005年。

图 15-3 大汶口文化大口尊刻符

(据《山东 20 世纪的考古发现和研究》图七五)

符完一样。还有一些虽不完全一样,但刻画的形象一望可知,如大汶口文化有锛、钺,石家河有镰、高柄杯等,都是器物一类。其他的虽不相同或相类,但也一样都是单符。这种陶缸与大汶口文化大口尊是同一种器物,形制和制法几无区别,只有细节上的不同,刻符位置与所要表示的意思也应该一样。更有甚者,最早见于肖家屋脊和邓家湾的所谓"陶臼遗迹"或"套缸遗迹"(图15-4),最近也发现于尉迟寺遗址(图15-5)[1],这种遗迹是将陶缸(大口尊)敲去底部套接起来埋于浅沟中,在肖家屋脊多位于房屋的基础之下,可能与房屋奠基仪式有关。还有就是尉迟寺出土的所谓七足镂孔器(图15-6)也与邓家湾所见的有突刺的陶筒形器(图15-7)样式接近,很可能用途一样,都不是日用饮食器具。

---

[1] 中国社会科学院考古研究所安徽工作队等:《安徽蒙城尉迟寺遗址 2003 年度发掘的新收获》,《考古》2004 年 3 期。

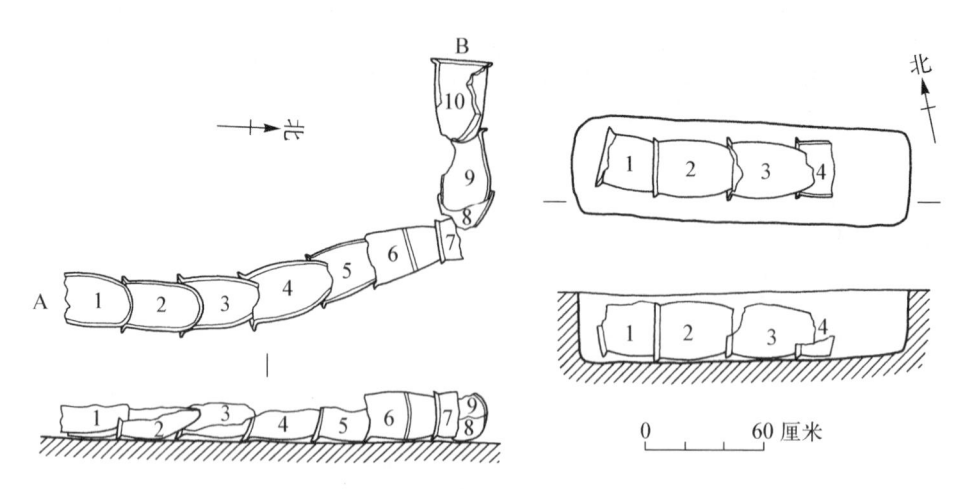

图 15-4　肖家屋脊陶臼遗迹

（据《肖家屋脊》图一〇一、一〇二）

图 15-5　尉迟寺大口尊组合埋葬

（据《安徽蒙城尉迟寺遗址 2003 年度发掘的新收获》图一）

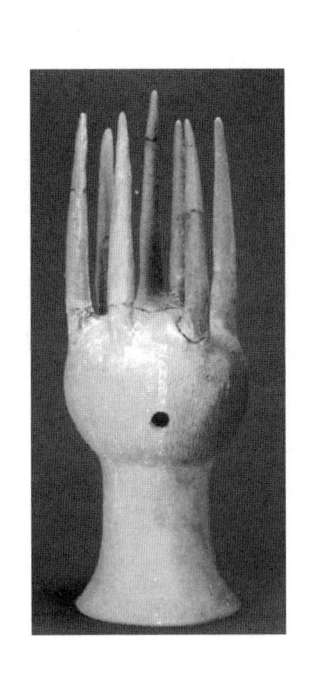

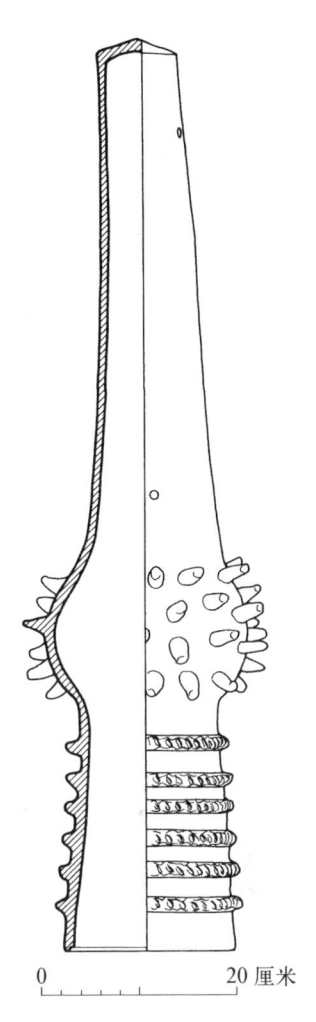

图 15-6　尉迟寺七足镂孔器　　　图 15-7　邓家湾筒形器

（据《安徽蒙城尉迟寺遗址 2003 年度发掘的新收获》图五）　　（据《邓家湾》图四二）

在良渚文化中虽然没有发现与大汶口文化如此相像的文化现象,但在良渚晚期时也出现有与大汶口陶缸刻符类似的符号,不过都刻在琮、璧等玉器上,符号以所谓"立鸟"刻符为多,但在中国国家博物馆和上海博物馆收藏的各一件玉琮上也刻有与大汶口陶缸"日、月"符一样的符号[1]。

---

[1] 邓淑萍:《良渚玉器上的神秘符号》,《台北故宫文物月刊》第 117 期。

当然,上述石家河文化与大汶口文化如此相像的文化内容还很难说究竟是谁影响了谁,二者年代相当,也都还没有找到类似文化现象的源头。而良渚晚期的年代稍晚,出现刻符也许是受到了大汶口文化的影响。虽然这些符号与"套缸遗迹"等多发现于大汶口文化的莒县大朱村遗址、石家河文化的石家河遗址和良渚文化的良渚遗址等文化中心区的大型重要遗址,但也还发现于如蒙城尉迟寺、南京北阴阳营、黄山蒋家山和陨县青龙泉[1]等所谓文化边缘的一般遗址中。因此应当是当时社会中的普遍现象,只是在大型遗址中的数量比较多而已。"套缸"和"筒形器"等遗迹和器物应当与祭祀和仪式等文化内容相关,说明在很大范围内不同考古学文化系统的族群都有基本一样的礼仪程式甚至是膜拜对象。而刻符如果真的与"族徽"或其他徽号有关的话,那么就说明大汶口文化晚期与石家河文化早中期、良渚文化中晚期各地的族群之间发生过直接的接触,这些符号虽然出现于不同地区不同文化系统,但其意义是大家彼此都明白的。其中,大汶口文化族群的精神文化显然得到了石家河和良渚族群的青睐。

三

良渚文化和屈家岭—石家河文化时期,长江中下游地区社会的变化基本是同步的,都出现了大型聚落、城址和社群的分层。变化出现的时间大体在良渚文化的早期和屈家岭文化时期。出现的原因既是区域内部在崧泽文化和大溪文化晚期早已出现的社会分化继续发展的结果,同时也是长江中下游区域之间社群流动的结果。至良渚文化中期和石家河文化早期,汉水中游至淮河一线石家河文化遗址数量比以前屈家岭文化时期大大减少,良渚文化遗址基本不见,甚至在长江以北乃至宁镇地区的良渚文化聚落也不多见。而石家河文化在两湖地区的聚落增多,城址数量也有所增加。良渚文化在环太湖地区人口和聚落也增加很多,社会分化进一步加剧,使两湖和环太湖地区分别成为长江中下游地区的核心文化区。这一变化

---

[1] 中国社会科学院考古研究所:《青龙泉与大寺》图一一二:12,科学出版社,1991年。

应当与从大汶口文化晚期开始，大汶口文化对长江中下游地区施加的持续不断的影响有关。大汶口文化晚期向南的扩展一定包括人口的南迁，在淮河流域发现了大汶口人的墓葬，以及在两湖及环太湖地区发现了当地人群与大汶口族群直接接触的现象，都能说明这一点。而到大汶口文化最晚的时期，大汶口移民很可能已经进入了宁镇地区，北阴阳营遗址的大汶口文化遗址或许是这种情况的反映。这样就迫使原来汉水中游至淮河一线甚至是下游地区、长江以北的屈家岭文化、良渚文化的人口和族群向两湖和环太湖地区退缩，造成两湖和环太湖地区人口和族群的增多，为获得领地和资源，这两个地区石家河文化和良渚文化的社会关系必然更加趋于紧张，社会分化和社会冲突必然进一步加剧，但这已经是良渚文化和石家河文化发展到顶峰时期的事情。随后的石家河文化中期和良渚文化晚期时，这两支文化同时开始衰微以至于最后衰落，其中原因是否也与大汶口文化不断向南的影响有关，尚难解说。

　　从目前的资料来看，黄河下游地区与长江中下游地区的大汶口文化、良渚文化和屈家岭—石家河文化的经济、文化发展水平并没有很大的差别。如果一定要找到一些差别的话，良渚文化由于发现有犁耕，或许生产力水平和经济水准可能还要高一些。但实际上海岱地区、环太湖地区和两湖地区在分别进入大汶口文化中期、良渚文化和屈家岭文化时期之后，就迅速发展为黄河下游和长江中下游地区的核心文化区，经济、文化实力迅速增长，人口也大大增加，只是环太湖与两湖地区是其中发展比较早和发展特别快的地区。由于人口和族群数量增加，率先发展起来的良渚早期文化和屈家岭文化也相对比较发达，于是开始分别从这两个核心地区向周围特别是北方汉水中游至淮河流域扩散，其中想必也伴随有人口及族群的迁移，在与大汶口文化相互接触的地带出现了与花厅遗址类似的现象[1]，在考古材料上我们就看到良渚文化和屈家岭文化对于黄河中下游地区的影响要大于黄河中下游地区对长江中下游的影响的情况。

---

[1] 严文明：《碰撞与征服——花厅墓地埋葬情况的思考》，《文物天地》1990年6期；栾丰实：《花厅墓地初论》，《海岱地区考古研究》，山东大学出版社，1997年。

进入大汶口文化晚期,海岱地区的大汶口文化、环太湖地区的良渚文化以及两湖地区的石家河文化都在此前的基础上有了进一步的发展,按理说它们之间经济、文化发展与交流的态势应当比较均衡才合乎情理,那么是什么原因造成了大汶口文化的不断扩张,而长江中下游地区的良渚文化和石家河文化却不断退缩以至于终于衰微呢?在没有更多的研究发现其他的原因之前,我们能够找到的一个明显的变量或许是气候的变化。在大汶口文化晚期、良渚文化中晚期和石家河文化早中期时,正值全新世大暖期鼎盛阶段过后的降温期,而且是气候变冷达到峰值的时候,年平均气温比过去降低了2—3度,气候从温湿变得干凉,环太湖等地区的环境也发生了很大变化[1]。原先适应长江中下游腹心地区环境而发展起来的经济、文化形态,在比较温湿的气候条件下可以推进到汉水中游至淮河一线,但在气候变冷之后则会发生困难,而北部的大汶口文化的族群则同时需要向南推进以争取更多的、有利的生存空间。大汶口文化族群不断南迁移,以至于最终能够与环太湖和两湖腹地的良渚文化、石家河文化族群发生接触和互动,直接参与了这两个地区新一轮的社会和文化的发展变化。这应当是对上述现象的一个比较合理的解释,或至少是解释的原因之一。

在良渚文化和屈家岭—石家河文化的发展过程中,多种内部和外部的环境、经济、文化、历史等都发生过重要的作用,但区域之间的互动始终是其中最重要的因素,是区域文化与族群之间的竞争促进了这些地区文化的发展。而其他的变量如气候环境的变化则在一定时期造成了区域发展的不平衡,进而在区域互动中导致了区域文化的更大变化。大汶口文化晚期对良渚文化和石家河文化的影响就是一个很好的例子。

(本文原名"大汶口文化对良渚文化及屈家岭—石家河文化的影响",载浙江省文物考古研究所编《浙江省文物考古研究所学刊》第八辑,14-22页,科学出版社,2006年。此次重刊略有修订。)

---

[1] 陈杰等:《太湖地区良渚文化时期的古环境》,徐湖平主编《东方文明之光》,海南国际新闻出版中心,1996年。

16
磁山文化的个案
——北福地一期遗存与北福地报告

《北福地——易水流域史前遗址》是由河北省文物研究所段宏振主编的一部田野报告，文物出版社2007年1月出版（下文简称"报告"）。报告的材料出自河北易县北福地遗址2003和2004年两个季度的发掘，资料的核心部分是相当于磁山文化时期的"北福地一期"遗存。这类遗存的发现在当时引起了学界的高度重视，被评为2004年度"全国十大考古新发现"[1]。随后出版的这部报告全面发表了这一重大发现的资料并做了深入研究。这里仅就这一发现的意义再加阐发，并对有关报告编写的部分问题略作评论。

一

磁山遗址发掘于20世纪70年代中期，以它命名的磁山文化长期以来备受学界关注。但由于缺乏新的资料和明确的线索，磁山文化始终是一支孤悬在冀南的新石器时代中期文化，它的来龙去脉及与同时期其他文化的关系都难以给出令人信服的说法。北福地遗址早就发现有类似的遗存，在1984年进行的第一次发掘时就已经将相当于磁山文化的"一期乙类"和相当于镇江营一期的"一期甲类"遗存区分开来[2]，只是由于发掘面积太小，没有地层关系可以证明。至北福地遗址2003—2004年的发掘，才发现前者是真正的"北福地一期"，层位上比后者（后改称

---

[1]《2004年度全国十大考古新发现揭晓》，《中国文物报》2005年4月20日第一版。
[2] 拒马河考古队：《河北易县涞水古遗址试掘报告》，《考古学报》1988年4期。

为北福地二期)要早,从地层层位上解决了这两种遗存的年代关系,从而可以真正将这两类遗存分别归为两个不同的文化系统,为认识1984年发掘的"一期乙类"即后来发掘的"北福地一期"遗存奠定了基础。报告的出版也为进一步的研究带来了方便。

报告在结语中对"北福地一期"遗存做了进一步的研究,认为"北福地一期"遗存与磁山文化、兴隆洼文化都有所不同,故而命名为"北福地一期文化"。但又进一步指出磁山文化与"北福地一期文化"的关系相对更为密切,同属于"直腹盆盂"文化系统,与同时期北方地区的裴李岗文化、兴隆洼文化鼎足而三(见报告256页)。换一种说法自然也能够理解为,分布于太行山东南麓的磁山遗址所代表的遗存与分布于太行山东北麓的"北福地一期"遗存分别是磁山文化的南北两个地方类型,从而明确了磁山文化的分布范围以及不同区域之间磁山文化的文化差别,同时也基本解决了磁山文化与同时期周邻文化的关系问题。

报告的结语还特别指出,磁山文化的主体特征如单调的器类、几何形刻划纹饰、无足石磨盘等都说明它应当"隶属于北方筒形罐文化区",因此磁山文化的来源也应当就在太行山东麓及与之相邻的北方地区,特别是太行山东麓北部一带。这样的认识的确是在"北福地一期"遗存明确以后才能够得出的,而近年来这个地区其他一些相关的发现也都支持上述的论点,其中磁山文化特别是"北福地一期"遗存与"北方筒形罐文化区"中兴隆洼文化的更多联系下文还会陆续指出。至于这类遗存的来源则在北京地区的燕山北麓发现有线索,即怀柔转年[1]和门头沟东胡林[2]遗存。这两个遗存的出土遗物十分相似,石器中有打制的小型砍砸器和尖状器,但以各种细石叶、石核、刮削器和碎屑等细石器产品数量为多,此外还有少数磨制石斧和磨盘、磨棒。陶器主要是素面的筒腹罐和平底直腹盂,后者的口沿有附加堆纹或突钮。转年遗存还发现有石制容器,东胡林遗存则出有锥、笄、渔镖和骨柄石刃刀等骨器。这些基本都是"北福地一期"遗存发现的内容(北福地一期没有

---

[1] 郁金城等:《北京转年新石器时代早期遗址的发现》,《北京文博》1998年3期。
[2] 北京大学考古文博学院等:《北京市门头沟区东胡林史前遗址》,《考古》2006年7期。

发现骨器,但磁山遗址有很多),只是磨制石器和陶器的数量在磁山文化中比较多,陶盂的形态与北福地和磁山也都有所不同。转年遗存已经测得的 2 个 ^{14}C 数据大致分别为距今 9800 和 9200 年(未校正),东胡林遗址所测的 20 多个数据则大致在距今 11000—9000 年前,而北福地一期所测的 4 个数据则在距今 8000—7000 年间。显然转年和东胡林这类被认作"新石器时代早期"的遗存应当就是"北福地一期"磁山文化的源头。

目前我们还不知道转年和东胡林遗存分布的范围,但我们知道与之年代相当的徐水南庄头遗址出土的陶器大多都是绳纹陶,也没有细石器[1],与转年和东胡林遗存有所不同,与处于同一地区的北福地一期遗存自然也难攀上关系。南庄头遗存如果不是孤例,则转年和东胡林遗存的分布向南也许还到不了太行山东北麓。因此,磁山文化的源头也许就在燕山南麓甚至更偏北的地区。这就为我们寻找北方地区新石器时代早期遗存和北方旱作农业的起源提供了新的线索。如果南庄头仅仅是一个特例,则由转年和东胡林遗存与细石器文化的联系以及北福地一期、兴隆洼文化细石器工业可以推知,北方地区至少兴隆洼文化和磁山文化就是华北旧石器时代晚期以来文化传统的直接后继者。也就是说,北福地一期遗存的确立以及近年来转年和东胡林遗存的发现直接否定了华北新旧石器时代之间存在文化断裂的可能。

由于 1990 年代以来南方稻作农业起源不断有新的发现,相关证据出现的时间也有可能提得更早,而北方旱作农业却没有什么新的进展,以至于有研究者开始倾向于认为北方农业有可能是在南方农业影响下产生的[2]。而近年来内蒙古东部敖汉旗兴隆沟第一地点大量炭化黍和粟的发现[3],又为旱地农业北方独立起源提

---

[1] 保定地区文管所等:《河北徐水南庄头遗址试掘简报》,《考古》1992 年 11 期;郭瑞海、李珺:《从南庄头遗址看华北地区农业和陶器的起源》,严文明等主编《稻作 陶器和都市的起源》51–64 页,文物出版社,2000 年。

[2] Cohen, D. J., 2003. Microblades, Pottery, and the Nature and Chronology of the Palaeolithic-Neolithic Transition in China. *The Review of Archaeology*, pp. 21–36. 朱延平:《关于中国栽培植物起源问题的探讨》,吉林大学边疆考古研究中心编《庆祝张忠培先生七十岁论文集》21–36 页,科学出版社,2004 年。

[3] 赵志军:《中国北方旱作农业起源的新线索》,《中国文物报》2004 年 11 月 12 日第 7 版。

供了新的线索。兴隆沟出土的这些黍和粟的个体远较它们的野生祖本为大，无疑为栽培作物，但又略小于现代品种，而具有起源阶段的形态。因此研究者进而推断辽西地区也可能是北方旱作农业的起源地之一。但兴隆沟第一地点是典型的兴隆洼时期遗存，而兴隆洼文化与磁山文化、裴李岗文化毕竟是年代基本相当的同时期文化，三个文化的旱作农业迹象目前都有相当多的发现，因此，仅仅局限于从这三个文化的年代关系讨论旱作农业的起源问题，还很难解决问题。但如果磁山文化真的有可能发源于燕山南北地区，则旱作农业独立起源于华北北部地区就成为一个可以继续探索的课题。尽管目前在转年和东胡林遗存还没有发现农业的迹象，北福地一期也没有发现农业遗存（北福地其他各期也没有发现，可能与保存或发掘有关），但北福地一期遗存的确认却为北方农业起源和扩展都提出了探索的方向。

二

此前学界对磁山文化存在的种种问题的讨论在近些年来渐趋沉寂，有的研究者甚至对磁山文化的命名也有所保留，个中原因除了磁山文化遗址发现和发掘都比较少以外，还有就是唯一大面积发掘并发表资料的磁山遗址本身也存在一些问题，其中一个问题就是磁山遗址所见的遗迹基本都是"窖穴"和所谓的"组合器物"，聚落的其他方面则都不是很清楚。北福地和容城上坡等遗址的发掘，特别是本报告对北福地2003—2004年度发掘材料的公布，为我们认识磁山文化聚落的内涵提供了全面的资料。

北福地2003—2004年度的发掘虽然只有1200平方米，却发现了一期的房屋14座、灰坑34座以及1处"祭祀场"。其中房屋都是半地穴式的，除一座为圆形外，其他都是方形或长方形，面积在7—16平方米之间，房屋室内中间有灶，有的居住面还残存日用陶、石器和砾石等，可知是住房。报告认为这些房屋可以分为不同年代的两组，分属不同时期，同时期的房屋可能是成排布局的。灰坑一般分布在房屋的旁边，个体都不是很大。虽然由于发掘面积不够大，房屋很难做到分期，布局情况还只能是推测，但聚落居住区的大概情况还是能够看明白的。

比较奇特的是所谓的"祭祀场"。"祭祀场"位置在发掘Ⅱ区,是一片面积约90平方米、平面略成长方形的空场,中部覆盖有一层深褐色堆土,其他部位则是生土面。上面有一些小型浅坑和一个深坑。在堆土、生土面、浅坑内和浅坑上都出土了成组(大致11组)的中小型直腹盆、各种磨制石器、玉器、小石雕、水晶等,共计91件。这些器物都很完整,石器的品质比较高;大部分陶器个体很小,像是明器,不见于居住区;玉器、水晶等也不见于居住区。总之这里的器物都不像是日用器。这些器物分组出土,显然是有意埋藏的,但保存很浅,上部埋藏的堆土或填土应该已经被破坏掉了。由于没有发现人骨,报告排除了墓葬的可能,认为是一种祭祀场所,但显然与磁山遗址那些被有的研究者推定为祭祀现象的"窖穴"和"器物组合坑"又很不同。考虑到北福地遗址一期未发现人或动物的骨骼,可知骨骼在这个时期没有保存是遗址普遍出现的现象。不过这里出土的器物实在很像是墓葬的随葬品,其中与兴隆洼文化完全一样的玉器在兴隆洼文化区也是出土于墓葬之中,因此不能排除这些器物是墓葬随葬品的可能。当然也不排除那些小坑可能与墓地祭祀活动有关。如果将来在这片"祭祀场"附近再发现有类似的遗迹,当可解决这个问题。

这样的聚落内容还是很有特色的,与邻近兴隆洼文化大型的房屋、居址葬以及积石墓有很多不同。不过北福地一期也发现很多与兴隆洼文化有密切联系的文化现象,如刻划纹陶、压印人字纹、之字纹陶、石容器、玉玦、玉匕和细石器等。北福地一期还出土了大量所谓的"刻陶假面面具",共有145件残片,大多都利用陶器腹片和底片刻镂为人面或兽面,并有穿孔,显然是要穿缀于其他有机质物体上的复合器物,个体比较大的与人面差不多,个体比较小的只有5厘米。类似的器具在前两年敖汉旗兴隆沟遗址发掘中也有出土[1],只是兴隆沟所见者是分别用人头盖骨、蚌和石片刻镂的,也有穿孔,更为精致一些。从北福地遗址所在的位置以及磁山文化其他遗址的综合情况来看,这些相同和相似文化现象显然受到了兴隆洼文化的影

---

[1] 中国社会科学院考古研究所内蒙古第一工作队:《内蒙古赤峰市兴隆沟聚落遗址2002—2003年的发掘》,《考古》2004年7期。

响而不会是相反。再考虑到这些相似之处大多表现在装饰和精神的层面,说明了磁山文化时期"北福地一期文化"(或太行山东北麓地区)对兴隆洼文化(或燕山以北地区)精神文化的高度仰慕和极力向往。

由于北福地一期遗存的确认,研究者可以比较准确地把握磁山文化的特征,报告在结语中就很有信心地指出了磁山遗址发现的很多文化现象都是受到了南部裴李岗文化的影响所致。联系上述与兴隆洼文化的简单比较,可以看出磁山文化受到南边裴李岗文化和北边兴隆洼文化的影响是相对比较大的,相反在裴李岗和兴隆洼文化中却难得见到磁山文化的影响。这说明磁山文化在当时的北方地区是一支弱势文化,或者可以说太行山东麓地区的文化在当时是相对比较落后的。报告的结语特别关注到了这种文化现象,联系北福地二期也就是镇江营一期文化[1]以及此后太行山东麓地区史前文化的兴替和流变,结合这里的地理环境特征,提出了这个地区作为史前连接中原和北方地区的文化走廊的论断,并指出了这个地区对于中国北方地区史前文化区系建构中的重要意义。磁山文化与仰韶文化的关系,或者说"北福地一期文化""镇江营一期文化"与"后岗一期文化"的文化关系历来都有不同的看法,也不是这个报告的材料所能完全解决的问题,但在这样一种视野之下,我们能够从报告中得出的结论与提出的问题同样都是本报告赐予我们的财富。

三

值得注意的是,北福地遗址 2003—2004 年度的发掘是出于学术目的的主动发掘,换句话说,是发掘者主动选择了这样一次大的发现。因此发掘者的学术命意自然就成为我们首先必须关注的问题。而遗址的发掘者同时也是报告的编写者在报告的前言中极为详尽地交代了这样一个学术课题的形成过程,值得读者留意。可以特别指出的是,发掘者早在 20 世纪 90 年代初开始研究相关的课题时即已形成

---

[1] 北京市文物研究所:《镇江营与塔照》,中国大百科全书出版社,2000 年。

了初步的想法。为解决相关的问题,1997年准备发掘容城上坡遗址,但发现该遗址已无发掘的余地。1998年获批准发掘北福地遗址又复未果,直至2003年才得以实现。这个探索的过程长达十年之久,于此可见研究者敏锐的眼光、执着的精神和沉潜细致的工夫。

北福地2003—2004年两次发掘只揭露了1200多平方米,文化堆积的深度即便加上表面耕土也大多不到1米,而遗存的内容又多属于并不很丰富的新石器时代偏早阶段。但我们看到这本报告正文却有269页,加上各种附表和附录(附录含一篇《容城上坡遗址的发掘》)则有356页,另有彩版16面、图版92面。只要是从业者都能了解,这必定是特别详尽地发表了遗址发掘的资料,而且这样大的篇幅,除了附录中石器、玉器、植物和孢粉的鉴定材料外,其他主要部分基本都是由段宏振一人独立编写的。在两年中就能完成整理、编写工作并立即出版,整理和编写者付出的心力是可想而知的。

北福地遗址的发掘材料主体虽然是一期的内容,但也还有其他时期的遗存。报告按照分期的顺序对各个时期遗存分别集中交代,章节设计既照顾分期又兼顾内容。比如分量最大的第一期遗存被分成"第一期遗迹""第一期遗物"和"祭祀场"三章,分量稍小的第二期遗存则分为"第二期遗迹""第二期遗物"两章,而分量最小的第三、四期以及汉墓则只各分一章。条理清楚又突出了重点,特别方便读者阅读和检索,值得借鉴。但各期都只发表了其堆积物中被确认为房屋、灰坑或祭祀场的遗迹现象,并对这些遗迹的填土有详细描述,而对于各期的"地层堆积"并没有同遗迹一样地对待,只是在第三章"地层堆积与遗址分期"中作了集中的说明。这虽然是编写报告惯常的做法,但其中逻辑的不合之处,忽略"地层"这样与房屋、灰坑同样重要的层状堆积物的观念,是否值得今后多加斟酌考虑,想必是一个可以借此提出来的问题。

报告各章节对各期的遗迹和遗物做了极为细致的描述。以第一期为例,在第四、六两章逐一描述了全部14座房屋、"祭祀场"全部的11组器物,以及34座灰坑中的20座。在第五、六两章则详细描述了全部的完整器物以及绝大部分的残损器物,如一一描述了全部107件直腹盆(含可复原及不可复原者)中的106件、145件

"假面面具"（多为残片）中的87件等等，且被描述者全部有线图。如此发表材料在最近的墓葬发掘报告中越来越多，但遗址报告还不多见，对其他研究者无疑是一种尊重。但这样也会在行文中出现大量的重复，至少与报告后面多种遗迹和遗物的登记表有重复，有些极端的则近乎全部重复，当然在重复中也就容易出现前后不完全一致的情况。这种现象并非本报告一个个案的问题，如何做到既全面发表材料，又避免重复，还方便读者阅览查验，确实是一件不容易的事情。

报告也有一些小小的疏忽之处，如前言和结语以及附录一"说明"部分，在讨论以往研究成果和研究过程中，有不少重复的语意、语句，甚至是重复的段落，有可能是编写出版过于匆忙造成的。但这不过是白璧微瑕，并不影响北福地遗存和北福地2003—2004年度发掘报告的重要价值。

（本文原名"《北福地——易水流域史前遗址》评介"，载《文物》2008年6期。此次重刊略有修订。）

17
新石器时代葬仪空间所见饮具四例*

宴饮一事关系到史前社会政治与权力形态之处颇多,这一点已久为国外人类学和考古学所重视,在中国史前考古中也不乏研究的先例。笔者对中国史前墓葬葬仪的研究也认为,新石器时代埋葬仪式中的随葬品是以"饮"和"食"的观念为中心的,而这两者间又以宴饮的观念最为突出[1],只是对于宴饮的细节未及深究。本文继续此前研究的思路,从泰安大汶口、张家港东山村和邓州八里岗3个地点4座墓葬的实例材料出发,在葬仪空间中对宴饮的饮器加以分析,进而对与之相关的饮料也稍加推测。宴饮的饮料一般认为是酒,刘莉有过集中的讨论[2],认为史前中国东部地区与西部地区的饮酒方式是不同的。本文涉及的地点大都在东部地区,虽无直接证据证明有饮酒的习俗,但年代较早的贾湖遗址[3]和较晚的龙山时期两城镇遗址[4]的残留物研究说明已经饮用某种酒类,因此,下文直接以酒来代指所涉饮料,以便行文。

---

* 本文由国家社科基金 2012 年重大项目"邓州八里岗仰韶聚落研究与报告编写"(批准号 12&ZD190)资助。
[1] 张弛:《社会权力的起源——中国史前葬仪中的社会权力与观念》,文物出版社,2015 年。
[2] 刘莉:《早期陶器、煮粥、酿酒与社会复杂化的发展》,《中原文物》2017 年 2 期。
[3] McGovern, P. E., et al., 2004. Fermented Beverages of Pre and Proto Historic China. *PNAS*, 101(51).
[4] McGovern, P. E., et al., 2005. Chemical Identification and Cultural Implications of a Mixed Fermented Beverage from Late Prehistoric China. *Asian Perspectives*, 44(2), pp. 249–275.

案例一：大汶口 M10

大汶口 M10 是大汶口墓地中规模最大的墓葬，墓室长 4.2、宽 3.2、深 0.36 米[1]。墓室内有椁，椁内中央挖有一个长方形浅坑，或许是棺的位置，坑内墓主为 50—55 岁女性(图 17-1)。墓内随葬品摆放极有规律，在所有随葬品安放完毕并填土过半之后，在墓穴四角各放置一件宽肩壶，是安葬仪式的最后程序。墓穴内除了墓主身上佩戴及手执器物，棺椁间各一对象牙雕筒和漆器之外，所见随葬品主要有两类：一类是食器和猪骨，主要放置在墓主脚下椁外的位置，以及少量在椁外右上角；另一类就是饮器，在棺内、棺椁之间以及椁外都有，但均在墓主头上方及身体两侧(图 17-2)。

依下葬顺序中随葬器物的位置来看，在棺内或棺床位置的浅坑内，所有随葬陶器都在墓主头上方，报告描述这个位置的随葬陶器共有 11 件，但实际上有号的器物共 10 件，或许是将 9 号高柄杯上的器盖多计为一件。依照报告的陶器型式，这十件器物中，2、8、11 号为 XI 式其他鼎，均为夹砂白陶，个体小且有盖；6、7 号为一模一样的白陶鬶，3 号为 V 式单把杯，9 号为 VIII 式有盖高柄杯，5 号为 VII 式无鼻壶，4 号为 II 式三足盉，10 号为 V 式平底盉。成对的器物有鬶、盉、杯三种，但两件鬶的样子一样，各两件盉与杯的样子不同，不成对的有鼎和壶两种。

在棺椁之间，人体腹部左右两侧各一对背壶和单把杯，背壶为 II 式，一模一样，且都有彩，单把杯同为 III 式，棺内人体腿部 20、21 号两件小器盖应当就是这两件杯子的盖，可能因棺木朽烂落入棺内。这种壶杯配对随葬的情况也见于椁外，椁外左上方(依墓主位置)有背壶和高柄杯各一对。右上方则有 33、34、35 号 3 件 IV 式背壶，32 号 V 式单把杯和 36、37 号 III 式单把杯，杯也是 3 件，共凑成三对。只是这里还有一对细柄豆(38、39 号)。椁外还有两例单独放置杯子的情况：一是右侧有

---

[1] 山东省文物管理处、济南市博物馆：《大汶口——新石器时代墓葬发掘报告》，文物出版社，1974 年。

图 17-1 大汶口 M10 墓底平面图

1. I 式象牙雕筒(2 件) 2、8、11. XI 式其他鼎 3、32. V 式单把杯 4. II 式三足盉 5、22. VII 式无鼻壶 6、7. III 式空足鬶 9. VIII 式高柄杯 10. V 式平底盉 12. 象牙梳 13. I 式笄，有穿长方石片饰(27 件) 14. 管状石珠(31 颗) 15. 绿松石串饰(19 件) 16. III 式石斧 17. I 式臂环 18. VII 式石铲 19. II 式骨雕筒 20. IX 式器盖 21. I 式器盖 23. II 式笄 24. 象牙管(压在头下) 25. I 式笄(压在头下) 26、40、46、51. VI 式宽肩壶 27、43. 鳄鱼鳞板 28、33—35、52. IV 式背壶 29、30、44、45$_{(1)、(2)}$. VI 式高柄杯 31. V 式其他罐 36、37、41、56、58. III 式单把杯 38、39、47. III 式细柄豆 42. I 式指环 48. IV 式其他罐 49、54. 猪头骨 50. III 式瓶 53. X 式折腹鼎 55、57. II 式彩陶背壶 59. 象牙片(2 件,压在头下) 60. 猪骨 61. I 式双鼻壶(压在 50 下)

说明：(1) 二层、三层的陶器，均堆压在葬具西端外陶器下，器物号后的(二)、(三) 即代表层次。1/$_{(三)}$ 是 III 式折腹罐，2/$_{(三)}$ 是 III 式细柄豆，其余都是 III 式瓶；(2) 平面图上虚线范围内是红珠土；(3) 有些器物图上未表现者，均压在其他器物之下。

(引自《大汶口——新石器时代墓葬发掘报告》图一七)

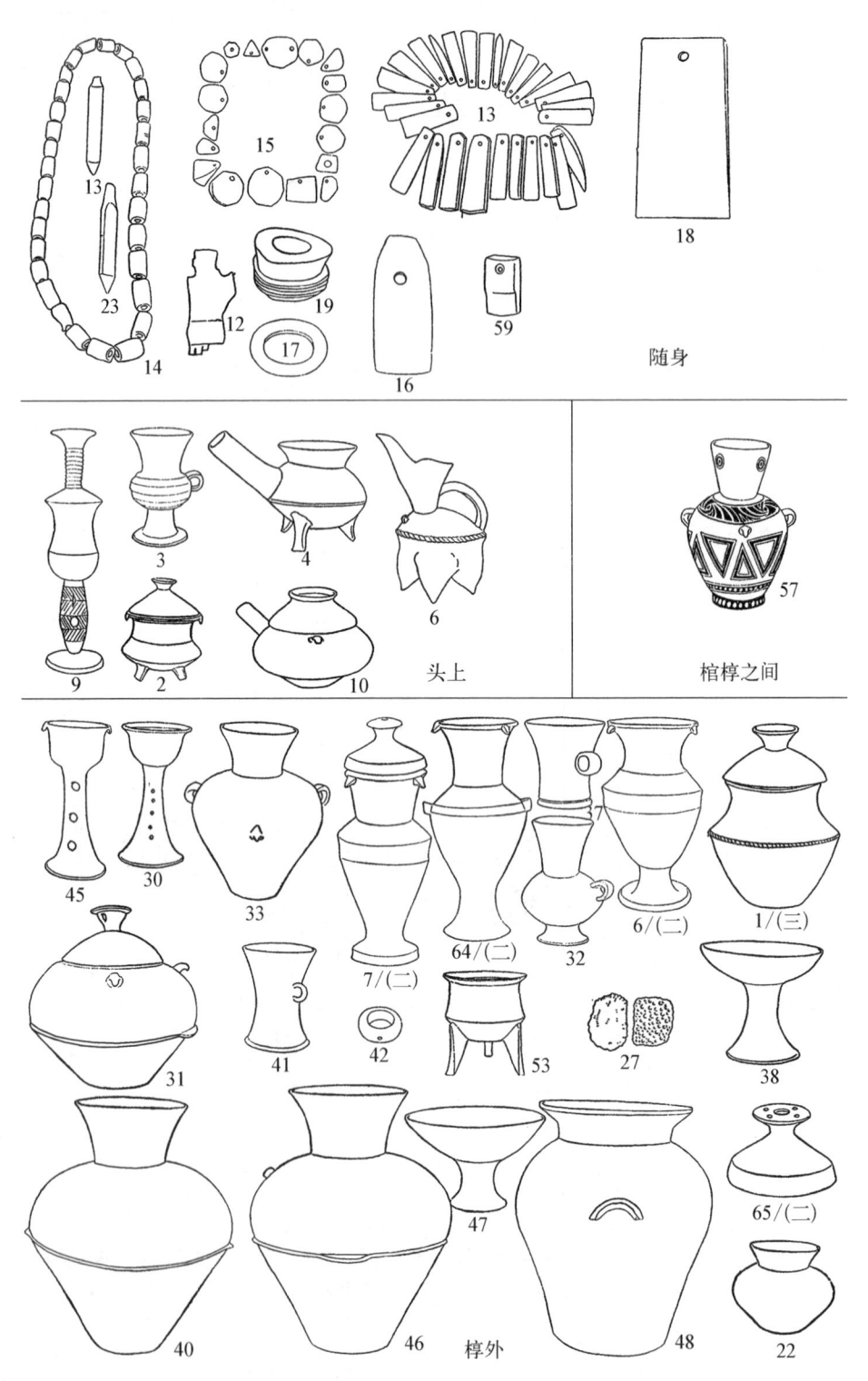

图 17-2　大汶口 M10 部分随葬器物

（引自《大汶口——新石器时代墓葬发掘报告》图一七）

一对高柄杯,二是右上角有一件单独的单把杯(41号)。墓穴内其他位置再没有可以认为是饮器的随葬品。

上述在墓穴内不同空间或者说在下葬的不同顺序中安放饮器的情况共有三种：一是椁外右侧及右上角放置杯子,杯子可以单只,也可以成对；二是棺椁之间有对称的成对的背壶+单把杯组合,以及椁外上方左右两处,一共五组背壶+高柄杯的组合；第三种是棺内墓主头上方有一组酒器。只随葬杯子的情况或许只是随葬器物,而在背壶+杯的组合中,或许壶中还有酒。M10中背壶+杯的组合才是最常见的酒器配伍。两种情况中,杯子都有单把杯和高柄杯两类,不知道与之配伍的酒是否也是两类。墓主头上方的一组酒器都很小,应当如报告所认定的那样是明器,因此有象征的意义。这组器物中没有背壶,三件小鼎的用途并不清楚,但这种鼎与实用的炊器鼎是很不一样的,应当与用酒的某个程序有关。其他除单件的无鼻壶显然是盛酒的容器外,温酒的鬶、注酒的盉以及饮酒的杯都是成对的。因此这一组饮器才是成套的酒器,说明最讲究的饮酒方式乃是热饮,且包含了温酒、注酒和饮酒等多道程序。由于这一组热饮的盛酒容器不是背壶,或许还指示了热饮的酒与上面背壶中的酒很可能不是一种。

案例二：东山村 M91

张家港东山村发掘了9座大型墓葬,不少都发现了棺或椁的痕迹[1]。其中M91墓室长3.15、宽1.76、深0.5米。此墓墓主为男性,仰身直肢,位置在穴底正中略偏西一侧(图17-3)。墓主手执、穿戴有石、玉器,也有一些石、玉器随葬在墓主头上和脚下。此外,墓主腿上和脚上还分别有豆1件和匜1件。这些器物贴近墓主,应当都是在棺内或椁内的。其他随葬器物和物品分别放置在墓主左右两侧,特别是墓主左侧的器物靠近墓壁,与墓主之间有很大的空间,都应当在棺或椁之外。

---

[1] 南京博物院、张家港市文广局、张家港博物馆：《江苏张家港市东山村新石器时代遗址》,《考古》2010年8期；南京博物院、张家港博物馆：《江苏张家港市东山村遗址M91发掘报告》,《东南文化》2010年6期。

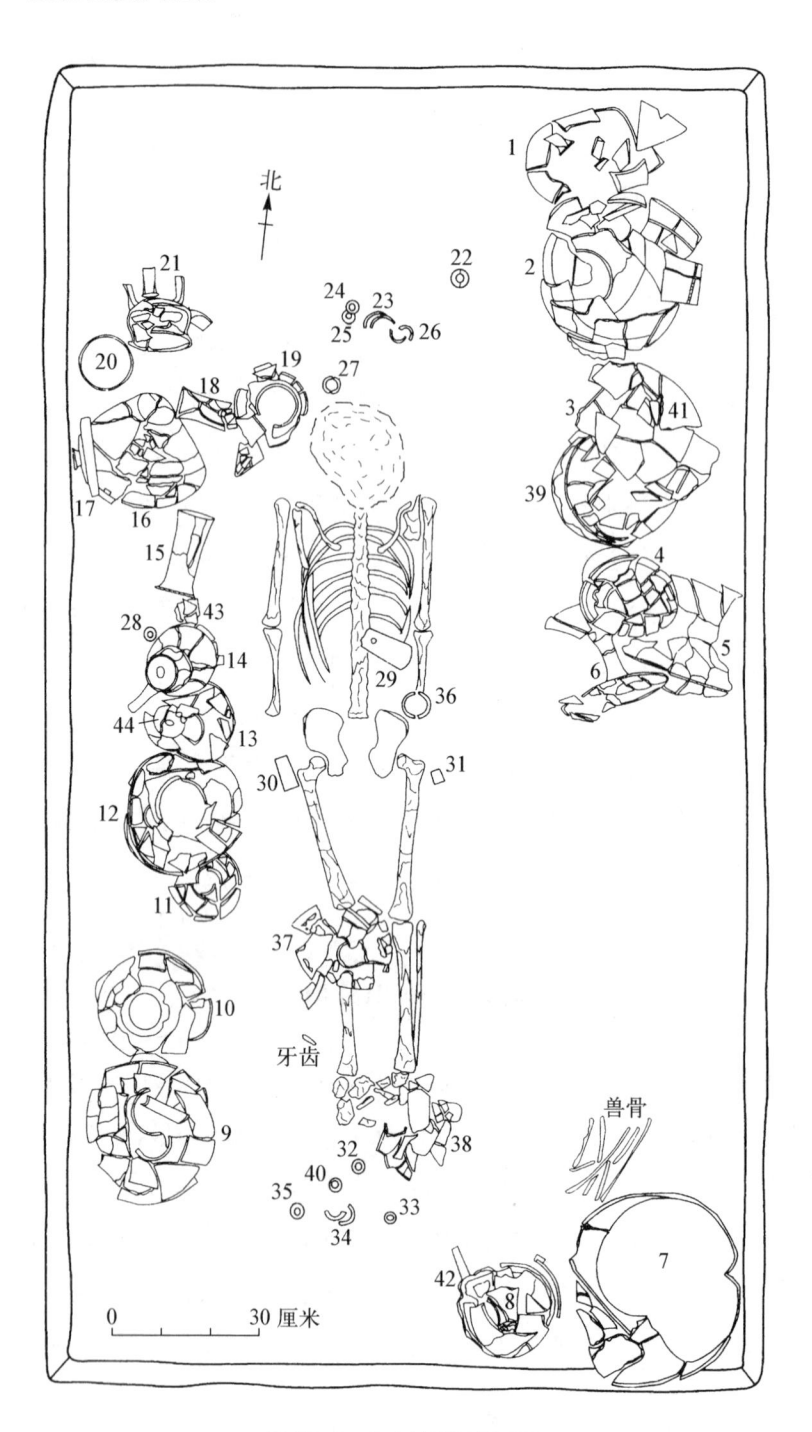

图 17-3　东山村 M91 平面图

1—2、9—12、16、19.陶罐　3.陶甑　4—6、37.陶豆　7.陶缸　8、17、20、41、43—44.器盖　13—14.陶鬶　15、18.觚形杯　21、39、42.陶鼎　22、24—28、32—33、35、40.玉环　23、34、36.玉镯　29.玉钺　30—31.石锛　38.陶匜

(引自《江苏张家港市东山村遗址 M91 发掘报告》图二)

左右两组器物在类别上有很大不同。左侧器物在墓穴左上有罐2、甗1、盖鼎1、豆3件,是一套食器;墓穴左下角有盖鼎和缸各1件以及兽骨若干,也是食物食器一类(图17-4)。

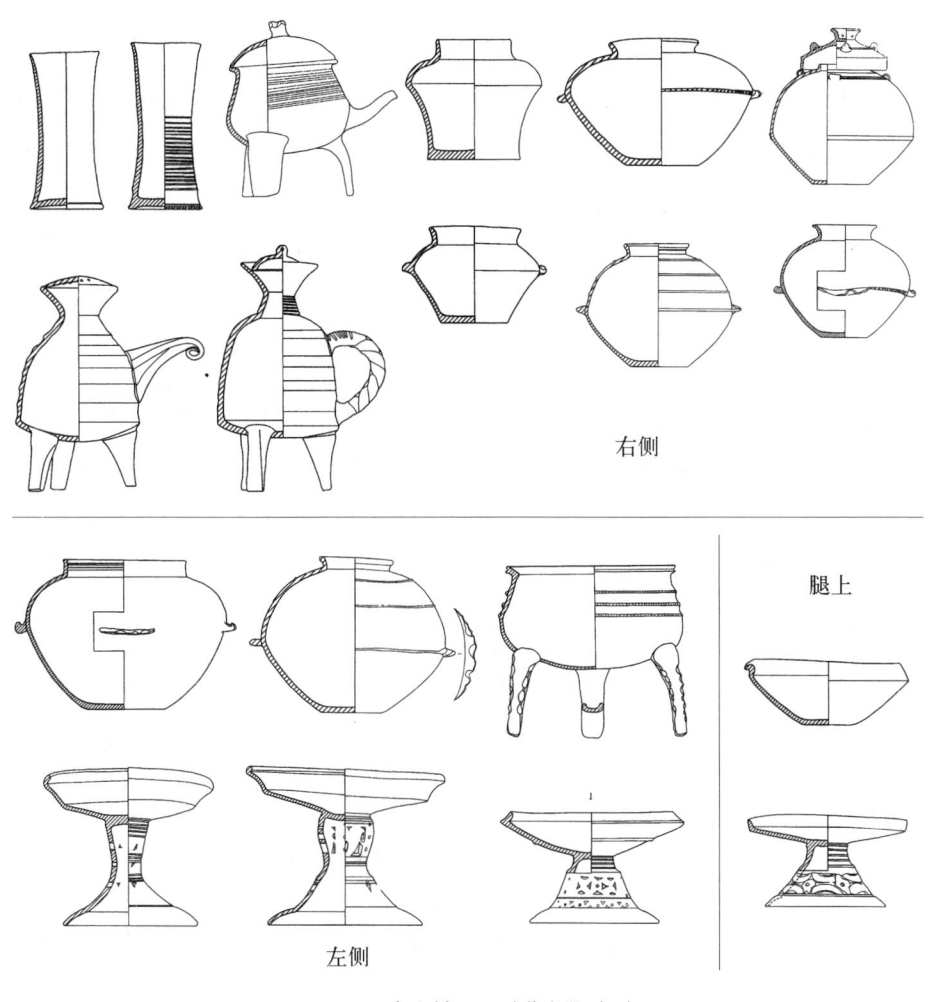

图 17-4 东山村 M91 随葬陶器(部分)

(引自《江苏张家港市东山村遗址 M91 发掘报告》图三-七)

墓主右侧与墓壁之间有器物 11 件,应当是饮器。这些器物的安放颇有规律,自上而下依次是盖鼎(20、21 号)1 件、C 型罐(16、17 号,有盖)和 A 型罐(19 号)、觚形杯(15、18号)、有盖鬶(13、14、43、44号)各1对,B型罐(12号)和C型罐(11号)1对、B型罐(16、17号)1对。这些器物中,18号觚形杯和19号罐相当靠近墓主的头部,很像是因葬具朽坏而发生了移位,其他成对的器物都是并排安放的,特别是下面的两对罐之间还特意留有比较大的空隙,可见成对安放是有意为之,只有盖鼎是单件。

这些器物包括了盛酒器罐3对,温酒器或注酒器盖鬶1对,饮酒器觚形杯1对。单独的盖鼎,虽不能明确判定其用途,但它的样式与墓葬和遗址所见用作炊器的大型盆形鼎是很不相同的。这件有盖鼎是一只个体较小的带把罐形鼎,器身倾斜,把在略高的一边的鼎足上方,可见是为了倾倒方便而专门设计的,倾倒的物体必然是液体,所以这只鼎显然应当是专门加热液体的。如果它的作用确实是为了加工或加热酒类饮料的话,那么这一套器物中的一对有盖鬶也许就仅仅是注酒器,盖子显然用于保温。当然也有另一种可能,就是三对罐类盛酒器中储存的酒类不止一种,不同酒类的加温方式也有所不同,需要小鼎和鬶两种加温器具。三对罐子的形状实际上是很不相同的,其中的C型罐个体稍小,体高、折肩、弧腹,特点最突出;A型罐和B型罐个体较大,从形态上看都是圆鼓腹有扳手一类,只是B型下腹稍长,肩比较明显而已。三对罐子里面明显有两件C型罐,可以成为一对,另外4件罐,报告的分类是3件A型、1件B型,不知是否能从形态上凑成两对。因此可以有理由地推测,这三对罐子里面装的极有可能是不同的酒类,或者至少可以认为有来自不同产源或不同"品牌"的酒类。

案例三、四:八里岗M13、M14

邓州八里岗遗址仰韶文化中期聚落的空场上发掘了多座与房屋同时期的合葬墓,其中M13[1]、M14发表了相关的资料[2],M13打破M14,其他墓葬也能依随葬品排出顺序,证明这批墓葬是长时期多次形成的。

---

[1] 北京大学考古系、南阳地区文物研究所:《河南邓州八里岗遗址1992年的发掘与收获》,《考古》1997年12期。
[2] 北京大学考古实习队:《河南邓州八里岗遗址发掘简报》,《文物》1998年9期。

其中 M13 墓穴为圆角方形,墓口长宽均约 3.25 米,深 0.5 米,有宽 0.5—0.7 米的南北二层台,墓穴内放置了现场编号为 90 具的二次葬人骨(室内鉴定最小个体数实际为 126 个),人骨一般只有头骨和长骨等大骨骼,每具头骨和肢骨成堆摆放,南北成排,每排大约 10 具,东部比较松散,大致能看出个体;西部十分密集,难以区分个体。人骨紧贴北部墓穴穴壁,其他三面则与穴壁有一定的空隙,但靠边的成排人骨周边都十分整齐,似有葬具约束,二层台或许也是为了葬具加盖所设。北二层台上放了一堆猪下颌骨约 20 副,南二层台满摆猪下颌骨,经最后鉴定合计 138 副[1]。猪下颌骨应当是整头猪的象征,代表的是"食"的含义,没有与随葬器物放在同一空间。随葬品只有陶器 5 件,其中 3 件在墓葬左上角(以人骨摆放位置为准),另外 2 件在中部靠下的位置,由于这座墓葬很可能有椁盖,也就是说墓穴最初有空的椁室,不知道在椁盖未塌毁之前这两件器物是否有过位移。但无论如何与标示肉食的猪下颌骨不在一起(图 17-5)。这五件器物分别为钵形杯、鼎、附杯罐各 1 件,红衣小壶 1 对(图 17-6)。

M14 的墓穴为长方形,长 3.3、宽 1.8、深 0.7 米,穴内人骨均为二次葬,按个体成堆放置为五排,每排 5—7 人,共计 31 个个体。人骨四周也都比较整齐,整体大致在墓穴中部,与墓穴边壁也有一定距离,不清楚是否有二层台(即椁室)(图 17-7)。随葬陶器 10 件,排成一排,放置于人骨西端头上方,有大口缸、壶、瓶、钵、附杯罐各 1 对(图 17-8)。这类没有猪下颌骨随葬的墓葬,在墓穴旁边 1 米左右的地方往往有一个猪下颌骨"祭祀坑",直径多不足 1 米,M14 的旁边就有"祭祀坑"JK3,应当是与该墓同时下葬的附属遗迹,里面葬有 46 副猪下颌骨。显然,这里出猪下颌骨的所谓"祭祀坑",其意义应当与 M13 二层台上的猪下颌骨是一样的,都是肉食的象征。因此可以看出 M14 随葬品在安放空间上也明显区分为两个部分,既然附葬的猪下颌骨代表的是"食"的内容,那么墓穴内人骨头上方一组成对陶器代表的就应当是"饮"的内容。

---

[1] 张弛、何嘉宁、吴小红、崔银秋、王华、张江凯、樊力、严文明:《八里岗仰韶文化二次多人合葬墓 M13 葬仪研究》,《考古》2018 年 2 期。

306　史前区域经济与文化

图 17-5　八里岗 M13（合葬墓）

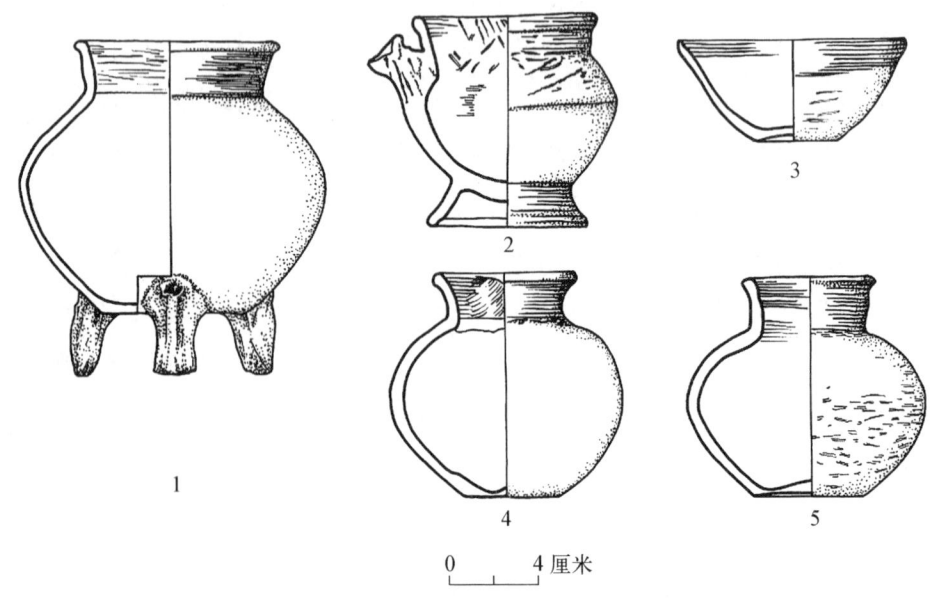

图 17-6　八里岗 M13 随葬陶器

1. M13∶3　2. M13∶2　3. M13∶5　4、5. M13∶1、M13∶4

图 17-7　八里岗 M14 平面图

1、4. 壶　2、5. 钵　3、6. 瓶　7、8. 带把壶　9、10. 缸
（引自《河南邓州八里岗遗址发掘简报》图五）

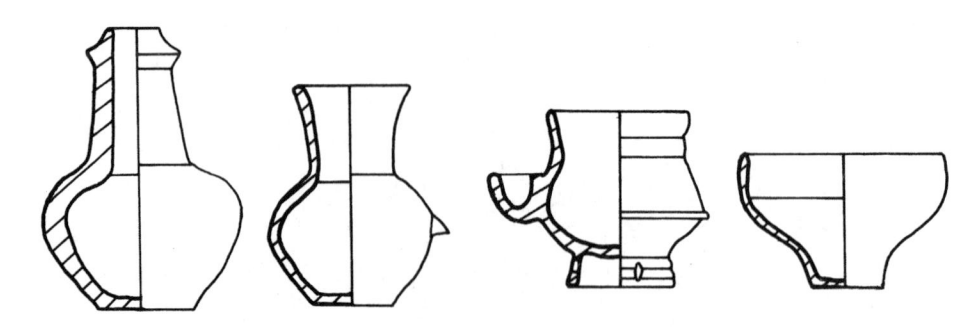

图 17-8　八里岗 M14 随葬部分陶器

(引自《河南邓州八里岗遗址发掘简报》图一一、24、25、26、28)

　　M13 和 M14 随葬的陶器个体都比较小,似为明器,器物的种类基本不见于同时期的房址。M13 的 5 件器物中只有附杯罐(M13：2)与 M14 的 1 对(其一为 M14：7)同类器可以肯定是一种器类;钵形杯为深腹,与 M14 1 对曲腹杯(其一为 M14：5)虽然样式不同,但显然也是一类东西,都是杯子;小鼎为罐形,与房屋中所见的炊器釜形、盆形鼎是不同的,不见于 M14;1 对壶与 M14 的壶和瓶样式都不一样,但用途应当是一样的;而 M14 随葬的 1 对大口缸不见于 M13。如果 M13 的那件小鼎与东山村 M91：21 盖鼎一样也是温酒器的话,那么 M13 的 5 件随葬品显然应该就是一套酒具,其他还包括了 1 对盛酒器壶和 1 件饮酒器杯。如果大口缸果真如一些研究者认为的是酿酒用具的话,那么 M14 的 10 件 5 对器物也是一组酒器,1 对瓶和 1 对壶显然是盛酒器,不同样式的盛酒器应该盛有不同种类的酒,1 对曲腹杯显然是饮酒器。两座墓葬中都有的附杯罐用途不明,这类器物多分布在汉水中下游地区,如果也是酒具的话,则这个区域饮酒的程序与前面两个例子所代表的区域是不同的。此外,江汉地区后续的屈家岭—石家河文化墓葬中,也有很多小鼎、壶和杯子成套随葬的事例[1],不知是否能成为 M13 以小鼎为温酒器的佐证。

---

[1] 张弛:《石家河聚落兴盛时期葬仪中的新观念》,《考古》2014 年 8 期。

讨论与总结

大汶口、东山村和八里岗墓地都还有许多墓葬，其中很多随葬器物都应当与宴饮特别是宴饮中使用的酒具有关，与它们同时期或不同时期墓葬的随葬器物中自然也不乏饮具。本文之所以仅仅选取这四个案例，一是由于3个墓地4座墓葬的棺椁相对比较清楚，棺椁塌毁后器物移动位置不大，葬仪空间清晰；二是因为这四座墓葬的随葬品中，代表饮和食的器具及食物所安放的位置区隔十分明显，认定起来比较清晰；三是鉴于这些墓葬中的饮具大多成对成组，程式化明显；此外，不同墓葬出土酒具之间还有可以相互印证之处。

在这四个案例中，八里岗合葬墓不是为了处理死者尸体而建造的墓葬，也就是说显然并不是原初意义上的墓葬，而是一种再次合葬的仪式。M13人骨经过抽样测年，表明死者的死亡时间间距为200年，应当是在举行仪式的时候搜集起来的过往死者。M13、M14具有基本一样的结构，都有可能在墓穴中搭建椁室，随葬品分两类，一类为大量象征肉食的猪下颌骨，安放在椁外二层台或墓穴外的坑穴中，M13猪下颌骨抽样测年表明猪的死亡年龄差为400年[1]，足见这些猪下颌骨是长期积攒下来的，并不都是在仪式当时消费的猪，因此必定只是象征性的。在椁内安放的随葬品都只有一套成对的酒具明器，因此也是象征性。这个案例表明，在合葬仪式举行的时候，八里岗社群很可能还同时举行了集体宴饮，宴饮中有以猪为崇尚的肉食，并用类似墓葬中随葬的酒具作为饮具。

八里岗是一个很小的普通聚落，集体宴饮显示了当时的社会风尚或观念。与八里岗同时期的东山村和年代较晚的大汶口的两个例子则是当时聚落中的高等级大型墓葬。这两座墓葬中饮食器具也分放于不同的空间，其中饮具放在墓主头上方或身侧，距离墓主比较近，食器和猪头、猪下颌骨放在墓主脚下或距离稍远的位

---

[1] 张弛、何嘉宁、吴小红、崔银秋、王华、张江凯、樊力、严文明：《八里岗仰韶文化二次多人合葬墓M13葬仪研究》，《考古》2018年2期。

置,这样的仪式内容以及仪式空间的分割与八里岗并无二致,可见当时的社会上层正是这种社会风尚的源头,也可见宴饮与社会权力之间的关联。

这四个案例都有一套完整的成对酒具,其中最为繁复的是大汶口 M10 墓主头上方的一套,有盛酒的容器无鼻壶、温酒的鬶、注酒的盉以及饮酒杯,还有 3 只用途不能确定的小盖鼎。东山村 M91 的一套大致类似,只是加热酒的器具应该就是小鼎,鬶是有盖的,其作用更像是注酒器,还有就是储存酒的容器用了两种或三种罐子。八里岗的两套相对比较简单,缺乏注酒器,但有一种附杯罐的用途难以确认,这种器物分布范围不广,是当地的一种习俗。八里岗合葬墓以这样成套酒具随葬,说明这是当时宴饮中饮酒的程式,而大汶口和东山村大墓的主人显然具有举办宴饮的能力或权利。大汶口 M10 还有一种多见的酒具的组合,即只有杯和背壶,在葬仪中反复多次在不同空间中出现,有点像是一种个人化的饮酒方式。

这三个案例中都各自存在不止一种盛酒器,大汶口有多种如背壶、无鼻壶、有鼻壶、宽肩壶等壶类,东山村至少有两三种罐类,八里岗则有不同样式的壶和瓶,加上小鼎和鬶这两种不同的加热酒的器具,以及大汶口还有高柄杯、单把杯、筒形杯等不同的杯子,说明当时应当有不同的酒类,不同酒也许还有不同的喝法。大汶口和东山村都随葬了很像是实用器的壶和罐类,里面很可能原来就有这样不同的酒类。

总结来看,大汶口 M10、东山村 M91 和八里岗合葬墓 M13、M14 都有以棺椁分隔的不同葬仪空间,在不同的空间随葬了分别象征饮和食的器具乃至猪骨,其中的饮具更为靠近墓主。大汶口 M10、东山村 M91 和八里岗 M14 的饮具还都是成对的,大都是明器,象征意义十分明显。饮具都是成套的,包括了盛酒器罐和壶、温酒器鼎和鬶、注酒器盉与鬶以及饮酒器具杯子,各类器具大都有盖,更说明饮用的方式为热饮。每个案例中都有不同形制的罐、壶或瓶,甚至还有不同样式的杯子共存,或许还说明当时有多种酒类或不同产源的酒类,不同的酒类也许还有不同的喝法。四个例子都说明,加热饮酒的程式应当用于宴饮。此外,大汶口 M10 中多处可见的壶、杯配对形式,或许表明当时还有个人化的饮酒方式。

(本文原载《江汉考古》2019 年 1 期。此次重刊略有修订。)

18
良渚文化玉器"立鸟"刻符比较研究一例

一

迄今为止,中国新石器时代晚期的玉器刻符已被查知至少有21个,刻于12件玉器之上。其中除了一些在同一器上连续有规律地出现而具有装饰意味之外,更多的则是单个的符号。这些单个符号中重复率最高而又特别引人注目的就是所谓"立鸟"刻符及与之相关的刻符了。这样的立鸟刻符的完整或较完整的形象已有5例,分别见于弗利尔博物馆藏的3件璧和台北故宫博物院藏的1件璧以及首都博物馆藏的1件琮上。另与之相关的4个刻符见于弗利尔博物馆藏和安溪出土的各1件璧及中国台北故宫博物院和法国吉斯拉博士公布的各1件琮上(图18-1)[1]。这种"立鸟"刻符的"完整"形象至少由三部分组成,即如图18-1之1—4所示,其上部是一只具象小鸟,立于一下接三四个串珠的长条形立柱图案之上,串珠下则为一上端为阶梯状的弧边梯形图案(梯形图案中又有数种较为复杂的符号)。由于其中部之串珠立柱图形和下部阶状梯图案都曾单独出现,如图18-1之6、7所示,而立鸟刻符中又有缺失中部串珠立柱图形的例子(图18-1-5),因而可知其中部串珠图形和下部阶状梯形图形应各为两个独立的符号,有着独特的含义,而具象立鸟图形与它们组合又构成另外的意义。当然,由于阶状梯形刻符又有与其他至少4种图案(或可能亦为独立刻符)组合的例子,故它本身应又有多种意义,只是迄今尚未发现有具象立鸟独自出现的单独刻符。

---

[1] 关于这9件玉器的出处、样式、尺寸及刻符位置等资料,均参见邓淑萍:《良渚玉器上的神秘符号》,《故宫文物月刊》第117期。

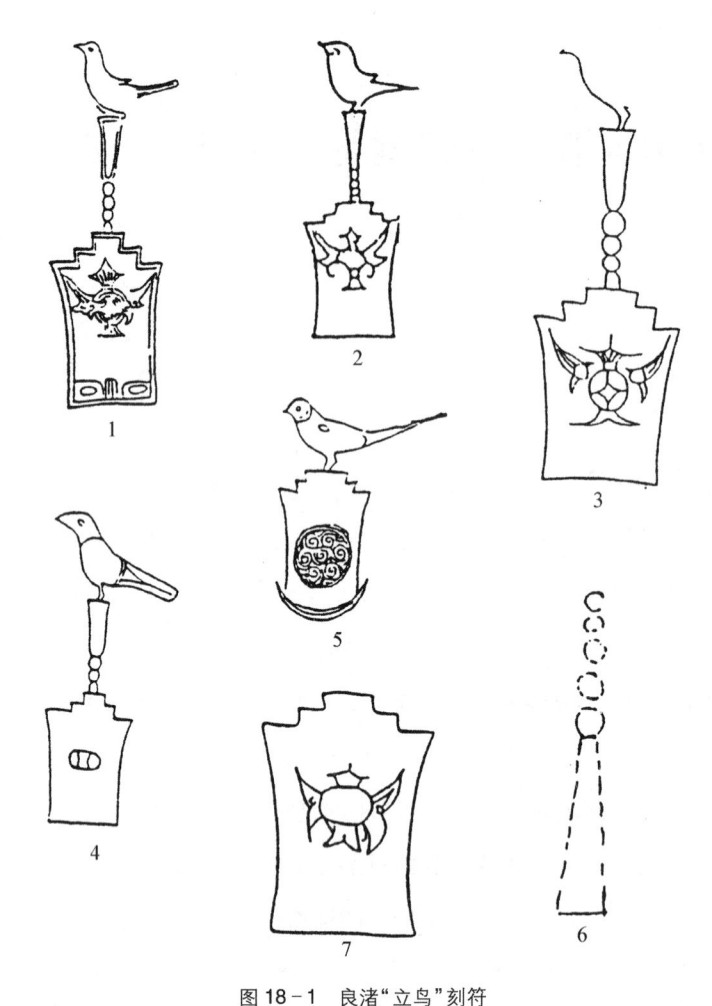

图 18-1　良渚"立鸟"刻符

(据《良渚玉器上的神秘符号》表一改制)

以上 9 个刻符均刻在良渚文化典型玉器——璧与琮上,说明它们应为良渚文化时期的东西。而且,由于其中 1992 年新近面世的 1 件出土于余杭良渚遗址群范围之内的安溪,可证这些刻符确为良渚文化所有。而据有关线索可知,其余传世的几件均与安溪有所关联,故而有人推测这九件甚至可能都出自同一个地点[1]。至

---

[1] 关于这 9 件玉器的出处、样式、尺寸及刻符位置等资料,均参见邓淑萍:《良渚玉器上的神秘符号》,《故宫文物月刊》第 117 期。

于它们在良渚文化中的年代位置,大多数人认为应属良渚文化晚期,因为这不但可由与之相关的其他刻符的年代间接推知(如大汶口晚期的陶缸刻符),而且可由它们所刻玉琮的形态而直接得知。这些玉琮高大厚重,上大下小,截面为方形,是良渚玉琮较晚的形态[1]。同时,刻有其他符号的玉琮也都是这样的形态(如中国国家博物馆和上海博物馆所藏的各1件刻有与大汶口陶缸刻符相似的"日""月"纹玉琮),故而可知所有这些刻符都应当是这一时期才出现的。

尽管这些刻符玉琮、璧迄今尚无经科学发掘出土者,但由于它们的年代及大致出土地均可确定,而经发掘有玉琮、璧随葬的墓地也已有多处,并且其发展演变的线索眉目日清。良渚文化经近60年的发掘及调查,其发展的程度及其所处的相对社会发展阶段的估计也趋于可信。因而结合与其相关联的各种现象来对这些刻符进行探讨的研究日见其多,产生了多种不同的解释。如认为在玉琮上刻符所刻位置均在射口部位,与良渚早期的"神徽"位置一样,含义亦相当;也有与古史传说相联系,认为是图腾崇拜的;还有认为是族名、人名、地名者,更有厘定为某字者。当然,由于这些刻符本身形态不一,与当时社会诸方面联系甚多,其本身应当就有多种含义,并且在当时不同的观念层次和不同的功能结构中也应当有着不同的意义,故而解释的多样性是可以理解的,而且这些刻符的含义也只有在多方面联系中才能显示出它们的意义。单就本文所欲比较的"立鸟"刻符来说,其可供比较的相同图形在多种情形下都可能出现[2],我们这里考虑到所谓"立鸟"刻符均刻于良渚"重器"琮与璧上,它们无论是作为祭祀用的"法器",还是仅仅作为随葬用的冥品,其纪念性意义都是显而易见的。这两种器物在中国古史中的意义不管在以后发生过何的变化,其物化形态的固定都应当发轫于良渚时期。这种远非一般偶尔出现的刻划符号,其纪念性意义同样是可以肯定的。而良渚文化在长江下游经过长时间发展,在公元前2800—前2400年前后已具有中国"原生区域文明"之一的地位也是基本可以肯定的。我们这里拟就与良渚文化相类似的文化生态环境下,在

---

[1] 中村慎一:《中国新石器时代的玉琮》,《东京大学文学部考古学研究室研究纪要》第8号,东京大学文学部考古学研究室,1989年。
[2] 如纳西族图画文字中的同类符号,甚至如英国某足球队的队徽等。

世界其他原生区域文明中产生的类似符号与良渚"立鸟"刻符做一初步比较。

二

在世界其他地区的原生区域文明中，与良渚"立鸟"刻符形象最为接近的就是古埃及某些法老的荷鲁斯名号（Horus Name）了。其最早的一例见于古埃及前王朝时期浮雕于"蝎王"权锤头（权锤完整形状见纳玛调色板上纳玛王手举之权锤）上端的图像（图18-2）。这个图像分为三栏，中间一栏最大的一个人物的形象，身着礼服，手执锄头，头戴象征上埃及的"白王冠（White Crown）"。其头部右侧有两个符号，一个是七瓣花结，据考为国王之象征[1]；另一个便是颇似良渚"立鸟"刻符的"蝎王（The Scorpion King）"荷鲁斯名。这个符号上部是一只立鸟——鹰神荷鲁斯的象征，下部是一个象征宫门（Serekh）的长方框，框内刻有一只蝎子的形象。以后法老的名号大多是这样的写法，只是宫门的符号各不相同，宫门有所简化，且已有读音。只有蝎王名号读音至今不得而知，只好按蝎子形象暂称为"蝎王"，而旁边头戴白王冠的人物想必就是"蝎王"本人了[2]。这幅图像整个画面的解释有多种，这里搁置不论。单就权锤头上浮雕有头戴王冠的人像及其名号而言，便似可比之于良渚反山M12所出的那件著名的玉钺（图18-3-1），其加柄完整形状应类似于M14玉钺（图18-3-2）。钺身上部浅浮雕加线刻一头戴大冠的"神徽"，下方有一"鸟纹"[3]。这种样子的"鸟纹"仅出于此墓，其他两例均见于同墓所出的两件玉琮上[4]。这种玉钺（权斧）、"神徽"、"鸟纹"的组合与权锤、蝎王、王名的组合似应有着大致相当的意义。

埃及前王朝的历史固然尚处于文字产生前的传说时代，但即便是此后的早王

---

[1] B. A. 伊斯特林著、左少兴译：《文字的产生和发展》，北京大学出版社，1987年。
[2] Child, V. G., 1969. *New Light on the Most Ancient East*, The Norton Library.
[3] 一般良渚玉器上的"纹饰"只有"神徽"（及其简化形态）和"鸟纹"，其中"鸟纹"较少见且与"神徽"共存一器之上，不同单位玉器上的"鸟纹"不完全相同，而与良渚陶器上所见之振翅飞翔的"鸟纹"绝不相同。
[4] 浙江文物考古研究所：《浙江余杭反山良渚墓地发掘简报》，《文物》1988年1期。

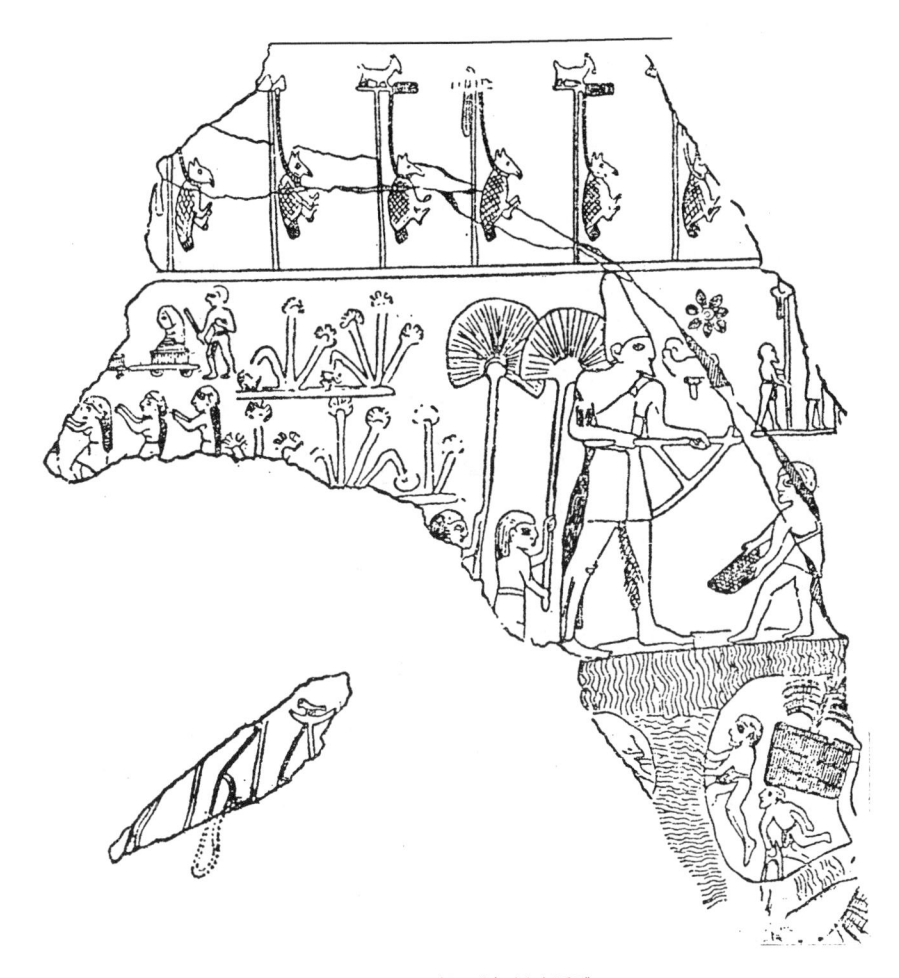

图 18-2 "蝎王"权锤头浮雕

(引自《文字的产生和发展》第 14 图)

朝早期在埃及也还没有出现完整意义上的、能够记载语言的文字。直到第一王朝末,才首次有了以成串的符号表达一个句子的例子。而成熟的文字系统的出现则是在古王国以后的事了[1]。早王朝的历史(尤其是其前期)自然大多来自传说。

---

[1] Trigger, B. G., et al., 1983. *Ancient Egypt, A Social History*. Cambridge University Press.

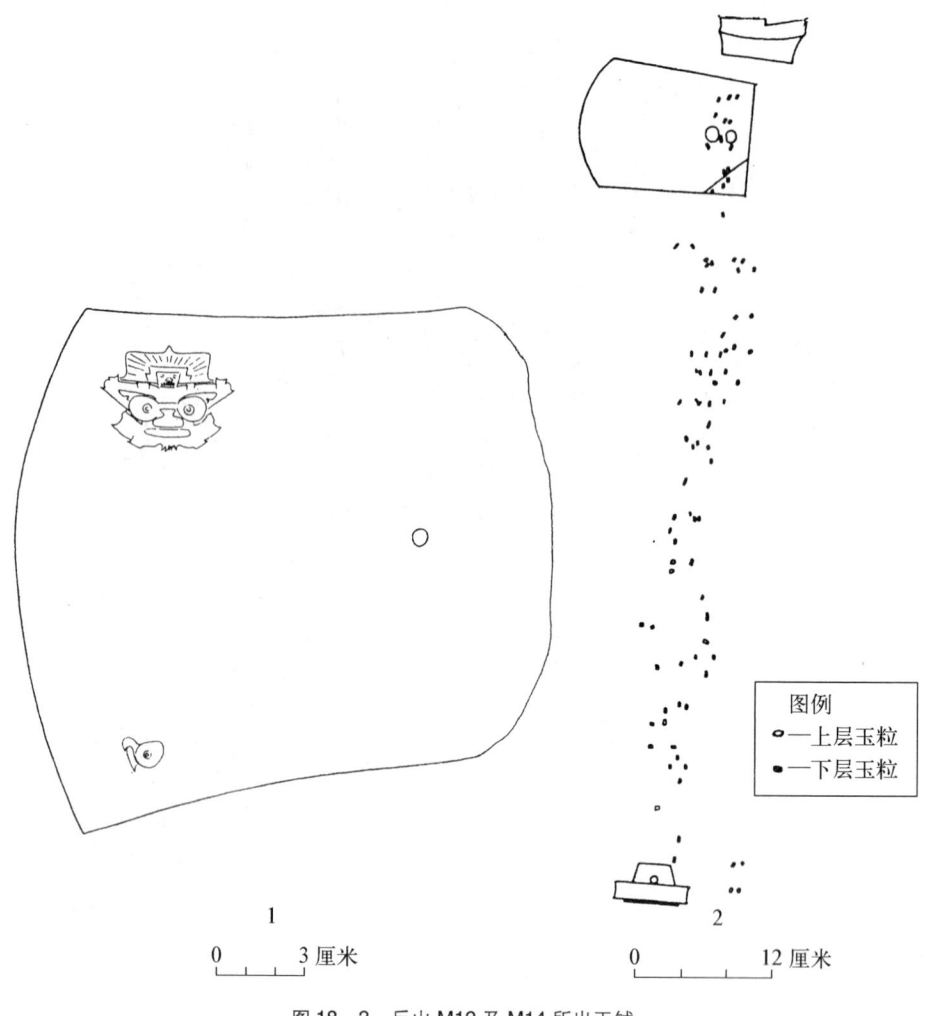

图 18-3　反山 M12 及 M14 所出玉钺

（引自《浙江余杭反山良渚墓地发掘简报》图二五、二六）
1. 玉钺（M12∶100）　2. M14 出土玉钺及玉粒镶嵌分布图

这一时期的"文字"体系仍处于图画文字向表意、表词文字的过渡阶段[1]，仅见于陶器上的印记（多为法老名和官名）和一些纪念性遗物如权锤头、墓碑和调色板等

---

[1] Б. А. 伊斯特林著、左少兴译：《文字的产生和发展》，北京大学出版社，1987 年。

上。如第一王朝的第一位法老纳玛(King Narmer)王名(目前仅知其荷鲁斯名)就曾多见于陶器上(图18-4-1),它最远甚至传到了巴勒斯坦南部的埃拉德(Arad)(图18-4-2)[1]。纳玛王名的写法也是一个"立鸟"图形,在立鸟下宫门中上部有一只猫鱼(读如Nar,即Nar-fish),下部有一只凿子(读如Mer)。著名的纳玛王板岩调色板是这种纪念性遗物中最有内容的一例(图18-5)。它高40厘米左右,板岩浮雕而成。其反面纳玛王名位于其上端两只神牛图像之间(无立鸟荷鲁斯),这里神牛也是纳玛王的象征(正面下栏中他以神牛形象出现)。画面中部是头戴上埃及白王冠的法老手执权锤向已倒地的敌人打去,被征服者的名字在其头右侧[2],画面右上侧是一只鹰,它的爪抓住一根绳子,绳子穿过一人的双唇,人身简化,上面有六根纸草茎。在埃及数字系统中一根纸草茎表示一千,因此许多埃及学家将这个画面解释为"法老俘敌六千"[3]。由于这个调色板的正面还有纳玛王头

1　　　　　　　　　　2

图18-4　纳玛王名之陶器印记

(由《鹳鱼石斧图跋》Fig.1改制)

---

[1] Amiran, R., 1974. An Egyptian Jar Fragment with the Name of Narmer from Arad. *Israel Exploration Journal*, vol. 24.
[2] 这个画面的含义与所谓"鹳鱼石斧图"(从严文明《鹳鱼石斧图跋》释)颇为相似。
[3] B. A. 伊斯特林著、左少兴译:《文字的产生和发展》,北京大学出版社,1987年。

图 18-5 纳玛王调色板反面

(引自 Ancient Egypt, A Social History. Fig. 1.8)

戴代表下埃及的红王冠的形象[1]，说明他同时统治着上、下埃及，故而很多人认为纳玛王就是希罗多德记载的美尼斯，是他第一次统一了上、下埃及。但是也有很多人对这个传说表示怀疑，而根据种种迹象认为这种政治上的统一在前王朝时已存在，而纳玛王调色板反映的不过是一次平叛活动而已。无论如何，上、下埃及的统

---

[1] 二王冠合戴是在第一王朝第五位法老时才出现的。

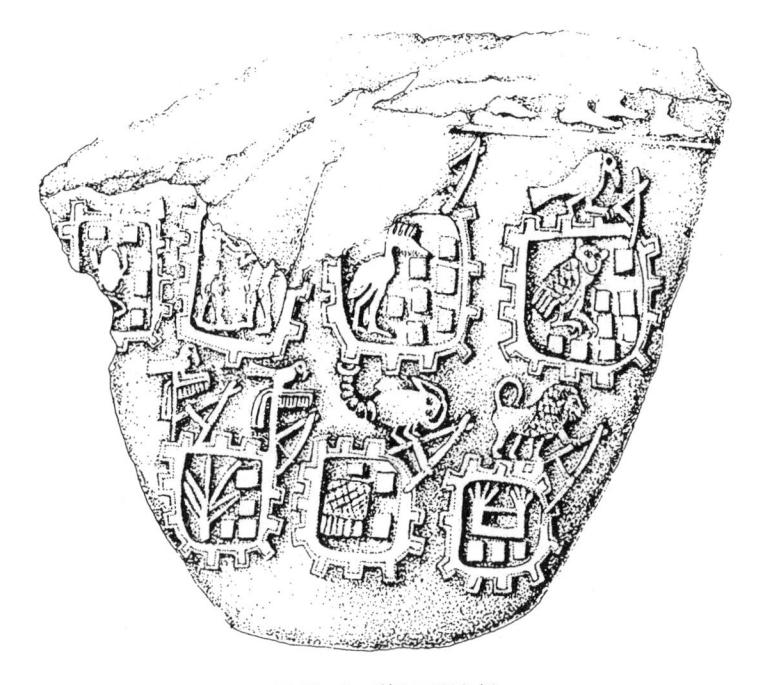

图 18-6 利比亚调色板

(引自 *Ancient Egypt, A Social History*. Fig. 1.5)

一都应当是一个较长的过程,而上、下埃及各自统一也都应当有各自的经历。对于出自格尔塞文化(Gerzean Culture)晚期(相当于前王朝时期)的一些纪念性符号的解释似能证明这一点,如所谓的利比亚调色板(Libyan palette)(图 18-6),画面中每个符号都有像是城墙样的框子,城墙中围住的人、兽、草木、数字,及城墙上方的立鸟(最早的立鸟刻符)、立兽组成,解释者认为每一个符号都有可能代表一个地区或一个诺姆(nome)或一族,聚在一起表示它们的会盟,这当是这个长期统一过程中的一步。

现有的文献资料和一些零星片段的"图画文书"当然不足以说明古埃及前王朝及早王朝之初的全部历史,而能够反映这一历史的地下考古材料也同样并不是很多。现知相当于前王朝时期的格尔塞文化(或涅伽达二期文化)已进入当地铜石并用时代较晚阶段,分布的范围遍布上、下埃及。它的一般聚落为一些小的村子,最大的两处聚落是位于南部的那夸达(Naqada)和希拉康波利斯(Hierakonpolis)。

皮特利当年曾在那夸达发现过一段城墙的遗迹，还有砖砌庭院。从这里发掘出的墓葬规格来看，这个遗址不会比希拉康波利斯小，在它的附近沿尼罗河还分布有一连串的小遗址。希拉康波利斯虽已被尼罗河冲刷而遭到破坏，但还是可以看出其中心偏东有一处面积近 1 平方公里的中心聚落及其周围数平方公里范围内的一系列小型卫星聚落。在其中一处历史时期神庙的下面发现过一处长径为 50 米的椭圆形砂岩护坡墙基，年代为前王朝时期，有人认为它上面应有当时的神庙。在该遗址东南部曾发现一组 5 座前王朝时期的大墓，其中 M100 为一座 5×2 米的长方形竖穴砖室墓，因有壁画而被称为"壁画墓"。它的随葬品多已被盗，仅剩 30 余件。其西墙所绘壁画中有高举权锤的"王"的形象以及蹲跪在地的俘虏形象。又由于此墓的形制不同于一般的浅圆土圹墓，故有可能是当地首脑人物的墓葬[1]。

在早王朝时期，希拉康波利斯新建了一座 200×300 米的城圈，城墙墙体由土坯砌成，一般厚约 3—6 米，在城内一座第二王朝末建造的神庙基址下发掘了数十件权锤头和调色板，其中就包括上面提到的"蝎王权锤头"和"纳玛王调色板"。

早王朝历代法老的墓葬均发现于阿拜多斯（Abydos）的乌姆·埃尔库巴和孟斐斯附近的萨卡拉（Saqqara）陵墓区两地。其中阿拜多斯法老墓地的 B 区葬有第一王朝第二任法老阿哈（Aha）以前的几位法老，如纳玛王及其前任卡（Ka）等，B 区之外是第一王朝历代法老的墓葬。由于从第一王朝开始，王朝的主要政治中心已从阿拜多斯转移到孟斐斯，在阿哈之后，第一王朝历代法老在萨卡拉陵区还另建有墓葬，到第二王朝时期，法老们一般只葬在萨卡拉。阿拜多斯王陵区的第一王朝法老墓葬排列十分紧密，有的并不如他们在萨卡拉的墓葬的规模大，且这里仅葬有法老及其殉人，故而人们多认为这个墓地是法老们为靠近他们的祖先以巩固王权而建，因此，此时的阿拜多斯仍可能是他们祖先所在的圣都。

阿拜多斯陵区实际分为两部分，一是位于南部的乌姆·埃尔库巴的墓葬区，另一是位于北部的冥殿区。墓区中 B 区墓葬规模均不大，如纳玛王墓为 7.9×3.2 米，

---

[1] Trigger, B. G., et al., 1983. *Ancient Egypt, A Social History*. Cambridge University Press.

均为长方形竖穴砖室墓。B区以外墓葬逐渐增大,有的带有墓道,早王朝法老墓葬有殉人之风,殉葬者多为法老之妻妾及侍从,另有少量工匠,这种殉葬墓在墓区和冥殿区均有。其中纳玛王殉人有33个,到第三任法老杰尔(Djer)时达到顶峰,他在墓葬周围殉葬有275位妇女、43个侍从人员,另在他的冥殿附近还殉有269人。在他之后,殉人之风逐渐衰落[1]。

前王朝(前3400—前3000年)	……
	The Scorpion King(？) 蝎王
	Ka(Sekhen) 卡
第一王朝(前3000±100—前2890年)	
	Narmer 纳玛
	Aha 阿哈
	Djer(Zer,Sekhty) 杰尔
	Djet(Zet,Uadji,Edjo) 杰特
	Den(Udimu) 登
	Anedjib(Andjyeb, Enezib)
	Semerkhet
	Qaa(Ka'a)

表 18-1 前王朝及第一王朝纪年

(据 *Ancient Egypt, A Social History*. PP. 69-70, Appendix 改制)

三

另一个可与良渚"立鸟"刻符相比的就是中美洲文明区阿兹特克及萨波特克(Zapotec)图画文字中的类似符号了。尽管这种图画文字最终并没有形成玛雅文明中玛雅文字那样的文字系统,但其文明发达的程度却并不逊色。其中阿兹特克文明的前身之一应当是萨波特克文明。萨波特克文明虽然兴盛于中美文明的古典前期,但早在形成期之末(前200—200年)便已初具规模。其中心聚落、位于瓦哈卡谷地的蒙特阿尔班(Monte Albán)遗址经过数百年的经营,此时的占地面积已近

---

[1] Child, V. G., 1969. *New Light on the Most Ancient East*. The Norton Library.

400万平方米,其中仅居址面积就有 100 万平方米,并且在其西北遗址边缘处建起了一道长近两公里的防护围墙,围墙残高 4—5 米,厚约 1—2 米,以石块为墙基或护坡。遗址中心偏西南 200×400 余米范围内主要宫殿区的大致规模已界定,并陆续兴建起一些大型建筑,其中箭头形的建筑 J 便建成于此时[1]。由于此建筑形状古怪,故而人们多以为与天文有关。但考虑到它并不与某一特定星象有联系,且其形状和布局与四周带有宗教性质的坛庙不相吻合,因而很可能与现世的活动内容有关联。在这个建筑内先后发现过 50 余块带有刻划符号的石块(图 18-7),它们大部分砌在第二、三层台基的墙表面,这应该是其原来的位置。刻符石块上的符号大多只有一个,根据与公元 16 世纪萨波特克人图画文字的对比可知,符号中间部分是一个山的形状,代表"某山"或"某地"之意,在每块刻石上都出现。山形符号之上的刻符则各不相同,有"立鸟"、蝗虫、水渠、玉米、美洲虎等具象图形,它们与山形符号合起来代表某山或某地

图 18-7 蒙特阿尔班建筑 J 内刻石

(引自 The Cloud People, Divergent Evolution of the Zapotec and Mixtec Civilizations. Fig. 4.14)

之名。山形符号下均有一倒置的人头图形,但人头的冠饰则各不相同。这三部分共同组成一个符号。另在很少的一些刻石上偶尔也能见到记载某年、某月、某日的符号。一般认为符号中倒置的人头是被蒙特阿尔班征服的其他地方首领的形象,其上部地名即为其地之名。又由于在以后萨波特克人的"文献"中多有围绕以具名的山及河流的地名,用以标示该地领地范围的写法,故而人们多认为刻石上的

---

[1] Blanton, R. E., 1978. *Monte Alban, Settlement Patterns at the Ancient Zapotec Capital*, Academic Press, INC.

50余个地名应当就是被蒙特阿尔班所征服并占领的领地范围的标志[1]。

此外,在蒙特阿尔班遗址中这一时期发现的其他有"图画文字"意义的纪念物,就是在建筑 J 以西不远处的建筑 L 中发现的 300 余块"舞蹈者(danzantes)"刻石。这些石块原先的位置亦应是被砌于台基上的(图 18-8)[2],每一块上都雕刻有一个姿态各异的人物形象——"舞蹈者",他们的发式与发饰形态亦各不相同,在萨波特克人的传说中有将那些被征服地的俘虏献祭于神庙的记载。这种刻石最早出现在瓦哈卡谷地圣约瑟莫哥特(San José Mogote)遗址,这个遗址在形成期的中段之末(前600—前500年)是瓦哈卡谷地最大的遗址,占地面积在 25 万平方米以上,在遗址中,这一时期的建筑 28 中发现了一块"舞蹈者"刻石(图 18-9)[3],这个"舞蹈者"两脚之间的刻符被释为日期之名,或亦此人之名——"一次地震(One Earthquake)",证明此时已经使用了中美地区的 260 日年的日历系统[4]。这

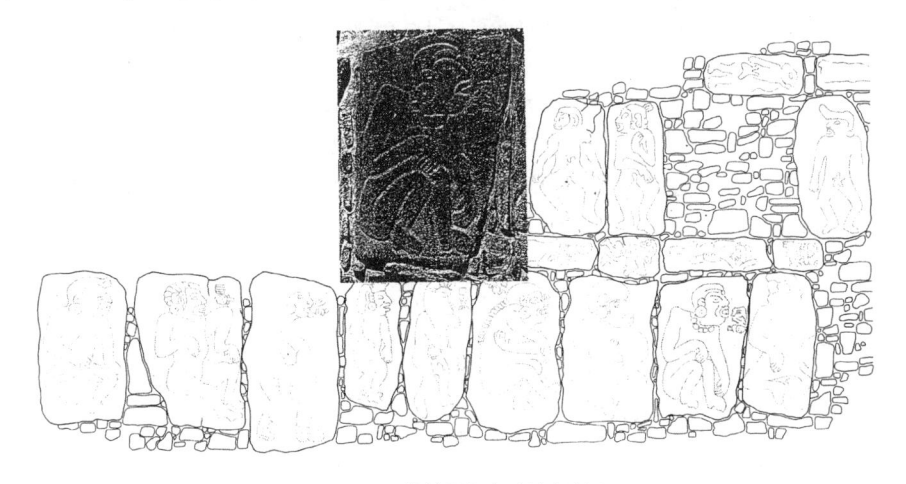

图 18-8　蒙特阿尔班建筑 L 刻石

(引自 Archaeology: Theories, Methods and Practice. P. 453 图)

----

[1] Flannery, K. V. & Marcus, J. eds., 1983. *The Cloud People, Divergent Evolution of the Zapotec and Mixtec Civilizations*. Academic Press: New York and London.

[2] Renfrew, C. & Bahn, P., 1991. *Archaeology: Theories, Methods and Practice*. Thames and Hudson Ltd.

[3] Flannery, K. V. & Marcus, J., eds., 1983. *The Cloud People, Divergent Evolution of the Zapotec and Mixtec Civilizations*. Academic Press: New York and London.

[4] 较玛雅地区的记载至少早 500 年。

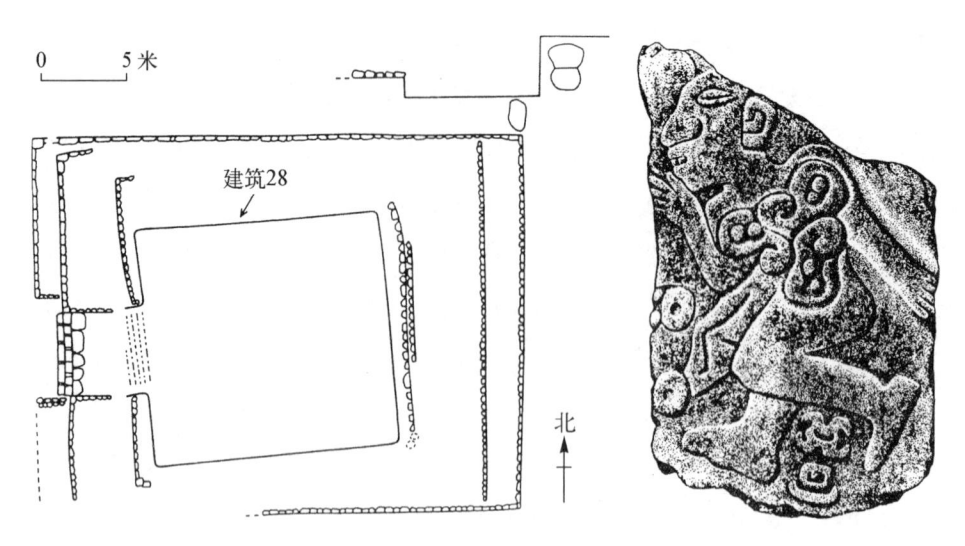

图 18-9　圣约瑟莫哥特建筑 28 及其所出刻石

（据 *The Cloud People*, *Divergent Evolution of the Zapotec and Mixtec Civilizations*. Fig. 3.9 及 *Archaeology*: *Theories*, *Methods and Practice*. P. 453 图改制）

种记事方法一直沿用下来，至形成期以后。由于蒙特阿尔班建筑 L 中的 300 余块刻石上的人物各异，因而有人推测被蒙特阿尔班征服的地点也应该有与之相当的数目，而建筑 J 中 50 余块地名刻石不过只是其领地范围的标志（表 18-2）。

表 18-2　瓦哈卡谷地编年表（部分）

中美分期	瓦哈卡谷地编年	大致年代
古　典	蒙特阿尔班Ⅲ b	450—650
	蒙特阿尔班Ⅲ a	200—
形成期晚	蒙特阿尔班Ⅱ	前 200—
	蒙特阿尔班晚Ⅰ	前 300—
	蒙特阿尔班早Ⅰ	前 500—

（本表据 *Settlement Patterns at the Ancient Zapotec Capital* P. 29，Table 1.3 改制）

在进一步的研究中，J. 马科斯（Joyce Marcus）从 16 世纪阿兹特克人的文献中找到了 11 个向阿兹特克人交纳贡赋的位于瓦哈卡地区的地点，这十一个地点的名

良渚文化玉器"立鸟"刻符比较研究一例　　325

Miahuapan

a　　　　　　　　　b

Cuicatlán

a　　　　　　　　　b

Tototepec

a　　　　　　　　　b

Ocelotepec

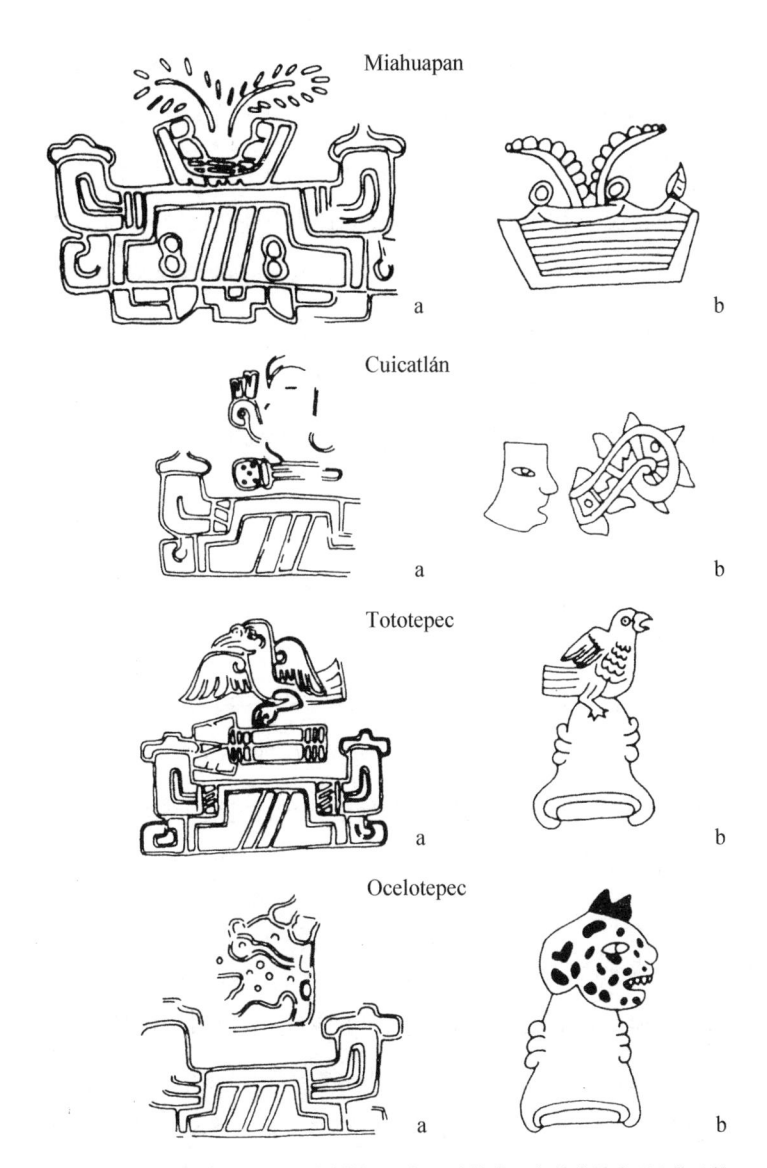

a　　　　　　　　　b

图 18-10　蒙特阿尔班建筑 J 中刻符(a)与阿兹特克人文献中地名(b)的比较

(引自 The Cloud People, Divergent Evolution of the Zapotec and Mixtec Civilizations. Fig.4.15)

字实际上就是萨波特克人原来的地名,并且还可以和现知的地点联系起来[1]。11 个地名中显然至少有 4 个是可以和蒙特阿尔班建筑 J 中的刻符地名相对应的(图 18-10)。这 4 个地点(Miahuapan、Cuicatlan、Tototepec、Ocelotepec)分别位于瓦哈卡市(蒙特阿尔班东北 5 公里)以南、东北、西南和东南的 80、85、140 和 140 公里。其中的一个地点迄今尚未发现蒙特阿尔班晚 I 期和晚 II 期前后的遗址,但在 Miahuatlan(Miahuapan)和 Tututepec(Tototepec)均发现有蒙特阿尔班 II 期的聚落,而在 Cuicatlan 更是发现有在 I 期末或 II 期初被蒙特阿尔班人军事征服的迹象,并且在这一地区北部通往特瓦坎(Tehuacan)谷地的主要通道处的山顶发现有此时的防御工事,蒙特阿尔班 II 期的陶片即止于此山脚下,再往北便只见同时期特瓦坎式陶器了。据此可以断定,蒙特阿尔班建筑 J 刻石所载地名指示着蒙特阿尔班 II 期的统治地区半径在距其 80—150 公里之内[2]。

四

良渚"立鸟"刻符不过只是其众多玉器刻划符号中的一种,而与它们含义相类似,有些甚至基本一样的刻符,同样也曾出现在与其时代相当的大汶口文化晚期和石家河文化早期,只不过后二者的符号多刻于一种特定的器物——大口缸的腹部。在这个时期,这种刻符陶缸集中出土于大汶口、陵阳河和石家河这样一些可能是当时聚落中心的遗址中。而良渚遗址群和石家河遗址[3]在其繁荣时期的占地面积较之蒙特阿尔班遗址还要大一些,良渚大墓的规模较之古埃及前王朝甚至第一王朝之初的法老级别墓葬也并不十分逊色,良渚文化、大汶口文化晚期和石家河文化早期各自的分布地域与古埃及第一王朝前后和蒙特阿尔班 II 期时的文化分布区乃至政治控制区又十分相近,因而可以认为它们各自的发展程度是相近的,或至少发

---

[1] 现当地地名即原阿兹特克人的地名。
[2] Flannery, K. V. & Marcus, J. eds., 1983. *The Cloud People, Divergent Evolution of the Zapotec and Mixtec Civilizations.* Academic Press: New York and London.
[3] 北京大学考古系等:《石家河遗址调查报告》,《南方民族考古》第五辑,1992 年。

展的阶段是相当的,其文化生态环境是相似的。

通过上文的比较可以看出,至少良渚文化晚期的玉器刻符同古埃及前王朝及萨波特克文明在形成期之末的石刻符号有着大致相同的结构,而且同样也在一器之上出现多个刻符的例子,因而很可能已经发展成为比较成熟的"图画文字"。而这种"图画文字"就其仅出现于与政治宗教相关联、具有纪念性意义的器物之上的现象来看,它使用的功能范围和含义与古埃及前王朝乃至早王朝之初以及中美洲形成末期萨波特克文明图画文字的使用意义是一致的。如果进一步与世界其他原生区域文明,如西亚两河流域和印度河流域早期文明中的图画文字相比较,这一点就会显示得更为清楚。早期苏美尔文明(乌鲁克期之后)和哈拉帕文明中类似图画文字的符号多与指明数量的数字及其计算有关,而且多见于各种形状的印章上,与符契文书相当,它们在各自文化中的分布也很广泛,表明它们被使用的意义多与经济贸易相关,而较少能够见到与国事记录、祭祀葬仪相关联的现象[1]。当然,我们并不是说良渚文化就没有与经济贸易相关的记事符号,只是它们与玉器刻符并不相干,而且目前也没有证据能够证明此时已存在有成熟到与玉器刻符相当程度的其他符号(如陶器刻符)。而良渚玉器刻符,尤其是它的"立鸟"刻符不但就其使用的功能意义来说与古埃及和萨波特克人的同类刻符含义接近,而且其刻划形象乃至组合形态都十分相似,因而其具体含义也有可能是接近的。至于何以这三个不同地区的文化在其各自发展到相当的程度上会出现这种类似刻划符号,仅用传播论来解释当然难以令人信服,而以人类集体无意识论来解释又恐过于含糊,因而也就不是类似于本文这种简单的比较所能回答的了。

(本文原名"良渚'立鸟'刻符比较研究一例",载《文物季刊》1998年4期。此次重刊略有修订。)

---

[1] 对于这种区别张光直有较为综合的阐述,见其《考古学专题六讲》第一讲,文物出版社,1986年。

图表索引

手工业技术与贸易

图号	标题	页码
图 1-1	石器的打击法和砥断法示意图	7
图 1-2	"改制石片"工艺示意	10
图 1-3	红花套 74F102 石器石料分布图	11
图 2-1	丹江口库区调查四区采集石叶石制品	18
图 2-2	丹江口库区调查采集石叶与细石叶	19
图 2-3	西施遗址出土石叶	21
图 2-4	下王岗遗址 M17 随葬石叶石镞	23
图 2-5	下王岗遗址灰坑出土石叶石镞	24
图 2-6	八里岗遗址墓葬 M161 随葬石叶石镞	24
图 2-7	下王岗遗址 M17 部分随葬石叶石镞出土情况	25
图 2-8	大地湾遗址二期出土细石核、石叶镞形器和刮削器	27
图 2-9	古城东关遗址三期出土石叶石镞	28
表 2-1	《丹江口库区燧石遗存调查简报》公布的石叶及其制品统计表	19
图 3-1	红花套遗址出土石斧、石锛、石凿	34
图 3-2	红花套遗址出土石器	36
图 3-3	红花套遗址出土石器	39
图 3-4	红花套遗址出土石砧	40
图 3-5	红花套遗址出土小石片	42
图 3-6	红花套遗址出土碎石渣	43
图 3-7	红花套遗址出土中型石片	44
图 3-8	红花套遗址出土石器加工示例	46
图 3-9	红花套遗址出土石器残次品	47
图 4-1	大溪墓地随葬的石器	56
图 4-2	中堡岛、大溪、杨家湾出土的石斧、锛、凿的毛坯或残次品,石片,石锤及砺石	59
图 4-3	北阴阳营墓地随葬的石器	62
图 4-4	北阴阳营墓地随葬的玉器	64
图 4-5	北阴阳营遗址出土的石钺坯、石芯、砺石及磨石片	66
图 4-6	磨盘墩遗址出土的各种燧石钻具	68
图 4-7	磨盘墩遗址出土的钻孔玉器	69
图 4-8	薛家岗遗址薛家岗三期石器	72
图 4-9	薛家岗遗址薛家岗三期玉器	73
图 4-10	崧泽文化墓地玉器出土量的分布	82
表 4-1	墓地随葬石器统计表	78
表 4-2	墓地随葬玉器统计表	80
图 5-1	仙人洞遗址发掘场景	89
图 5-2	条纹陶正、反面	95
图 5-3	条纹陶口沿	95
图 5-4	双面粗绳纹陶	96
图 5-5	素面陶	98
图 5-6	玉蟾岩绳纹釜	101
图 5-7	相模野 NO.149 遗址出土的刺突纹陶器	107
表 5-1	仙人洞发掘西区各类陶器出现情况	99

农业起源与区域经济

图 10-1	本文涉及的主要遗址位置	193
图 10-2	青岛丁字湾、鳌山湾贝丘遗址分布图	194
图 10-3	胶东半岛贝丘遗址断面	196
图 10-4	马祖亮岛岛尾 I 遗址	200
图 10-5	咸头岭遗址远眺及遗址发掘场景	205
图 10-6	落笔洞外景及发掘场景	212
表 10-1	金门及马祖等贝丘遗址年代	201
图 11-1	图上 5 个圈起来的区域，从西向东顺次为：河西走廊—新疆、甘青、北方、燕辽、黄河中下游	217
表 11-1	黄河中下游遗址农作物浮选统计数据	220
表 11-2	新砦、陶寺、二里头、南寨人骨稳定同位素数据	221
图 12-1	贾湖遗址一期陶器	231
图 12-2	班村遗址出土陶器	233

区域文化

图 15-1	北阴阳营遗址 H2 出土陶器	280
图 15-2	肖家屋脊和邓家湾陶缸刻符	282
图 15-3	大汶口文化大口尊刻符	283
图 15-4	肖家屋脊陶臼遗迹	284
图 15-5	尉迟寺大口尊组合埋葬	284
图 15-6	尉迟寺七足镂孔器	285
图 15-7	邓家湾筒形器	285
图 17-1	大汶口 M10 墓底平面图	299
图 17-2	大汶口 M10 部分随葬器物	300
图 17-3	东山村 M91 平面图	302
图 17-4	东山村 M91 随葬陶器（部分）	303
图 17-5	八里岗 M13（合葬墓）	306
图 17-6	八里岗 M13 随葬陶器	306
图 17-7	八里岗 M14 平面图	307
图 17-8	八里岗 M14 随葬部分陶器	308
图 18-1	良渚"立鸟"刻符	312
图 18-2	"蝎王"权锤头浮雕	315
图 18-3	反山 M12 及 M14 所出玉钺	316
图 18-4	纳玛王名之陶器印记	317
图 18-5	纳玛王调色板反面	318
图 18-6	利比亚调色板	319
图 18-7	蒙特阿尔班建筑 J 内刻石	322
图 18-8	蒙特阿尔班建筑 L 刻石	323
图 18-9	圣约瑟莫哥特建筑 28 及其所出刻石	324
图 18-10	蒙特阿尔班建筑 J 中刻符（a）与阿兹特克人文献中地名（b）的比较	325
表 18-1	前王朝及第一王朝纪年	321
表 18-2	瓦哈卡谷地编年表（部分）	324

北京大学考古学丛书

- 旧石器时代考古研究
  王幼平 著

- 史前文化与社会的探索
  赵辉 著

- 史前区域经济与文化
  张弛 著

- 多维视野的考古求索
  李水城 著

- 夏商周文化与田野考古
  刘绪 著

- 礼与礼器
  中国古代礼器研究论集
  张辛 著

- 行走在汉唐之间
  齐东方 著

- 汉唐陶瓷考古初学集
  杨哲峰 著

- 墓葬中的礼与俗
  沈睿文 著

- 科技考古与文物保护
  原思训自选集
  原思训 著

- 文物保护技术：理论、教学与实践
  周双林 著

上海古籍出版社

图书在版编目(CIP)数据

史前区域经济与文化 / 张弛著. —上海：上海古籍出版社，2022.11
(北京大学考古学丛书)
ISBN 978-7-5732-0370-0

Ⅰ.①史… Ⅱ.①张… Ⅲ.①原始社会—中国经济史 ②史前文化—中国 Ⅳ.①F129.1②K210.3

中国版本图书馆 CIP 数据核字(2022)第 118934 号

北京大学考古学丛书
史前区域经济与文化
张 弛 著
上海古籍出版社出版发行
(上海市闵行区号景路 159 弄 1-5 号 A 座 5F　邮政编码 201101)
(1) 网址：www.guji.com.cn
(2) E-mail: guji1@guji.com.cn
(3) 易文网网址：www.ewen.co
苏州市越洋印刷有限公司印刷
开本 710×1000　1/16　印张 21.25　插页 2　字数 322,000
2022 年 11 月第 1 版　2022 年 11 月第 1 次印刷
ISBN 978-7-5732-0370-0
K·3214　定价：98.00 元
如有质量问题，请与承印公司联系